本书受国家社会科学基金青年项目资助（立项号：13CZS016）；受中央高校基本科研业务费资助；受华中科技大学文科学术著作出版基金资助；是华中科技大学自主创新研究基金项目"东亚视野下《性理大全》衍生文献研究"（项目号：2019 WKYXQN006）的阶段性成果

弘明鉴
道德史
J·M·H

# 元明朱子学的递嬗：

The Changing in Succession of
Neo-Confucianism in Yuan and Ming Dynasty：
A Study on the *Sishu Wujing Xingli Daquan*

# 《四书五经性理大全》研究

朱　冶◎著

人民出版社

# 目　录

1

# 图表目次

# 绪　　论

　　顾炎武(1613—1682)在回顾明朝两百年学术史时,提出阻碍明代学术发展的其中一个重要因素,即明永乐朝敕撰颁行《四书五经大全》。他因此发出"《大全》出而经说亡"的慨叹,并以八股取士的负面影响与秦朝焚书相提并论,认为明初洪武、永乐间风气由此为之一变。① 顾氏的看法在明末清初学者中具有典型性。清乾隆朝编修《四库全书》时延续并发展了顾氏的论调,不仅将《四书五经大全》记述为"剿袭"宋元既有著作的"潦草"之书,还视《性理大全》为"庞杂冗蔓,皆割裂襞积以成文,非能于道学渊源真有鉴别"之作。② 上述看法深远影响至近代的研究者,以致明代思想史的相关探研呈现出《大全》缺席的吊诡格局。

　　《四书五经性理大全》,就其内容和性质而言,一般将《四书》《五经大全》视为一书,是程朱经传及其释义的经典汇纂之书,明清士人常作《五经四书大全》或《四书五经大全》之谓(本书统称为后者);而将《性理大全》视为另一书,乃是程朱有关天理、人性方面理论体系的著作语录合集(本书合称之为《四书五经性理大全》,简称为《大全》)。除专门的《大全》研究以外,明代思想史的相关论著中,大多在开篇处寥寥数句提及明初敕修《大全》之事作为基本背景,其意见也多停留在"专制统治""控制思想"等层面。

　　作为明代国家意识形态的奠基之作,《四书五经性理大全》代表着永乐

---

　　① 顾炎武:《日知录校释》卷20《书传会选》条、卷19《拟题》条,张京华校释,长沙:岳麓书社2011年版,第747、684页。

　　② 永瑢等:《四库全书总目》卷27、58、93《春秋集注》《古今列女传》《性理大全书》条,北京:中华书局1965年版,第223、523、790页。

朝一流的学者型官员对宋元朱子学的理解和继承,它既是宋元理学的总结之书,又诞生于明初微妙变动的政治文化之中,主观与客观上都塑造着明代士大夫的思维世界和行事方式,因之成为明代思想史的底色。故本书旨在清理这部大书的来龙去脉,以期复原以《大全》为中心所呈现的元明两代思想史图景,并尝试回答如下问题:《大全》的内容和体例是由什么样的学术背景决定的?在明初政坛的风云变幻中,纂修之举与当时的政治文化有怎样的交互作用?《大全》对 15 世纪思想史的影响与意义何在?

以《大全》为切入点,实可见元明朱子学递嬗衍化之具体情形。由于《大全》与 14、15 世纪的学术思想紧密相关,下面主要从元代朱子学研究,以及明代中前期思想、政治与文化研究两方面,概述现有研究成果,并提出本书的章节安排。

## 一、元代朱子学研究

什么是"元代朱子学"?就其内涵和外延而言,它是指朱子学在元代朝野备受推崇的情形及其流衍的方式、性质、内容、特色和各类具体的表现。从研究史可见,"宋明理学"之间的元代朱子学,仍是一块方兴未艾的研究领域。

元代朱子之学的鼎盛情形,从其大者来看,莫不表现为两个互相辉映的面向:一是朱子学如何在北方学者中得以传播,并最终影响元廷;二是嫡传朱熹高第黄榦之学的浙江金华和江西抚州等地学者,如何承接并发扬朱子的"文化遗产"。

早前学者对元代学术与朱子学的论述,正是围绕这一"大"的面向展开。① 20 世纪 50—70 年代,专研元代学术思想的孙克宽注意到元代学术在

---

① 有关元代学术与学者的宏观论述中,有何佑森《元代学术之地理分布》(《新亚学报》(香港)1956 年第 1 卷第 2 期,第 305—366 页)一文,列表归纳元代经学学者在全国各省的分布情况,文中已注意到江西、浙江、安徽、江苏等地经学较盛的格局。此外,冈田武彦:《宋明哲学的本質》(东京:木耳社 1984 年版,第 167—170 页)一书对元代朱子学的特点和传承也有概说;龚道运《朱学论丛》(台北:文史哲出版社 1985 年版)一书,分述北方许衡、郝经,南方金履祥、许谦的朱子学;邱居里《元代文献探研》(北京:北京师范大学出版社 2014 年版)则考述了赵复、郝经、吴师道、贡师泰等的理学活动;晚近研究参见涂云清《蒙元统治下的士人及其经学发展》(台北:"国立"台湾大学出版中心 2012 年版)。

南北的差异性,并尤其重视金华学术的探研。《元代金华学述》是他研究金华众多学者生平学行、诗文著作等内容的结集。① 在这本论集中,他系统讨论了朱子学在金华的发展情形及各时期代表人物,如以理学见长的金履祥、许谦、吴师道、张枢等,以文名行世的柳贯、吴莱、黄潛等。孙氏有关元初儒学、北方之儒、南方之儒,以及金华学术的系列研究,呈现出学界对于元代理学的初步架构和认识格局。

与之相呼应,在宋明理学研究领域建树良多的陈荣捷,1978 年发表《元代之朱子学》一文,不仅对朱子学由赵复北传,以及经由黄榦传至浙江、江西等南方地区的情形皆有交代,还特别强调朱子学传承中的"道统"问题。② 陈荣捷由道统传承的观点出发,将元代新儒学的流衍总结为三线,即许谦代表的金华一线,许衡代表的北方之学,以及吴澄所代表的江西一线。他视吴澄、郑玉等元儒调和朱陆的治学途径和态度,为新儒学展开新方向的机会,进而提出吴澄对明代心学的缔造之功。

陈荣捷的讨论框架颇具代表性,乃至能在 20 世纪 90 年代迄今的学者中找到同道。③ 侯外庐等主编《宋明理学史》一书中,也是从北方的赵复、许衡和刘因,南方的吴澄与金华朱学来阐述元代理学,并对"元代的朱陆合流与陆学"问题有专章讨论。④《宋明理学史》已注意挖掘理学传承与演变的历史:它对金华朱子学特点的归纳、饶鲁与吴澄之学问传承关系的叙述,朱陆合流的不同情况的分析和总结,均较以往更为深入。

---

① 孙克宽在 20 世纪 60 年代有《元初儒学》(台北:撰者 1953 年)、《元代北方之儒》(《孔孟学报》(台北)1964 年第 8 期,第 125—144 页)、《元代南方之儒试论》(《孔孟月刊》(台北)第 4 卷第 12 期,1966 年,第 11—16 页)等专著或文章,后于 1975 年出版专书《元代金华学述》(台中:私立东海大学 1975 年版)。

② Wing-tsit Chan."Chu Hsi and Yüan Neo-Confucianism,"in Hok-lam Chan and Wm.Theodore de Bary,eds., *Yüan thought:Chinese thought and religion under the Mongols*.New York:Columbia University Press,1982,pp.197-232.此文中译本载陈荣捷:《元代之朱子学》,《朱学论集》,台北:台湾学生书局 1982 年版,第 299—329 页。

③ 通论性的元代理学研究多采用上述模式,如姜国柱《中国历代思想史(宋元卷)》(台北:文津出版社 1993 年版),书中包括许衡、刘因、吴澄三位著名理学家的生平与思想;秦志勇《中国元代思想史》,北京:人民出版社 1994 年版;陈高华、张帆、刘晓《元代文化史》,广州:广东教育出版社 2009 年版,第 460—486 页;等等。

④ 侯外庐、邱汉生、张岂之主编:《宋明理学史》(上),北京:人民出版社 1997 年版。

随着元代朱子学研究的展开,朱熹生前活动、讲学的重要场所——福建地区之朱子学的传承发展也得到关注。1986 年出版的《福建朱子学》一书,对熊禾、陈普、吴海等儒者专门作了哲学思想和观念层面的探讨。① 20 世纪90 年代末朱鸿林有关熊禾的研究,在深入其传记和学术活动的基础上,论证熊禾对朱子的尊崇及强调朱子学全体大用的主张,呈现了熊氏在元代朱子学发展中的位置。②

作为朱子故乡的徽州一地理学,亦成为学者研究的重心和兴趣所在。随着 20 世纪 50 年代以来 20 多万件徽州文书的陆续发现,至 80 年代中期徽学研究蓬勃兴起,新安理学作为"鼎盛期徽州文化的理性内核"随之受到学者的瞩目。③ 时至今日,新安理学研究已从最初的学派源流、发展阶段、集体特征等概述性讨论过渡到重要理学家的个案研究,其理学思想、经典著述与研经方法都得到研究者的关注。④ 仅就元代新安理学而言,周晓光对于元儒朱升、郑玉、赵汸等的系列研究,史甄陶关于胡炳文、陈栎、胡一桂的考察,均注重呈现新安代表性理学人物的生平与思想特点。⑤ 新近的研究

---

① 高令印、陈其芳:《福建朱子学》,福州:福建人民出版社 1986 年版。

② 朱鸿林:《元儒熊禾的传记问题》,《庆祝杨向奎先生教研六十年论文集》,石家庄:河北教育出版社 1998 年版,第 344—354 页;朱鸿林:《元儒熊禾的学术思想问题及其从祀孔庙议案》,《史数》(香港)1998 年第 3 卷,第 173—209 页。两文均收入"朱鸿林明史研究系列"丛书第二卷《孔庙从祀与乡约》中。

③ 20 世纪以来徽学研究兴起的情形,参见姚邦藻主编:《徽州学概论》,北京:中国社会科学出版社 2000 年版,第 5—21 页。

④ 周晓光:《宋元明清时期的新安理学》,《中国典籍与文化》1993 年第 4 期,第 114—119 页;周晓光:《徽州传统学术文化地理研究》,合肥:安徽人民出版社 2006 年版;解光宇:《朱子学与徽学》,长沙:岳麓书社 2010 年版;李秋丽:《胡一桂易学思想研究》,山东大学哲学与社会发展学院博士论文,2006 年;朱冶:《倪士毅及其〈四书辑释〉研究——元代"四书学"发展演变示例》,北京师范大学古籍研究所硕士论文,2007 年;章毅:《理学、士绅和宗族:宋明时期徽州的文化与社会》,香港:香港中文大学出版社 2013 年版。

⑤ 周晓光:《论元末明初新安理学家朱升与郑玉》,《中国哲学史》1994 年第 2 期,第 83—92 页;吴晓萍、周晓光:《论新安理学家赵汸的〈春秋〉学说》,《安徽师范大学学报(哲学社会科学版)》1998 年第 4 期,第 463—471 页;史甄陶:《元代前期徽州朱子学——以胡一桂、胡炳文和陈栎为中心》,台湾清华大学中国文学系博士论文,2009 年(其后出版为《家学、经学和朱子学——以元代徽州学者胡一桂、胡炳文和陈栎为中心》,上海:华东师范大学出版社 2013 年版)。刘成群:《元代徽州理学家群体与新安理学的传承发展》,北京:中华书局 2015 年版。

亦注意到元末新安理学的转向问题。① 元明之交徽州学派的研究仍有需要深入去做的空间,无论徽州朱子学者的做法,还是他们的经学研究在明初所发挥的影响,都有可以进行补充研究的必要。②

西方汉学界对元代学术及朱子学的思考有着显然迥异的旨趣。早在20世纪50年代末,Frederick W.Mote(牟复礼)对元代南方儒士的研究,注重考察他们与政治的亲疏距离,并对儒者隐逸的不同情况作出“被迫”或“自愿”的区分(compulsory eremitism, voluntary eremitism)。③ W.T.de Bary(狄百瑞)则重新审视了朱熹的新儒学主张在元代思想史上渐获正统地位的情形,他同样关注理学与政治的互动关系。④

浙江金华地区的学术及其与政治的关系,更是研究者的目光所聚。John D.Langlois(蓝德彰)利用元人文集材料,譬如黄溍所作策问,柳贯、吴莱所写序文等内容,结合金华儒者的政治思想传统,总结出该地学术具有儒吏合一、经典律令合一的经世特色。⑤ 另一篇有关元代政治思想的文章中,他运用同样的方法,考察元代儒者以法律治国的观念及其在《春秋》学研究中的展现,从而呈现法家和儒家有关政府的理念在元代相互交织的情形。⑥ John W.Dardess(窦德士)的研究则重在探讨金华儒者在元末的活动及意

① 吴兆丰:《元儒赵汸的游学、思想特色及其治学历程》,《中国文化研究所学报》(香港)2010 年第 51 期,第 25—50 页;刘成群:《元代新安理学的四个“转向”》,《汉学研究》(台北)第 29 卷第 4 期,2011 年,第 169—202 页。

② 朱鸿林:《明代思想史研究的空间与进路》,载“朱鸿林明史研究系列”丛书第三卷《儒者思想与出处》,北京:三联书店 2015 年版,第 34 页。

③ Frederick W.Mote.“Confucian Eremitism in the Yüan Period.”in Arthur F.Wright,ed.,*The Confucian Persuasion*. Stanford,CA:Stanford University Press,1960,pp.202-240.

④ Wm.Theodore de Bary.“The Rise of Neo-Confucian Orthodoxy in Yüan China,”*Neo-Confucian Orthodoxy and the Learning of the Mind-and-Heart*. New York:Columbia University Press,1981,pp.1-66.

⑤ John D.Langlois.“Political Thought in Chin-hua under Mongol Rule,”in John D.Langlois,ed.,*China under Mongol rule*.Princeton,N.J.:Princeton University Press,1981,pp.137-185.他的博士论文为“Chin-hua Confucianism under the Mongols(1279-1368),”Ph.D.Dissertation,Princeton University,1974.

⑥ John D.Langlois.“Law,Statecraft,and The Spring and Autumn Annals in Yüan Political Thought,”in Hok-lam Chan and Wm.Theodore de Bary,eds.,*Yüan thought:Chinese thought and religion under the Mongols*.New York:Columbia University Press,1982,pp.89-152.

义,以及他们在朱元璋政权建立过程中所起的作用,进而观察儒学与地方变革、中央集权的关系。①

　　晚近的研究将金华学术与地域社会结合起来讨论。Peter K.Bol(包弼德)以宋元金华地区为研究个案,考察宋元婺州地方性文献的编纂传统的形成,以及当地学者由此建构其地域传统的过程。② 陈雯怡则具体探讨元代金华儒者的交际网络,包括当地儒士通过写序或墓志铭等形式来建构"吾婺文献"的情形。③ 他们的关注点都在乡里传统和地方认同的建立过程,并随之选取能够展现这种地域认同的相关个案。

　　以上回顾显示,中西方学者都热衷于从元代金华学术中挖掘资源。无论是朱子学传承,还是政治思想的实践,乃至地域传统的形塑,元代金华地区都能为研究者提供审视元代思想的独特视角和丰富例证。随着浙江四明地区朱子学,北方儒学研究的陆续展开,④元代较为清晰的理学"地图"才逐步呈现。

　　以经学史为视角,元人在经典研究方面的表现也得到学界不少关注。佐野公治《四書學史の研究》,廖云仙《元代论语学考述》,周春健《元代四书

---

　　① John W.Dardess.*Conquerors and Confucians:aspects of political change in late Yüan China.* New York:Columbia University Press,1973;"Confucianism,Local Reform,and Centralization in Late Yüan Chekiang,"in Hok-lam Chan and Wm.Theodore de Bary,eds., *Yüan thought:Chinese thought and religion under the Mongols.*New York:Columbia University Press,1982,pp.327-374.

　　② Peter K.Bol."The Rise of Local History:History,Geography,and Culture in Southern Song and Yüan Wuzhou," *Harvard Journal of Asiatic Studies* 61(2001),pp.37-76;"Neo-Confucianism and Local Society,Twelfth to Sixteenth Century:A Case Study." in Richard von Glahn and Paul Smith,eds., *The Song-Yüan-Ming Transition in Chinese History.*Cambridge:Harvard University Asia Center,2003,pp.241-283;包弼德(Peter K.Bol):《地方传统的重建——以明代的金华府为例》,李伯重、周生春主编:《江南的城市工业与地方文化》,杭州:杭州出版社 2004 年版,第 247—286 页。

　　③ Chen Wenyi(陈雯怡)." Networks, Communities, and Identities:On the Discursive Practices of Yüan Literati,"Ph.D.Dissertation,Harvard University,2007;陈雯怡:《"吾婺文献之懿"——元代一个乡里传统的建构及其意义》,《新史学》(台北)2009 年第 20 卷第 2 期,第 43—114 页。

　　④ 徐璐莹:《宋元时期四明朱子学研究》,宁波大学人文与传媒学院硕士论文,2018 年;梁建功:《元初北方理学传布——以元代苏门山的文化地理为中心》,《河南科技学院学报》2016 年第 5 期;刘成群:《元代政治格局的演变与北方儒学群体的整合》,《社会科学》2018 年第 6 期。

学研究》等著作，①以及詹海云、杨自平、蔡方鹿等学者对吴澄《易》学、《尚书》学思想的讨论，许华峰对江西学者董鼎及其后来影响甚大的《书传辑录纂注》的探研都属于这一类。② 以上著作更为重视对元人经学著述的文本分析和文献考证，有助于元代学术研究的深入展开。

综上所述，元代朱子学的整体格局，它传入北方的情形，其在浙江、江西、福建、安徽等南方地区分别发展的状况均得到学者的重视。其中的讨论热点是金华学者的著述和政治思想，江西理学中的朱陆合流等问题。然研究者较少将元代朱子学放在承袭宋代、开启明代的历史脉络中予以认识，从而考察元代各地朱子学者具体做法的分野和共趋。事实上，《四书五经性理大全》正诞生于元末明初朱子学的发展大势之中，《大全》赖以为基础的元代朱子学之真实状况，是阐明元明朱子学递嬗进程的关键问题。这也即，元代朱子学是如何展开的？在朱子学主要集中的南方各地呈现何种面貌和特点？它们之间又是如何在并竞中发展的？

## 二、明代中前期的思想、政治与文化

《四书五经性理大全》的敕撰和颁行是明初文教的重要举措，该书具有官定程朱理学读本的政治化身份，其颁布后又深刻影响着随后数百年的思想世界。以往研究中既有将《大全》置于明初政治文化之中，观察它在君主专制体系中所扮演的角色，也有从经学史的角度考证《大全》的文献来源等情形。《大全》与 15 世纪思想史的紧密关系，亦是有待展开的新课题。

从明初专制统治的视角来看待《大全》的修纂缘由，是研究者常采

---

① 佐野公治：《四書學史の研究》，东京：创文社 1988 年版（其后经翻译出版为《〈四书〉学史的研究》，张文朝、庄兵译，林庆彰校订，台北：万卷楼图书股份有限公司 2014 年版）；廖云仙：《元代论语学考述》，台北：新文丰出版公司 2005 年版；周春健：《元代四书学研究》，上海：华东师范大学出版社 2008 年版。

② 杨晋龙主编：《元代经学国际研讨会论文集》，台北："中研院"中国文哲研究所筹备处，2000 年，第 237—304、337—362 页；许华峰：《董鼎〈书传辑录纂注〉研究》，"国立中央"大学中国文学研究所博士论文，2001 年；沈从文：《略论董鼎〈书集传辑录纂注〉及其版本源流》，载《版本目录学研究》第 10 辑，2019 年，第 209—220 页。

用的模式。林庆彰、侯外庐等人的《大全》研究,认为《大全》纂修是明成祖夺权后安抚士人的手段,或是专制君主扮演"圣王兼教主"以宣示其正统地位的做法。① 这些概述性论说,尚未充分注意帝王对理学的真实取态,常将明太祖、明成祖等看做专制统治的符号,而非有个性、有喜好的个人;视其表现为政治性说教,多于考究他们与理学、文化的具体互动关系。②

儒学、帝王与专制统治三者的关系,确是中外学界长盛不衰的一个议题。Frederick W.Mote 在 1961 年即对 Karl A.Wittfogel(魏特夫)所谓"东方专制主义"的理论能否适用于古代中国的情形有过反思,他回溯了宋元明三代专制统治的发展历程:从理学学派在宋代专制主义加强中的作用,到元廷无序、松散的政府管理和野蛮统治对明王朝创建者的影响,再到朱元璋的个人经历与他高度集权的治理模式的形成。③ W.T.de Bary 同样重视中国古代专制政治与儒家理想之间的张力,强调理学在儒臣与帝王之间所扮演的角色,即儒臣不遗余力地宣扬理学心法,然明初两位帝王圣人各自"盗

---

① 林庆彰:《〈五经大全〉之修纂及其相关问题探究》,《中国文哲研究集刊》(台北)1991年创刊号,第 363—366 页;陈恒嵩:《〈五经大全〉纂修研究》,台北县:花木兰文化出版社 2009年版,第 21—22 页(此书原为作者 1998 年完成的台湾东吴大学中国文学研究所博士论文);侯外庐等编:《宋明理学史》(下),第 12 页。

② 明太祖高度专制和残酷统治的说法由来已久,晚近研究已重新认识明太祖的专制形象。朱鸿林《明太祖的孔子崇拜》(《"中研院"历史语言研究所集刊》(台北)第 70 本第 2 分,1999 年,第 483—530 页)一文,专节讨论"野史对明太祖的误会实例",指出"后世对明太祖的苛评,很大程度上正是这些明人私说的长期影响所致。"陈学霖、王世华等学者对明代野史的考证值得参考(陈学霖:《徐一夔刑死辩诬兼论明初文字狱史料》,《东方文化》1977 年,第77—84 页;陈学霖:《明太祖文字狱案考疑》,《明代人物与传说》,香港:香港中文大学出版社1997 年版,第 1—33 页;王世华:《朱元璋惩贪"剥皮实草"质疑》,《历史研究》1997 年第 2 期,第 156—159 页)。此外,明成祖的相关研究也多从政治角度展开,其内外政策与迁都事宜一直为学者所关注。通论性的著作参见朱鸿《明成祖与永乐政治》,台北:"国立"台湾师范大学历史研究所 1988 年版;毛佩琦、李焯然合著《明成祖史论》,台北:文津出版社 1994 年版。成祖迁都的相关研讨,参见 Edward L.Farmer(范德).*Early Ming government:the evolution of dual capitals*.Cambridge,Mass.:East Asian Research Center,Harvard University,1976;新宫学:《北京迁都の研究:近世中国の首都移転》,东京:汲古书院 2004 年版。

③ Frederick W.Mote."The Growth of Chinese Despotism:A Critique of Wittfogel's Theory of Oriental Despotism as applied to China," *Oriens Extremus* 8(1961),pp.1—41.

用"宋明理学的情形。① John W.Dardess 关注明王朝建立过程中儒者精英的影响,从而观察儒学对帝制时代专制统治所产生的效用。② Peter B. Ditmanson(戴彼得)则将儒学与政治权威视作二元对立关系,对明初尤其是解缙、杨士奇、杨荣三位儒臣在永乐初年的作为加以述析,从而审视"道学"从独立的社会运动发展为政治附属品的过程。③ Peter K.Bol 近年出版的专著中也是采用类似的观点。④

　　无论是从专制暴政的视角,还是道学与政治的关系,以上研究都会面临这样的处境:一旦深入历史的具体状况,就会发现与之不符的新认识。朱鸿林有关明太祖思想的研究即是如此。要深入研究奠定整个明朝框架的开国帝王朱元璋,只谈其专制政治明显是不足的。朱鸿林的研究证实,明太祖热心于儒家经史的讲论,对《书经》尤其熟悉和重视,以致影响其治国理念和施政原则,至于明太祖敕撰大量教化性书籍的行动,则与其"对于书本知识的功用、人的可塑性以及君主的职责的理解是分不开的"。⑤ 由此所见的太祖形象更为真实丰满,对理解明初政治文化、帝王教育,乃至明代政治的根

---

① Wm.Theodore De Bary.*The Trouble with Confucianism*.Cambridge,Mass.;London:Harvard University Press,1991,pp.62–63.W.T.de Bary.*Neo-Confucian Orthodoxy and the Learning of the Mind-and-Heart*.pp.81–123.

② John W.Dardess.*Confucianism and autocracy:professional elites in the founding of the Ming Dynasty.* Berkeley:University of California Press,1983.John W.Dardess.*Conquerors and Confucians: aspects of political change in late Yüan China*.New York:Columbia University Press,1973.值得一提的是,F.W.Mote 的书评清晰论证了 John W.Dardess 上述著作并非如他自称是关于社会史的研究,而是有关社会、政治的思想史。"Confucianism and Autocracy:Professional Elites in the Founding of the Ming Dynasty by John W.Dardess,Review by F.W.Mote," *Harvard Journal of Asiatic Studies* 46(1986),pp.302–317.

③ Peter B.Ditmanson."The Yongle Reign and the Transformation of Daoxue," *Ming Studies* 39(1998),pp.7–31;"Contesting Authority:Intellectual Lineages and the Chinese Imperial Court from Twelfth to the Fifteenth Centuries,"Ph.D.Dissertation,Harvard University,1999.

④ Peter K.Bol.*Neo-Confucianism in history*.Cambridge,Mass.:Harvard University Press, 2008.

⑤ 朱鸿林:《明太祖的孔子崇拜》,第 483—530 页;朱鸿林:《明太祖的经史讲论情形》,《中国文化研究所学报》(香港)2005 年第 45 期,第 141—172 页;朱鸿林:《明太祖对〈书经〉的征引及其政治理想和治国理念》,朱鸿林编:《明太祖的治国理念及其实践》,香港:香港中文大学出版社 2010 年版,第 19—61 页。

基亦有助益。①

同样，对于明成祖的思想、立场、主张的相关讨论，也当从传统视角中脱离出来以做进一步探研。作为宣称"继承祖制"并由靖难登位的帝王，成祖的一系列文教政策、编纂工程，不能仅用政治权谋论以括之。他与太祖有不同的成学背景，即位后一样尊崇程朱理学，重视经史讲论，甚至在军旅中也与侍臣讲论不断，然他对儒学意义的关注点、对经典编纂方法的喜好，都与太祖是不同的。这微妙而意义深远的转变，自有其脉络可循，最集中的反映莫过于成祖敕修旨在"一道德同风俗"的《四书五经性理大全》上。以故，从洪、永两朝敕修书来看帝王思想的变化，以及观察这改变对国家治理和学术发展的影响，同时把《大全》放在成祖思想发展、成熟的脉络中，考察它出现的内在理路及意义，都显得相当有必要。

现有洪、永两朝敕修书的考察，却偏重失衡。出于对明太祖专制暴政的强调，洪武朝《孟子节文》的修撰与太祖罢祀孟子配享事件共同成为研究焦点，②同年敕修的《书传会选》一书却鲜有研究者问津。③ 永乐朝敕修书的研讨，主要围绕文献集成之作《永乐大典》展开，④至于《圣学心法》《四书五

---

① 类似的研究还有戴彼得（Peter B.Ditmanson）《洪武年间的道德谏诤》，朱鸿林编：《明太祖的治国理念及其实践》，第63—94页。

② 容肇祖：《明太祖的〈孟子节文〉》，《容肇祖集》，济南：齐鲁书社1989年版，第170—183页；朱荣贵：《从刘三吾〈孟子节文〉论君权的限制与知识分子之自主性》，《中国文哲研究集刊》（台北）1995年第6期，第173—198页；张佳：《〈孟子节文〉事件本末考辨》，《中国文化研究》2006年第3期，第84—93页。其中，朱荣贵论述太祖罢祀孟子事件和删订《孟子》的经过，注重从儒臣抗争与妥协的角度展现儒家传统对于君权的限制，依然遵循了传统"暴政说"的论调。而朱鸿林在《明太祖的孔子崇拜》一文中，则证实太祖敕修《孟子节文》与孟子罢祀复祀事件间并无直接的关系。张佳则详细考证了永乐九年孙芝（1364—?）上疏恢复《孟子》全本之始末。

③ 仅有陈恒嵩《刘三吾编纂〈书传会选〉研究》[《经学研究论丛》（台北）2001年第9辑，第57—94页]等研究，考述《书传会选》与《明太宗实录》中对于修纂官员人数的记载差异，详细比对《书传会选》对蔡《传》的删改增补情况。

④ 相关研究多从《永乐大典》的文献学价值入手，参见张升编《永乐大典研究资料辑刊》（北京：北京图书馆出版社2005年版），搜集民国以前关于《大典》存目、辑佚及研究的代表性成果；顾力仁《永乐大典及其辑佚书研究》（台北：文史哲出版社1985年版，第513—627页），详列"永乐大典研究之资料与论文索引并提要"。《永乐大典》的最新研究，参见张升：《〈永乐大典〉流传与辑佚新考》，北京：社会科学文献出版社2019年版。

经性理大全》等重要书籍的讨论则付之阙如。① 新近的研究,已开始扭转这一研究偏重。②

具体以《四书五经性理大全》言之,由于明、清以来学者对于它"抄誊一过""《大全》出而经说亡"等诸多成见,此书在学术史和明初政治文化中的意义一直隐而不显。近二三十年来,研究者开始厘正过往认识中的误解,主要在《大全》的文献来源问题上多有探索,相关成果丰硕。③

《大全》的概论性研究,以侯外庐等人所编《宋明理学史》为代表。书中用两章的篇幅概述三部《大全》的纂修经过、编纂目的及著述体例、内容特点等。由于篇幅所限,所述自不能详尽,对《大全》所取材的元代理学著述的重视与分析尚待加强。④

对于《五经大全》文献与取材来源的考辨,研习经学史的学者尤为关注。林庆彰较早提出对《大全》各经来源的看法。⑤ 陈恒嵩在此基础上做了补充和考订,不仅检讨历代学者对《大全》取材来源问题的不同观点,还采用逐条对比的方法考辨《大全》的实际取材书籍。⑥ 杨晋龙、蒋秋华、顾永新等学者的研究也都是采取这一做法,互为补益,令各经《大全》在经学史上

---

① 学者多注意《圣学心法》与成祖治国理念的关系,然此书内容、特点及其在成祖治国思想中的位置等问题,有待细致探讨和补益。参见李焯然《治国之道——明成祖及其〈圣学心法〉》,《汉学研究》(台北)1991 年第 9 卷第 1 期,第 211—227 页;毛佩琪《从〈圣学心法〉看明成祖朱棣的治国理想》,《明史研究》1991 年第 1 辑,第 119—130 页;Peter B.Ditmanson. "Contesting Authority:Intellectual Lineages and the Chinese Imperial Court from Twelfth to the Fifteenth Centuries," pp.269-273;W.T.de Bary.*Neo-Confucian Orthodoxy and the Learning of the Mind-and-Heart*, pp.163-164.

② 许华峰:《明成祖〈孝顺事实〉中的"孝感"思想》,《王静芝教授九十冥诞纪念学术研讨会论文集》,台北:辅仁大学 2005 年版,第 531—548 页;周中梁:《明初敕撰教化书籍研究》,香港理工大学中国文化学系博士论文,2018 年。

③ 佐野公治《四書學史の研究》一书较早对清儒顾炎武的"剽窃说"提出异议,他认为《四书大全》书前〈凡例〉中清晰表明了该书合编吴真子《四书集成》、倪士毅《四书辑释》的实际情况,而这种"合编"的著述方式在元儒的理学著作中也得到了广泛的采用(第 252 页)。此外,林庆彰《〈五经大全〉之修纂及其相关问题探讨》一文(第 377—381 页),也强调《大全》并非明代经学衰落的主要原因,呼吁更多学者关注《四书五经性理大全》的研究。

④ 侯外庐等编:《宋明理学史》(下),第 15—62 页。

⑤ 林庆彰:《〈五经大全〉之修纂及其相关问题探究》,第 371—376 页。

⑥ 陈恒嵩:《〈五经大全〉纂修研究》第三章第二节"纂修人考述",第 24—50 页。

的传承性得以充分显白。① 以上研究皆立足于经学文本，主要运用逐条比较、统计归纳的研究方法，重视文献的异同和彼此的传承关系，然与这些著作紧密相关的作者生平、著述背景及特色以及与朱子学的关系等情形，不是其讨论重点和用心所在。简言之，诸如《大全》所取元儒著作的共性与特点等问题，已得到学者的注意，但《大全》取材来源问题的考辨，还需纳入宋元明朱子学的传承脉络中做进一步探讨，也有结合晚近书籍出版史的相关成果进行综合考述的必要。②

除《五经大全》之外，《四书大全》《性理大全》的文献来源，也有学者讨

---

① 20 世纪 90 年代以来有关《大全》取材来源辨析的多篇研究论文，较集中地解决了《大全》的历史评价问题。杨晋龙补充了《诗传大全》的编纂以元儒刘瑾《诗传通释》为底本的传统观点，认为《大全》纳入了后书未曾收录的曹居贞、罗复、吴澄、朱善（1314—1385）等元代学者的解说。杨晋龙：《〈诗传大全〉来源问题探讨》，林庆彰、蒋秋华主编：《明代经学国际研讨会论文集》，台北："中研院"中国文哲研究所筹备处 1996 年版，第 317—346 页；杨晋龙：《论〈诗传大全〉与〈诗传通释〉的差异》，《中国文哲研究集刊》（台北）第 8 期，1996 年，第 105—146 页；杨晋龙：《〈诗传大全〉与〈诗传通释〉关系再探——试析元代〈诗经〉学之延续》，杨晋龙主编：《元代经学国际研讨会论文集》，第 489—538 页。此外，参见陈恒嵩《〈五经大全〉纂修研究》一书，系统评述明、清以来对于《大全》取材的各种成说，分章考证了五部《大全》的实际取材来源；顾永新：《"四书五经大全"取材论略——以《春秋大全》为中心》，《经学文献的衍生和通俗化——以近古时代的传刻为中心》上册，北京：北京大学出版社 2014 年版，第 529—547 页；谢辉：《〈周易传义大全〉纂修新探》，《中国典籍与文化》2019 年第 1 期，第 49—57 页；刘柏宏：《〈礼记集说大全〉大注、小注引用朱子经说探析》，2019 年"中研院"明清研究国际学术研讨会论文。以上显示《大全》取材来源问题的考辨是近 30 年来学者的兴趣所在。

② 20 世纪 80 年代至今，福建刻书史的研究持续升温。总的来讲，肖东发、方彦寿对建阳余氏、刘氏书坊的个案考察，注重从族谱中挖掘出版史料，以提供元代理学书籍的出版信息。方彦寿与谢水顺、林应麟等人的研究都注重建本图书（宋明时期在福建建阳一带以雕版印刷出版的古籍刻本）的历史发展线索，对史料的整理和归纳贡献颇多。而 Cynthia Brokaw（包筠雅）、Kai-Wing Chow（周启荣）等学者亦深入挖掘族谱资料，探讨商业出版、书籍流通、科举考试之间的关系。参见肖东发：《建阳余氏刻书考略（上、中、下）》，《文献》1984 年第 3、4 期，1985 年第 1 期，第 230—248、195—221、236—252 页；方彦寿：《建阳刘氏刻书考》，《文献》1988 年第 2、3 期，第 196—228、217—230 页；方彦寿：《建阳刻书史》，北京：中国社会出版社 2003 年版；谢水顺、李珽：《福建古代刻书》，福州：福建人民出版社 1997 年版。林应麟：《福建书业史》，厦门：鹭江出版社 2004 年版；李瑞良：《中国古代图书流通史》，上海：上海人民出版社 1994 年版；Cynthia J. Brokaw and Kai-wing Chow eds.. *Printing and book culture in late Imperial China*. Berkeley：University of California Press, 2005；Lucille Chia. *Printing for Profit*：*The Commerial Publishers of Jianyang*, *Fujian*（11th–17th Centuries）. Cambridge, MA：Harvard University Press, 2002（晚近翻译出版为，贾晋珠：《谋利而印：11 至 17 世纪福建建阳的商业出版者》，邱葵等译，李国庆校，福建人民出版社 2019 年版）。

论。闫春对《四书大全》编纂与流传情形的考述,注重观察它在元明清学术史中的位置。① 吾妻重二则从《家礼》研究出发,运用文本对比的方法,揭示出《性理大全》主要参考元代江西学者黄瑞节《朱子成书》的情形,并结合明初江西学者胡广等人编纂《大全》的史实,重新检讨江西朱子学派在朱熹著作经典化中的重要作用。② 吾妻氏的探研,已显示出经学史的讨论与具体历史背景相结合的可能与必要。③ 晚近的《大全》研究已呈现强调学脉与背景的新趋势。④

总体而言,三部《大全》文献来源已得到可靠的考辨和确认,下一步研究应回到它的思想、政治与文化背景中去,结合出版史、科举史等领域的新近成果,以呈现《大全》在宋元明初朱子学发展阶段与明初政治文化中的实际地位。与此同时,《大全》对随之而来的 15 世纪思想史的影响及意义,也是有待展开的新的研究路向,为重新审视和评价明代思想史提供帮助。

正如学者所指出的那样,明代思想史研究整体呈现出前后独大而中间薄弱的"哑铃"状态。⑤ 当中经久不衰的议题是晚明以来的人物、学术和思

---

① 闫春:《〈四书大全〉的编纂与传播研究》,华东师范大学人文学院古籍研究所博士论文,2009 年。

② 吾妻重二:《〈家禮〉の刊刻と版本——〈性理大全〉まで》,《关西大学文学论集》48 卷 3 号,1999 年,第 53—83 页;《〈性理大全〉的成立与黄瑞节〈朱子成书〉——宋代道学家著作经典化的重要侧面》,徐兴庆编:《东亚文化交流与经典诠释》,台北:"国立"台湾大学出版中心 2008 年版,第 365—391 页。前文收入吾妻重二:《朱熹〈家礼〉实证研究》,吴震、郭海良等译,上海:华东师范大学出版社 2012 年版,第 75—100 页;后文收入吾妻重二:《宋代思想の研究:儒教・道教・仏教をめぐる考察》,吹田:关西大学出版部 2009 年版,第三章《〈性理大全〉の成立と〈朱子成書〉——また黄瑞節および元代の江西朱子學派について",第 121—146 页。

③ 除吾妻重二的研究外,何淑宜同样从《家礼》的角度论说《性理大全》。参见何淑宜:《士人与儒礼:元明时期祖先祭礼之研究》,台湾师范大学历史学系博士论文,2007 年,第三章"明初祭祖礼仪的典制化"之第二节《〈性理大全〉中朱子〈家礼〉的礼典化";又见何淑宜:《香火:江南士人与元明时期祭祖传统的建构》,台北:稻乡出版社 2009 年版,第 162—176 页。

④ 胡荣明:《地域、家族与学术交流网络:朱子后学集团的形成——以介轩学派为中心的考察》,《朱子学刊》2009 年第 1 辑,第 162—175 页。陈逢源:《重塑道统——〈四书大全〉中的新安学脉》,《成大中文学报》(台湾)第 63 期,2018 年,第 39—41 页。李晓明:《明初〈五经大全〉传注取材新探——兼论纂修群体构成》,《安徽师范大学学报(人文社会科学版)》2019 年第 3 期,第 149—157 页。

⑤ 朱鸿林:《明代思想史研究的空间与进路》,《儒者思想与出处》,第 35 页。

想的探讨,尤其是阳明学兴起后,王门讲学活动的展开。① 由于与明初政权建制的紧密关系,著名儒者宋濂、方孝孺等人的理学及政治思想也受到了较多注意。②

就明代中期(15世纪)的思想和学术而言,学界的研究径路存在单一化的倾向。这体现在对著名理学人物生平、思想的关注,对阳明心学及其相关学术"链接"的兴趣上。以通论性的研究为例,钱穆在20世纪70年代论述明初朱子学之流衍时,仅及吴与弼、胡居仁、曹端、薛瑄四人。他虽已注意此时尊朱学者的践履取向,③但对宋明理学的整体观察是"宋明理学诸儒则终是向内工夫胜过了向外"。④ 此后陈荣捷有关明初程朱学派的研究,则提出此时不仅是程朱新儒学的微弱回响,其变迁中有着心学方向的观察。⑤ 容肇祖《明代思想史》、侯外庐等《宋明理学史》两部著作,也把明代视作理学衰颓、心学复兴的时代。⑥ 古清美亦从明代前半期的薛瑄、吴与弼、胡居仁、陈白沙、王阳明的理学学说入手,考察程朱理学之心性论及工夫论的变化轨迹,从而探讨阳明学之发生和成熟的内在理路。⑦

---

① 吕妙芬：《阳明学士人社群：历史、思想与实践》,北京:新星出版社2006年版;吴震：《明代知识界讲学活动系年,1522—1602》,北京:学林出版社2003年版;陈时龙:《明代中晚期讲学运动:1522—1626》,上海:复旦大学出版社2006年版;张艺曦:《阳明学的乡里实践:以明中晚期江西吉水、安福两县为例》,北京:北京师范大学出版社2013年版。刘勇:《中晚明士人的讲学活动与学派建构——以李材(1529—1607)为中心的研究》,北京:商务印书馆2015年版。

② 钱穆：《读明初开国诸臣诗文集》,《中国学术思想史论丛》(六),台北:东大图书公司1978年版,第77—171页;松川健二:《方孝孺试论》,《日本中国学会报》第19集,1967年,第178—186页;姬秀珠:《明初大儒方孝孺研究》,台北:文史哲出版社1991年版;王春南、赵映林:《宋濂方孝孺评传》,南京:南京大学出版社1998年版;Peter Ditmanson. "Death in Fidelity: Mid and Late Ming Reconstructions of Fang Xiaoru," *Ming Studies* 45(2001), pp.114-143;徐兆安:《宋濂门人时期的方孝孺》,《汉学研究》(台北)第27卷第4期,2009年,第147—178页。

③ 钱穆：《明初朱子学流衍考》,《中国学术思想史论丛》(七),台北:东大图书公司1979年版,第1—33页。

④ 钱穆：《宋明理学之总评骘》,《中国学术思想史论丛》(七),第288页。

⑤ 陈荣捷：《早期明代之程朱学派》,《朱学论集》,第331—351页。

⑥ 容肇祖：《明代思想史》,第34—35页;侯外庐等编:《宋明理学史》(上),第11—14页。

⑦ 古清美：《明代前半期理学的变化与发展》,《明代理学论文集》,台北:大安出版社1990年版,第1—41页。

在这种研究取向下,有关 15 世纪思想人物之个别研究,多集中于对 16 世纪心学学派有影响的陈白沙、胡居仁、薛瑄、曹端等人身上。① 研究者的做法也大致相似,多在简述其生平及成学背景后,考察他们理学观念中传承宋元儒学,或发端心学的具体情形。

晚近的人物研究中已出现新的方向。朱鸿林对于陈白沙出处问题的考察,已展现出陈氏在心学思辨之外的道德思考和价值取向,此个案研究所见明中期士人主体意识的增强,丰富了以往对此段思想史的了解。② 许齐雄对薛瑄的教育理念和实践的系列研究,则拓展了学界对薛氏理学思想及其与政治关系的新认识。③

除了对上述耳熟能详的理学人物的探研外,朱鸿林有关明中期学者型官员丘濬的系列研究颇具意义。朱氏通过考察丘濬所著《朱子学的》一书,指出明初朱子学者系统性表达朱子学说的思想脉络,这对以往研究只注重和会朱陆、躬行实践两个面向的讨论有新补益。④ 而他对丘濬的经世巨著《大学衍义补》的深入探研,则揭示出土木之变以后的明代思想史中与心学

---

① 简又文:《白沙子研究》,香港:简氏猛进书屋 1970 年版;林继平:《白沙学的形成》,《明学探微》,台北:台湾商务印书馆 1984 年版;章沛:《陈白沙哲学思想研究》,广州:广东人民出版社 1984 年版;吕妙芬:《胡居仁与陈宪章》,台北:文津出版社 1996 年版;冯会明:《胡居仁与余干之学研究》,北京:光明日报出版社 2009 年版;常裕:《河汾道统:河东学派考论》,北京:人民出版社 2009 年版;徐铭谦:《曹端理学思想研究》,新北:花木兰文化出版社 2011 年版。

② 朱鸿林:《陈白沙的出处经验与道德思考》,钟彩钧、杨晋龙主编:《明清文学与思想中之主体意识与社会——学术思想篇》,台北:"中研院"中国文哲研究所 2004 年版,第 11—54 页;《明儒陈白沙对林光的出处问题之意见》,《顾诚先生纪念暨明清史研究文集》,郑州:中州古籍出版社 2005 年版,第 56—79 页。

③ 许齐雄:《国家政治目的和理学家教育理想在官学和科举的结合——以薛瑄思想为例》,《汉学研究》(台北)2009 年第 27 卷第 1 期,第 87—112 页;许齐雄:《北辙:薛瑄与河东学派》,杭州:浙江大学出版社 2015 年版(原书为 Koh Khee heong. *A northern alternative: Xue Xuan* (1389-1464) *and the Hedong School.* Cambridge, Mass.: Harvard University Press, 2011)。

④ 朱鸿林:《传记、文书与宋元明思想史研究》,《中华文史论丛》2006 年第 2 期,第 212—218 页;《丘濬〈朱子学的〉与宋元明初朱子学的相关问题》,林天蔚编:《岭南文化新探究论文集》,香港:现代教育出版社 1996 年版,第 63—79 页;《〈朱子学的〉的流传与评价》,《史数》(香港)1996 年第 2 卷,第 177—198 页。三文均收入"朱鸿林明史研究系列"丛书第三卷《儒者思想与出处》。

思潮长期并行的"经世之学"的存在。① 此外,何威萱对成、弘间学者程敏政生平与学思的探索,王昌伟、陈冠华等对关中理学人物的讨论,均是对阳明学兴起之前的明中期思想史之有益探索。②

一言之,15 世纪思想史不是,也不应是 16 世纪阳明心学的附属品。当我们的注意力从 16 世纪移开,重新站在明初朱子学发展的本位来审视 15 世纪的思想人物,才能较为客观地体会哪些人可作为这一时期的代表,并从他们的思考和行动来辨明 15、16 世纪思想的联系与不同。

实际上,无论是心性之学还是经世之学的讨论,究其本质都是在探讨王阳明新学出现之前的 15 世纪思想史,尤其是朱子学自身发展与演化的真实历史。究竟 15 世纪学者是如何看待朱子学? 他们关心和用力的方向何在? 在朱子学和现实政治的双重危机前,他们又是如何改造朱子学的? 对于上述问题的解答,官定《大全》无疑是首要背景和最佳切入点。这是因为《大全》所承载的宋元研经方法和经学内容,在 15 世纪的许多思想人物身上,都有文献可循的重要表述和痕迹。

在前人研究的基础上,本书旨在以《四书五经性理大全》为中心,考察元明朱子学的传承与递嬗进程。以故关注的时间范围集中在 14、15 世纪这两百年间。除首章绪论和尾章结语外,正文主要由三部分组成。

第一部分即第一章,重点讨论元代朱子学的多元发展格局,这是《大全》成书的学术背景和思想基础。本章以理学发展最为活跃、彼此交流碰撞较多的金华、崇仁、徽州三地为中心,分别选取能够发扬、张大本地理学的关键人物为个案,从各人及其相关交游的传记和文集入手,重新检讨三地学

① Chu, Hung-lam(朱鸿林)."Ch'iu Chün(1421-1495)and the *Ta hsüeh Yen-i Pu*:Statecraft Thought in Fifteenth-Century China," Ph.D. Dissertation, Princeton University, 1984; "Ch'iu Chün's *Ta hsüeh Yen-i Pu* and Its Influence in the Sixteeth and Seventeenth Centuries," *Ming Studies* 22 (1986), pp.1-32;朱鸿林:《传记、文书与宋元明思想史研究》,《中华文史论丛》2006 年第 2 期,第 219—223 页。

② 何威萱:《程敏政及其学术思想:明代阳明学兴起前夕的学术风气研究》,香港理工大学中国文化学系博士论文,2013 年。陈冠华:《明代中后期河南及陕西的地方理学发展及其叙述》,香港理工大学中国文化学系博士论文,2015 年。王昌伟:《中国历史上的关中士人:907—1911》,刘晨译,杭州:浙江大学出版社 2017 年版。

者阐明朱子学的方法，担当道统和自诩得"统"的说词，推广本地学说的途径和做法，以及由此呈现出的各地学术特色和并竞发展态势。同时期其他地区朱子学的发展状况，如浙江四明、福建建阳地区，以及北方关中一带的学术，本书只在关涉其与三地学者学术交流时提及，暂不专述。

第二部分包括第二、三两章，主要围绕朱子学在明初的官学化进程展开论述。第二章，探讨明初两位"开国"皇帝太祖与成祖对待程朱理学的差异与共趋，呈现《大全》编纂的政治、文化背景。本章主要以太祖敕修的《书传会选》和成祖亲撰的《圣学心法》为中心，结合两位帝王的御制文字以及两朝文教举措的相关表现，太祖与成祖对待理学的不同取态和期望对官方学术产生的具体影响，解释《大全》何以诞生于洪、永两朝微妙却意义重大的政治文化变动之中。

第三章，具体考察与《大全》纂修直接相关却未经厘清的诸项基本史实。具体而言，前两节是有关《大全》修纂的时空、人员构成、编纂背景等内容的考证，所用材料多来自明初士人的传记和文集。第三节重点分析《大全》内容取材的特点及成因，从敕撰要求、人事因素，尤其是书籍流通的角度进行讨论。明初著名学者教学及读书时的推荐书单和读书跋语等记录，为我们深入明初理学阅读史提供了可能。

第三部分包括第四、五两章，以《大全》为中心呈现明代朱子学的流传与演变情形。第四章综合历代书目文献等记载，概述官修《大全》颁布后，在明代出版、流通及推行的历史，并首次考察《大全》颁布之初的接受与阅读情况。这是《大全》影响史的直接体现。

本书重点论述的第五章，主要探讨《大全》对 15 世纪思想史的深层影响，从而展现明中期朱子学发展的实际状况。本章以《大全》颁布后一百年间四位学者的重要反应性著作为研究个案，结合其传记、文集、经学著述，考察他们在各自的生平际遇、师承交游中，应因不同的时代需求，通过对《大全》各个层面的批评、质疑、修正以更新朱子学并实践儒家理想的思想和行动。与义理的探研相比，本书更关心每位学者在具体的历史场景中何以对《大全》产生这些反应，他们如何表达自己的意见，以及他们这些表现在其时代思想中的意义。

# 第一章　多元并竞:元代南方朱子学的地域流传

明初敕撰书《四书五经性理大全》,自永乐十五年(1417)颁行天下起,随即成为明代士人研习《四书》《五经》及宋儒性理学说的官定读本,参加科举考试的重要依据。作为深远影响明清两代学术发展的经典著作,《大全》从编纂到完成用时仅十个月,以故其备受"用功仓促"、"潦草成编"等指摘。明末清初学者顾炎武、朱彝尊(1629—1709)等人,更将《大全》采掇宋元理学著述的编纂方法定性为"抄袭"或"窃书"。这种看法经由《四库全书总目提要》而得以强化,至今还影响着《大全》编纂背景、修纂过程及后世影响的深入提揭。

《四书五经性理大全》之成书确实渊源有自。多元并竞态势下的元代理学,为明初学术的承继与发展,提供了丰富的思想源泉。元代理学并非"宋明理学"概念中似有若无的存在。元代程朱理学在多地繁荣发展,并从不同的乡里传统中发展出颇具地域色彩的学术传承脉络。元代中后期各地学者交流频繁,在彼此砥砺中,大量且渐趋成熟的朱子学诠释著作涌现,构成《大全》足以凭借的主要底本,这是《大全》纂修首要面对的思想遗产。

整体而言,元代理学的发展情形,在"北有许衡,南有吴澄"的代表性提揭之外,①实际有着更为丰富的内涵。许衡(1209—1281)将程朱学说推广至元廷,于国子监教授蒙古贵族子弟学习《小学》,深远影响理学在北方的

---

① 揭傒斯:《神道碑》,《吴文正集》附录,《文渊阁四库全书》集部第1197册,上海:上海古籍出版社1987年版,第949页。

传习。除赵复、许衡等人在北方传播程朱理学之外,在理学稳定延续的南方各地,则出现学术交融与争鸣发展的盛况。尤其在文教发达的浙江、江西、安徽等地,其地学者争相表彰、推广所承传的程朱学说,形成朱子学蓬勃发展的局面。①

　　本书首章关注朱子学说在元代南方各地流传、衍化的具体情形。这既展现朱熹(1130—1200)理学经由南宋确立官学地位、直至明初定为一尊的中间过程,也显示元代朱子后学在发展中分流、交融,并与同时代的陆学等思想交流、碰撞的情形。本章的研究显示,在朱子学传播最活跃的元代婺州路、抚州路以及徽州路,三地儒者立足于各自的乡里传统和师承脉络,对程朱学说的继承和发展有不同的侧重,逐步形成各具一帜的为学旨趣与学问气象。他们推明朱子学的方法不同,对学术道统的担当和自认也有别。金华、崇仁及新安学者学术交流与分歧的实例,亦丰富并再现了元代理学并竞发展的真实情境。

## 第一节　嫡传与正学:金华朱子学的自任

　　元代金华学术自具一体,它既深受吕祖谦(1137—1181)以来浙东重视文献典制的传统影响,又直承朱熹嫡传黄榦(1152—1221)之学。正因为此,植根于深厚学术传统之上的金华朱子学,颇为重视对本地学术谱系的塑造和强化。元中后期儒者吴师道(1283—1344)生长于这一传统中,他推崇金华朱子学的行动具有代表性。本节以吴师道为中心,考述元代金华朱子学的传承特点。换言之,本节想回答如下问题:金华朱子学以何种面貌示人? 此地学术系谱的建立如何影响到当地学者的自认? 这一自认的结果反过来又怎样促使其不遗余力地推广本地学术,乃至影响他们看待其他地方的学术?

---

　　①　本书中所涉及的地理概念,兼用元明时期及现代行政区划名称。在阐明地域理学时,多采用学术界通用概念,如金华、崇仁、新安等。书中地理概念在使用时或不完全对等,均为表述方便起见,不再加以精确界定。

## 一、"金华四先生"的确立

金华朱子学是活跃于婺州路一带的儒者所传承并发扬的朱熹学说。宋元时代,它主要沿着何基(1188—1268)、王柏(1197—1274)、金履祥(1232—1303)、许谦(1269—1337)这世称"金华四先生"的师承脉络次第相传,至元中后期吴莱(1297—1340)、柳贯(1270—1342)、吴师道等人相继其后。

与徽州、江西等地儒者相比,金华学者较为重视对本地学术传统的追溯和建构。其努力的成效显著,以致金华理学为朱学嫡传的这一看法,甚至影响到清代黄百家(1643—1709)、全祖望(1705—1755)等人。全祖望在《宋元学案》中专列"北山四先生学案"讨论此地学术,认为"勉斋(黄榦号)之学,得金华而益昌",黄百家则指出"北山一派,鲁斋(王柏)、仁山(金履祥)、白云(许谦)既纯然得朱子之学髓,而柳道传(柳贯)、吴正传(吴师道)以逮戴叔能(戴良)、宋潜溪(宋濂)一辈,又得朱子之文澜,蔚乎盛哉! 是数紫阳之嫡子,端在金华也。"①作为浙东学术后继者的全、黄两人,几乎视金华为朱学的嫡脉正传。

"金华四先生"说法的形成,实有脉络可循。这早在"四先生"之一金履祥的叙述中已见端倪,并完成于许谦的门人后学之中。金履祥字吉父,号次农,学者因其晚年讲学之地而尊称其为"仁山先生"。他初学于王柏,后学于何基,学问重在阐发理一分殊及理不遗事之旨,著有《大学疏义》《论孟集注考证》《尚书表注》《资治通鉴前编》等书。② 金氏在为其师何基、王柏撰写的祭文中,已注重标显两位先生对朱熹、黄榦之学的传承地位:

> 自朱子之梦奠,以及勉斋之既徂,口传指授者,或浸差其精蕴,好名假实者,又务外以多证,惟先生(何基)订师言以发挥,剔众说之繁芜。③

---

① 黄宗羲撰,全祖望补:《宋元学案》卷82"北山四先生学案",陈金生、梁运华点校,北京:中华书局1986年版,第2725、2727页。
② 金履祥的为学特点,参见陈荣捷:《元代之朱子学》,《朱学论集》,第133页。
③ 金履祥:《祭北山先生文》,《仁山文集》卷4,《文渊阁四库全书》集部第1189册,第823页。

文运重明，鼎盛乾淳，集厥大成，越维考亭。考亭之亡，道散四方，
鳌峰之传，北山之阳，猗欤！先生（王柏）世际渊源考亭，上游一二遍
参，卒于北山。师资就正有的，其传立志居敬。①

何基字子恭，谥文定，学者称其为北山先生。王柏字会之，号鲁斋，谥文
宪，从学于何基，曾主持丽泽、上蔡书院，并著有《诗疑》《书疑》等著作。以
上引文显示，从朱熹到黄榦再到何、王二先生的金华学术系谱，在金履祥时
已具雏形。与之相辅证的是，金履祥撰著《论语集注考证》的理学实践中，
亦在宗朱之外引述黄榦、王柏、何基三人之说为多。② 只是上述有关何、王
二先生师承脉络的表述还较为灵活，尚未形成固定的论说套路。

在金履祥之前，王柏等人的理学文字中并未对上述师承关系有特殊强
调。③ 而在金履祥之后，门人柳贯则在金氏基础上继续强化这一传承谱系。
他为金履祥所作《行状》中称：

文宪王公之学得之文定何公，何公之学得之文肃黄公，黄公则文公
子朱子之高第弟子也。其授受之渊源，粹然一出于正。……（金履祥）
先生始获进拜文宪，而遂从登文定之门。④

由柳贯的叙述可见，"三先生"系谱的表述已经形成，并渐有模式化的
倾向。在这篇《行状》末尾，柳氏还提到了同门许谦可作为金履祥之继承人
的角色，称"先生之有望于谦，与谦之足以承先生之知，贯则数及之矣。"⑤

许谦，字益之，世称白云先生，他师承金履祥，后隐居教授，门人众多，著

---

① 金履祥：《祭鲁斋先生文》，《仁山文集》卷4，第824—825页。
② 龚道运：《朱学论丛》，第95页。
③ 王柏为朱子高第黄榦、陈淳编集《文粹》并作《跋语》，当中虽盛赞黄榦之学"辞严渊
奥"，但未特别提出金华朱子学与黄榦的传承关系。王柏：《跋勉斋北溪文粹》，《鲁斋集》卷
11，《文渊阁四库全书》集部第1186册，第176—177页。
④ 柳贯：《故宋迪功郎史馆编校仁山先生金公行状》，《待制集》卷20，《文渊阁四库全
书》集部第1210册，第511页。
⑤ 柳贯：《故宋迪功郎史馆编校仁山先生金公行状》，第514页。

有《读四书丛说》《诗集传名物钞》等书。许谦之后,金华学者开始以许谦作为接续金氏学脉之人。至此"金华四先生"并称的形式已告完成,成为金华学者得以自高自任的乡里学术传统与共享文化资源。金华名儒黄溍(1277—1357)在许谦《墓志铭》中写道:

> 文定何公既得朱子之传于其高弟文肃黄公,而文宪王公于文定则师友之,金先生又学于文宪而及登文定之门者也。三先生皆婺人,学者推原统绪,必以三先生为朱子之世适。先生出于三先生之乡,而克任其承传之重。遭逢圣代,治教休明,三先生之学卒以大显于世。①

可见,黄溍视许谦为"承传"三先生理学之正传的第"四"先生。也因为其承续"三先生"之学的地位,许谦被看做尊崇并发扬朱熹道学的功臣。值得注意的是,上述"四先生"说法的成立对于金华朱学系谱的建构意义深远,它客观上为金华朱子学世代相传的"正学"地位提供了保证。

"金华四先生"的讲法在元末明初金华士人的叙述中乃成范式,不仅为金华儒者的自我认同提供标的,亦影响着后世学者对金华学术的观感。黄溍门人、浙江义乌人王祎(1322—1374)于明初为宋濂(1310—1381)作传时,不仅引述"金华四先生"理学传承之习说,还把宋濂也纳入四先生后继者的行列中。② 浙东永嘉朱子后学、永乐朝翰林侍读黄淮(1367—1449)为许谦《学箴》作跋语时,亦详述"金华四先生"的授受原委。③ 直至明成化年间,在金华后学陈相的论述中,更是完整地建构起从吕祖谦到"金华四先生",再到柳贯、吴师道、黄溍、宋濂等儒者的"吾婺道学之传"。④ 到了晚明,万历间内阁首辅赵志皋(1524—1601)还将明中期金华学者章懋

---

① 黄溍:《白云许先生墓志铭》,《黄溍全集》,王颋点校,天津:天津古籍出版社2008年版,第462页。
② 王祎:《宋太史传》,《王忠文集》卷21,《文渊阁四库全书》集部第1226册,第443—444页。
③ 黄淮:《学箴跋语》,《白云集》附录,《文渊阁四库全书》集部第1199册,第605页。
④ 陈相:《白云集原序》,《白云集》卷首,第530页。

(1436—1521)视为"金华五先生"之一,①可见此说法的影响之深远。

吴师道是黄溍友人以及许谦的晚辈,他对弘扬"金华四先生"的说法贡献较大,虽然并未引起研究者太多注意。吴氏不仅认可"君(许谦)师仁山金先生履祥,仁山师鲁斋王先生柏,从登北山何先生基之门,北山则学于勉斋黄公,而得朱子之传者"的"四先生"传承序列,②他还认为朱熹众门生中只有金华学者得朱子传授之正。事实显示,吴师道既切实受到这一乡里学术传统的影响,又反过来为发扬金华朱子学的学术"正传"地位而作出努力。

## 二、师友渊源与学术传统

官至礼部郎中的吴师道是元中后期重要的金华理学人物,他师友"四先生"之一的许谦,又与柳贯、黄溍、吴莱等人交好。作为许谦最器重的后学之一,③吴氏以承续金华学统为己任,除撰著《易杂说》《书杂说》《诗杂说》及《春秋胡氏传附辨》等书发明朱子学外,也是用实际行动推广金华学术之最富成效者。吴师道的诗学、文献学成就已受到当今学者的注意,④他的国学策问也有学者认真加以研究,⑤不过,有关他推崇金华理学的系列努力及收效尚缺乏系统的研讨。

吴师道确实对金华这一脉"学统"表现出高度自任。这既可以从他早

---

① 赵志皋:《中洲遗集叙》,《赵文懿公集》卷1,《四库禁毁书丛刊》集部第180册,影印中国科学院图书馆藏明崇祯赵世溥刻本,北京:北京出版社2000年版,第650页。

② 吴师道:《读四书丛说序》,邱居里、邢新欣点校《吴师道集》,长春:吉林文史出版社2008年版,第344页。另见吴师道《诗集传名物钞序》:"自北山何先生基得勉斋黄公渊源之传,而鲁斋王先生柏、仁山金先生履祥授受相承,逮君(许谦)四传,有衍无间,益大以尊。"(第346页)

③ 吴师道曾在给友人的书信中谈及"昔在金华,与许君益之游。君所厚者,张子长暨予。"见吴师道:《送尉彦诚序》,《吴师道集》,第355页。

④ 吴师道其人其学的详细介绍,参见邱居里校点:《吴师道集》"前言"第1—5页。吴师道的诗学和文献学研究,参见雷恩海:《吴礼部诗话之版本暨诗学思想考述》,《西北师范大学学报(社会科学版)》2010年第1期,第38—43页;曾贻芬:《元代文献学拾零》,《史学史研究》1995年第1期,第67—73页。

⑤ 邱居里:《国学策问与礼制更化——吴师道〈国学策问〉研究》,《历史文献研究》第30辑,2011年,第192—202页。

年"师友"许谦的事情上得到印证，又见于他后来编辑乡邦文献《敬乡录》，以及出任国子监助教期间推广"四先生"著作等行事。在许谦的众多弟子与交游中，吴师道推广金华朱子学的行动较为显著。他的成学、仕宦经历皆体现金华后学以本地学说自任，并因之推广本地理学的特点。

许谦年长吴师道14岁，是后者学问形成过程中的关键人物。杜本（1276—1350）在吴师道《墓志铭》中记载许谦之教的影响，称：

> 至大初，闻白云许先生谦从仁山金先生履祥得文定何公、文宪王公之学，上溯朱子之传，乃述己所得持敬致知之说，撰书质于许公。深加敬叹，即以延平李先生所以告朱子理一分殊之言为复。自是，凡一辞之未莹，一义之未安，辄往复诘问订定方已，于是造诣日深，誉望日隆。①

由文中时间记载来看，吴师道25岁左右问学于许谦。此时的他学养多由自得，既未入金华朱子学的门庭，也无师友同志相与砥砺。然而，以上记述显示，正是在至大初求教许谦之后，吴氏渐领会金华理学注重"理一分殊"的学问旨趣，并开始频繁向许谦请益，从而学有所归，理学造诣不断加深。

现存许、吴两人往来书信，亦印证吴师道问学于许谦的详情，从中可见金华朱子学的学问特点和归趋所在。先是吴师道撰写《与许益之书》一封，请教进学之方，信中称：

> 仆生幼而读书为文，盛气而锐思，贪博而骋能，自以为适也，既而悔之。闻义理之学、圣人之道于是乎在，时则仁山金子讲道淑艾之人，而弗果从。家贫无书，里良师友又少，闭门矻矻，弗知所向。窃自念道散于群经，会于《四书》，周、程、朱、张诸儒又表章发挥之，微言精义，抉露无余矣。遂慨然曰："吾他无书，独无《四书》乎？吾无所与游，独弗能尚友古人乎？"于是诵其书，思其人，优游涵泳乎性命道德者几时，始而

---

① 杜本：《墓志铭》，《吴师道集》附录，第495—496页。

茫乎其失也，继而粲乎其明也，久而确乎其信也。

……然闻之不如见之之亲，见之不如授之之精，无师友以为资，亦终焉寡陋是惧。环视当世，污染沦骨，讪笑迂阔，友且未多见，况于师乎！足下早登仁山之门，深探何、王之传，质纯而气清，道信而学笃，于仆则又道先齿长，实师而非友也。比尝幸得见，退而迫困世故，弗获有请，一年于兹，足下又警迪之以文字者屡矣。

仆诚不佞，试以所得于先儒而欲终身行者诵言之。涵养须用敬，进学则在致知。学者工夫，惟居敬、穷理二事。正容谨节，存心主一，敬之事也；读书问道，应事接物，穷理之方也。二者皆主于敬焉。斯言也，先儒所以会圣贤之精微，而示人以约者欤？备体用本末而入德之要欤？仆之生也愚，而师之求也久。方将请事于敬，未能习而安也，而缺焉亲炙复若是，如进学何？足下倘嘉其志、矜其愚，而辱教之，赐一言以自证，则先儒之启我也，足下之成我也，幸孰大焉！①

以上所见的吴师道，是一位求知欲强又有些恃才自傲的后学晚辈。他早年接触到程朱之学后，即有志于从学嫡传朱子之学的金履祥。拜师不成后，便转向以研读《四书》为入径的自学。虽然闭门读书似有所悟，但始终还是要将一己所得求正于当世学者，于是，吴师道向金履祥的晚年学生许谦请教学问。文中"比尝幸得见"句，显示许、吴两人并非首次接交。只不过吴师道此前并未向许氏讨教学术，反倒是许谦屡次赠之以"警迪"文字，期以自勉向学。这反映出吴氏在学问追寻方式上在拜师无果后由自修转向问学的变化。

许谦答复吴师道的回信，则呈现出一位循循善诱的儒者形象。他在《答吴正传书》中称：

大易画而人文开，典谟作而大道著。圣圣相传，至夫子而大明。孟子没则日以晦矣，濂溪（周敦颐）浚其源，程、张疏其流，朱子放而极于

---

① 吴师道：《与许益之书》，《吴师道集》，第212—213页。

海,可谓光前绝后,宜其悠久而无息也。今朱子之书满天下,诵而习之者岂少?其人能升其堂而窥其室,于今几何人哉?去其世若此未远,犹且如是,则继今以往,其明晦未可知也。尧舜之道,孔子集其大成,中虽有晦明,无害也。孔子之道,朱子发其大全,中虽久晦,无害也。今朱子之言满天下,诵而习之者既多,安知不有知朱子如朱子之知孔子者,亦未须预为之忧也。窃独自悲抱朱子之书而诵之,若操扁舟下沧溟,遇风涛而失楫,伥伥乎无所底止。方忧已之不暇,尚敢忧人哉。

……虽然,辱交既深,固知足下之心无不诚,而言无不信。来书之云云,盖亦真以为有所未足而欲求之耳。贫而求于富,寡而求于多,固宜矣……今足下以此为疑,盖深惜暗投其珠耳,姑诵闻之于师者以复足下。

昔文公初登延平之门,务为笼统宏阔之言,好同而恶异,喜大而耻小,延平皆不之许,既而曰:"吾儒之学,所以异于异端者,理一而分殊也。理不患其不一,所难者分殊耳。"朱子感其言,故其精察妙契,著书立言莫不由此。足下所示程子"涵养须用敬,进学在致知之"两言,固学者求道之纲领,然所谓致知当求其所以知,而思得乎知之至,非但奉持"致知"二字而已也。非谓知夫理之一而不必求之于分之殊也。朱子所著书盖数十万言,巨细精粗,本末隐显,无所不备,方将句而诵、字而求,竭吾之力,惟恐其不至,然则举大纲弃万目者,几何不为释氏之空谈也。近日学者盖不免此失矣,吾侪其可踵而为之乎?①

许谦书信首段,文字颇为委婉,一波三折:诵习朱子之书的人虽多,但真正深入并发明朱子之学的人却少,是为道忧;从道统之传不绝如缕来看,似也无须太过悲观,只要深研自造,便有如朱子承孔子的真儒复出;但朱子发明的道学体大用精,后学易于各偏一执而无功,因不善用功而流诸空疏口耳。许谦这样委屈说来,其落脚正在针砭吴氏。这在他书信后半部分婉转引用南宋著名学者李侗(1093—1163)训化朱熹理一分殊之教中更能清楚

---

① 许谦:《答吴正传书》,《白云集》卷3,第584—585页。

看到。在许谦看来,吴氏来函中所谓"持敬致知之说"虽为"求道之纲领",实乃只知其"大",而不知所谓"下学上达"之细密工夫。换言之,只有沉潜反复于朱子之言,"句而诵、字而求",求其"分殊"而达"理一",才是为学之用力所在。

许谦在以上复函中所陈为学大要,应深深地震撼和着实影响到吴师道此后的向学与研道。前揭吴师道《墓志铭》中所载其学问变化,即为证实。许、吴两人此后学术交流频繁,多有书信往来与诗歌唱和。① 吴师道为许谦著作《读四书丛说》《诗集传名物钞》撰序,并为《诗集传名物钞》的撰作贡献意见。② 在为《读四书丛说》作序时,吴师道特别详细地追述论学往事,既坦诚地称赞许谦当年"理一分殊"之论的拳拳之意,且敬告《读四书丛说》的读者应善于体悟许氏书中所透露的这一读书精神。③ 许谦卒后,吴师道亦为其撰写祭文。④

许、吴的学问交流已呈现出金华朱子学的学术传统和研经特点。首先,重视以"分殊"之法来发明、演绎朱子之理,实为金华儒者治朱子学的主要方法,许谦所撰《读四书丛说》《诗集传名物钞》即是遵循此重视名物训诂的研经原则的成果。其次,以《四书》为学问入径也是金华朱子学的研经传统,吴师道《与许益之书》中认为精研《四书》可以明道的观点,实出自对金华学术传统的熟悉和体认。他在《读四书丛说序》中还进一步阐明到:

> 窃独念,昔闻北山首见勉斋临川,将别,授以但熟读《四书》之训,晚年悉屏诸家所录,直以本书深玩,盖不忘付嘱之意。自是以来,诸先生守为家法,其推明演绎者,将以反朱子之约而已。⑤

---

① 许谦《酬吴正传一首》、《再赠江行父》两诗谈及与吴师道的交游情形(许谦:《白云集》,第550、554页)。吴师道文集亦存《送许益之赴赵侍御招二首》、《许益之秋夜杂兴诗》(《吴师道集》,第114、427页)。此外吴师道在与友人书信中多次提及许谦致信、赠药等事。吴、许两人还同为唐代樊宗师所撰《绛守居园池记》作补注。

② 见吴师道至元五年撰《诗集传名物钞序》所述(《吴师道集》,第346页)。

③ 吴师道:《读四书丛说序》,第345页。

④ 吴师道:《祭许征君益之文》,《吴师道集》,第473页。

⑤ 吴师道:《读四书丛说序》,《吴师道集》,第345页。

　　由上可知,"熟读"朱熹《四书章句集注》并予以"推明演绎"而求其"约",正是金华学者的"家法",亦是其嫡传朱子之学的明证。其"深玩"的成果,见于"四先生"点抹标注《四书》的工作,以及将研习心得结集而成的著作,如《四书发挥》《大学疏义》《论孟考证》《读四书丛说》等。这些金华先贤补益朱子的著述,其特色一如吴师道所言,是对朱熹《四书章句集注》"奥者白之,约者畅之,要者提之,异者通之,画图以形其妙,析段以显其义,至于训诂、名物之缺,考证补而未备者,又详著焉",①试图通过点抹标注、考章训诂、推明演绎而非一味羽翼纂释的方式,呈现朱熹的至理大道。这既是金华朱子学的用功特色,也是他们恪守的为学之方。

　　总的来看,吴师道积极问学于许谦的经历,显示他有志于传续金华学统的热忱。其与许氏的交谊虽介于"师友"之间,但许谦实际是他真正进入朱学门径的引路人。深受乡里传统和师友影响的吴师道,在出仕之后致力于推广金华朱子学。他在朝堂上屡次推举许谦等金华"四先生"的学行事迹、理学著作,期望金华之学得到官方的认可和助力。

### 三、金华理学在元廷的推广

　　已有研究显示,蒙元政权下的汉人知识分子,即便通过科举考试入仕,其后可作为的空间也相当有限。② 尽管如此,金华儒者还是积极参与到政权中去。到了元代中后期,在南方出身的官员中,金华士人已然与江西籍在朝文官相比肩,交替执掌国家文治的部分权力,他们通过举荐或科举考试的方式为元廷所用,从而在国子学等机构对国家文教发挥影响。除柳贯、黄溍等金华名士外,吴师道也是其中一员。

　　吴师道对科举之学持积极的取态,中年遂由此途入仕。他生于科举考试尚未复行的至元二十年(1283),早年即有"义理之学,果何负于科举? 而

---

　　① 吴师道:《读四书丛说序》,第 345 页。

　　② 参见王明荪:《元代的士人与政治》,台北:学生书局 1992 年版,第 146—163 页;萧启庆:《元朝南人进士分布与近世区域人才升沉》,萧启庆主编:《蒙元的历史与文化》,台北:学生书局 2001 年版,第 571—615 页;周鑫:《治生与行道:元初科举停废与南方儒士之易业》,《广东社会科学》2014 年第 4 期。

科举之士,亦何惮而不此之学耶"的看法。① 至治元年(1321),吴氏参加了延祐恢复科举后举行的第三次会试,并考中进士。② 他随后撰写《谢李溉之都事书》《上袁伯长学士书》两封书信,感谢主考官李洞(1274—1332)、袁桷(1266—1327)的知遇之恩。③

官至奎章阁承旨学士的李洞是山东滕州人,由元初大儒许衡的高弟姚燧(1238—1313)举荐为翰林国史院编修,曾参编元代官修政书《经世大典》。而负责此次会试出题的袁桷,则是四明理学的代表人物,他倡导博通之学及和会朱陆的治经理路,也因此与江西籍文臣虞集(1272—1348)甚为交好。④ 吴师道在致袁桷的书信中以门生自称,并强调两人同属浙东学术的传统,不过从现存文集来看,袁、吴两人此后并无文字往来。⑤

登第之后,吴师道历任高邮府高邮县丞、宁国路录事、池州路建德县尹等地方官职,浮沉宦海近二十年,直至晚年被推荐为国子助教,他才开始对国家文治发挥实质影响。其《墓志铭》中详载职位擢升的情形为:

> 朝廷更化之初,选用名儒,今中书左丞吕公思诚、侍御史孔公思立知君学行,时在中书,荐擢君为国子助教阶务正郎,明年升博士阶儒林郎。六馆诸生素闻君名,无不悦服。在京不事请谒,晨夕坐馆中讲明经义,表章正学,且请立何文定公书院。尝谓诸生曰:"圣人之道,至朱子而大明,朱子之学,至我朝许文正公(许衡)而论定,向非许公见之之明,而守之之固,未必不为异论所惑矣。诚宜一遵朱子之训、许公之法,私意臆说无庸参错其间。"搞文之士有持异论者,辞而辟之。⑥

---

① 吴师道:《送王仁昭序》,《吴师道集》,第331页。
② 史料未记载吴师道以何经中进士,由日后的理学著述来看,他于各经皆有涉猎。
③ 《吴师道集》,第219—220页。
④ 李洞、袁桷皆与虞集交好,现存多篇虞集与李、袁的唱和文字。袁桷更是虞集的莫逆之交,两人在学问旨趣方面尤为投契。赵汸《邵庵先生虞公行状》称"时前代故家子弟仕于朝者不数人,公与四明袁公伯长最厚,尽交友之义。"李修生主编:《全元文》第54册,南京:凤凰出版社1997年版,第355页。
⑤ 吴师道:《上袁伯长学士书》,《吴师道集》,第220页。
⑥ 杜本:《墓志铭》,《吴师道集》,第496页。

吴氏友人、许谦高第张枢(1292—1348)所撰《墓表》的记载可与上述引文相补充,张氏指出"朝廷更化"的具体时间为至元末(1340年前后)。① 那么,此时吕思诚(1293—1357)等人为何在"名儒"中择选了金华吴师道来执教国子学? 这与吴氏"一遵朱子之训、许公之法"的教学理念有无关联?

事实上,吴师道升迁的重要背景,是1340年前后许衡门人为主的北方官员与吴澄(1249—1333)为代表的江西学者,在元廷国子监教法上的争议和分歧。② 许衡既是北传理学肩负道统传续之责的先驱人物,也是元代国子学的奠基者。其为学"一以朱子之言为师,穷理以致其知,反躬以践其实",③以故他在担任国子监祭酒期间,尤其重视朱子的《小学》,将它视作学者进德之基。但许氏同时强调"始惟由《小学》而《四书》,讲贯之精,而后进于《易》《诗》《书》《春秋》",④并没有让后学仅局限于读《小学》为已足。不过从现有材料来看,许衡在国子监所教却只有《小学》,⑤这成为继任国子监的官员同时也多是许衡门人强调《小学》之教的借口。

许衡的教学方法在江西名儒吴澄任教国子监时得到修正,后者试图改变国子监教学中只重视《小学》的路径。吴澄至大二年(1309)六月到京任国子监丞,四年升国子司业,皇庆元年(1312)正月辞官归里,前后任职不过三年,这应与他有意改变教法却推行不利的局面有关。据吴澄门人虞集在《送李扩序》的记述来看,吴澄担任国子监丞期间,认为仅守《小学》是不够的,儒学是博大的,应该渐次扩及五经之学,且强调会通诸儒经注而有自得的重要性。⑥ 吴澄的学问博大精深,思想兼会朱陆,事实上他想在国子监推

---

① 张枢:《元故礼部郎中吴君墓表》,《吴师道集》,第491页。
② 许衡的办学思路以及吴澄改革国子监教法的情形,参见王建军:《从元代国子监办学模式的演变看传统人格的养成》,载李弘祺编:《中国与东亚的教育传统(一)中国的教育与科举》,台北:喜马拉雅研发基金会,2006年,第283—325页。
③ 许衡:《先儒议论·姚氏牧庵语》,《鲁斋遗书》卷14,《北京图书馆古籍珍本丛刊》第91册,影印明万历二十四年(1596)怡愉江学诗刻本,北京:书目文献出版社1988年版,第444页。
④ 许衡:《先儒议论·姚氏牧庵语》,第444页。
⑤ 王建军:《从元代国子监办学模式的演变看传统人格的养成》,第285—314页。
⑥ 虞集:《送李扩序》,《虞集全集》,王颋点校,天津:天津古籍出版社2007年版,第539—540页。

行的教法，甚至都超出了元代儒者遵之甚确的朱子学的范围。不过吴澄的努力很快就"竟以病归"而收场，后来再有人举荐吴氏入国子监执教时，反对者就以他是"陆子之学"为理由使此事搁浅。吴澄门人虞集随后在国子监任职时也面临同样的问题，他在"孤立不可留"的处境下"未数月移病自免去"。①

在这一形势下，吴师道由吕思诚等人举荐，于至元六年（1340）出任国子助教，恰逢至正元年（1341）复行科举前夕。山西平定人吕思诚是一位承续元初许衡遗风并倾心文教事业的文臣，他于泰定元年（1324）考中进士，其座师曹伯启（1255—1333）就极为推崇许衡，曹氏曾请为许衡建祠立学并获许可。② 至元元年罢科举之议，时任监察御史的吕思诚弹劾主张停罢科举的中书平章政事彻里帖木儿（活跃于天历到至正间），③此后又积极促进至正元年科举考试的复行。至正三年以后，吕思诚三为国子祭酒，史称其"一法许衡之旧"，④对国子生的教育有着持续影响。吴师道的另一位推荐人孔思立，亦为一时名士，其后任中书省参知政事等职。吴氏担任国子助教三个月后，曾撰写一封感谢信并附诗文一卷，送赠于孔思立。⑤

结合上述背景来看，吴师道的入选，既是金华朱子学在元中后期影响力的体现，也表明吴师道所承载的金华"正学"色彩显著，以至在北方官员中都能获得某种程度的认可。吴师道通过长期对金华朱子学的体认和研习，其"经明行高"的名声在外自是不争的事实，⑥然其承袭的"朱学嫡传"之学术统绪，乃是他被推至国子监任教的主因。换言之，推荐吴师道的北方学

① 虞集：《送李扩序》，《虞集全集》，第540页。

② 宋濂等撰：《元史》卷176《曹伯启传》，北京：中华书局1976年版，第4099页。

③ 据《元史》彻里帖木儿在江浙时，"会行科举，驿请考官，供张甚盛，心颇不平"，至元元年（1335）他升为中书平章政事，立即提出罢科举，减少太庙四祭为一祭的举措，受到参政许有壬发起的、多位监察御史参与的弹劾。然此时罢科举诏已定，至正元年方恢复科举。宋濂等撰：《元史》卷142《彻里帖木儿传》，第3404—3406页。

④ 宋濂等撰：《元史》卷185《吕思诚传》，第4251页。

⑤ 信中称孔氏为"圣人子孙"。吴师道：《与孔用道都事书》，《吴师道集》，第226页。

⑥ 杜本所作《墓志铭》称"六馆诸生，素闻君名，无不悦服"（《吴师道集》，第496页）。宋濂称"先生声著中朝者久。士子闻先生至，喜曰：'是婺吴先生邪？'相率持所疑揖问，开以机钥，皆叹服去。"宋濂：《吴先生碑》，《吴师道集》附录，第500页。

者,实则借助吴氏在国子监"拨乱反正",以消减在他们看来属于"私意臆说"的江西学者的影响。

"众望"所归之下,吴师道任职国子监期间的做法又会怎样?多位金华后学的记述均显示,吴氏任职国子监近三年间,"一遵朱子之训,二守许公之法",①乃至形成"学者信向,如文正时"的可观局面。② 同时他还向国子监诸生提出"私意臆说无庸参错其间"的劝诫,③分明是把矛头指向强调通经自得的吴澄之教。从这一结果层面而言,吴师道可谓不负推荐者吕、孔氏的厚望。

然而,根植于深厚的浙东学术传统与金华朱学系谱之中的吴师道,他果真是许衡之教的笃行者吗? 吴师道至正元年担任国子博士之后的行动表明,他虽以尊崇许衡教法为前提或名义,实际所做的却是努力推广"四先生"为主体的金华朱子学。吴氏采取的具体办法,是疏请将"四先生"尤其是许谦的点抹书颁于国子监。这可从吴氏《请传习许益之先生点书公文》中知悉:

> 窃以博士之官,掌司书籍,讲授经旨,是正音训,今之职也。……伏见监学虽有藏书,并无点定善本,诸生传习,师异指殊,不无乖舛。尝闻先儒有云:"昔人鄙章句之学者,以其不主于义理尔,然章句不明,亦所以害义理。"又云:"字书音韵,是经中浅事。先儒得其文者,多不留意,不知此等处不理会,枉费词说牵补,不得其本义,亦甚害事也。"三复斯言,诚为至论。

> 当职生长金华,闻标抹点书之法始自东莱吕成公,至今故家所藏犹有《汉书》《资治通鉴》之类。逮宋季年,北山何文定公基传朱子之学于勉斋黄公,若鲁斋王文宪公柏实游其门,仁山金履祥并学于何、王,而导江张塑学于王氏以教于北方。何氏所点《四书》,今温州有版本,王氏所点《四书》及《通鉴纲目》,传布四方。金氏、张氏所点,皆祖述何、王。

---

① 张枢:《元故礼部郎中吴君墓表》,《吴师道集》附录,第492页。
② 宋濂:《吴先生碑》,《吴师道集》附录,第500页。
③ 杜本:《墓志铭》,《吴师道集》,第496页。

近时许谦益之乃金氏高弟,重点《四书章句集注》,及以廖氏《九经校本》再加校点,他如《仪礼》,《春秋》《公》《谷》二《传》并注,《易》程氏《传》、朱氏《本义》,《诗》朱氏《传》,《书》蔡氏《传》,朱氏《家礼》皆有点本。分别句读,订定字音,考正谬讹,摽释段画,辞不费而义明,用功积年,后出愈精,学士大夫咸所推服。

谦之学行,本道屡荐于朝,不幸而没。其他亦有著述,而点书特为切要,今所传多出副本,而其家藏乃亲笔所定,可信不差。学者得之,真适道之指南也。如蒙监学特为申明,转闻上司,委通经之士亲赍善本,就其家传录,并广求吕子及何、王、金氏之书,颁之学宫,嘉惠后进,实斯文之大幸!①

上述文字中值得注意处有二:一是提及王柏弟子张塛(1236—1302)在北方教学的成绩,二是把许谦作为金华"四先生"之学的集大成者。加之吴师道的上述疏请固然是他身任国子博士的职责所在。综合以上考虑,其所论看似十分合理。然诚如文中已提示出的,"分别句读,订定字音,考正谬讹,摽释段画"的点抹工夫既是读经的基础,也是"适道之指南"。申言之,不同点本的《四书》《五经》,实际会引起学者对经典文本及本义的理解差异。以故吴师道的上述做法,从客观上导致金华朱子学著述成为连接学者与程朱本义的官定通道。

吴师道请传习金华儒者的点抹书,究其本质而言,是摒弃了早前许衡所点定的《四书》句读。许衡曾为《四书》标定句读,元儒临川人詹道传编纂《四书纂笺》所依据的底本即许衡点抹的《四书集注》。与此同时,重视摽抹点书之法,本就是金华儒者治经的取径和特色。职是之故,吴师道拟以许谦所点朱熹《四书章句集注》取代许衡之本,他的教法并非如张枢等金华学者所强调的"守许公之法"。②

吴师道的事迹反映出,金华一地颇为重视典籍(文)与先贤(献)的表

---

① 吴师道:《请传习许益之先生点书公文》,《吴师道集》,第470—471页。
② 张枢:《元故礼部郎中吴君墓表》,《吴师道集》,第492页。

彰。除疏请将金华先贤的点抹书颁布于学宫,吴师道还在何基故居兴修北山书院,寄送四先生之行实于史馆,并汲汲于为"四先生"的其他理学著作寻找官刻途径等一系列行动。① 吴师道《代孙幹卿御史请刊〈近思录发挥〉等书公文》显示,他有意将何基《近思录发挥》、许谦《读四书丛说》《诗集传名物钞》三书刊刻于婺州路儒学。吴氏强调"传道受业必以正学为宗",以上三书谨守"朱熹本旨,不杂他说",且三书"不过数十卷,计费不为甚大",言辞甚为恳切诚挚。② 应该说,金华"四先生"理学著作的广传,与吴师道等金华后学的助推不无关系。明代南京国子监还部分刊刻了许谦的理学著述,③金华学者期望通过官方渠道推广本地学术的努力确见成效。

元中后期金华学者吴师道,在任教国子监期间,借遵从许衡教法之名,行推广金华朱子学之实。此其利用官方渠道以传播金华理学的诸多表现之一。而吴氏上述行为的内在动力,源自他对金华朱子学嫡传与正学地位的深切体认和高度自任。

### 四、"独得其宗"的自认与推重

黄溍为许谦所作《墓志铭》时,曾在引述"四先生"师承授受脉络之后,慨然宣称:"道学之传,天下为公。婺之儒先,独得其宗。"④这番"独得其宗"的自任与自信,并非黄氏特有之观念,而是元中后期金华后学所普遍显现的特点。过度自任的结果,势必令此时的金华朱子学表现出一定程度的"排他性"。

以吴师道言之,他的理学文字中也屡屡透露出以金华为朱子正学独传的意味。其为许谦《读四书丛说》作序时明确说道:

> 《四书》自二程子表章肇明其旨,至朱子《章句集注》之出,折衷群

---

① 事见吴师道:《代请立北山书院文》,《吴师道集》,第220页。吴师道:《节录何、王二先生行实寄史局诸公》,《吴师道集》,第475—478页。

② 吴师道:《代孙幹卿御史请刊〈近思录发挥〉等书公文》,《吴师道集》,第471—472页。

③ 《古今书刻》载,南京国子监刻书有《大学丛说》《中庸丛说》。

④ 黄溍:《白云许先生墓志铭》,《黄溍全集》,第462页。

言,集厥大成,说者固蔑以加矣。门人高第,不为不多,然一再传之,后不泯没而就微,则畔涣而离真,其能的然久而不失传授之正,则未有如于吾乡诸先生也。①

金华朱子学经由"四先生"之传而延绵不断,形成其朱学嫡传地位。然吴师道等金华学者却把"嫡传"与"正学"紧密联结,进而推导出吾婺之学"独得其宗"的认识,则未免失之偏颇。"独得其宗"观念的成立,来自次第相传的金华学术谱系作为背后支撑,两者有着相辅相成的内在逻辑。这也是金华后学不断地申述和强化以"四先生"为标识的学术系谱的原因。将师承谱系与道统之传相结合,金华后学自然把"系谱有无"作为衡量其他地域学术的标准,并排除了以其他方式承继朱子学的可能。以故吴师道认为朱子后学的其他分支要么"泯没而就微"(如福建朱子学),要么"畔涣而离真"(如江西崇仁之学)。循着上述思路,吴氏发出朱学正传"未有如于吾乡诸先生也"的论说。显然可见的事实是,元中后期以传承朱学之正为指归的朱子后学,远不止金华一脉。江西、安徽、福建等地学者所传的朱子学各有统绪,并以不同的方法来发明朱学精义,从而呈现出多元并竞的蓬勃发展态势。

金华学者以朱子学独传自任的取态,在吴师道相关文字中有不少表现。吴氏过度以金华学统自认的态度,还见于他研读四明儒者程端礼(1271—1345)《读书分年日程》(又称《读书工程》)一书而作的跋语。吴氏写道:

> 某顷年在宣城,见人谈《四书集注》批点本,巫称黄勉斋。因语之曰:"此书出吾金华,子知之乎?"其人咈然怒,而不复问也。盖自东莱吕成公用工诸书,点正句读,加以标抹,后儒因之,北山何先生基子恭、鲁斋王先生柏会之俱用其法。北山师勉斋,鲁斋师北山,其学则勉斋学也。二公所标点不止于《四书》,而《四书》为显。鲁斋自早岁迄晚年又不一本,视北山尤详。学者所传,多鲁斋本也。仁山金履祥吉父,并游

---

① 吴师道:《读四书丛说序》,《吴师道集》,第 344 页。

何、王之门，导江张塈达善，则鲁斋高弟，其学行于北方，故鲁斋之名因导江而益著。金、张亦皆有所点书，其渊源有自来矣。

四明程君敬叔著《读书工程》以教学者，举批点《四书》例，正鲁斋所定，引列于编首者，而亦误以为勉斋，毋乃惑于传闻而未之察欤？窃观程君叙所见书，如何某四《发挥》《发挥》不止于四、王氏《正始音》、金氏《尚书表注》《四书疏义考证》金止有《大学疏义》《论孟考证》，末记鲁斋以天台陈茂卿《夙兴夜寐箴》上蔡书堂诸生，并其手书，则于吾乡诸公之学，尊信深至。凡其言论风旨，固所乐闻，而惜无以告之者。某晚生，知慕乡学，痛绪论之浸微，惜遗书之多丧，比年寻访考求，间获一二，所恨未识程君，倘各出所有，以相参订，而求其用心，则往者有知，亦忻于异世之有同于我者矣。故姑于是编之后，以致予意云鲁斋亦有类聚《朱子读书法》一段，在《上蔡院讲义》中。①

这段跋语较充分地展现出吴师道所代表的金华后学对其他地区朱子学的排斥性。前段引文显示，吴师道有着较为强烈的"系谱"概念，故其一再引述金华理学传承授受脉络。而金华学者这种对乡里传统过于厚重的归属感，已令他们与周边学者的学术交流不时会有摩擦出现。后段引文中，更见得高度自认的金华朱子学，此时已陷入有些偏狭的境地。程端礼完成于延祐二年（1315）的《读书分年日程》，是一部荟萃朱子读书法的启蒙书籍，该书完成后即刊刻于多个书院，随后被"国子监以颁示郡县"，它在元代已具相当的影响力。②《读书分年日程》汇总了初学者的进学次序和具体方法，详细列举了程氏当时能够见到并认为足以羽翼朱子的后学著作，金华"四先生"的点抹书等理学著作也在其列。不过，《读书分年日程》亦清晰揭示出，延祐初年的学术图景实非金华理学独占鳌头之单一局面，书中所列四明地区，以及徽州一带的新安理学著述，无论从数量和质量来讲都可与金华相匹敌。由吴师道的上述跋语来看，他选择性地只关注了《读书分年日程》中

① 吴师道：《题程敬叔读书工程后》，《吴师道集》，第403页。
② 宋濂等撰：《元史》卷190《儒学·韩性传》，第4343页。

有关金华著作的部分,并因此视程端礼为金华朱子学的同调而欣然不已。

实际上,吴师道对《读书分年日程》所提及的其他著作(主要是新安理学著述)并无法"忘怀"。相反,他对这些虽不以为意却流传甚广的著述甚为愤懑不平。他在《与刘生论易书》中倾诉了这种不满,这篇书信颇能展现元末理学书籍的实际流行情况,兹录于下:

> 承寄《周易会通》一部,番阳董真卿所编集者,并令献其所见。某何人,而敢与此? 伏读以还,窃叹其规模之广大,引援之洪博,茫乎其自失也。徐而察之,则有深疑而未安者。欲隐而弗白,则非朋友之义,而失所以命之之意;欲言之,则其书已成,流布方盛,区区之愚,乃敢诵言其失,无乃不可。思之迟回,遂复数月。念与其得罪于斯人,孰若使斯人不得罪于前儒哉!
>
> 尝谓著书立言,必有大纲领。今董氏之书,所以为纲领者,首条凡例是也。……董氏之说甚美,而慨然欲任会通之责,其志甚大。独惜其于朱子之说考之不详,而所以论诸儒之乱古者误,至其求欲自异,则又蹈于前儒乱古之辙而不自知。……其大纲领如是,他固无以议为。
>
> 且朱子《本义》,自与程《传》体例不同,而程《传》发明之义理,虽自为一经可也,不当强求其通。天台董楷集程朱《传》《义》,而附以门人所录,已有可议。况近世谈《易》者,纷纷外二家而自为说者多矣,若取其议论之优长,理象之的当,足相发明,非卓然绝识,未易鉴择。彼新奇穿凿者,祇以汩乱,何有于发明耶! 今之《纂注》,政未免此。欲言甚长,非顷刻可了。若其名字、义例之未安,因革、等列之未当,中间引朱子"欲因邵子《大易吟》,以方图分作四层"云云,误以为董楷,其"愚谓"之说,如"《暌》旅丧牛以有《离》"之类,又未可一一缕数也。
>
> 董氏自云学有渊源,而师新安胡一桂氏,自言得于胡为多,用功此书,盖非一日。意其笃于自信,未尝从人商榷。而又习见近日《易通》《四书通》等作,遽欲传世垂远,似太仓促。世有识者,必能辨之,岂待愚言! 愚言适先之尔。信笔疏列,幸勿以示不知者,唯以转叩诸宗人仲

退丈,然与不然,还以一言见教,幸甚!①

以上吴师道酣畅淋漓的批评意见显示,他对《周易会通》等书的"流布方盛"可谓十分愤慨,颇有不吐不快之意。不仅如此,他对《读书分年日程》中列为必备参考的《易通》《四书通》也早为不满。《周易会通》全名《周易经传集程朱解附录纂注》,由江西鄱阳人董真卿(活跃于元末明初)编集,先列经传及程朱传义,再取宋元儒者有补于经注的说法条列于后。董氏学问及著述,深受胡一桂(1247—1314)等新安学者的影响。文中所举《易通》《四书通》,均由新安儒者胡炳文(1250—1333)所撰著。徽州婺源人胡炳文,字仲虎,号云峰,其著《易通》全名《周易本义通释》,与《周易会通》《四书通》诸书体例一致,同样是在朱子《周易本义》《四书章句集注》等的基础上附录《语录》及各家疏解的经典诠释著作。综合吴师道所论,其矛头主要指向上述新安理学著作以"会通"为旨归的研经路径。结合金华朱子学重视"分殊"的学问特点来看,会通与分殊本就是截然不同的研究取径。吴师道的指摘和不满,实则反映元代中后期"会通"之书的流行与"分殊"之法的相对式微,此为朱子学发展阶段与学术风向的写照。

需作强调的是,《与刘生论易书》中还显见吴师道对其他朱子学传承脉络不甚认可的情形,这无疑出自他对金华系谱的过于笃信,以及由此所衍生的以"己"度"人"之价值评判。胡一桂与胡炳文同属于朱子故里新安一地的理学传统,两人具体的师承序列不同,学问旨趣却颇为接近,前者之学被称为"得朱熹氏源委之正",后者也得到了"一以朱子为宗"的评语。② 然而,吴师道不仅对胡一桂至董真卿的"渊源"脉络不以为然,也对胡炳文之学的"传世垂远"不无讽意。个中缘由,除了金华、新安两地的学术分野外,新安理学没有突出或便于称述的学术谱系亦是理由之一。

综上所述,金华朱子学在其传承过程中逐渐出现以"系谱"代替"道统"的走向,得"系谱"者得"道统"。究其原因,不仅来自它有"谱"可循的历史

---

① 吴师道:《与刘生论易书》,《吴师道集》,第223—225页。
② 宋濂等撰:《元史》卷189《儒学·胡一桂传》,第4322页。

遗产，还与金华学者反复强化的学统自认相辅相成。以"四先生"为标识的次第相传的师承授受脉络，不仅塑造了本地学者的强烈归属感，还形成了金华一地"独得其宗"的学术排他性。一言之，重视系谱的建构与强化，既是这一脉朱子后学的显著特点，也实际上有益于金华理学的传承和影响。面对新安等地的理学著作通过民间坊刻渠道广泛流传的形势，以吴师道为代表的金华儒者则经由仕进的成功，尤其是借助主掌国子监的机会，利用官方力量推广金华朱子学，培养后进，客观上保证了金华学术在元末明初的地位和影响。此后，以"四先生"为标识的地域学术谱系为依归，宋濂、王祎等金华后学积极参与朱元璋政权，巩固他们对洪武、建文两朝的政制、文教发挥重要影响的地位。

元中后期的金华后学，除吴师道积极寻求官方途径以表彰"四先生"之学的持续努力之外，张枢、黄溍等人亦多有扩大本地理学影响力的行动和尝试。为令更多地区的士人能够了解到许谦所集大成的金华朱子学，他们还特别延请江西籍著名文臣虞集为许氏撰写《墓志铭》。在此过程中，金华朱子学"独得其宗"的嫡传正学之取态，历史性地与以道统自居的崇仁之学相碰撞，尽显元代朱子学多元和并竞的时代特色。

## 第二节　道统与自得：崇仁之学的面向

江西崇仁之学，亦传自黄榦，盖经饶鲁（1193—1264）传至吴澄而大显，再传至虞集而张大。其地又有着如王安石（1021—1086）、陆九渊（1139—1193）等著名乡贤，[①]其学因之自树一帜而呈现出不同面貌，力主博通广大、会通自得，无意于唯朱子是遵，也未以传续朱子谱系而自负自任。崇仁之学究竟具有何种特色？他们又是如何理解和力肩道统的？他们的为学面向意义何在？与号称朱子"正传"的金华学术之间如何分野与竞进？本节选取

---

① 元代江西学者追慕乡贤的情形，参见虞集：《赠李本序》《王文公祠堂记》，《虞集全集》，第557—559、659页。

吴澄最有名的弟子、其理学思想向来不受学界所重的虞集作为深入个案,试图回答以上问题,以呈现元代朱子学递嬗历程中丰富而多元的面向。

## 一、吴澄的学术面向与道学承创

江西崇仁人吴澄,他不仅是深刻影响虞集学术思想的理学名师,更是元季唯一可与朱熹相提并论的一代钜儒。①从他的学问面向可见崇仁之学的整体气象,从他发明五经的具体做法更见其对道统的承创与担当所在。因此,实有必要对吴氏学问志向及学术面貌专做概说。

官至翰林学士的吴澄,他在当时及后世的学术评价中,往往以陆学学者、和会朱陆的折衷者、朱熹思想的继承者,三种定位中变换。②但正如门人虞集反复为他所辩解的那样,只有跳脱出所谓"朱、陆"的"门户浅见",从而所见的吴澄,乃是一个以传承和复兴道统自任的独立而博通的学者。清初黄百家称许吴澄"有功经术,接武建阳",③意即他无论在理学思想、学术成绩还是学问广博上,都是足以与朱熹"并驾齐驱"的理学家。

从吴澄早年为学经历和学术志愿来看,可知他确以复兴朱熹以来的道学为己任,而不以门户之见约束自己。吴澄,字幼清,晚年称伯清,学者称之为"草庐先生",其生平学行详载于虞集所撰《行状》。吴澄 15 岁时从学于新安儒者程若庸[咸淳四年(1268)进士],后者是黄榦高弟饶鲁的门生。

---

① 有关吴澄理学思想的研究较多,参见钱穆:《吴草庐学述》,《中国学术思想史论丛》(六),第 54—76 页;David Gedalecia."Wu Ch'eng and the Perpetuation of the Classical Heritage in the Yüan."in John D.Langlois,ed.,*China under Mongol Rule*.pp.186–211;"Wu Ch'eng's Approach to Internal Self-cultivation and External Knowledge-seeking,"in Hok-lam Chan and W.T.de Bary,eds.,*Yüan thought:Chinese thought and religion under the Mongols*. New York:Columbia University Press,1982,pp.279–323;孙美贞:《吴澄理学思想研究》,中国社会科学院研究生院博士论文,2000 年;詹海云:《吴澄的〈易〉学》,杨晋龙主编:《元代经学国际研讨会论文集》,第 237—268 页。

② 吴澄在元代已被攻击为陆学的情形,参见虞集:《送李扩序》,《虞集全集》,第 540 页。现代学者认为吴澄是陆学学者、朱陆和会者或朱熹思想继承者的情形,分别见于 David Gedalecia."Wu Ch'eng's Approach to Internal Self-cultivation and External Knowledge-seeking,"pp. 279–323;侯外庐等编:《宋明理学史(上)》,第 752 页;方旭东:《吴澄哲学思想研究》,北京:人民出版社 2005 年版。

③ 黄宗羲撰,全祖望补:《宋元学案》卷 92"草庐学案",陈金生、梁运华点校,第 3037 页。

《行状》并未对吴氏受学于朱门正传的这段历史有过多着墨,反倒是详细引述了他19岁起即以道统自任的两篇论说文字。① 其中称:

> (吴澄)十九岁,著说曰:"道之大,原出于天,圣神继之。尧、舜而上,道之原也;尧舜而下,其亨也。洙泗、鲁邹,其利也。濂、洛、关、闽,其贞也。分而言之,上古则羲皇其元,尧、舜其亨乎? 禹汤其利,文、武、周公其贞乎。中古之统,仲尼其元,颜、曾其亨,子思其利,孟子其贞乎。近古之统,周子其元也,程、张其亨也,朱子其利也。孰为今日之贞乎? 未之有也。然则可以终无所归哉? 盖有不可得而辞者矣。"

> 又尝与人书曰:"天生豪杰之士,不数也。夫所谓豪杰之士,以其知之过人,度越一世而超出等夷也。战国之时,孔子徒党尽矣,充塞仁义,若杨墨之徒,又滔滔也。而孟子生乎其时,独愿学孔子,而卒得其传,当斯时也,旷古一人而已,真豪杰之士哉。孟子没千有余年,溺于俗儒之陋习,淫于老佛之异教,无一豪杰之士生于其间。至于周、程、张、邵,一时迭出,非豪杰其孰能与于斯乎? 又百年,而朱子集数子之大成,则中兴之豪杰也,以绍朱子之统自任者,果有其人乎? 澄之韶乱,唯大父家庭之训是闻,以时文见知于人,而未闻道也。及知圣贤之学,而未之能学也。于是以豪杰自期,以进于圣贤之学,而又欲推之以尧舜其君民而后已。实用其力于斯,豁然似有所见,坦然知其易行,而力小任重,固未敢自以为是,而自料所见愈于人矣。"②

以上所见的少年吴澄,是一位怀着复兴儒学的强烈愿望,力肩圣人道统之传的"豪杰之士"。"豪杰之士"语出《孟子·尽心上》,原指称那些即使未有

---

① 　吴澄:《道统图说并叙》《谒赵判簿书》,《草庐吴文正公外集》卷2、3,香港中文大学图书馆藏清乾隆二十一年(1756)崇仁县训导万璜校刊本。其中,《道统图并叙》撰于南宋咸淳三年(1267),吴澄阐明儒家道统历代承传和发展脉络,并以朱熹之后的道统接续者自居。

② 　虞集:《故翰林学士资善大夫知制诰同修国史临川先生吴公行状》,《虞集全集》,第859—860页。第一段引自《道统图说并叙》,第二段出自《谒赵判簿书》。

"文王之化"也能够守身正行的人,这样的人在千万人中始有一人。韩愈(768—824)《伯夷颂》中则指"不顾人之是非"的明道而笃行者,在韩愈看来,"特立独行"的屈原、孟轲、司马迁、扬雄等人都可称为"豪杰之士"。[①]朱子及其后学也并未给此词加上过多的含义。[②] 但到了吴澄这里,"豪杰之士"却别具意味。

吴澄所谓的"豪杰之士",具有力接道统的气象和特点。从韩愈的"举世非之,力行而不惑者,则千百年乃一人而已"的论说出发,吴澄的"旷古一人"实指力挽儒学于衰微的道统继承者。在吴澄看来,朱子之后,儒学发展到元代已经泯没不堪,学者因笃守门户之见,令朱子承接和光大的理学精义与宏观体系落入隐蔽不显的境地,更遑论圣人之道统、道学了。正因为此,吴澄期做朱子之后的"豪杰之士"。这既见其志向之高远,又见他今后之向路应是由朱子而光大振兴儒学,是做朱熹以及理学的功臣而非谨守朱学门户的"述朱"者。与同时期稍早的著名儒者郝经(1223—1275)相比,郝经也有以"豪杰之士"励志的专篇文字,但他所说的"豪杰"仍是没有贤王出现也能"尊德乐道"的贤者,当中并没有继承道统的"野心"。[③]

显然可见的是,吴澄的自任可谓远大之至。他经由《易经》的"元亨利贞"之说,实将自己置于千古以来集儒学之大成的唯一人选。朱熹称"物生为元,长为亨,成而未全为利,成熟为贞",四阶段周而复始,因此"贞下起元"进入新的轮回。[④] 按吴澄所说,以大阶段言之,宋儒"濂、洛、关、闽"已为"贞",以小阶段言之,朱熹则只是"利"而已,由此,吴氏便成为"贞"中之"贞",万世以来之"旷古一人"。换言之,吴澄认为朱熹尚未集孔孟周程以来之大成,而他却要成为集合濂洛关闽之学的真儒。颇堪留意的是,吴澄的

① 韩愈:《答崔立之书》,马其昶校注:《韩昌黎文集》卷3,上海:古典文学出版社1957年版,第97页。

② 参见宋元朱子学者的相关论说,如真德秀:《孟子集编》卷13,《文渊阁四库全书》经部第200册,第358页;赵顺孙:《孟子纂疏》卷13,《文渊阁四库全书》经部第201册,第733页;许谦:《读四书丛说》卷3,《文渊阁四库全书》经部第202册,第601页。

③ 郝经:《论·厉志》,《陵川集》卷19,《文渊阁四库全书》集部第1192册,第209—210页。

④ 朱熹:《朱子语类》卷68,《文渊阁四库全书》子部第700册,第384页。

道统说大致因循朱熹及其门人的说法而来，并在其中加入了张载（1020—1077）。①

吴澄的为学规模和趣向，确实朝着他早年的期许向前进展。虞集为吴澄所作《行状》的末尾，重新回到"道统之传"这一核心命题，评价了吴澄一生的行事与成就。虞氏称：

> 呜呼！孟子殁千五百年而周子出，河南两程子为得其传。时则有若张子精思以致其道，其迥出千古，则又有邵子焉。邵子之学既无传，而张子之殁，门人往往卒业于程氏。程门学者笃信师说，各有所奋力以张皇斯道，奈何世运衰微，民生寡佑而乱亡随之。悲夫！

> 斯道之南，豫章延平高明纯洁，又得朱子而属之。百有余年间，师弟子之言，折衷无复遗憾，求之于书，盖所谓集大成者。时则有若陆子静氏，超然有得于孟子，先立乎其大者之旨，其于斯文，互有发明，学者于焉可以见其全体大用之盛。而二家门人，区区异同相胜之浅见，盖无足论也。

> 朱子以来，又将百年，为其学者毫分缕析，日以增盛，曾不足少救俗学利欲之祸，而宋遂亡矣。先生之生，炎运垂息，自其髫龀，特异常人，得断简于众遗，发新知于卓识，盛年英迈，自任以天下斯文之重，盖不可御也。摧折穷山，壮志莫遂，艰难避地，垂十数年，其所以自致于圣贤之道者，日就月将矣。历观近代进学之勇，其孰能过之？南北未一，许文正公先得朱子之书于边境，伏读而深信之，持其说以事世祖皇帝，而儒者之道不废，许公实启之。是以世祖以来，不爱名爵，以起天下之处士。

---

① 李元纲南宋乾道六年序言的《圣门事业图》，当中孟子之后所传，只包括二程（土田健次郎：《道学之形成》，朱刚译，上海：上海古籍出版社 2010 年版，第 468 页）。周敦颐与二程的授受关系问题，涉及到谁才是宋代道学的开端？把周敦颐当做宋代道学之祖来表彰的是朱熹，已有研究显示朱熹坚持"周程授受"是为了在道学中主张自己的正统性，并贯穿相应的道学观和历史脉络，事实却是二程及其门人都对周敦颐持冷淡态度（土田健次郎：《道学之形成》，第 119—136 页）。葛艾儒有关张载思想的研究，则证实张载思想有别于二程的独立性，他重新检讨经程氏学派的追随者所书写的道学历史，给予张载更准确的历史定位（葛艾儒：《张载的思想》，罗立刚译，上海：上海古籍出版社 2010 年版）。

虽所学所造各有以自见，其质诸圣贤而不悖，俟乎百世而不惑者，论者尚慊然也。

先生自布衣用大臣荐，出处久速，道义以之，三命益隆，遽至内相之贵，稽其立朝之日，未尝有三年淹也。施教成均，师道尊重，劝讲内廷，诚意深远。与大议，论大事，虽可概见而无悠久浃治之功者，非人之所能为也。然而先生生八十有五年，耳聪目明以终其身，得以其学肆于圣经贤传，以辨前儒之惑，以成一家之言，天下后世之学者，可以探索玩味于无穷矣。①

虞集的上述文字，大致遵循吴澄早年的道统传承套路，然他应因其时的需要，具体指明了在当时当下，如何才能成为旷古一人的"豪杰之士"。虞集举朱子集周敦颐（1017—1073）、二程、张载、邵雍（1011—1077）所谓"北宋五子"之大成方足以承继道统的实例，②旨在暗示如下的逻辑和启示：学问博通而上达的吴澄，也只有在吸收陆学以光大朱子学，才可以复兴儒学并成为朱子功臣，这已是历史上的理学所证明的。虞集如此论说，不仅出于对不以门户为意的吴澄之学的真切解说，也是对时人非议吴澄为陆学的有力回应。③

虞集为凸显吴澄作为道统继承者的位置，上文中所采用的对比手法颇为高妙。他的道统说即是因循宋儒而来，因此在孟子、周子、二程的传承序列中，张、邵二人的角色只是与二程同时代发明道学的儒者，并不在道统序列之内，实要由朱子总其大成并承接道统；与之相应，与朱子同时代、以孟子继承者自任的陆九渊也未入道统之列，要由吴澄集其大成并力担道统。于

---

① 虞集：《故翰林学士资善大夫知制诰同修国史临川先生吴公行状》，第859—860页。

② 朱子成学之汇通博大的取向，参见钱穆：《朱子象山学术异同》，《朱子新学案》第3册，台北：三民书局1971年版，第388—389页。

③ 虞集在吴澄《行状》中称"盖先生尝为学者言：朱子道问学工夫多，陆子静却以尊德性为主，问学不本于德性，则其弊偏于言语训释之末，果如陆子静所言矣，今学者当以尊德性为本，庶几得之。议者遂以先生为陆学，非许氏尊信朱子之义。"可知吴澄实以陆子之学而警示朱学之弊，他的这番说辞却遭到时人的非议。虞集《送李扩序》也载："近臣以先生荐于上，而议者曰：吴幼清，陆氏之学也，非朱子之学也，不合于许氏之学，不得为国子师，是将率天下而为陆子静矣。遂罢其事。"（《虞集全集》，第862、540页）

是，虞集不仅赋予吴澄以清晰的历史定位，也合理化了吴澄的所谓朱陆和会问题。

引文中"许衡"的历史位置，尤堪注意。许氏是在上述道统传递的叙述中唯一与吴澄同时代的重要人物。他在吴澄早年"豪情万丈"的"豪杰"说中显然不入流，而在虞集此时的叙述中也未必入"流"。在虞集看来，有着北传理学之功的许衡，只是一位令道统延续不断的开端性人物，并未对发明圣贤奥义作出多大的贡献。① 从这一意义上，吴澄却是集前贤之大成从而"辨前儒之惑，以成一家之言"的真"豪杰"。虞集在元儒中独提许衡，实有其用意所在。许衡早在皇庆二年（1313）已获从祀，成为元朝所尊崇的真儒，那么，发明圣学之功不亚于甚或超出许衡的吴澄，自然也应予表彰。虞氏所论（大约写于 1333—1335 之间），与欧阳玄（1283—1357）至元元年（1335）十一月奉诏为许衡所作《神道碑》大有分别，后者不独将许衡之功业地位，抬至可与元世祖并论之境地，乃至称他直接孔孟道统之传，而跳过了程朱。② 在随后揭傒斯（1274—1344）奉诏为吴澄所作的《神道碑》中，也大体参考虞集《行状》所定基调，委婉道出吴澄可与许衡之功相对等的情形。③ 对照许衡在元廷之地位与影响的背景，实可见以上南方官员在奉诏作文时的实际考量和处境。

怀着以"豪杰之士"自期自任的热望，吴澄自年少到 85 岁的前后六十

---

① 与这一观点相辅证的是，虞集将许衡之功清晰定位为："使国人知有圣贤之学，而朱子之书得行于斯世者，文正之功甚大也。"而吴澄则是"使学者得有所据，依以为日用常行之地，得有所标指，以为归宿造诣之极。噫！近世以来未能或之先也。"（虞集：《送李扩序》，《虞集全集》，第 539 页）可知两人之理学贡献，确有分别。

② 朱鸿林：《元儒吴澄从祀孔庙的历程及时代意涵》，《孔庙从祀与乡约》，北京：三联书店 2015 年版，第 88—89 页。朱文已揭示欧阳玄《神道碑》中有着把道统系于元世祖、许衡一体的论说，并认为欧阳氏之文"其夸张近于诬汉唐之治不见而程朱之学不存，不免文人之词。"结合大德元年元廷封许衡谥号时的《敕辞》看来，欧阳氏之文实有出处，其所作代表的是当时的"众意"。《敕辞》开篇即称："上天眷命，皇帝圣旨，惟昔圣祖，图任相臣，思与真儒，共成治效"，全篇亦仅提尧舜之道与孔子之教，而不及程朱诸儒（许衡：《鲁斋遗书》卷 13 附录，第 426 页）。值得留意的是，此时许衡尚未从祀。

③ 揭傒斯《神道碑》参考虞集《行状》而作。对揭文用意的深入分析，参见朱鸿林：《元儒吴澄从祀孔庙的历程及时代意涵》，第 86—90 页。朱鸿林指出《神道碑》有着"天降真儒，北有许衡，南有吴澄"的反复强调，这特别把吴澄抬至许衡对等地位的做法，既与朝廷的有意表彰有关，也代表或制造着从祀吴澄的舆论基础。

多年间皆致力于承创朱熹所传的道统。他早年将朱熹仅列于"贞"之"未成熟"阶段，只因后者并未完成集宋儒之大成的经学著作，以故吴氏毕生之志皆在于承续此一未竟事业。那么，他对于已经朱子编定并注释的《四书》作何态度？对朱子未完成《五经》著述又何以承继？

吴澄未有撰写《四书》著述，这与他对朱熹《四书章句集注》基本认可的态度有关。他在为友人的《中庸》类著作写序时称：

> 朱子因之（程子及其门人），著《章句》《或问》，择之精，语之详矣。唯精也，精之又精，邻于巧；唯详也，详之又详，流于多。其浑然者巧则制，其粲然者多则惑。虽然，此其疵之小也，不害其为大醇。……澄少读《中庸》，不无一二与朱子异。后观饶氏伯舆父（饶鲁）所见亦然，恨生晚，不惑就质正。①

"小疵不害大醇"，是吴澄对朱子《四书章句集注》的基本看法，既然"大醇"已见，所需用功之处已不多了。吴氏并非一味恪守朱注的门户之儒，他因此甚为欣赏元初朱子学者饶鲁。饶鲁的《四书》解说多有与朱注相异处，载于其所著《四书辑讲》一书（已佚），这使他成为不少朱学笃守者的攻击对象。元中期新安儒者胡炳文、元末浙江学者史伯璿（1299—1354）等都撰有旨在纠正饶鲁之作的《四书》专著。② 在这样的群情中，吴澄却难得的成为了饶鲁的支持者。

除不作《四书》著述外，吴澄任职国子监的教学实践中也有意避开《四书》，这导源于他对朱学末流之弊的深切认知。吴氏并非不重视《四书》，他少年时曾勤奋诵读《论语》《孟子》，并经由读朱熹《大学章句集注》等书而

---

① 吴澄：《中庸简明传序》，《全元文》第 14 册，第 342 页。

② 胡炳文《四书通》专为纠正饶鲁之学而作，书中多有驳斥饶鲁说法之处，《元史》亦载"余干饶鲁之学，本出于朱熹，而其为说多与熹抵牾，炳文深正其非，作《四书通》，凡辞异而理同者，合而一之，辞同而指异者，析而辩之，往往发其未尽之蕴"。宋濂等撰：《元史》卷 189《儒学·胡一桂传》，第 4322 页。此外，史伯璿《四书管窥》一书中多处批评饶鲁对朱子的阐释，而史伯璿：《上宪司陈言时事书》（《全元文》第 46 册，第 424 页）也明确提出饶鲁经解的"污漫"之弊。

领悟"为学之要"，①从他文集也屡见其劝人读《四书》的记载。② 不过他在至大四年(1411)担任国子司业时拟定的四条教法中，却只详细规定了《五经》的阅读书目和方法而不及《四书》，而他"凡治经者，皆要兼通《小学书》及《四书》"的训诫，更显示其把《四书》默识为从学者的必备基础而非日后研习重点的观念。③ 这样"降格"《四书》的做法，与当时学者普遍所持"看得此书(《四书》)，他书可一见而决，六经可不治而明"的观点和撰述实践相左。④ 眼见一时学者纷纷为朱子《四书》的文辞义理做脚注，读书者又陷入记诵词章的功利俗学，吴澄有意避《四书》不谈而提出《四书》罪人说，诚如钱穆所言，"其所以退《四书》而进《五经》，若与朱子所论轩轾倒转，则所处时代相异，而为学之心情有不同耳"，⑤意即吴澄"不重"《四书》的取态实有针砭朱学末流之失的用意。简言之，《四书》《五经》正如鱼水之关系，鱼从水中来却不可脱离水而活，只有从过于强调《四书》的偏颇倾向回归其本源的《五经》，方可挽救宋儒所传道学于衰竭之地，吴澄所虑正在于此。

由上述观念出发，吴澄用力皆在《五经》的"纂言"成说，以发明道学。所谓"纂言"，虞集将其解释为"纂古人今人之言有合于己之所自得者"，⑥乃是对吴氏学问深切洞察之见。既出于"自"得而非某人之"得"，因之吴澄"纂言"的对象并不限于朱子未作之经，而是遍及五经。

朱熹在撰写完成《四书章句集注》以后，有意完成《五经》注释而未果，

---

① 吴澄门人虞集为其所作《行状》称，吴氏7岁已能诵读《论语》《孟子》，10岁由朱熹《大学章句集注》等书"恍然知为学之要"，并在随后三年间日夜苦读此书。虞集：《故翰林学士资善大夫知制诰同修国史临川先生吴公行状》，《虞集全集》，第859页。

② 吴澄：《答邓以修书》《赠学录陈华瑞序》《送陈洪范序》，《全元文》第14册，第19、103、141—142页。

③ 危素：《年谱》，《吴文正集》附录，第932页。

④ 史伯璿：《上宪司陈言时事书》，《全元文》第46册，第423页。史氏的看法在元代南方学者中多有同道者。同邑章仕尧即以发明《四书》旨意著称，认为"时之治乱，由人心之邪正；人心之邪正，由学术之醇疵"(冯从吾：《元儒考略》卷3，《文渊阁四库全书》史部第453册，第792页)。许谦亦有"圣贤之心，尽在《四书》"的讲法(黄溍：《白云许先生墓志铭》，《黄溍全集》，第461页)。

⑤ 钱穆：《吴草庐学述》，《中国学术思想史论丛》(六)，第68页。

⑥ 虞集：《故翰林学士资善大夫知制诰同修国史临川先生吴公行状》，《虞集全集》，第865页。

仅为《诗经》撰有《诗集传》,为《仪礼》著有《仪礼经传通释》,为《周易》作有
《周易本义》。他晚年还请门人蔡沈(1167—1230)为《尚书》作《书集传》,
此书也因出自朱子亲授,遂成为元代官定诠释《尚书》的经典读本。除此之
外,朱熹未有《礼记》《春秋》的相关撰述。

吴澄"纂言"《五经》的工作是分阶段循序展开的。他早年用功于校订
《五经》等基础工作,为学者阅读《五经》提供好的蓝本。晚年才分别撰就
《五经纂言》,为学者研习《五经》提供完备精当的注释。据门人危素
(1303—1372)纂次的吴澄《年谱》记载,至元十八年(1281)吴氏纂次诸经并
注释《孝经章句》,次年校订《易》《书》《诗》《春秋》,修正《仪礼》,小戴、大
戴《礼记》。至延祐三年(1316),始修成《易纂言》,延祐五年修成《书纂
言》。泰定三年(1326)后,又相继完成《诗纂言》《春秋纂言》《礼记纂言》
《易纂言外翼》四书。①

概论之,吴澄纂注《五经》以发明道学的实际行动,自他中年时已开始,
至晚年撰写《五经纂言》方告完成。其所作《四经叙录》《三礼叙录》二文,
完成于他撰著《五经纂言》之前,推测是其至元十九年(1282)校订五经后所
写的记录,也是他撰写《五经纂言》的文本基础和基本设想。②

《四经叙录》中,吴澄简述《易》《书》《诗》《春秋》的流传历史和经他整
理校订后的篇次内容,从中显见他对朱子学的尊崇之意。对朱子已有著述
的《周易》,他在"大义不能有所损益"的前提下,对朱注"文字阙衍谬误"处
重加修订,厘为新本。就《书经》而言,他循着宋代吴棫(1100—1154)、朱熹
对古文《尚书》的疑辨,区分而列今、古文。就《诗经》而言,他"因朱子所定,
去各篇之序(诗《序》),使不淆乱乎《诗》之正文。"就《春秋》而言,他称"今
则如朱子意,专以《左氏》为主。倘义有不然,则从其是。"在另一篇《三礼叙
录》中,吴澄详述其承续朱子《经传通解》的工作,对"三礼"重新编次的具体

---

① 危素:《年谱》,《吴文正集》附录,第928—935页。

② 吴澄:《四经叙录》《三礼叙录》,《全元文》第14册,第428—439页。吴澄《四经叙
录》述及他撰著《春秋》之作的设想,称:"顾有此志,而未暇就,故先为正其史之文如此。若圣
人所取之义,则俟同志者共讲矣。"(第433页)可见吴氏此前仅为校订工作。此外,吴氏另为
《中庸》《太玄》《孝经》《老子》《庄子》等书作有《叙录》(载《全元文》第14册,第440—442、
449—450、453—455页)。

篇章安排。① 他"因朱子所分《礼》章,重加伦纪",即按照朱熹的设想,以《仪礼》为纲,将《礼记》《大小戴记》及郑玄《三礼论》重新编排,最终形成《仪礼正经》《仪礼逸经》《仪礼传》三部分内容,"《正经》居首,《逸经》次之,《传》终焉",从而实践朱熹分《仪礼》为经、传的未竟理想。② 上述依据朱子思想体系而来的篇章架构,既可求证于虞集所撰《行状》中的叙述,又详细呈现于吴澄的《五经纂言》书中。

要言之,吴澄虽师出朱子嫡传,却立意于自得之学,并以承接千古之道统为己任。③ 在纂次校订《五经》的基础上成就一家之言,是他表彰朱子学的具体方法。除"忘其僭妄"以重新编次整理经文外,④"折衷以己意"的《五经纂言》更显示吴澄能够立足于朱注而有所推进,⑤这是他发明朱子学的特点,也是其区别于其他朱子后学之处。

## 二、虞集的理学身份与学问归趋

官至奎章阁侍书学士的江西儒者虞集,字伯生,号道园,人称邵庵先生。他出生于衡州,14 岁时侨居江西崇仁,因父亲虞汲与吴澄交游的关系而从之问学,30 岁时被举荐为儒学教授,随后历任国子助教、国子博士、翰林待制、奎章阁侍书学士等职,主持《经世大典》的编纂,并多次担任科举考试的

---

① 现存四库本《礼记纂言》中吴澄原序,以及朱彝尊《经义考》所引吴澄原序,仅为《三礼叙录》中约四分之一的内容。

② 参见王汎森:《中国近代思想与学术的系谱》,石家庄:河北教育出版社 2001 年版,第 27 页。吴澄重编经典的详情,参见姜广辉:《评元代吴澄对〈礼记〉的改编》,杨晋龙主编:《元代经学国际研讨会论文集》,第 559—578 页。

③ 历史上类似于吴澄之师承关系的著名例证,如周敦颐与二程,邵雍与李之才,都是曾经从之受学,但最终却以自得为多(土田健次郎:《道学之形成》,第 136 页)。

④ 吴澄:《三礼叙录》,《全元文》第 14 册,第 435 页。

⑤ 虞集阐述吴澄《纂言》诸书的特点是"决以己意而折衷之"。已有研究显示,吴氏确在《五经》注解上对宋儒思想多有推进。蔡方鹿《吴澄的〈尚书学〉述要》称,吴澄在宋学的基础上对伪古文《尚书》做了考辨和研究,他进一步疑伪古文《尚书》,并且弃《大禹谟》"十六字心传"(杨晋龙主编:《元代经学国际研讨会论文集》,第 337—362 页);杨自平《吴澄之〈易经〉解释与〈易〉学观》一文显示,吴澄继承并发展朱子《易》学,他不只关注朱子《易本义》及其他程朱之说,而且关注《易经》本身,通过致力于易象的解释以补朱子释象之不足(台湾"国立中央"大学中国文学研究所博士论文,2000 年)。

考官,长期服务于元廷文教。虞集在《元史》有传,清人翁方纲(1733—1818)为其编有《年谱》。① 而他最详细的传记资料,见载于弟子赵汸(1319—1369)所写《行状》和友人欧阳玄所作《神道碑》。以往研究多关心虞集的政治表现、史学思想、诗文成就,以及与道教的关系等内容,对他承继吴澄理学的学术趋向探讨不足。②

虞集的文名在外,以致淹没了他传承吴澄道学的理学身份,后者方是他的志向所在。虞集在元代即被誉为"国朝一代文章所宗",与杨载(1271—1323)、范梈(1272—1330)、揭傒斯并称为"元诗四大家"。不像其在当朝及后世的显赫文名,他虽是一代硕儒吴澄的高第弟子,却少为人称道其理学成就,这与他没有足以流传后世的理学撰著有关。虽然虞集的理学观念鲜明且自成体系,却只能散见于文集里的只言片语,或是与当时人的论学及行事中。实际上,虞氏以道学自任的志愿,既见于他的学问交谊,也体现在他对吴澄之学的不断体认以致深切理解上,而其晚年致仕归家后,更是精研理学,并于诸经多有自得。

在虞集身后,为其"正名"的文字方才出现。较直接对虞集的理学身份有所申辩的,是他的同僚兼好友欧阳玄。欧阳玄在虞集《神道碑》中称,"皇元混一天下三十余年,虞雍公赫然以文鸣于朝著之间,天下之士翕然谓公之文当代之巨擘也,而不知公之立言,无一不本于道也。"③无独有偶,明初江

---

① 虞集生平与仕宦经历,参见宋濂等撰:《元史》卷181《虞集传》,第4174—4182页;翁方纲:《虞文靖公年谱》,北京:北京图书馆出版社1999年版;罗鹭:《虞集年谱》,南京:凤凰出版社2010年版。

② 参见姬沈育:《20世纪以来虞集研究综述》,《郑州大学学报(哲学社会科学版)》2004年第2期,第13—18页。此外,John D.Langlois(蓝德彰)考察了虞集与元文宗的关系及其在当时文治政策中的作用(氏著"Yü Chi and His Mongol Sovereign," *Journal of Asian Studies* 38：1 (1978), pp.99-116),值得参考。虞集道教思想的研究,参见孙克宽:《元虞集与南方道教》,《大陆杂志》(台北)1976年第53卷6期,第1—12页。虞氏理学思想,参见黄端阳:《论元代虞集理学思想之传承与转折》,《孔孟月刊》(台北)2005年第43卷第11—12期,第40—46页;查洪德:《虞集的学术渊源与文学主张》,《殷都学刊》1999年第4期,第44—49页;蔡方鹿:《融贯博通,会归于道——从虞集思想看元代理学的走向》,《哲学门》2010年第22辑,第101—119页。虞集史学的研究,参见周少川《虞集的史学思想》,《史学史研究》1999年第2期,第29—38页。

③ 欧阳玄:《元故奎章阁侍书学士翰林侍讲学士通奉大夫虞雍公神道碑》,《圭斋文集》卷9,《文渊阁四库全书》集部第1210册,第86—87页。

西籍学者杨士奇(1366—1444)也在一篇文字中感慨道:"公(虞集)以道学自重,而今所传者文耳。"①无论"立言本于道",还是"以道学自重",欧阳玄等人强调的都是虞集言行中承继道学的此一面向,意在揭示他赫赫文名之下的理学身份。

虞集对他本人的"文名"笃于自信,对他身后的理学身份也有用心的安排。对于时人溢美其诗文成就,他欣然接受,并评点"元诗四大家"中杨载的诗为"百战健儿",范梈的诗为"唐临晋帖",揭傒斯的诗则是"三日新妇",而自比"汉唐老吏"。②他对揭氏诗作的"恶评",自然招致后者的不满,而其自比之语,也显示他对自身的诗文造诣拥有相当的自信。然则一代名流虞集终归是以"传道者"而非"文人"自期。③这突出表现在他托付"谁"来为自己撰写《行状》一事上。

虞集一生交游广泛,门生众多,其中不乏当朝名士。④虽然他甚为推重的学生陈旅(1288—1343)早卒,⑤但其他弟子如苏天爵(1294—1352)、刘霖、陈伯柔等人亦深受其赞赏。然而,在至正八年(1348)病重之际,虞集却选择晚年所收弟子、新安儒者赵汸来记述家世行状。

赵汸从学于虞集的时间较晚,却成为最得虞氏之"道"者。他至正五年到六年始从游于虞集,六年冬再访虞氏,八年虞集病卒之际也侍事左右。在虞集委托其撰述《行状》时,赵汸还只是一位"辗转徽州、江西、浙江三地,广接师友,问学乐道"的学术后进,⑥年纪未及三十,他成名于后世的《春秋集传》《春秋属辞》等著作尚在酝酿当中。据赵汸所述,虞集将先世遗书数篇相托付,嘱其为之记述虞氏先世四代斯文之传,并称"子辱相从于寂寞,其

---

① 杨士奇:《录虞学士文》,《东里续集》卷18,《文渊阁四库全书》集部第1238册,第607页。

② 揭傒斯:《范先生诗序》,《文安集》卷8,《文渊阁四库全书》集部第1208册,第215页。

③ "名流"一语乃赵汸对虞集的称述,参见赵汸:《汪古逸先生行状》,《全元文》第54册,第387页。

④ 黄宗羲撰,全祖望补:《宋元学案》卷92"草庐学案",陈金生、梁运华点校,第3089—3090页。其中所列"邵庵门人"有陈旅、王守诚、苏天爵等7人。

⑤ 同上书,第3089页。陈旅初至京师时,虞集就有"我老将休,付子斯文"的说法。

⑥ 吴兆丰:《元儒赵汸的游学、思想特色及其治学历程》,《中国文化研究所学报》(香港)第51期,2010年,第27页。

为我辑而录之,并以予历官岁月附焉可也。"①以上病中嘱托显示,虞集对赵汸的信任与欣赏可谓深厚。从虞集曾提出《行状》的撰写者需具备"足以尽其师之道"的条件来看,②赵汸分明是得传其"道"的最佳人选。

赵汸之所以能得虞集之道,从两人相识之初有关《江右六君子策》的著名问答中已见其端。此策的内容及相关朱陆和会等问题已有较多的研究可鉴。③需做补充的是,虞集所表现出对于"朱陆之辩"一再关心和热衷辨明,实则出于他对世儒(包括本地后学)如何看待和定位崇仁之学的切实反思。④因此,当来自恪守朱子之学而不能广而通之的新安理学传统中的赵汸,展现出朱陆早异晚同的理学观察,以及博通好思的为学气象时,自然深得虞集的取重和青睐。

虞集既以赵汸撰述《行状》,赵氏亦不负其师所望。他在《行状》中将虞集记述为一位讲究博通致用的儒者和得吴澄之"道"的唯一继承人。赵汸称:

> 公以绝人之资,承家世之远,自其亲庭传习已极渊微,又得一世大儒以端其轨辙,其于前哲之所发明者,汇聚部分,凿如金石。因言见志,慨然有千载之思焉。遭遇盛时,以经筵胄监,翰苑台阁,历事圣明,名声震于当世。固乃逊志于退休之余,玩心于义理之微,以终其身,而无间于死生之变。吾党小子盖有不足以知之者矣。
>
> 公于诸经之说,不专主一家,必博考精思以求致用之道。谓《易》因卦立言,……谓学而修之则可以行之者,惟《礼》为然,治经者当以为先务,……近代儒先君子之众,自濂洛新安诸贤外,参立并出,其人皆未易知,其学皆未易言也。公以高情远识,尚友古人,皆就其所存以极其所至,而慨夫吾党之士知之者微矣。……临川吴公当弱冠时,即以斯道自任,据经析理,穷深极微,莫之能尚也。及乎壮岁,犹幡然以为非是,

---

① 赵汸:《邵庵先生虞公行状》,《全元文》第 54 册,第 366 页。
② 虞集:《答张率性书》,《虞集全集》,第 394 页。
③ 吴兆丰:《元儒赵汸的游学、思想特色及其治学历程》,第 38—42 页。
④ 虞集:《赠李本序》,《虞集全集》,第 557—559 页。

于是知类入德之方，上达日新之妙，盖有同游之士所不及知，而公独得闻之者矣。吴公没，其书大行，读者各以所见求之，往往失其本真，公每为推本吴公成己之要以告人，而后愿学者得以致其意焉。尝言先儒于致知之目，其考乎二氏者，皆将有所辨正，非博闻之谓也。盖尝推其徒，扣其所以为说，然后叹夫圣人之教不明，学者无所据依以为下学上达之地，而欲切究性命之原、死生之故，其不折而归之者寡矣。①

以上可见，赵汸对于虞集传承并推广吴澄学说的贡献尤多着笔。这实际来自赵氏本人的求学经历及其对崇仁之学的体认：他正是在阅读虞集为吴澄所作《行状》之后，被吴氏的"为学之方"所深深吸引，进而向虞集请教"入德之门"的。② 在赵汸看来，为学之要正在于"此心"和"求放心"，他因此对吴澄之学十分向往，并立志表彰吴澄学问中的"心学之渊微"。③ 通过登门求教虞集并阅读虞氏的理学文字，赵汸认定虞集正是传续吴澄道学之人。

上述引文中，赵汸总评虞集之学具有"博考精思以求致用之道"的特点，并就其《易》《礼》二经的成就加以阐明。赵汸所言皆有根据，在虞集现存理学文字中均能找到对应，乃是其认真领会虞氏为学特色的表现。赵汸认为，虞集《易》学尤重于"卦"，《易》乃"因卦立言"。此看法见于虞集晚年为项安世（1129—1208）《周易玩辞》所作序言。④ 项氏与朱熹、陆九渊是同时期的学者，其书对朱熹《易》学有发明之功，对吴澄《易纂言》影响较大，以故虞集的《易》学也受之浸染。赵汸另提到虞集对南宋江西著名儒者谢枋得（1226—1289）所传《易》说的欣赏，然有人建议其著说立论以发明谢氏学

————————

① 赵汸：《邵庵先生虞公行状》，《全元文》第 54 册，第 364—365 页。

② 赵汸在求学虞集之初，所上虞集之书称："然汸之幼也，尝闻大江之西有吴先生焉，行修道立，为世表仪，而成己诲人，深有忧乎空言之无益。及观乎阁下所为《行状》，而知为学之方矣。……所以辞之而远去者，其志诚在乎此，而不敢失也。伏惟阁下察其有志，闵其无成，以其所得而赐教焉，俾于入德之门，不致迷其所趋，而天之所以与我而至尊至贵者，可以反身而有得，则阁下之赐大矣。"赵汸：《上虞学士书》，《全元文》第 54 册，第 459 页。

③ 赵汸：《上虞学士书》，第 458—459 页。

④ 虞集：《周易玩辞序》，《虞集全集》，第 477—478 页。

说时,虞氏却以"先儒有成言焉,当存之以竢知者"的理由婉拒。由此可见的虞集之学,既得益于吴澄之教,又不拘泥一说,具有广采诸家而精思慎行的特点。博考精思才可以下学上达,从而免于陷入训释之末的弊病,这正是吴澄所提倡的为学方法。

赵汸对虞集学贵致用的趋向也有表述。他以《礼》经为例,阐明虞氏通经致用的学问特点。据赵汸的记述,虞集认为无论《礼记》经典、成制或是文士所记之传闻,皆需"因时制宜,使不失帝王之意",虞氏且欲会通古今之《礼》书以见用于元廷,然而未及完成。上述特点在虞集劝勉后学的送序文字中可得到直接印证。① 然纵观虞氏所存文字,理学重在经世之用,"内圣外王"不可偏废,乃是其一贯主张之所在。② 应该说,虞集对经典致用面向的重视,与其师吴澄如出一辙。吴澄补编《仪礼逸经》,编成《仪礼传》,重新条例《礼记》并为之纂言的系列行动,皆有通经致用的考虑。

虞集为学的博通特点,除受益于吴澄的影响,还有得于同门元明善(1269—1322)、友人袁桷等人的启迪。虞集曾述及元明善对开拓其学问面向的帮助,称:

> 早岁从吴文正公于豫章,时清河元公复初为行省掾,尝与余谈诸经要义,余悉以关洛以来之说答之。明日,复初告吴公曰:"伯生经学殆未博也。"余始闻之,不以为然,继取古今百氏传注之说,旁午错综而究观之,然后知不能博通于彼,而遽以为有得于此者,非愚则妄。是则复初之赐。③

大名清河人(今河北大名)元明善,字复初,为学注重广博,与虞集颇多学

---

① 虞集称"内圣外王,有道有器,夫岂可二之哉?吾故以为学乎礼者又当先于诸经者也,何也?以其学而修之者,即可以举而行之者也,然则可以付之空言乎哉?"虞集:《送吴尚志序》,《虞集全集》,第552页。
② 虞集:《思学斋记》《两浙运使智公神道碑》,《虞集全集》,第728、1127页。
③ 赵汸:《留别范季贤序》,《全元文》第54册,第315页。

问交流。而虞集的另一位学问知己，四明儒者袁桷，也不以笃守朱学门户为意，乃兼有博通的学问趋向。袁桷与虞集同任馆阁，常以学问之事相砥砺，晚年却都未实现述作理学的志愿。袁桷曾欲撰作《易说》《春秋说》而未果，以故虞集在袁桷祭文中特别提道："曰《易》《春秋》，曾与子谈。将卒成书，恐老弗堪。老不废学，唯予与尔"之语，可证两人曾经互为勉励的情形。①

虞集主张"博通"的学问面向，更见于他任职国子监及翰林院期间的行事。这也是其"学以致用"理念的现实施用。由于虞集长期服务元廷文教，有着对士人教育的强烈关心，以故他会将自身学问旨趣用于教化读书人，以期影响士风。在国家选拔人才的科举考试中，虞氏多次担任主考官。《元史》特别记载他颇为鲜明的取士理念为：

> 泰定初，（虞集）考试礼部，言于同列曰："国家科目之法，诸经传注各有所主者，将以一道德、同风俗，非欲使学者专门擅业，如近代五经学究之固陋也。圣经深远，非一人之见可尽。试艺之文，推其高者取之，不必先有主意，若先定主意，则求贤之心狭，而差自此始。"后再为考官，率持是说，故所取每称得人。②

虞集对科举定制令到读书人"专门擅业"的弊病深为警惕。元代科举考试程式中，汉人、南人而言，《四书》用朱熹《四书章句集注》；《诗》以朱子为主，《尚书》以蔡沈《书集传》为主，《周易》以程氏、朱氏为主，《诗》《书》《易》三经兼用古注疏；《春秋》许用《三传》及胡安国《传》，《礼记》用古注疏。③ 虞集所谓"一人之见"主要针对蔡氏、胡氏而说，"先定主意"更是对于胡《传》中所谓"微言大义"而发。由是，他所倡导的开通博大的向学路径已然可见。

---

① 虞集：《祭袁学士文》，李军等点校，《袁桷集》附录，长春：吉林文史出版社 2010 年版，第 774 页。
② 宋濂等撰：《元史》卷 181《虞集传》，第 4176 页。
③ 宋濂等撰：《元史》卷 81《选举·科目》，第 2019 页。

综论之，一代名士虞集不仅是文章大家，也是张大崇仁之学的佼佼者。14岁起即从学于吴澄的他，逐渐发展出"博考精思以求致用之道"的治学趋向，不仅将此理念施之于日常行事，晚年亦倾心于经典研习，对《易》《礼》二经尤有所得。他为吴澄所写《行状》，不仅尽显对吴氏"为学之要"的深切理解和把握，更吸引了新安儒者赵汸前来从学。虞氏对朱陆和会问题的关注，对"博考精思"之学问趋向的强调，既是吴澄之教的体现，也显示他博大通融的学术面貌及其对崇仁之学的务实思考。虞集的上述学问取向又旨在服务于现实施用，以发明和践行朱子的全体大用之学。

### 三、崇仁与金华：谁是正学？

江西崇仁之学与浙江金华之学同出黄榦，却在各自发展中形成迥异的学术气象。在吴澄之时，他对金华所传之朱子学颇为赞许，不仅两次为学出金华的儒者张翌文集作序，还给予金华学术较高评价，称："蜀儒张翌达善父，少从金华王氏游，王氏之学，其源出自朱子门人黄勉斋先生，故凡达善所闻格言至论，皆足以范俗垂世。"[①]然而到了虞集晚年之时，金华后学已陷入独尊本地传承系谱的褊狭境地，他们为更有力地表彰金华朱子学，特别请国史编纂者、文章大家虞集为"四先生"之一的许谦撰写墓铭，却遭到虞氏拒绝。这一未经阐明的学术争端，既是吴澄门人与许谦后学有关学术"正统"的争鸣，也实际彰显出崇仁、金华之学的分野所在。

记载此事经过的一手资料，唯见虞集所作《答张率性书》一文。虞集在这封信函中，不单婉拒为许谦撰写墓铭的邀请，且就为学之方与许谦门人认真辩难。此信颇为关键，兹录全文如下：

> 集今年三月始得去秋陈贰宪令嗣转致许益之先生门人所撰《行状》及其孤所致币。猥以集尝执笔国史，拟诸史迁，使有所序述。世之以功名自任者易为言，而德性道学之渊微，有非文史卜祝者之所能知也。仆与许先生年相若，而仆早忝薄禄，不能如许先生山林之日长，曾

---

① 吴澄：《张达善文集序》，《全元文》第14册，第267、305页。

无一日之雅,徒想象其风,致其起敬。至其门人,颇见一二,问其授受之要,多所未解,及求所著之书,但略见其《诗集传名物钞》,而愚陋又不足以尽知其为学之所至也。是以逡巡久之,欲答诸贤之书而不知其学,无以达鄙见,敢与率性言之。

　　昔子程子(程颢)没,叔子(程颐)为《行状》;张子(张载)没,吕与叔(吕大临)为《行状》。表伯子(程颢)之墓者,文潞公(文彦博);表张子之墓者,吕门下也。是皆大臣一言以定国是,非常人之词,而吕公之言曰"不敢让",知知则不敢让也。知有所未尽,安得不让乎? 朱子作延平先生《行状》,而延平《墓铭》未闻;黄直卿(黄榦)、李方子作朱子《行状》《年谱》,而朱子之《墓铭》未见。岂非门人之言,足以尽其师之道,可传信于后世,而无待于他人之言乎? 今益之之事,既见于诸门人之所序述,何取于不知之瞽史也? 以此观之,诸名公知先生而举之者甚众,安知无文、吕其人之可求? 而仆非其人也。

　　礼币二,敢因率性复之。而《行状》所述,多所未谕,数月之间,尝与友生门人细读而详阅,终莫得其统绪之会归,以观其成德之始终,辄亦别录而疏其下,未敢即达,或诸贤不吝赐教,当缕陈以请,则虽不作铭,亦可辨为学之体要矣。旧岁作《临川先生行状》一通,辄此寄上。状中言有《四书丛说》,固略无所闻,而所足成金先生(金履祥)之书,亦未尝见。又闻柳道传太常(柳贯)已为许先生作得文字,刻本已传,如集老病山林,亦莫克见,因率性得一见之,甚妙。师道立则善人多,许先生何可得哉? 向风不胜感慨,相望千里,彼此得以考德问业,幸甚。①

以上显示,许谦后人与虞集有关许谦墓铭撰写事宜的往复联系,皆是托人转至。信中提及向虞集转送《行状》和礼币的"陈贰宪"之子,其人已不可考。而虞氏此函的收信人则是金华人张道中,率性为其字。张氏不是许谦门人,他的生平履历不详,只知他至正初曾任信州(今江西上饶)经历,并与

---

① 虞集:《答张率性书》,《虞集全集》,第394页。

张雨(1283—1350)、王逢(1319—1388)、郑真(活跃于洪武年间)等江浙知名文人甚为交好,彼此多有诗歌唱和。① 虽然虞集文集中没有与张道中的其他交往记录,但张雨、王逢等人深受虞集诗文影响,其中张雨还曾学于虞集。虞集与道士张雨的交情甚笃,他不仅为张雨主持的崇寿观做碑文,甚至与后者有"栖遁之约",以故虞集和张道中大概因为这层关系而颇为熟稔。②因此,虞集请张道中作为中间人,向许谦门人及后人退还礼币,并转达他无法为许谦作铭之意,这样的做法可谓审慎周备。

金华众人委托与许谦素无往来的虞集撰写墓铭,此事颇为蹊跷。许谦至元三年(1337)十月卒,次年正月葬于乡。虞集《年谱》显示,他在至元四年三月即得许谦后人相托,此时其已辞官归家四年有余。③ 前文已述,许谦既是"金华四先生"中的集大成者,亦是其门人后学在标显金华理学时的关键人物。虞集既非许氏知交,也不是熟悉金华理学的合适人选,为何许氏后人却把撰写许谦墓铭这件"大事"托付虞集呢?

有鉴于虞集在当时的名望和地位,一个颇为显见的原因是,许谦后人无非是想借誉于虞氏以扩大许谦乃至金华朱子学的影响。一如金华后学黄溍曾提到的,虞集是"国朝一代文章家",加之如信中所示他又尝"执笔国史",被认为有很高的史才,请他写墓铭不但会被广泛传阅,还能令墓主留名青史。除上述理由外,虞集与金华柳贯、黄溍、吴师道诸贤皆相识或共事于朝,函中他也提及听说柳贯为同门许谦撰写文字一事(从柳贯现存文字来看,应是柳氏《祭许益之先生文》),④这或许也是许谦后人求铭于虞氏的一个考虑。

殊堪玩味的是,许谦后人以虞集"尝执笔国史,拟诸史迁"为由请他写墓铭,仍是将其以文人、史官视之,却忽视了后者作为吴澄高弟的理学身份。此乃虞集文名盛于当朝,以致掩蔽其理学地位的明证。虞集所谓"有非文史卜祝者之所能知也"之语,既是自谦,更略带自嘲之意,以阐明他无法为

---

① 张道中与张雨、王逢、郑真交游甚多,往来唱和的诗作屡见于后三人的文集。张雨,钱塘人(今浙江杭州),年二十弃家为道士,道号贞居子。张雨的研究,参见孙克宽:《元代的一个文学道士:张雨》,《大陆杂志》(台北)1973年第46卷第4期,第181—190页。

② 虞集:《崇寿观碑铭》《倪文光墓碑铭》,第825—826、880页。

③ 罗鹭:《虞集年谱》,第175页。

④ 柳贯:《祭许益之先生文》,《侍制集》,第519—521页。

许谦"德性道学之渊微"代言的观点。

确如虞集所言，为道学家记述生平学行者，一般是能传承其"道"之人，这其实是学者们的普遍默识所在。元末新安儒者汪叡为《朱子年谱》的刊刻作序时曾说：

> 昔伊川（程颐）撰明道（程颢）《行状》，而伊川之《年谱》《行述》，则有待于文公。呜呼！大贤君子，盛德形容，良不易易也。此康节（邵雍）《墓志》所以惟属之明道，而濂溪《行述》，亦待文公而后方为撰述，盖惟圣贤能知圣贤故也。①

道学家《行状》《年谱》《墓志》等的撰写，皆需审慎择人，非但要能承继其学，还要能弘扬其学之人。这点道理，许谦门人自然明白。因此他们中"有史学，善叙事"的张枢为许谦撰写行状，学术见长的吴师道则为许氏各部理学著述撰写序跋，其择人不谓不谨。然他们请虞集撰作墓志的"反常"行为，则更见许氏后学抬高金华理学的良苦用心。

回头再看虞集函中说明他不能为许谦撰写墓铭的理由。此信的走笔行文，一如近代文学家林纾（1852—1924）所评"词婉而多讽，自表其高，亦为他人留下地步"，堪称精当。② 虞氏明确提出的拒绝原因有二：一是他与许谦未有结交，通过许氏门人之言或许氏本人的著作均无法了解其学问大旨；二是历史上为理学家撰写行状或墓铭者，都是墓主的知交或门生，这样才"足以尽其师之道，可传信于后世"，而不应由他人置喙。以上两则理由既符合事实，又有传统成例可依，言之凿凿，合情合理，不过虞集的论说重点，却隐含于文字之间，乃是他对许谦所代表的金华之学的不甚认可态度。

虞集对金华之学的批评意见，表现在他反复述说对金华理学著作和为学体要的"无法理解"上。对于张枢《行状》中言及的许谦著作，③虞集称只

---

① 王懋竑撰，何忠礼点校：《朱熹年谱》，北京：中华书局1998年版，第3页。

② 虞集著，林纾选评：《虞道园集》，上海：商务印书馆1924年版，第34页。

③ 吴师道称许谦"世系履行与经纶著作，详具友人张枢子长所为《行述》。"吴师道：《读四书丛说序》，《吴师道集》，第345页。

"略见"《诗集传名物钞》一书。这部以"正音释,考名物度数"为指向的朱学考证性著作,曾被吴师道盛赞为"其有功前儒,嘉惠后学,羽翼朱传于无穷,岂小补而已哉"。① 虞集虽称见得此书,但也透露出对此书所反映的许氏"为学之所至"有茫然之感。而对于被金华后学誉为"适道之津梁,示学之标的"的《读四书丛说》,虞集则以"固略无所闻"五字述之。结合前文不难理解,《四书》并不是崇仁学者的关心所在。虞氏在信中还清楚表明他阅读张枢为许谦所撰《行状》时的"艰辛",师友门人苦读数月,"终莫得其统绪之会归,以观其成德之始终",这显然不是张枢撰文的问题,实际上是虞集对金华理学过于强调"分殊"以致失却大本的曲折批评。

更进一步的是,虞集不仅表示无法理解金华"为学之体要",他还"示范"崇仁之学的"体要"给金华后学借鉴。在《答张率性书》信末,虞集一并附上较早前的至元元年他为吴澄所写《行状》。此举颇有与金华诸贤论学并推广吴澄之教的意味。果如虞集之意,以吴澄、许谦《行状》两相参阅,则两地学术之气象与旨要的博狭、高低自可显见。惜张枢所撰许谦《行状》已佚,不过黄溍在许谦卒后十年为其所作《墓志铭》尚存。② 此墓铭据张枢所作《行状》而来,因而可与虞集所撰吴澄《行状》略做比较,以见金华、崇仁之学的分别所在。

两篇文字所见的金华、崇仁之学都以"博"著称,但许谦之博,是"于天文地理、典章制度、食货刑法、字学音韵、医经数术,靡不该贯,一事一物可为博文多识之助者,必谨志之"的训释与考辨,这正是许谦所继承的注重"分殊"朱子之理的金华学术传统。而吴澄之博则在于不拘门户,在博通古今学问的基础上,以己意裁决古今圣贤之言为一的自得之学。职是之故,黄溍《墓志铭》中所提到的许谦有关"圣贤之心,尽在《四书》;而《四书》之义,备于朱子"的训诫,许氏《诗集传名物钞》等书注重"正其音释,考其名物度数"的做法,乃至金华学者点抹标注九经的研经取径,均不为虞集所代表的崇仁之学所青睐。与此同时,两地学者对道统的担当也迥然有别,一则述朱而自

---

① 吴师道:《诗集传名物钞序》,《吴师道集》,第 346 页。

② 黄溍在《白云许先生墓志铭》中以"重惟先生之交游多已凋谢,而溍偶独后死,义不得辞也"为由述作此铭(《黄溍全集》,第 462 页)。

我独尊，一则以承继古今道统自期自任。从金华后学黄溍这篇《墓志铭》中对金华四先生师承授受系谱的表述，尤其是铭文中"道学之传，天下为公，婺之儒先，独得其宗"的高度自任，可见为许谦撰作墓铭实非虞集能够"胜任"之事。

究而言之，许谦门人的自认与虞集评价的落差，正是金华、崇仁之学在为学气象和学问路向上的差别所致。张枢在许谦《行状》中表彰金华理学的做法，未必能令虞集理解，而虞集在吴澄《行状》中对崇仁之学力肩道统以承续朱子学行的表述，也并非金华后学所能接受。尽管吴澄《行状》成功吸引了新安赵汸来学，赵氏甚至由此"而知为学之方"，同样的情形却未发生在"独得其宗"的金华后学身上。虞集以《答张率性书》回复许谦众门人，其后续反应是可以想见的。

面对虞集拒绝作铭且多发议论的情形，金华后学自然会群起而驳之。两相交锋的直接文字证据虽已不存，然从明中叶浙江籍士人张宁所撰《虞文靖公并白云先生门人与张率性书解》一文中，可得知事情大概。其文称：

> 虞文靖公不肯铭白云许先生之墓，以书币复张率性，转致其门人。门人于先生犹父子，以父事于人，而为人所阻，未有不怒者。庸眼计其可否哉，无怪许氏门人之致辨也。王余庆联《往复书》为一通，识其末曰："世固有越世而相感，并世而不相知者。侍书文章，天下所共知，人品、气节亦天下所共知，是恶用以口舌辩，敬书以见古今士俗隆污。"其言意正平和婉，不激不露，度越同门远甚，后之观者止可致感叹于存殁之际，取以为身之戒勉，不宜巧排力辩，为死者定枉直，于不可致诘之乡而加之，意非侍于君子之道也。
>
> 公书中语于先生，固已尊待之至。若其论列为铭，非知之尽则无以诏天下而信后世，意即东莱所谓"待人不得不宽，论人不得不尽者"，或遽以此议公昧于知人，公于先生言极尊待，岂得不知？所不知者，特以《行状》多未谕，终莫能得其学行道德之详，而难于序述耳。此岂可与苏东坡不肯奉诏作范公埋铭者例论哉？宁三复庄诵，因文靖公书见古人为文之不苟，因王余庆诸门人之书，见古人师弟子恩义之笃，余不敢

知也。是卷流落人间,楮墨如故,而今为彦章都阃所得,可以托不朽矣。
予见卷中题识者,无不致疑于彼此之间,敬为之解。①

张宁是景泰五年(1454)进士,历任礼科给事中、汀州知府等职,致仕后
家居三十年,著述颇丰。由张宁此文可知,许谦多位门人在看到虞集《答张
率性书》之后,亦通过张道中致信虞氏以申辩学术,随后许氏门人之一的王
余庆(活跃于元末明初)将往复书信串联为一通,诸门人在信末作有题识。
这便是明中期学者张宁从友人处所见到的这份往复信函及题跋,他随即撰
写此文,意在为双方调停,其意甚美。

张宁的所谓调解,实则显示许谦后人的反应激烈,以及两地学术风貌
差异之大。金华后学的回信以及信末题识均已不存,不过张宁此文所引
述的王余庆识语,据称是其中最为平和允洽者,其余则可想而知。王余
庆,字叔善,《元史》附其传记于《吴师道传》之后,称他"以儒学名重当
世",②《宋元学案》记载他"至正初,入经筵,为检讨官,累拜监察御史。"③
从引文对王氏"度越同门远甚"的称赞,对其他题识者"无不致疑于彼此
之间"的述评,不难推测许谦后学反驳、指责虞集的剧烈程度。文中张宁
对"或遽以此议公昧于知人""此岂可与苏东坡不肯奉诏作范公埋铭者例
论哉"的辩解,应是因许谦门人对虞集的非议而发。但是,张宁强解虞集
与许谦门人的矛盾为一方严谨不苟、一方尊师重道,将虞集拒写墓铭的原
因归为张枢《行状》述说不清所致,这样的"和解"也背离了两地学问分歧
的实质。

两地学术争鸣的本质,是朱子学发展的阶段性差异。金华朱子学传承
至许谦,已逐渐显露出陷入训释考证的弊端,这恰是从吴澄所发展出的崇仁
之学所刻意规避的朱学末流之失。如果说"四先生"中的何基、金履祥所强

---

① 张宁:《虞文靖公并白云先生门人与张率性书解》,《方洲集》卷22,《文渊阁四库全
书》集部第1247册,第501—502页。
② 宋濂等撰:《元史》卷190《儒学·吴师道传》,第4344页。
③ 黄宗羲撰,全祖望补:《宋元学案》卷82"北山四先生学案",陈金生、梁运华点校,第
2789页。

调的"理不患其不一,所难者分殊耳",是为了应对当时学者空谈持敬致知所引发的问题。然而这套方法沿用到许谦时,朱子学已面临新的发展形势。此时继续囿于疏证、惑于义理的路向只会令朱子学走向僵死,因此全祖望也批评许谦之学"渐流于章句训诂,未有深造自得之语,视仁山(金履祥)远逊之,婺中学统一变也"①。这时正需要注重义理辨析并强调学问自得的崇仁之学予以救正。吴澄、虞集之学不守门户之见,注重在强调博考精思的基础上发明经典的经世致用之道,这正可挽救元末朱子学以重回全体大用的本原。

要言之,许谦门人请虞集写墓铭,却只看到他的名流身份,忽视崇仁之学的特点和背景,这乃是元末金华后学身陷自尊自大的狭隘境地之表现。而在对方认真辩论学术之际,金华后学亦未借此机会深入反思,并为金华朱子学找到新出路,而是群情激愤,起而诘之。与此同时,虞集也未把许谦作铭之事看做是可以敷衍的应酬文字,反而与金华诸儒认真辩论为学体要并适时推出吴澄之学,这既出于其对金华后学自高自任、过誉许谦的反感,也表达了他对崇仁之学的自信和更为博大的学问追求。

需要提到的是,江西籍士人在学问和功名上的显赫地位,成为崇仁之学得以广传的重要推动力。相较于其他南士而言,江西籍儒士更能在蒙元政权中占有一席之地,且对元廷的文教事业产生实际影响。江西建昌人程钜夫(1249—1318)历侍四朝,官至翰林学士。他在任四十余年间出入显要,并通过奏请修改科举考试规定、奉诏江南访贤等举措积极为元代南方士人争取仕进机会。尤其在江南访贤的事情上,程氏举荐赵孟頫(1254—1322)、叶李(1242—1292)等二十多位浙江、江西一带的贤能,后又推选吴澄、揭傒斯等名儒贤士,对南方士人推广和发扬理学而言功不可没。② 吴澄即是因程钜夫荐举而出仕元朝的,两人早年都求学于讲学临川的程若庸。不同于程钜夫,吴澄的仕宦生涯却是一波三折。他 41 岁时拒不应诏,仅是

---

① 黄宗羲撰,全祖望补:《宋元学案》卷 82"北山四先生学案",陈金生、梁运华点校,第 2801 页。

② 孙克宽:《江南访贤与延佑儒治》,《东海学报》(台湾)1967 年第 8 卷第 1 期,第 1— 9 页。

借由程钜夫的帮助,成功将自己校订的《五经》置于国子监;60 岁任教国子监时,也因用力推行不同于许衡的教法而致仕。① 吴澄以外,虞集、揭傒斯、危素等江西籍士人陆续在元廷发挥重要影响。他们通过教育国子、经筵讲论、修撰典章史著等方式参与元廷文教建设,令朱子学在元代得以深入施用和推广。

综上所论,江西之学呈现出追求一己自得的学问旨趣和博大的学术气象。代表人物吴澄以千古以来的"豪杰之士"自期,以承接朱熹的"道统"继承者自居自任,穷毕生之力"纂言"《五经》成说而承创道学,从而救正沉浸于辨释考证的朱学末流之失。吴澄学问之气象及整体面貌,从其理学实践中已见大端。而其身后的记述更显示,吴氏是以朱子之后的道统继承者,而非朱子后学的身份出现的,因此他为朱子四传弟子的事情并未被特别提出。在吴澄等人看来,道统传续的基础不是"一传一"的师承授受关系,而是可以横跨时空,以志向大小和明道与否为转移,这也是宋儒道统传承的典型论述。一代名流虞集继承吴澄道学,他对吴氏"成己之学"的为学体要有深入认识,对其学问的博大和致用面向甚为认同,进而形成其"博考精思以求致用之道"的学问宗旨。虞集是张大崇仁之学的表表者,他不仅以博通致用的为学理念影响元廷文教,还在广泛的学术交往中推衍吴澄之教。从他与金华后学认真辩难学问要旨,到他吸引新安赵汸前来问学,乃至谆谆教导新安学者汪克宽(1304—1372)等行实,更可见江西崇仁之学在元代的实际影响与自任所在。

## 第三节 羽翼与开新:新安理学的求索

元代徽州(古称新安)一地,繁衍着与金华、崇仁之学并立而自成一格的新安朱子学。徽州是朱子故里,学者因之常以"生文公之乡,读文公之

---

① 吴澄的仕宦经历和任教国子监的教法,参见方旭东:《吴澄评传》,南京:南京大学出版社 2005 年版,第 2—9 页。

书"自重自律，①以"有光于紫阳夫子之阙里"而自期自任。② 其地学术以羽翼朱子学为治学宗旨，补备朱子学为著述指归。经历宋元的传播发展，新安在元末时已号为"东南邹鲁"，③新安理学在元中后期的影响之大，乃至引起金华吴师道的"隐忧"。那么，相对于金华和崇仁学者，新安儒者传续与发明朱子学的方法有何特点？这特点又怎样表现为他们的著述旨趣？申言之，新安学者羽翼程朱的学问趋向利弊何在，他们如何在多元并竞的情势下反思并更新其为学模式？本节以汪克宽、朱升（1299—1370）等人为例，着重探析新安朱子学的特色、影响及其自我更新等问题。

## 一、新安理学的多重特色

有别于在本地儒学系谱中单线传续的金华朱子学，也不同于"上接道统"而兼容并蓄的崇仁之学，传承渠道与思想来源的多样性是元代新安理学的首要特点。举其大者言之，元代新安学者中，既包括师从朱熹弟子婺源人滕珙，沿着"滕珙→滕铅、滕武子→黄智孙→陈栎→朱升、倪士毅"传承的本地儒学谱系，④也有自朱熹弟子董铢（1152—1214）、黄榦、胡舜卿等江西儒者而来，传至新安的另外三个脉络，分别为学于董铢的"董梦程→胡方平→胡一桂"和"董梦程→许月卿→程直方→汪炎昶→赵汸、汪叡"一脉，传自黄榦的"饶鲁→程若庸→程逢午"和"饶鲁→汪华→汪克宽"一脉，以及胡舜

---

① 陈栎《上许左丞相书》称："有如栎者，新安之晚学也。生文公之乡，读文公之书，少知留心，老尤笃志。"陈栎在《送王弥道江宁教官序》中亦鼓励友人以"深根源以绍正派"自重，称"吾休阳距文公阙里地若此其近，先人授徒非朱子之书不读，余自少受读唯谨。"陈栎：《定宇集》卷10、2，《文渊阁四库全书》集部第1205册，第296、183—184页。
② 汪克宽：《万川家塾记》，《环谷集》卷5，《文渊阁四库全书》集部第1220册，第699页。
③ 新安汪克宽称："近代以来，濂洛诸儒先继出，吾邦紫阳夫子集厥大成，揭晦冥之日月，开千载之盲聋，于是六合之广，四海之外，家诵其书，人攻其学，而吾邦儒风之丕，振俊彦之辈出，号称'东南邹鲁'，遐迩宗焉。"（汪克宽：《万川家塾记》，第699页）赵汸称"新安自朱子后，儒学之盛称天下，号'东南邹鲁'"，又称"新安自南迁后，人物之多，文学之盛，称于天下。……其学所本则一以郡先师子朱子为归，凡六经传注、诸子百氏之书，非经朱子论定者，父兄不以为教，子弟不以为学也。是以朱子之学虽行天下，而讲之熟，说之详，守之固，则惟新安之士为然，故四方谓'东南邹鲁'。"分别参见赵汸：《汪古逸先生行状》《商山书院学田记》，《全元文》第54册，第387、515页。
④ 朱冶：《倪士毅〈四书辑释〉研究——元代"四书学"发展演变示例》，第9—11页。

卿影响下的"朱洪范→胡斗元、程复心→胡炳文"等。① 徽州地区介乎浙江与江西之间,其思想师承来源并无一宗的情况,是为该地朱子学的首要特色。以故,全祖望补订的《宋元学案》中未给新安儒者专列一案,而是将他们分述于"介轩学案""双峰学案""沧州诸儒学案"以及"师山学案"等,即为明证。其中以董梦程(南宋开禧元年[1205]进士)之号命名的"介轩学案",黄宗羲原本称之为"新安学案",②由此可见新安朱子学之荦荦大端。

江西德兴人董梦程之教,对新安一地学术的形成发展影响尤著。董梦程初学于其父董铢和朱熹门人程端蒙(1143—1191),后学于朱子高第黄榦,著有《诗经通释》《书经通释》《大尔雅通释》等书。③ 徽州婺源人胡方平、许月卿(1217—1286)都曾跟随董梦程学习。由胡方平毕生用功所著《易学启蒙通释》来看,④他深受董氏为学著述的影响而以诠释、羽翼朱子之说为指归。胡方平所学又悉数授予其子胡一桂。新安理学的代表人物胡一桂,字庭芳,号双湖,科举失利后终身教授于乡里,善承乃父之志,不仅为其父刊刻《易学启蒙通释》,还撰刻《周易本义附录纂疏》《周易本义启蒙翼传》二书,以发明朱子易学为志。⑤ 除江西学者的影响外,元代福建朱子学亦对新安地区学术有所感召。以胡一桂为例,他在著述育人的同时,曾三下福建,与生于朱子本邑的元初著名儒者熊禾(1247—1312)研讨经学。⑥

新安一地学术,除在思想来源上多元多样外,其内容旨趣的显著特色表

---

① 程曈辑:《新安学系录》,《四库全书存目丛书》史部第 90 册,影印泰州市图书馆藏明正德程启刻清康熙三十五年(1696)绿荫园重修本,台南:庄严文化事业有限公司 1996 年版,第 32 页。

② 参见黄宗羲撰,全祖望补:《宋元学案》卷 89"介轩学案"中王梓材按语,陈金生、梁运华点校,第 2970 页。

③ 同上书,第 2971 页。

④ 刘泾《跋》亦称"一日,约退斋熊君访云谷遗迹,适新安胡君庭芳来访,出《易学启蒙通释》一编,谓其父玉斋平生精力尽在此书,辄为刻置书室。"永瑢等:《四库全书总目》卷 3《易学启蒙通释》条,第 20 页。

⑤ 胡一桂易学思想的讨论,参见李秋丽:《胡一桂易学思想研究》,山东大学哲学与社会发展学院博士论文,2006 年;史甄陶:《元代前期徽州朱子学——以胡一桂、胡炳文和陈栎为中心》,第 42—78 页。

⑥ 这三次经历参见朱鸿林:《元儒熊禾的传记问题》,《孔庙从祀与乡约》,第 34 页。

现为,一以朱子为宗,以补备和羽翼朱子之学为最终归趋。这既见于当地学者恪守考亭之学,争做"朱子功臣"的治学理念,①及其倡导"凡诸儒之说,有畔于朱氏者,刊而去之;其微辞隐义,则引而申之;而其所未备者,复为说以补其阙,于是朱熹之说大明于世"的研经方法上,②更直观体现在其著述形式中。从大多新安学者著述体例来看即可获知:《四书》和《五经》类"纂释体"著作正是在元代新安地区渐次编纂和完成的。

"纂释体"亦可称为"纂疏体"或"集疏体",它是以经文和朱熹注释为本,逐句附以朱子《语录》及诸家疏解的经典著述形式,特点在于"重采择"而"少阐发",时人将其中所蕴研经方法,精准概括为"用工惟在采择诠次之审"。③ 这一重要解经形式兴起于宋末元初,盛行于元中后期,对明初《四书五经性理大全》的编修体例亦有深远影响。以故,实有必要对其渊源脉络及其与新安理学的关系,予以详细阐明。

以《四书》言之,这一"纂释体"编纂传统,最早由朱熹弟子黄榦《论语集释》首开其端,后至晚宋真德秀(1178—1235)《四书集编》、蔡模(1188—1246)《四书集疏》、赵顺孙(1215—1276)《四书纂疏》、吴真子《四书集成》而略有规模,经由元代新安学者的继承发展,至陈栎(1252—1334)《四书发明》、胡炳文《四书通》而成时尚,最后由倪士毅(1303—1348)《四书辑释》集其大成。④ 与《四书》相比,《五经》类的"纂释体"著作出现较晚。元中期新安学者胡一桂所撰《周易本义附录纂注》(下简称《易纂注》)一书,是目前可知的最早作品。《四库全书总目提要》记述它的编纂体例为:"以朱子《本义》为宗,取《文集》《语录》之及于《易》者附之,谓之'附录';取诸儒易

---

① 赵吉士辑撰:《寄园寄所寄》卷11《泛叶寄》,周晓光、刘道胜点校,合肥:黄山书社2008年版,第867页。

② 程瞳撰:《新安学系录》,《四库全书存目丛书》史部第90册,第105页。

③ 倪士毅:《重订四书辑释凡例》,《四书通义》,中国科学院图书馆藏明正统十年建阳进德堂补修本。"语录"体与宋代新儒学思想表述的关系,参见Daniel K. Gardner. "Modes of Thinking and Modes of Discourse in the Sung: Some Thoughts on the *Yu-lü*('recorded Conversation')Texts," *Journal of Asian Studies* 50:3(1991),pp.574—603(中译本载田浩编:《宋代思想史论》,北京:社会科学文献出版社2003年版,第394—425页)。

④ 佐野公治:《四書學史の研究》,第237—249页;朱冶:《倪士毅〈四书辑释〉研究——元代"四书学"发展演变示例》,第17—18页。

说之合于《本义》者纂之,谓之'纂注'。其去取别裁,惟以朱子为断。"①以上所述,均是"纂释体"的典型特征。

"纂释体"编纂模式,确在新安成为众多学者介以羽翼、发明朱子学的主要著述方式。其中,胡一桂对推进《五经》类"纂释"著作的进展贡献较大,他不仅亲撰《易纂注》,还立志于撰作其他各经《纂注》,并帮助他人依此体例著书立说。② 这样的志向,与他三次赴闽访学熊禾的经历有关。至元二十三年(1286),胡一桂首次赴武夷山访学熊禾,历时三个月。③ 胡一桂此行,主要是与熊禾讨论订正《易纂注》的内容。④ 熊氏对此书体例相当认可,称"更得《诗》《书》《春秋》《周礼》《仪礼》,一如《易纂》,以复六经之旧,岂非文公所望于吾辈者乎?"⑤勉励胡氏继续完成其他各经述作。胡一桂未辜负其期望,此次会面之后,又仿《易纂注》体例,完成《诗传附录纂疏》一书。此后,胡一桂还力勉好友陈栎纂释《书传》。休宁人陈栎字寿翁,号定宇,早年撰有《书解折衷》,对元代科举考试官定读本蔡沈《书集传》多所辩证。胡一桂鼓励陈氏重编此书,陈栎所言"去年婺源胡双湖数相勉,将蔡氏《书传》编《附录纂疏》,勉从其言,成得三分之一",即可证之;⑥陈栎后于泰定四年(1327)完成并刊印《尚书蔡氏集传纂疏》(以下简称《书传纂疏》),是为成果。

以上可见,在多地朱子学者的相互交流和共同致力下,纂释、补益朱子

---

① 永瑢等:《四库全书总目》卷 4《易本义附录纂疏》条,第 22 页。

② 胡一桂撰著诸经"纂疏"的志愿和经历,参见许华峰:《董鼎〈书传辑录纂注〉研究》,第 108—111 页。

③ 胡一桂此次入闽,主要是与熊禾讨论订正《周易本义附录纂疏》的内容。熊禾《送胡庭芳东归序》描述了此次相会的情形,其中提到"留山中三阅月,相与考订。推象数之源,极义理之归。"胡一桂:《双湖先生文集》卷 5,《续修四库全书》集部第 1322 册,影印上海师范大学图书馆藏清康熙四十二年(1703)刻本,上海:上海古籍出版社 1995 年版,第 578 页。胡一桂此行前,陈栎写给胡一桂的书信中也谈道:"幸闻有熊先生,老成宿儒,相与参定,必无轻易。如见熊公,后千虑之得,倘与之符,愿左右勇于刊削,只存其稳当者。稍涉奇异、不契公论则弃去之,使正大光明,为无织瑕之拱璧。"陈栎:《又答双湖书》,《定宇集》卷 10,第 304 页。

④ 熊禾称"余读书武夷山中,有胡君庭芳自新安携一编书来访。究其业盖自朱子,而尤粹于《易》。留山中三阅月,相与考订,推象数之源,极义理之归。"熊禾:《送胡庭芳序》,《勿轩集》卷 1,《文渊阁四库全书》集部第 1188 册,第 770 页。

⑤ 汪师泰:《胡玉斋传》,载程敏政编:《新安文献志》卷 70,《文渊阁四库全书》集部第 1376 册,第 188 页。

⑥ 陈栎:《与高四叔翁》,《定宇集》卷 10,第 320 页。

之言以发展朱子学的做法已成潮流。随着胡一桂、陈栎及其后学的"纂释体"理学著作陆续完成并刊刻,新安一地《四书》《五经》"纂释体"著作颇为齐备,蔚为大观。

表1 元代新安"纂释体"理学著作汇总

| 各经 | 书名 | 著者 |
|---|---|---|
| 四书 | 《四书章图纂释》 | 程复心 |
| | 《四书发明》 | 陈栎 |
| | 《四书通》 | 胡炳文 |
| | 《四书集疏》 | 汪炎昶 |
| | 《四书辑释》 | 倪士毅 |
| | 《四书通证》 | 张存中 |
| 周易 | 《易学启蒙通释》 | 胡方平 |
| | 《周易本义附录纂疏》 | 胡一桂 |
| | 《周易本义启蒙翼传》 | 胡一桂 |
| | 《周易本义通释》 | 胡炳文 |
| 尚书 | 《书解折衷》 | 陈栎 |
| | 《尚书蔡氏集传纂疏》 | |
| 诗经 | 《诗传附录纂疏》 | 胡一桂 |
| 礼记 | 《礼记集义》 | 陈栎 |
| 春秋 | 《春秋集解》 | 胡炳文 |
| | 《春秋胡氏传附录纂疏》 | 汪克宽 |
| | 《春秋集传释义大成》 | 俞皋 |

表1显示,较为成熟完备的《四书》《五经》"纂释体"著作在新安渐次编纂和完成。以"纂释体"表述朱子学的优势是显见的。首先,它最大限度地避免偏离朱熹本意,因其征引皆为朱熹语录或朱子学者的问辨之辞,较少撰者个人发明文字。其次,它最大范围地汇总朱熹及门人弟子对经典的理解和阐释,考订翔实且引述有据,便于初学者利用此书快速找到出处,是为朱子学的入门捷径。再则,它符合科举考试的要求,能够满足士子们的现实所需:上述"纂释体"著作均能以科举考试所规定的程朱理学著作为注释的底

本。从新安儒者陈栎改《书解折衷》而为《书传纂疏》的事情上来看,尽管他后来的《书传纂疏》被世人诟病为曲意迎合蔡《传》的作品,①却也正印证了此类"纂释体"著作以读者为考量的特点。

需指出的是,"纂释体"著作虽是学者研习朱学经义的必备参考,然它却有着不足以发明学者自得之见的缺陷。在元代中前期迫切需要扎实有据、容易掌握的朱子学入门书时,纂释类著作的弊病尚不明显;而在较为成熟的各经疏解著作纷纷出现以后,此类著作的弊病才会渐次显露。首先,它易于成为失之泛滥的资料大全,令读者迷失于数量太多而互相矛盾的疏解当中,越加无法把握朱熹之学的精髓。其次,它注重采掇工夫,对编者的学养与视野提出较高要求,易于成为部分见识狭窄的朱子学者笃守门户的平台。再次,它容易走向章句训诂之学,令学者忽略对朱子本义的理解和发扬。最后,这种编纂方式本身决定了工作性质的重复性,如不断涌现的《四书》疏释著作,其中包含大量相类的内容,已给人不胜其烦的印象。部分纂释书籍确实内容差别不大,区别只在于征引书籍的数量而已。这是何以到了元末,在各经都出现"纂释体"集大成之作以后,朱子学者的治学兴趣要发生转移的内在原因。

除在传承脉络、内容旨趣、著作形式上的特色以外,新安理学在元代的传播途径也自具特点,效果不凡。新安朱子学的影响,主要围绕其地学者理学著述的刊印流传展开。印刷出版作为承载道学的崭新媒体,其重要性在朱熹与其他道学家的学术交锋时已得到认识。② 元代新安士人仕进困难,大多终生隐居著述、授徒乡里为业。与浙江、江西等地学者以官方渠道推广本地学术相比,新安士人较少获得相应机会,部分新安士人的经济状况也令人担忧,无力负担自行出版印刷的费用。③ 于是,元代蓬勃发展的福建刻书

---

① 永瑢等:《四库全书总目》卷12《尚书集传纂疏》条、《书传会选》条,第96、98页。参见许华峰:《论陈栎〈书解折衷〉与〈书蔡氏传纂疏〉对〈书集传〉的态度》,杨晋龙主编:《元代经学国际研讨会论文集》,第395—424页。

② 小岛毅:《宋学诸派中之朱学地位》,漆侠主编:《宋史研究论文集》,保定:河北大学出版社2002年版,第520页。

③ 举例而言,撰写《四书辑释》一书而影响深远的倪士毅,家境贫困,死后无钱安葬,四年后才改葬休宁故里。见赵汸:《倪仲弘先生改葬志》,《全元文》第54册,第399—400页。这与元代儒户普遍的经济状况一致。

业与沉潜刚克的新安理学会逢其适,新安朱子学通过民间坊刻而走出"新安",其地著述成为南方一带读书人的重要经典阅读书籍。元代新安地区的理学著作多由民间坊刻的途径出版,依据现存资料统计如下:①

**表2　元代新安理学著作初刊情况一览表**

| 作者 | 书名 | 刊刻时间 | 刊刻者 |
| --- | --- | --- | --- |
| 胡方平 | 《易学启蒙通释》 | 至元二十六年 | 熊禾武夷洪源书堂 |
| 胡一桂 | 《周易本义启蒙翼传》 | 皇庆、延祐间 | 胡氏家刻 |
| | 《周易本义附录纂疏》 | 泰定四年 | 建阳刘氏翠岩精舍 |
| | 《诗传附录纂疏》 | | |
| 陈栎 | 《尚书蔡氏集传纂疏》 | 泰定四年 | 梅溪书院,建阳刘氏日新堂访求其未刊之书 |
| 胡炳文 | 《四书通》 | 天历二年 | 浙江儒学委托建阳余志安勤有堂刊刻 |
| 张存中 | 《四书通证》 | 天历二年 | 建阳余志安勤有堂 |
| 程复心 | 《四书章图纂释》 | 后至元三年 | 建阳吴氏德新堂 |
| 俞皋 | 《春秋集传释义大成》 | 后至元四年 | 建阳刘氏日新堂 |
| 倪士毅 | 《四书辑释》 | 至正二年 | 建阳刘氏日新堂 |
| 汪克宽 | 《春秋胡氏传附录纂疏》 | 至正八年 | 建阳刘氏日新堂 |
| 赵汸 | 《春秋属辞》《春秋师说》《春秋左氏传补注》 | 至正二十四年 | 休宁商山义塾 |

由上可见,元代新安理学著作多由福建建阳书坊刊刻行世。建阳坊刻在宋元发展迅速,以致出现官方委托建阳刻书的情况,上述胡炳文《四书通》即是泰定三年浙江儒学提举杨志行委托建阳书坊余氏勤有堂刊刻出版。建阳坊刻注重市场需求,多出版民众所需要的日用类书,士子所需要的科举考试用书、通用的经史子集各部书籍,以及医书等。② 据顾永新以元代

---

① 主要参考周弘祖:《古今书刻》,北京:书目文献出版社1994年版;雒竹筠著,李新乾编补:《元史艺文志辑本》,北京:北京燕山出版社1999年版;方彦寿:《建阳刻书史》,北京:中国社会出版社2003年版;及多种善本书目提要等。

② 方彦寿:《建阳刻书史》,第206—211页;朱冶:《明代建阳书商刘刻的编刊活动与历史影响》,《人文论丛》2019年第2辑。

建阳名肆日新堂为中心的研究,建阳书坊主具有集文人、商人于一身的特性,这有利于他们推动新的学术著作,并扩大市场占有率。① 然则,在建阳与新安之间横亘着绵延的武夷山脉,交通并不便利的情况下,以利益为指归的建阳书商为何青睐屡试不第的新安儒者所撰理学书籍? 他们之间的联系是如何实现的? 建阳书坊的刊刻活动又反过来对新安理学的传播产生怎样影响?

首先,建阳书坊主与新安儒者的联系,是通过前者的积极建立、主动访求而实现的,日益活跃的徽州商人是文书传递的主要媒介。以日新堂书坊主刘锦文为例,刘氏字叔简,他本身即有学养,《建阳县志》载其"博学能文,教人不倦,多所著述,凡书板磨灭校正刊补,尤善于《诗》",并评价他"表章载籍,厘讹缉缺,有造于后学多矣,虽未用世,亦足以垂不朽云。"②刘锦文于至正二年(1342)为倪士毅刊刻了后来影响巨大的《四书辑释》一书。倪士毅后来将自己修订的朱子《资治通鉴纲目》一书再寄刘锦文以刊刻闽坊,显示他们建立了良好的合作关系。③ 二人的书稿往来,则是由倪士毅信中提及的往返闽、徽两地的鲍姓商人传递。④ 刘锦文与倪士毅的来往记录,留下了元代书籍史的珍贵史料。

其次,建阳书坊主还通过已建立的学者关系,推进与当地其他儒者的出版联系。刘锦文通过与倪士毅联系出版的机会,希望刊刻倪氏之师、新安名儒陈栎的"未尽刊之书"。⑤ 其后,倪士毅友人汪克宽也接到刘锦文的出版邀约。⑥ 现存刘锦文、汪克宽二人的往来信函可见,刘氏殷切期望刊行汪克宽的著作《春秋胡氏传附录纂疏》,而汪氏亦慨然应允,并称"寄抄誊之善

---

① 顾永新:《元代坊刻与学术的互动关系——以刘叔简日新堂为中心》,第394页。

② 冯继科等纂修:《(嘉靖)建阳县志》卷12《列传·儒林类》,《天一阁藏明代方志选刊》第31册,上海:上海古籍书店1982年版,第18—19页。

③ 倪士毅:《朱子纲目凡例序》,《全元文》第49册,第37页。

④ 据倪士毅"正拟待鲍商之至,当以寄呈,今因其来而得报,则已刊先本"之语,即可证之。倪士毅:《至正辛巳(元年)冬十月朔答坊中刘氏锦文书》,《四书通义》,中国科学院图书馆藏明正统十年(1445)建阳进德堂补修本。

⑤ 倪士毅:《至正辛巳冬十月朔答坊中刘氏锦文书》。

⑥ 刘锦文:《请〈春秋胡传纂疏〉刊行启》,《经礼补逸》附录,《文渊阁四库全书》经部第105册,第728—729页。

本，期以明年申复"等语，①此书后于至正八年在刘氏日新堂刊成。

作为具备一定学识素养，兼顾市场需要和商业利益的建阳书坊主，刘锦文等人对刊印书籍的选择，既是反映文化热点和读者需求的风向标，也在客观上促进所刊书籍的流通和广传。建阳坊刻对新安理学书籍的重视，原因何在？如考虑撰者在当时的名望，那么新安学者显然不占优势。与其说建阳书坊借誉于新安理学的地位，不若从元中后期士人的阅读诉求中分析原因。

元代科举考试以程朱理学为取士标准，然元代中后期乃至明初，除了各级学校藏书以外，士人所能接触到的书籍十分有限。购书、抄书仍是士人获取阅读资料的重要途径。明初杨士奇多次提到借书、抄书、得书的艰难，他所读之书多出自建阳坊刻。即使到了明代中前期，著名官员何乔新（1427—1502）追述其父何文渊（1385—1457）的读书经历时，仍称"先公生当丧乱之后，经籍非书坊刊行者不易得，当是时学者所习惟（董鼎）《（书传）辑录纂注》而已"，此正为建阳坊刻所出。② 可见书坊刻书确为广大读书人举业准备、经学研习提供必备参考资料。在建阳书坊的出版物中，可见《文章秘诀》《太平金镜策》《答策秘诀》等多种应制之书刊印问世。③ 较为精审可靠的《四书》《五经》经传及程朱义理诠解，更是读书人亟需的基本理学参考书，遂成书籍市场的供求缺口。建阳书商显然注意到士人的诉求所在，元代新安地区较为成熟完备的"纂释体"理学著述恰为合适之选。

新安理学著述的体例特点和内容旨趣，乃是促成建阳书商汲汲访求的缘由。表 2 所示元代新安理学著作的刊刻时间，均是在延祐恢复科举之后。不同于金华理学书籍注重点抹考据的风格，也有别于江西理学著述的难以把握，新安理学著述从形式到内容都"以便初学"。其"纂释"体例翔实可

---

① 刘锦文：《请〈春秋胡传纂疏〉刊行启》，第 728 页；汪克宽：《答刘叔简启》，《环谷集》卷 7，第 717—718 页。

② 杨士奇：《东里续集》卷 16、17，《文渊阁四库全书》集部第 1238 册，第 579、580、585、590 页；何乔新：《跋书传辑录纂注》，《椒邱文集》卷 18，《文渊阁四库全书》集部第 1249 册，第 303 页。

③ 刘氏日新堂刊行《太平金镜策》、《答策秘诀》的情形，参见宫纪子：《モンゴル时代の出版文化》，名古屋：名古屋大学出版会 2006 年版，第 424—430 页。

靠,有助学者自修自习。其内容则"易晓"、"会通",多是新安儒者在教学授徒之际所编写,以有志于研习朱子学的年轻后学为预设读者。与此同时,新安学者还能积极协调经学研究和市场所需的关系,此并非不实之词。倪士毅《四书辑释》的编刊过程尤能体现这一点。《四书辑释》原名《重编四书发明》,书商刘锦文出于商业运作的考虑,将其改名为《四书会极》,取"荟萃《四书》疏释著作之极"的卖点来吸引读者。然倪士毅却认为"会极"有违此书的撰写宗旨,终将其定名为《四书辑释》,更准确表达其经学纂释的特征。① 总之,著者与书商在学术性和市场化问题上的有效互动,加之新安理学著述有益于朱子学研习的诸多优长,都是新安朱子学以坊刻为渠道推广其传的成因。

新安著述坊刻以传的流通形式,推动了元中后期新安朱子学在南方各地的传衍与影响。前述金华学者吴师道对《四书通》《周易会通》等新安"纂释"著作的不满议论,即为新安著作流布广泛的明证。然元中后期新安理学的深入影响,则具体表现为其著述体例、思想内容等对同时期朱子学者的强烈感召。

江西学者董真卿之学,就深受新安学者影响而以纂释经学为己任。董真卿,字季真,早年颇得其父董鼎之学熏陶。董鼎在《书经》方面颇有建树,著有《蔡传附录纂疏》一书藏于家。② 大德八年(1304)董真卿受父命从胡一桂学《易》,并随胡氏入闽访学熊禾。以故董真卿的易学思想和著述体例都受到胡一桂的感染,他在胡一桂《易纂注》的基础上编成《周易经传集程朱解附录纂注》,不仅因循前书体例,且在内容选取上多所借鉴。其中朱子语录的选取"兼取先师所编采其精详而有绪者",诸家疏释的选取则"全用先师纂疏"。③

此外,胡一桂还鼓励和帮助董真卿编刊董鼎的经学著作。在福建期间,胡一桂引介熊禾为董鼎的《孝经大义》写序。其后,胡一桂又向好友陈栎索

---

① 朱冶:《倪士毅〈四书辑释〉研究——元代"四书学"发展演变示例》,第23—24页。
② 有关董鼎《书传辑录纂注》的体例、引书情况、成书过程等内容的研究,参见许华峰:《董鼎〈书传辑录纂注〉研究》,"国立中央"大学中国文学研究所博士论文,2001年。
③ 董真卿:《周易会通原序》,《周易会通》,《文渊阁四库全书》经部第26册,第71页。

求其著的《书解折衷》给董真卿参看。董真卿重编其父《蔡传附录纂疏》一书的过程中,既深受陈栎的《尚书》学思想影响,又与后者就出版署名问题发生纠纷。事情原委已有研究可鉴。① 简言之,董真卿恳请陈栎修改董鼎之书,两人约定将董鼎和陈栎的著作合二为一。② 然在陈栎不遗余力地修改完成此书之后,董真卿却只采纳陈氏的部分意见,其中不乏删节割裂之处,入闽刊成的《书蔡氏传辑录纂注》(简称之《书传辑录纂注》)也只将陈栎列为引用儒者之一,而非合著者。③ 这令陈栎十分气愤,乃至对董真卿的人品产生怀疑。④ 随后陈栎重新修订旧著《书解折衷》而成《书传纂疏》一书。应该说,董真卿对出版董鼎的《书经》著作相当用心,不惜因意见分歧而开罪陈栎,另专程赴京请吴澄为改编后的《书传辑录纂注》写序。⑤ 虽然董、陈二人在出版问题上矛盾重重,但从董真卿一再访求陈栎著作的实情,以及《书传辑录纂注》对陈栎之言多达 372 条的引用(尚不包括误以陈栎之意见为胡一桂之意见的条目),⑥可见陈栎《尚书》学思想对董鼎之书最终成型有确切影响。

---

① 许华峰:《从陈栎〈定宇集〉论其与董鼎〈书传辑录纂注〉的关系》,《中国文哲研究通讯》(台北)第 8 卷第 2 期,1998 年,第 61—74 页;史甄陶:《元代前期的徽州朱子学——以胡一桂、胡炳文和陈栎为中心》,台湾清华大学中国文学系博士学位论文,2009 年,第 144—145 页。

② 董真卿入闽刊刻《书传辑录纂注》之前,请陈栎为他撰写赠言。陈栎在这篇《送董季真入闽刊书序》中,两次明确提到"将会于一"、"会合以成一书"之语。陈栎:《送董季真入闽刊书序》,《定宇集》卷 2,第 176 页。

③ 董真卿仅称陈栎等人对《书传辑录纂注》有讨论之功,他在此书跋语中称:"真卿仰遵先训,求正于当世儒先与先君之旧交,如葵初王先生希旦、双湖胡先生、定宇陈先生栎、息斋余先生芑舒,多得所讨论,于朱、蔡此书似为大备。"朱彝尊:《经义考》卷 85,《文渊阁四库全书》史部第 678 册,第 161—162 页。

④ 陈栎多次在与友人的书信中提及此事,他甚至对董真卿的人品亦产生疑问,其在写给胡炳文的书信中,怀疑董真卿藏匿了自己写给王希旦的信件。陈栎称"王葵初,闻其名矣。董季真以乃翁所编《蔡传附录纂疏》来,竭力与删订,补注内其葵初批字删除处,见其学识不凡,因附书达葵初,不蒙一字之答,想是季真匿之,其说甚长,他日有会晤,缘当及之拜问。"陈栎:《答胡云峰书》,《定宇集》卷 10,第 306 页。

⑤ 吴澄:《书传辑录纂注后序》,《全元文》第 14 册,第 331—332 页。

⑥ 参见前揭许华峰:《从陈栎〈定宇集〉论其与董鼎〈书传辑录纂注〉的关系》一文。另参陈栎评述:"董之罪不在畔盟,不并名以刊,而在妄删节割裂,使看不得,有遗恨。中间胡双湖实无一字,凡'新安胡氏曰'者,皆吾人之说也。双湖至公平,使其在也,必不肯如此,董亦不敢如此。"陈栎:《与高四叔翁》,《定宇集》卷 10,第 393 页。

新安理学著述,借由建阳书坊出版助推,在元代南方地区影响日趋深入,以致引起浙江等地学术的"连锁反应"。元末温州学者史伯璿的理学实践即为代表。史伯璿,字文玑,号牖岩,身处南宋永嘉学派昌盛之地温州。其学有着融合浙东学派之重义理与金华朱子学之重名物考证的特点。倪士毅《四书辑释》至正元年(1341)冬才在建阳日新堂开始刊刻,次年刻成并出售。史伯璿至正元年秋即知悉《四书辑释》一书,三年后始得此书,并据此完成反思元代"四书学"发展的《四书管窥》之作。

史伯璿"生平不事举业",隐居教授乡里。① 然他绝非闭门读书的陋儒,而是对科举、盐政、赋役、水利等关系国计民生的事务有热切关心。② 在《上宪司陈言时事书》中,史氏对元末文教政策有一系列建言,其中专门检讨宋元以来的《四书》纂释著作的发展称:

> (《四书》纂释书)大抵滥觞于黄勉斋(黄榦)、蔡节斋(蔡渊)诸贤,污漫于饶双峰(饶鲁),而泛滥横溃于近代诸儒。……晦庵夫子之旨始

---

① 史伯璿在《元史》无传。《(万历)温州府志》有其简短传记,强调他撰述《四书管窥》的成就,称其出处倾向鲜明,当有人劝他出仕时,史氏宣称"读书本以善身,为仕而学,岂吾志也?"随后一生从事教职,隐居终身。汤日昭、王光蕴纂修:《(万历)温州府志》卷11,《四库全书存目丛书》史部第211册,影印温州市图书馆藏明万历刻本,第11页。记载史伯璿生平事迹较详细者,是民国刘绍宽等纂修的《平阳县志》,其中概括史氏学行,称他从学于郑冰壶,并与同里陈刚(字公潜,胡长孺高弟)、章仕尧(元举人,官永嘉都谕)切磋讲贯。《平阳县志》亦记载史伯璿不愿仕进之事,称其友人周觉劝他北游,史氏回答"士各有其志,不可以一律齐也。子得志而归,以所见益我,未见顾不愈欤?"此外还记载知州岳祖义看重史伯璿学行,特意造庐咨访他的事迹,显示史氏作为当地乡贤的地位。符璋、刘绍宽等纂修:《平阳县志》卷36,《中国方志丛书·华中地方》第72号,台北:成文出版社1970年版,第359页。文中"生平不事举业",亦出自《平阳县志》(卷36,第359页),乃是"据史伯璿《青华集》中《上岳侯书》"而来。

② 史伯璿文集,《(雍正)浙江通志》《补辽金元艺文志》著录《牖岩史先生遗稿》,《元史艺文志》《温州经籍志》则列《牖岩史先生遗稿》《青华集》二书。《牖岩史先生遗稿》已佚,清抄本《青华集》一卷仅存于上海图书馆,现收入《全元文》第46册。文集中存有11封奏疏,史氏分别就修河坝、赋役、盐法、治寇、科举等关系民生及教育等诸多事宜上疏,对象包括礼贤下士的知州岳祖义,以及都察院等部门的官员,所举对策皆属有的放矢。参见史伯璿:《作上河埭疏》《役法陈言书》《上盐禁书》《上岳侯言赋役书》《代言盐法书》《上宪司陈言时事书》《又赋役陈言书》《与作埭头首论事宜书》,以及三封《上太守岳侯》之书信(《全元文》第46册,第416—429、433—437页)。

夺于似是而非之说，学者不知所适从矣。①

史伯璿认为朱子《四书章句集注》中的注释粲然完备，而诸如黄榦、饶鲁等宋元朱子学者不仅未能有所补益，反而"往往立异为高"有损于朱学宗旨的阐明，亦不利于朱学真义的习得。他在上书中提出解决之方：

> 愚欲于后儒之说，择其实有补于朱子者存之，其他务欲多求于朱子而实非其注者之言，坊间不得刊行，学者不得习读，严立限制。科场中有主异说者，官标记姓名，后举不许再试。庶乎喜新好异之说可革，而经旨传义，自然不至于淆乱矣。②

史氏寄望于官方严格书籍流通、科举取士等的管理，以清除异说，维护程朱经传本旨。他的立论和建议，均以笃守和维护朱子学为归趋。在一宗朱子的理念下，史伯璿教学之余用功三十年撰成《四书管窥》一书。③

《四书管窥》针对元季流行的宋元《四书》纂释书多有悖于朱子的情形，择取当中影响较大的八部《四书》类著作，逐条辨析和阐发议论，以"申明朱子之意"。④ 史伯璿也因"论诸家之失皆平正的确"，⑤被后世称为"深得朱子之心"者。⑥《四书管窥》完成后，刊刻于永嘉郡学、黄州府学，永乐编纂《四书大全》时亦采掇此书。⑦ 作为元末《四书》学的总结性著作，《四书管窥》评判并辨析的八部元代《四书》类代表作以新安理学著作为

---

① 史伯璿：《上宪司陈言时事书》，第 424 页。

② 同上。

③ 史伯璿璇传记，参见黄宗羲撰，全祖望补：《宋元学案》卷 65"木钟学案"，陈金生、梁运华点校，第 2116 页。史伯璿《四书管窥》研究较少，廖云仙《元代论语学考述》一书论及史伯璿生平、《管窥》版本及体例，并以《论语管窥》举例分析史氏称引、阙疑各家著作的情形。廖云仙：《元代论语学考述》，台北：新文丰出版公司 2005 年版，第 445—502 页。

④ 现存《四书管窥》有《四库全书》本，《敬乡楼丛书》本。其中《敬乡楼丛书》本书前有十一条凡例，指明此书乃针对八本宋元《四书》类著述而作。

⑤ 杨士奇：《四书管窥三集》，《东里续集》卷 17，第 585 页。

⑥ 永瑢等：《四库全书总目》卷 36《四书管窥》条，第 301 页。

⑦ 《平阳县志》称"（《四书管窥》）永乐间采入《大全》"（卷 36，第 358 页）。

多。除宋末元初儒者赵顺孙《四书纂疏》、吴真子《四书集成》、饶鲁《四书辑讲》、金履祥《论语孟子考证》、许谦《读四书丛说》外,胡炳文《四书通》、陈栎《四书发明》、倪士毅《四书辑释》三书都是史氏重点讨论的元代新安理学著作。

史伯璿对这八部理学著述有异于朱熹《集注》之处多有检讨,尤其对于好求异于朱子的饶鲁,受饶鲁影响较大的陈栎、倪士毅等人著述大为批评。① 这显示元代新安著述在浙东地区传播的联动效应。深受建阳书商欢迎的《四书辑释》等新安理学著作,不仅符合初习朱学的士人的阅读需要,也为笃志学术的朱子学者汲汲以求,成为其学问研究的重要参考。史伯璿在《续修四书管窥大意序》中自述其编纂历程,实则揭示出元代"纂释体"著述辗转承续的"生成史",他称:

> 元统改元,遂以《四书通旨》胡氏注(胡炳文)《纂疏》《集成》《辑讲》四编饶氏注(饶鲁)编首所著者聚为一帙。又其后四年,再得《讲义》《发明》二书陈氏注(陈栎),《考证》《丛说》三编许氏注(许谦)观之,辄又以三编所见共为一帙。维时同志勉其合此二帙而一之者,名以《管窥》,后至元丙子(二年,1336)所序是也。……辛巳秋(1341),又闻新安倪士毅合《通旨》与《发明》二编以为《辑释》,意其去取必精当,剖析必详明,则愚《管窥》所述,可覆瓿矣。又三年,始及见之,则于二编差谬之小者,虽亦删润一二,其节目之大者,往往一如其旧,无所可否。于是复取丙子所合之帙而增损之,且以《辑释》之不当存者附焉,备遗忘也。愚自温理是书,逮今垂三十年,所见编帙不下数家,而皆无以大相过也如此。今又闻北方有颜氏《四书会通意旨》,犹未知其去取之当否,果如何也。噫! 世代愈久,编帙愈繁,然能有所辩白者绝少,而烦乱之者间又出于其间,吾不知孔、曾、思、孟之书,《集注章句》之旨,果何时而有明于天地之间也。②

---

① 廖云仙:《元代论语学考述》,第445—502页。
② 史伯璿:《续修四书管窥大意序》,《全元文》第46册,第432页。

正如史伯璿所观察到的,增益和集释朱子《四书章句集注》的工作,确为元代学者的主要用功所在。① "纂释体"著作相互因袭的特色,也使得其逐渐陷入重复迭加的工作而鲜有能显白朱注者,到了元末史伯璿之时已不胜其烦,欲集合而不可得。《四书管窥》这部以检讨和辨明元代《四书》纂释书为指归的书籍出现,正意味着元人增益丰富朱子之言的工作已走到了尽头。也即,此类工作"其实是尽元代而穷的,故此入了明代,并没有足以媲美并论的编纂出现。"②无论是浙东学者史伯璿,还是纂释体涌现的新安地区学者朱升、赵汸等人,都开始以著述体例为切入点,深入反思元末朱子学发展的流弊。

值得一提的是,新安著述在元代的影响,不止于民间传播而已。新安学者程复心《四书章图纂释》一书,还经江南文人推举乃至影响元廷文教。程复心师从朱熹从孙洪范,与胡炳文为学友,历三十年之功撰成《四书章图纂释》,包含以图释经和纂释诠解两部分内容,均能有补于朱子学。至大元年(1308)浙江儒学提举司进《四书章图纂释》于行省,皇庆二年(1313)江浙行省推举此书至元廷。其后,时任集贤侍读学士的赵孟頫请将之置于馆阁,以阐明大典。尽管此事因元廷重臣李孟(1255—1321)阻挠而不了了之,然元代高级文官及著名文人集体表彰一部程朱理学著作的特别现象,及其背后所反映元廷文教中的争鸣与分歧之状况,也颇堪留意。③

综论之,新安理学具多重特色,因之呈现出丰富的学行面貌。其地之学一宗朱子,然传入渠道却多元多样。当地学者多以羽翼和补备朱子之言为学问归趋,由此逐渐形成"纂释体"著述传统,增益有补于程朱经传的宋元疏解以推明理学。这种著述旨趣有益于初学者作为参考,却不足于研习者发明自得,反而易于使著作变成资料大全、编者陷入重复劳作、

① 朱鸿林:《丘濬〈朱子学的〉与宋元明初朱子学的相关问题》,《儒者思想与出处》,第202页。

② 同上书,第203页。

③ 相关研究参见宫纪子:《程复心〈四书章图〉出版始末考》,《内陆亚细亚言语研究》16,2001年;宫纪子:《モンゴル时代の出版文化》,名古屋:名古屋大学出版会2006年版,第326—379页。顾永新:《〈四书章图纂释〉编刻考述》,《经学文献的衍生和通俗化——以近古时代的传刻为中心》上册,第487—501页。

朱子学沦为记问辞章之学。以羽翼朱子为依归,以"纂释"的著述方式推明朱子学,确是新安最具特色的地方。新安理学的传播途径也别具特点,蓬勃发展的福建刻书业促进了新安理学著述的传播,推动其在多个层面影响元末明初的学者。新安著述经由民间坊刻而走出"新安",成为南方一带读书人初习朱学或研习经典的重要辅助,其著述体例也影响至江西、浙江等地学者。

## 二、汪克宽的挫折与执着

元中后期新安学者汪克宽的学行实践颇具代表性。从他生平经历的困顿与挫折之间,可知新安学者无意仕进、隐居著述的实情;从他羽翼程朱的坚守与执着之中,又见新安理学的为学旨趣及其发展困局所在,当中亦蕴含着元末新安理学补偏救弊的新机遇。

祁门人汪克宽,字德辅,又字德一,学者称环谷先生。他在《明史》有传,生平资料详载于门人吴国英(歙县人,长洲县学教谕,活跃于元末明初)编写的《行状》和《年谱》。汪克宽先读饶鲁的语录有得,后又师事饶鲁的弟子吴仲迁,因此被称作"考亭世嫡门生第四人"。他成长于元代恢复科举考试的延祐、至治年间,早年理学根基来自父亲汪应新(1258—1338)的悉心教诲。汪应新之父汪华是宋末元初的名儒,曾随饶鲁学习朱子学。汪应新于延祐元年(1314)即以其父"所受饶先生之书及当时问答之言"令汪克宽"观玩",从而有得。① 以故汪克宽早年的进学途径,是先读饶鲁之书,次取朱熹《四书》"自定章句,昼夜诵之",②再读《六经》、诸子及历代史,以及《资治通鉴》《通鉴纲目》等书。至治二年(1322),汪应新携汪克宽至浮梁,拜江西著名理学家、同为饶鲁弟子的吴仲迁为师,③直至其参加乡试为止。

汪克宽一直留心科举仕进,并为泰定三年(1326)的江浙乡试做足准

---

① 吴国英编:《环谷先生年谱》,《北京图书馆藏珍本年谱丛刊》第37册,北京:北京图书馆出版社1999年版,第4页。

② 同上书,第4页。

③ 浮梁人吴仲迁,号可堂,史载其"博学明经,隐居著书,有《四书语录》《经传发明》《春秋纪闻》数十卷"。李贤:《明一统志》卷50,《文渊阁四库全书》史部第473册,第49页。

备。延祐三年，年仅 14 岁的汪克宽取乡里传录的江浙乡试题目，"不经师授，操笔成篇"，令乡先生惊为"天才"。次年，汪氏参加道一书院山长胡炳文在郡学主持的堂试，①并"屡中郡学及堂试，与庠序诸老成相颉颃"，②成绩颇有可观。不过至治三年跟随吴仲迁讲学杭州之际，吴氏勉励其应试，汪克宽却以准备不足为由推辞。③ 泰定三年首次应试之前，汪克宽特别前往鄱阳，拜访于此地任官的泰定元年进士吴暾。吴暾字朝阳，浙江淳安人，善治《春秋》经，常与同乡夏溥（活跃于元中后期，曾任安定书院山长、龙兴路教授等职）等著名儒者论学，与宋梦鼎、鲁渊（1319—1377）、张复并称"春秋四家"，从学者甚众，新安儒者郑玉（1298—1358）也是其弟子。④ 从汪克宽《年谱》所载吴暾、汪克宽之间的对答，颇见部分元儒治《春秋》经时的取态，以及汪氏早年《春秋》学思想的旨要：

> 吴：论《春秋》，无他法，不过尊君抑臣，贵王贱霸，内华外□（"夷"字避讳）而已。
>
> 汪：先知三纲五常之大义，然后以考圣人之笔削。
>
> 吴：子可谓真知作《春秋》之心法矣。⑤

汪克宽所谓"先知大义"的做法，正来自于胡安国《春秋传》，也因此受到吴暾的称赞。加之好友郑玉的敦促鼓励，⑥汪氏参加了是年杭州举行的江浙

---

① 堂试是元代书院举行的科举模拟考试，取中者会得到象征性的赏品，汪克宽即曾得到朱子《四书》一部。吴国英编：《环谷先生年谱》，第 5 页。

② 吴国英：《环谷汪先生行状》，《经礼补逸》附录，《文渊阁四库全书》经部第 105 册，第 727 页。

③ 汪克宽称："吾斯之未能信，躐等以谋仕进，某何敢然。"吴国英编：《环谷先生年谱》，第 7 页。

④ 吴暾生平，参见黄宗羲撰，全祖望补：《宋元学案》卷 74"慈湖学案"，陈金生、梁运华点校，第 2514 页，其中称"郑师山（玉）之侍其父于淳安也，受业三年。其后师山虽为朱子之学，然追溯生平得力，必曰自朝阳先生云。"

⑤ 吴国英编：《环谷先生年谱》，第 7 页。

⑥ 郑玉：《送汪德辅赴会试序》，《全元文》第 46 册，第 315—316 页。文中称"去年吾翁调官祁门，余以侍养在膝下。汪生德辅日从余游，性敏悟而志笃，余甚奇之。"另有"今年适当大比，有司抢选，遂以充赋，生逃避，谢不敢，余勉使就行。"可知郑玉鼓励汪克宽参加乡试的情形。

乡试,果然被主考官翰林侍讲学士邓文原(1258—1328)取中。

不过在泰定四年的会试中,汪克宽却铩羽而归,随即放弃举业。汪氏《年谱》记载其落第后"欣然南归,遂奉养之志,时贤如翰林侍制贡奎辈咸惜之。"①未酬其志的汪克宽能否"欣然"归家,不问可知。应该说此次科场失败对汪克宽的打击甚大,他"刻励为学,痛自修饬,遂厌科举之文",②次年即发出"道不行于当时,不若著书立言,以贻后学,俾传之于来世,斯亦不负余之所愿矣"的慨叹,③自此不再应试。《年谱》中提到的宣城人贡奎(1269—1329)时任集贤直学士,其子贡师泰(1298—1362)也是泰定四年参加会试,并以《诗经》登第。贡师泰年长汪克宽6岁,延祐五年入国子监学习,先后得到吴澄、虞集等时儒之教,乃是以国子生的身份应举。在汪氏落第之后,贡师泰对其安慰道:"德辅年妙而质纯,才优而学博。贾勇秋闱,即中高等。上之春官,辄不偶于主司。是得之于数千人之中,而失之于数千人之外,天道之无常也。"④

汪克宽会试失利确有隐情,多少与他的为学面向有关。《年谱》具体记载其失利原因为"论《春秋》,与主司不合;又兼对策切直,见黜于中书。"⑤"对策切直"固然是理由之一,他所作《春秋》经义与是年主考官意见相左,却是其考场失意的主因。此与贡师泰所言也颇一致。那么,泰定四年会试的主考官是翰林编修兼国子助教揭傒斯,读卷官为翰林直学士兼国子祭酒虞集,两位皆是主掌文教的江西籍翰林官员。汪克宽的《春秋》论说与他们所代表的官方主流观念有何分歧?

如本章第二节所示,《元史》记载泰定初礼部会试中,虞集以"不必先有主意"为取士原则。虞集曾两度为礼部会试出题,两度为殿试出题。他文集中所存会试策问,即显示其人才选拔倾向。策问针对五经的解法分别提问,其中《春秋》的部分称:

---

① 吴国英编:《环谷先生年谱》,第8页。
② 吴国英:《环谷汪先生行状》,第727页下。
③ 吴国英编:《环谷先生年谱》,第8页。
④ 吴国英:《环谷汪先生行状》,第727页下。
⑤ 吴国英编:《环谷先生年谱》,第8页。

《春秋》左氏、公、谷之《传》,与《经》并行久矣,至于啖(助)、赵（匡)、陆(淳)氏,始辨其不合而求诸经,君子韪之。三子之说,果尽得其旨乎? 刘(敞)氏权衡三《传》,益密于陆,而刘《传》果无余蕴乎? 胡氏之说,其立义得无有当论者乎?①

以上既显示虞集针对科举定制之弊,启发士子探求学问之真的切实用意,也表明他对学者如何治《春秋》经的相关意见。啖、赵、陆的《春秋》学主张"考核三传,舍短取长",甚至"舍传求经"。刘敞(1019—1068)的《春秋》学论述继承了三人的思想方法,同时批评"守一而废百"的"章句之儒"。②胡安国《春秋传》则更注重义理的阐发,偏主"尊王攘夷"的大义。虞集的策问,已暗含他对于《春秋》本经的尊崇,以及对胡《传》地位过高的反思。

今虽不存汪克宽的会试答卷,然反观汪氏较早前与吴暾"先有主意"的议论,实与虞集上述学问取向背道而驰。现存泰定四年会试第一名贺据德的答卷正可印证上述观察。贺据德是浙江四明人,以国子监生应举,并以《春秋》经位列第一,他的答策即不局限于胡《传》的尊王大义,反而能看到天子之失,进而强调《春秋》的警戒作用。③贺据德是元代翰林编修程端学(1278—1334)的门生。四明学者程端学以治《春秋》著称,撰有《春秋本义》《春秋或问》《春秋三传辨疑》三书,深得虞集推重。翰林国史院编修欧阳玄为程端学所撰《墓志铭》称,"君在翰林论撰,每为学士雍郡虞公伯生所推服。中书选考,随处乡试,号称得人。国子生贺据德、李哲尝亲受经于君,后皆为南宫第一。"④程端学的《春秋》学继承了孙复(992—1057)等宋儒"尊经弃传"的思想,自述"窃尝采辑诸传之合于经者曰《本义》,而间附己意于其末,复作《辨疑》以订《三传》之疑似,作《或问》以校诸儒之异同。"⑤虞集虽然不主张弃《传》,但在重"经"的观念上与程端学相合。

① 虞集:《会试策问》,《虞集全集》,第384页。
② 宋鼎宗:《春秋宋学发微》,台北:文史哲出版社1983年版,第32页。
③ 贺据德:《会试春秋义试卷》,《全元文》第46册,第535页。
④ 欧阳玄:《积斋程君墓志铭》,程敏政编:《新安文献志》卷71,第202页。
⑤ 程端学:《春秋本义原序》,《春秋本义》,《文渊阁四库全书》经部第160册,第5页。

虞集在《答方仲约论春秋书》一文中，更清晰表述了他对学者拘泥于胡《传》的反感。方仲约是问学于虞集的晚辈，虞集对方氏有关《春秋》的论说作出评价，称：

> 但论及学《春秋》之说，似专主进取，而不及穷经为己之意，区区未之敢知也。《春秋》圣人手笔，所谓性命之书。彼泥胡《传》，以为能合四《传》而为高者，此其人且不知学，乌取以语《春秋》邪？朝廷设科取士，正求实学，今徒以施平日之谈论，固已非所谓经学，及用之场屋，又别为一说，不亦末之又末者乎？科举定制，虽尝举四《传》之目，然有真学者，即所出题，据四《传》之言，辨其是非。与圣人之意，合与不合，以己所得而折中之，以见其所学，岂非明有司愿得复于上者哉？大抵区区之意，切先要知圣人旨意，得其说者，可以措诸行事而无疑。应举之时，直以所学言之，有司识与不识，科举得不得，则付之义命，庶不愧《春秋》之万一也。①

虞集指点方仲约学习《春秋》经，不应以时下最通行的胡《传》为准，而需兼及四《传》，从中寻求圣人之意。虞集所言，正是其博考精思以求致用之为学趋向的体现，他所提示后辈的为学之方，乃是以一己自得体会圣贤真义，从而付诸实践。研经如此，应举更应作如是观。应举不过是学者致知践行的其中一种行事而已。以上书信表明，虞集继承了啖、赵、陆、刘诸学者以得圣人之志为治《春秋》之旨的观念，他也会用此标准以期"真学者"。

总括而言，汪克宽早年的为学气象及其在《春秋》经上偏主《胡》传的取态，均不是主考官虞集所能满意的。汪氏羽翼程朱的做法，与虞集代表的崇仁之学的研经路径，实则大相径庭。更进一步来说，两地的学术分野，乃是汪克宽科举失利的深层缘由。道不行，则著书立说以传道，这也成为多数元代徽州士人的现实选择与寄寓所在。

---

① 虞集：《答方仲约论春秋书》，《虞集全集》，第394页。

此事另有下文,颇值得申示:汪克宽元统二年(1334)完成《春秋胡氏传附录纂疏》(下简称《春秋纂疏》)一书,始终未改变羽翼胡《传》的学问趋向。他又于至正元年(1341)专程赴临川拜访虞集,请虞氏为其《春秋纂疏》写序。从汪、虞两人后续的学术交往,更可见新安、江西两地的学术差别。

汪克宽举业失利后,开始潜心撰述经学著作。天历二年(1329),26岁的汪克宽为总管马速忽所聘,教授于宣城、歙县之间,"从游者日众,庠舍不能容。"①正是在隐居教授的这五年间,汪克宽于"讲剹之暇,因阅诸家传注,采撷精语疏于其下,日积月羡会萃成编",著成总结其《春秋》学思想的《春秋纂疏》。② 此书的编纂宗旨,据门人吴国英所述是"博考诸说之同异得失,以胡文定公之《传》为主,而研究众说,会萃成书",③"虽一以胡氏为主,而凡《三传》注疏之要语暨诸儒传注之精义,悉附著之"。④ 吴国英不只认为《春秋纂疏》未局限于胡《传》,他更由此提揭出汪氏治《春秋》学的方法:先考订胡《传》的援引出处并校正音读,从而知胡安国作《传》之意,进而能够追溯圣人作经之大旨。是故吴氏盛赞《春秋纂疏》一书为"《春秋》经学之阶梯"。⑤ 清代《四库全书》馆臣的评价却显然不同,清儒虽肯定了汪克宽对胡《传》"一一考其援引所自出"的考辨之功,却评议《春秋纂疏》"其大旨终以胡《传》为宗",乃是"兼为科举而设"的一家之学。⑥

《春秋纂疏》的编刊过程较为波折。元统二年编成此书后,汪克宽先是至元四年(1338)请宗叔汪泽民(1272—1355)为之作序。婺源人汪泽民官至礼部尚书,他是元代为数不多的徽州籍在朝官员,以《春秋》经登延祐五年(1318)进士,至正六年(1346)致仕归家。⑦ 汪泽民与汪克宽交情甚好,

---

① 吴国英编:《环谷先生年谱》,第9页。
② 汪克宽:《春秋纂疏序》,《环谷集》卷4,《文渊阁四库全书》集部第1220册,第680—681页。
③ 吴国英:《环谷汪先生行状》,第727页。
④ 吴国英:《春秋纂疏序》,朱彝尊:《经义考》卷199,《文渊阁四库全书》史部第679册,第617页。
⑤ 吴国英:《春秋纂疏序》,第617页。
⑥ 永瑢等:《四库全书总目》卷28《春秋胡传附录纂疏》条,第229页。
⑦ 参见《元史》卷185《汪泽民传》,第4251—4253页。

不仅多次同游山水,还令其孙从学于汪克宽。① 由汪泽民所作《春秋纂疏序》来看,汪克宽的早慧及严谨的治学态度给他留下了深刻的影响,他表彰汪克宽"取舍之严,根究之极,亦精于治经者欤",并称"德辅学有原委,而纂集之志,思欲羽翼乎经传,可尚也",对汪克宽羽翼经传的著述行为予以鼓励。②

　　然已完成并请人撰好序文的《春秋纂疏》却在至元五年的一场火灾中焚毁。至正元年(1341),汪克宽重新整理完成此书,这次他特地邀请已致仕家居的虞集为其书作序。汪氏是年前往江西临川拜望虞集,可说是既为其父汪应新求《墓志铭》,又为其所撰《春秋纂疏》求《序》。汪应新至元四年九月卒,汪克宽深为哀恸,遂"以处士君《行状》,徒步千里,求铭于虞文靖公集,虞公集因为序《春秋纂疏》。"③虞集也慨然应允此事,撰成《中山处士汪君墓铭》后,又作《春秋纂疏序》。

　　事实上,至正元年之前,汪克宽与虞集的交集无多,当仅限于泰定四年会试而已。以故汪氏此次临川之行,携带了他的两位宗亲所写文字以作接引,分别为前述汪泽民《春秋纂疏序》和汪巽元为汪应新所写《行状》。汪泽民、汪巽元二人都是虞集的故旧。前者是虞集的同僚,两人私交甚密,多有诗文唱酬之作;④后者也与虞集有旧交,他的族亲汪龙溪还深受吴澄的尊敬。⑤ 虞集称"予识巽元于京师,克宽方赴南宫在焉,今十有五年矣。"⑥虞氏所指,正是泰定四年汪克宽参加礼部会试之事,可见他对汪氏的应举下第并不讳言。

　　虞集对汪克宽的不复仕进也有说法,颇堪留意。他在为汪应新撰写《墓志铭》的最后部分述及汪克宽的仕进情形,称:"泰定丙寅(三年,1326),以其经(《春秋》)荐于浙省,有文声于东南。以君夫人之养尝居家,今年天

---

　　① 汪克宽:《丁亥四月陪宗叔泽民先生游翠微寺分得微字》《丁亥四月十四日陪尚书公泽民游祥符寺分得暖字》,《环谷集》卷2,第669页。

　　② 汪泽民:《春秋纂疏序》,朱彝尊:《经义考》卷199,第616页。

　　③ 吴国英编:《环谷先生年谱》,第11页。

　　④ 虞集文集中存有多篇与汪泽民的诗文唱和之作。

　　⑤ 吴澄:《题汪龙溪行词手稿后》,《全元文》第14册,第549—550页。

　　⑥ 虞集:《中山处士汪君墓铭》,《虞集全集》,第980页。

子复以进士取士,而克宽齐衰未除也,企其为学行将有光于儒林也。"①元延祐复科之后,至元元年科举又罢,至正元年科举再开。虞集所言,与汪克宽早已不思仕进的记述有所不同,而是强调他的孝养之责。

虞集对汪克宽学问的看法,在其为汪氏所撰这两篇文字中体现得最为鲜明。他既阐明两者的学问渊源之关合,又对后者的为学大要予以劝勉鼓励。虞集在《中山处士汪君墓铭》中,详细阐述了汪克宽家学,尤其是其祖父汪华从饶鲁学而有得的情形。新安之学与崇仁之学的渊源甚深,虞集的老师吴澄既从学于南宋新安学者程若庸,程若庸和汪华又俱为饶鲁弟子,以故虞集与汪克宽实际同属饶鲁之学的传承脉络。

虞集与汪克宽两人在学脉渊源上的联系,却未能弥合在他们在两地学术传统中形成的研经理路之分野。应举失利的汪克宽历经十数年潜心研习,撰成彰显其《春秋》学思想的《春秋纂疏》,再请当年的主考官虞集评定。虞集对此书的意见,汪克宽曾表述为"颇加奖励,并题卷端",②不过由虞集为《春秋纂疏》所撰序文来看,虞氏却意在言外,肯定之余更多劝勉。

虞集在《春秋纂疏序》中,主要概述了唐宋以来的《春秋》学发展历程,阐明宋儒权衡三《传》以求经的为学旨趣,并分析了胡《传》出现的历史背景,也即他曾在《会试策问》中提到胡《传》"立意得无"的问题。他指出胡《传》产生于南宋偏安之时,本身有着"上以感发人君天职之所当行,下以启天下人心之所久蔽"的目的,因胡《传》所阐发的"三纲九法"之大义,元代科举定制许兼取之。行文至此,虞集抛出对学者拘泥于胡《传》的看法,并对汪氏《春秋纂疏》作出评述:

> 国家设进士科以取人,治《春秋》者,三《传》之外独以胡氏为说,岂非以三纲九法赫然具见于其书者乎?而治举子业者,掇拾绪余,以应有司之格,既无以得据事直书之旨,又无以得命德讨罪之严,无以答圣朝取士明经之意。

---

① 虞集:《中山处士汪君墓铭》,《虞集全集》,第980页。
② 汪克宽:《春秋纂疏序》,第681页。

新安汪克宽德辅以是经举于浙省。其归养也,能以胡氏之说考其援引之所自出,原类例之始发,而尽究其终,谓之《胡氏传纂疏》,其同郡同氏前进士泽民叔志父详叙之。夫读一家之书,则必尽一家之意,所以为善学也。推《传》以达乎经,因贤者之言以尽圣人之志,则吾于德辅犹有望也。①

元代科举定制中,《春秋》经兼用《三传》及胡安国《传》,然学者日益陷入专主胡《传》的学问偏向,由此培养的士人则愈发远离正经本旨,惟以胡《传》所谓"大义"为宗。在虞集看来,汪克宽所用功的《春秋》学也只是通晓胡《传》而已,称"克宽论《春秋》于胡氏《传》最习,能通其类例以为书"。②对于汪克宽考究胡《传》的贡献,虞集给予客观肯定,称其能"尽一家之意"。不过虞集的论说重点却在序文尾句,"推《传》"是为了"达乎经",汪氏并未能由"一家之意"而上达"圣人之志",虞集因此提出了保留性的"表彰"。

概言之,从《答方仲约论春秋书》中批评拘泥胡《传》的学者"此其人且不知学",到《春秋纂疏序》中"吾于德辅犹有望也",虞集的治经态度始终一贯。而汪克宽从早年应举时"先知三纲五常之大义"到中年治经仍专研胡《传》,其为学也不变其宗,甚或趋向于虞集所批判的"近代五经学究之固陋"。虞集愿为汪克宽撰述家世、序跋著作,序文内容也显示他能部分地肯定汪氏的研经贡献,但其更多的是提出对朱子后学汪克宽的期望。这其中的学术高下优劣姑且不论,然江西、徽州两地学术的特色与差异却从中彰显无遗。

### 三、元末新安理学的反思与救弊

朱熹殁后,南宋末叶朱子学者的首要任务,是朱子遗文和讲学遗言的编集工作,如《文集》《语录》《语类》等书的陆续编纂。③ 在此工作完成的基础

---

① 虞集:《春秋胡氏传纂疏序》,《虞集全集》,第482页。
② 虞集:《中山处士汪君墓铭》,第980页。
③ 朱鸿林:《丘濬〈朱子学的〉与宋元明初朱子学的相关问题》,《儒者思想与出处》,第202页。

上,学者注意力转向利用朱子文字语录和门人后学对朱注的阐释,来增补朱子之言的工夫。① 元末《四书》《五经》分别出现较为成熟的疏释著作,意味着此类工作也已接近尾声。

元代疏释著作的编纂体例,实为学者在理解和表述朱子学的过程中逐步形成和发展的,是他们用以明道的方式。如前所示,元代徽州是朱子疏解著述集中涌现之地,以"纂释"体例最为常见和典型。在"纂释体"方兴未艾的元代中叶,有着如陈栎将原有著述重编为《书传纂疏》的经典案例。在元末各经"纂释体"著作渐趋完成之时,又有如新安儒者朱升弃"纂释"而尝试其他体例以发明朱学的行动。著作形式的转变,蕴含着元代学者在朱子学发展不同阶段的反思和努力。

元末新安学者朱升,不仅以元末明初辅佐朱元璋的事功著称,他在学术上也造诣深厚,是新安理学发展至元末明初的重要代表。② 朱升其人其书在元明思想史上的价值及意义,近年来日益得到学界的关注和提揭。③ 他的为学经历体现了元代中后期南方朱子学的交互影响,其撰著历程也彰显着元明之际程朱理学发展的新趋向。在对元末朱子后学发展弊病的深入反思之中,朱升的经学撰述体例出"纂疏"而入"旁注",其思想内涵也得以兼容并蓄,渐形成会通自得的学问风格。朱升的为学历程正体现元末新安理学新的发展趋向。

---

① 朱鸿林:《丘濬〈朱子学的〉与宋元明初朱子学的相关问题》,《儒者思想与出处》,第203页。

② 朱升传记参见《明史》及《明代名人传》。张廷玉等撰:《明史》卷136,北京:中华书局1974年版,第3929—3930页;L. Carrington Goodrich and Chaoying Fang, eds.. *Dictionary of Ming Biography*, *1368-1644*. New York: Columbia University Press, 1976, pp.348-350.朱升研究多集中在其生平及政治思想上,参见王春瑜《论朱升》,《学术月刊》1980年第9期;刘尚恒:《朱升事迹编年》,《文献》1982年第3期;张海鹏、刘尚恒:《论朱升的从政和退隐》,《安徽史学》1984年第4期;麦慧容:《朱升与明初政治》,香港大学硕士论文,2004年。朱升理学思想的考察,参见周晓光:《论元末明初新安理学家朱升与郑玉》,《中国哲学史》1994年第2期;解光宇:《论朱升理学思想及其价值》,《安徽大学学报(哲学社会科学版)》2007年第2期。

③ 元末新安理学转变较为系统的论述,参见刘成群:《元代新安理学的四个"转向"》,《汉学研究》(台北)第29卷第4期,2011年,第167—200页。顾永新在其著作《经学文献的衍生和通俗化——以近古时代的传刻为中心》中,将朱升《周易旁注》放在"五经四书"衍生与通俗化的脉络下进行考察,并综合考述元、明旁注类经学文献(第二章第六节"元明旁注类经学文献考略",第467—487页),值得参考。

朱升成长于元代新安理学的繁盛发展时期。他是休宁人,幼年时从学乡里老儒江敏求、金圣谕。① 其早年的经学训练,主要得益于同在休宁的著名学者陈栎。陈栎之学,既来自其父陈源长家学,又学于朱熹三传弟子黄智孙。朱升由此上接朱熹学统,被《宋元学案》列入"沧州诸儒学案"。②

朱升自延祐二年(1315)到至顺三年(1332)间学于陈栎,地点在休宁珰溪,所学内容主要为科举考试之业。正是在朱升入学珰溪馆的第二年,65岁的陈栎撰写完成《书传纂疏》,次年又编著《四书发明》。③ 两书皆采用"纂释体"的编纂方法,分别汇集宋元儒者对蔡《传》和朱子《集注》的疏释,这对朱升前期的解经方法有直接影响。朱升是陈栎的得意门生,求学期间"剖击问难,多所发明,栎深器之"。④ 尽管年龄差距近五十岁,然陈、朱师徒情谊深厚,朱氏自称"升事先生二十余年,谊莫厚焉"。⑤ 朱升至顺三年致信后辈时,曾慨叹"离师而荒,旧业坐耗,真所谓悠悠者",⑥表明他在此之前已离开陈栎学馆。

朱升早年学习"经术举子业"的成绩优异。陈栎曾将朱升等人的经疑考卷送给明经书院山长胡炳文,参选明经书院举行的科举模拟试。胡炳文评价其表现称:

> 详观陈子文及朱兄经疑,虽置魁亦可也。前在郡庠得观朱兄之文,惧其失之太多,今能简净如此,可喜可喜。⑦

---

① 朱升:《祭先师江敏求先生文》《祭先师金圣谕先生文》,刘尚恒校注,《朱枫林集》卷8,合肥:黄山书社1992年版,第128—129页。

② 黄宗羲撰,全祖望补:《宋元学案》卷70"沧州诸儒学案下",陈金生、梁运华点校,北京:中华书局1986年版,第2354、2360页。

③ 陈栎:《定宇集》年表,第155页。

④ 朱同:《朱学士升传》,程敏政辑《新安文献志》卷76《行实》,《文渊阁四库全书》集部第1376册,第268页。

⑤ 朱升:《勤有堂记》,《朱枫林集》卷6,第100页。

⑥ 朱升:《送程仲本之龙川侍亲序》,《朱枫林集》卷4,第63页。

⑦ 胡炳文:《答定宇陈先生栎》,《云峰集》卷1,《文渊阁四库全书》集部第1199册,第745—746页。

此既见胡炳文对朱升的欣赏之意,也显示朱升师从陈栎学习举业的进展和成效。

元代新安学者的学术联系紧密,为当地后学提供了可资取法的丰富资源。陈栎、胡炳文、胡一桂等新安理学代表人物,彼此往来于学术交游,其后辈学者也得以访求多师,形成了开放、积极的学术风气。① 朱升之学,即深受胡炳文、胡一桂等的影响。胡炳文曾提及朱升期望来访问学一事。② 胡一桂亦"同郡赵汸、朱升及远近皆师之"。③ 正如前文已说明的,胡炳文、胡一桂两人皆擅长《易经》,著述皆宗朱子。胡炳文承袭胡斗元家学,撰有《周易本义通释》等;胡一桂继承胡方平家学,亦撰有《周易本义附录纂疏》《周易本义启蒙翼传》等书。朱升在师从陈栎期间,已耳闻并目睹了"二胡"的著作,并与之从游,这对其经学思想之型塑有深入影响。

朱升的同辈好友中,亦不乏好学精思之士。同门倪士毅长年潜心于教学与著述,经学造诣深厚,常与其探讨学问。日后以《春秋》学名世的赵汸,实际是朱升的晚学后进,曾与他同至江西访学。倪士毅、赵汸均对朱升学问的演进有重要影响,是朱升中年学术转向的重要线索。

　　至正元年(1341)前后,是朱升思想转变的重要阶段。他与倪士毅杭州之会,与赵汸同访黄泽,均发生于此年。前者促使他深入反思元代新安理学的著述体例和形式,后者则扩充其所传承程朱理学的思想内涵。两者互为表里,共同为朱升学问的发展转化提供契机。

朱升至正元年乡试之际,与同门倪士毅在杭州相会,于经学研撰多有交流。此次聚会对朱升经学思想的发展有重要推动作用。是年杭州乡试之时,朱升与倪士毅发现对方均在编写《四书》"纂释"。这看似巧合的"偶然

<hr />

① 参见史甄陶:《元代前期的徽州朱子学——以胡一桂、胡炳文和陈栎为中心》,台湾清华大学中国文学系博士学位论文,2009 年。

② 胡炳文:《答定宇陈先生栎》,第 746 页。

③ 胡士贤:《双湖先生行实》,《双湖先生文集》卷首,《续修四库全书》集部第 1322 册,影印上海师范大学图书馆藏清康熙四十二年(1703)刻本,第 543 页。

事件",实则彰显元代朱子学者的研究共趋。至正元年倪士毅携带刚写就的《四书辑释》书稿至杭州,求教于诸位友朋,他称:

> 至正辛巳秋,会同门友人朱允升名升,谓前是亦有此志,因出具《中庸纂释》稿本见示,《大学》《语》《孟》则未尝下笔。志之合也如此,遂相与议定凡例,嗣是更加订正。①

倪士毅《四书辑释》不仅完成,且交由建阳书坊刊刻出版。朱升的同类著作,却只写好《中庸纂释》这部分。两人的著作"默契",既来自宋末以来的程朱理学发展脉络,也受元代新安理学传统的直接影响。

在陈栎、胡炳文之前,已有《四书集义》《四书纂疏》《四书集成》等多种"纂释"著作。陈栎晚年欲集此类书籍之大成,将胡炳文《四书通》逐条编入其《四书发明》之中,然未及完成。元统元年(1333)陈栎卒后,倪士毅继承师志,继续此工作。他于至元五年(1339)编成《重编四书发明》,并在建阳书商的建议下,将其更名为《四书辑释》。至正元年杭州之会,朱升得知倪士毅之书不仅完成且已付梓,遂放弃再撰《大学》《论语》《孟子》"纂释",转而帮助倪氏修改、完善其书。朱升为修订《四书辑释》所做的贡献,倪士毅记载为:

> 愚近抵古杭,携此书质之应举诸儒士。因与同门朱允升往返相聚者逾一月矣。得以详悉讲究,遂再定凡例,欲又更定此书。②

可见朱升与倪士毅反复切磋、详细考订《四书辑释》诸修订事宜的情形。而朱、倪两人的好友赵汸,也为修订《四书辑释》助力良多,修正后的

---

① 倪士毅:《重订四书辑释凡例》,中国科学院图书馆藏正统十年(1445)建阳进德堂补修本《四书通义》。顾永新:《经学文献的衍生和通俗化——以近古时代的传刻为中心》(第二章第八节"《四书辑释》编刻考述",第504页)对此亦有论述。
② 倪士毅:《至正辛巳冬答坊中刘氏锦文书》,中国科学院图书馆藏明正统十年建阳进德堂补修本《四书通义》。

《重订四书辑释》还将赵汸列为"同订"。总之,正是新安师友的传承和合力,成就了集宋元"四书学"之大成的《四书辑释》,它随后成为明代官修《四书大全》的主要底本,进而影响深远。

杭州之会,对朱升的理学转向有重要意义。正是在深入"纂释体"经学著述的基础上,朱升开始反思此类著作割裂经文、繁复冗杂等弊病,为其至正四年以后转向"旁注"群经的著述行动埋下伏笔。

朱升早年学问多得自新安师友。然自中年以后他积极访学江西等地名儒,其学问得以兼容并蓄,融会诸家。至正元年秋试过后,朱升与赵汸同去江西,问学于知名学者黄泽(1259—1346)。[①] 这段"不成功"的求学经历,却对朱升学术思想的最终形成有关键作用。

朱升访学黄泽的过程,颇为隐晦和曲折。大多数文献或不提此事,或一笔带过,未详述此次求学的过程和结果。举例言之,官方文献《明实录》仅载朱升"师同郡陈栎"[②],《(弘治)徽州府志》则提到朱升"闻资中(今属四川内江)黄楚望讲道溢浦(今属江西九江),偕赵汸往从学焉"[③]。就朱升访学的收获而言,廖道南(?—1547)语焉不详,称其"既有得乃归,读书紫阳祠中"[④]。明代史料笔记《双槐岁钞》,则将朱升通晓术数之学归因于此次受经,称其"偕同郡赵汸受经,余暇遂得六壬之奥"。[⑤]

事实上,访学黄泽并非易事。朱升本意是与同邑程植(1315—?)、赵汸三人同去访学,以示慎重和诚意。朱升曾致信程植称:

---

① 朱升访学黄泽时间,《新安文粹》《新安文献志》《(弘治)徽州府志》等载为至正三年,然据赵汸行状、文集等材料,可证两人实于至正元年同访黄泽。参见朱冶:《朱升事迹编年考证一则——访学黄泽时间考》,《华中国学》第11卷,2018年,第121—124页。

② 《明太祖实录》卷40,洪武二年三月庚子条,台北:"中研院"历史语言研究所1962年版,第807页。

③ 彭泽、汪舜民纂修:《(弘治)徽州府志》卷7《人物》,《四库全书存目丛书》史部第180册,影印天一阁藏明代方志选刊影印弘治刻本,第797页。

④ 廖道南:《翰林院学士朱升》,《殿阁词林记》卷4,《文渊阁四库全书》史部第452册,第186页。

⑤ 黄瑜撰:《双槐岁钞》卷1《枫林壬课》,王岚点校,上海:上海古籍出版社2012年版,第6—7页。朱升通晓术数之情形及政治意义,参见张兆裕:《明初国事与术数》,《明史研究论丛》第6辑,2004年,第444—446页。

　　黄先生虽健,但年已高。吾侪问学,固当循序,然亦不可缓也。鄙意欲得尊兄来此整理《春秋》之学,庶得秋间同往彼处,小子与赵兄同问《易》,而尊兄出名问《春秋》,诚为便宜。一人而请二经,又犯轻猎之罪故也。不审肯合此意否?①

　　信中所示"秋间",即下文所指的至正元年秋,此为江浙行省三年一度的乡试年。所示"赵兄",即后学赵汸。黄泽是远近闻名的学者,大儒吴澄评价其六经著作称,"以予所见明经之士未有能及之者也"。② 黄泽至正间已入耄耋之年。而程植、赵汸年龄相仿,却是小朱升十几岁的后辈。因此朱升提出同访黄泽的计划,实际有提携后进、共同进学之意。

　　对于赵汸而言,至正元年问学,不是他首次访求黄泽之学。早在至元三年(1337)19 岁时,赵汸第一次赴九江求学黄泽。此次求访,并不顺利。这与黄泽教法有关,赵汸总结道:

　　其入门只是教人看许多疑节,后却自思之。……初受《春秋》,只令熟读《三传》,于《三传》内自有向上工夫。比请益,则立例使人思之。……然退而读本经,终是例断,不得许多书法异同。始且旁及他经。③

　　由于黄泽教人重在深思自得,赵汸首次求学所得有限。④ 于是第二次访学黄泽时,朱升应承与赵汸同去,期望访问多有收获。赵汸记载至正元年秋试之后,朱、赵两人求学黄泽之情状,称:

　　辛巳(1341)秋归,朱文试回,疑小子辈年少学浅,故此老不轻授。

---

① 朱升:《与汉口程仲本简》,《朱枫林集》卷 7,第 117—118 页。
② 吴澄:《六经补注序》,《吴文正集》卷 19,《文渊阁四库全书》集部第 1197 册,第 206 页。
③ 赵汸:《春秋纂述大意·寄宋景濂王子充》,《东山存稿》卷 3,第 257—258 页。
④ 吴兆丰:《元儒赵汸的游学、思想特色及其治学历程》,《中国文化研究所学报》(香港)2010 年第 51 期,第 29 页。

即慨然同往,拟同受其易象之学。比之相见,颇喜朱文精敏。然问答之际,不易前规,大意与《行状》中谢李学士之说同。朱文先回,汸独留。①

上文中"朱文",实即"朱升"。所谓《行状》,即赵汸为黄泽撰写的《黄楚望先生行状》。以上显示了黄泽婉拒朱升问学、赵汸得以从游的详细经过。赵汸此趟访学尽得黄泽《易》《春秋》学之精髓,他在黄泽身边留了两年,至正三年才结束求学。②

黄泽拒绝朱升从学的根本原因,可从黄泽《行状》中"谢李学士之说"得到解释。赵汸对黄泽拒收李泂为弟子一事有清楚记载,其称:

> 先生雅自慎重,其学未尝轻与人言。以为其人学不足以明圣人之心,志不以六经明晦为己任,则虽与之言,终日无益也。学士李公溯之使还,过九江,请先生于濂溪书院。会寓公、缙绅之士,躬定师弟子礼,假馆庐山,受一经之学。又将经纬先生家,为子孙计。先生谢曰:"以君之才,辄期岁之功,何经不可明,然亦不过笔授其义而已。若予则于艰苦之余乃能有见。吾非邵子,不敢以二十年林下期君也。"李学士为之叹息而去。③

赵汸开篇明义,指出"学不足以明圣人之心,志不以六经明晦为己任"是黄泽拒收其人为弟子的主因。文中"学士李公",即前述官至奎章阁承旨学士的李泂。李泂奉使过九江时,拜师黄泽却遭拒绝。究其原因,与其说是黄泽谨慎持重、不轻易授徒,毋宁说是李泂不符合黄泽以道自任的治学标准,不适合师从黄泽之学。

简言之,在黄泽看来,求取功名与精研深思不能并行。黄泽以北宋邵雍学问授受的典故为说,解释其学并非人人能传愿传。邵雍欲传授程颢、程颐

---

① 赵汸:《春秋纂述大意·寄宋景濂王子充》,第258页。
② 参见吴兆丰:《元儒赵汸的游学、思想特色及其治学历程》,第29页。
③ 赵汸:《黄楚望先生行状》,《东山存稿》卷7,第345页。

先天之学，然程子得知邵子之学需二十年方成，则回答"某兄弟无此等闲工夫"①。黄泽"六经复古"之学，亦非常人可及。赵汸总结黄氏学问特点，称"先生乃欲以近代理明义精之学，用汉儒博物考古之功，加以精思，没身而止"②。黄泽主张在精思程朱义理的基础上，尚要兼顾古注疏和名物度数的考订，以此方法研习六经，着实需投入大量心血。③ 因此，黄泽本人"决意归休，以六经绝学为己任"，穷毕生精力，不过是为经典研究提供了方法性的指导。④ 其高弟赵汸早年即得黄泽心传，终其一生也只是在《春秋》学的实践上有所创获。对于黄泽的经典研究而言，在元廷身居高位的李洞、立意仕进的朱升，从年龄到心态，确实皆不具备从学的条件。

虽遭到黄泽拒绝，朱升访学江西的经历却对其学问趋向影响深远。黄泽倡导经学复古，主张思而后得，显然对朱升有所触动。再则朱升亲炙黄泽之学，《易》学及《春秋》学思想得到提升。朱升对象数之学的重视，即来自溢浦问学。⑤ 他又得黄泽《春秋》"著书大意"，随后"亦尝集诸家说为《春秋传》"。⑥ 另一方面，黄泽的经学思想经由赵汸，持续地对朱升发挥影响。赵汸回休宁后与朱升交流频繁，赵汸晚年重要著作《春秋属辞》，得益于与朱升的反复探讨，此书首刊时亦列朱升为"校正"。⑦

访学黄泽的经历，是朱升学问转向自得并最终成熟的关键要素。他随后数十年的政治生涯跌宕起伏，然其学术研究却始终呈现出注重自得、兼收并蓄的特点，这与黄泽等学者的启发不无关系。

至正元年江西访学过后，朱升教学乡里，并在教学实践中逐渐发展出"旁注"体裁的经学撰著模式。从至正四年至其晚年归家，朱升笔耕不辍，

---

① 陈长方：《步里客谈》卷上，《文渊阁四库全书》子部第 1039 册，第 401 页。

② 赵汸：《黄楚望先生行状》，第 346 页。

③ 参见吴兆丰：《元儒赵汸的游学、思想特色及其治学历程》，第 29 页。

④ 赵汸：《黄楚望先生行状》，第 337 页。参见吴兆丰：《元儒赵汸的游学、思想特色及其治学历程》，第 29—45 页。

⑤ 参见黄泽：《易学滥觞》，《文渊阁四库全书》经部第 24 册。

⑥ 赵汸：《与宋景濂》，程敏政辑《明文衡》卷 25，《文渊阁四库全书》集部第 1373 册，第 796 页。

⑦ 参见吴兆丰：《元儒赵汸的游学、思想特色及其治学历程》，第 31 页。

为《四书》《五经》以及《孝经》《道德经》《孙子兵法》等皆撰有《旁注》。何谓"旁注"? 朱升讲解清楚,其称:

> 愚自中年以经书授徒教子。每于本文之旁,著字以明其意义。其有不相连属者,则益之于两字之间。苟有不明不尽者,又益之于本行之外。学者读本文而览旁注,不见其意义之不足也。①

经传连贯而下,经传之旁别有训解。经传、注释不相混淆,是"旁注"体例的首要特点。朱升《旁注》中,经传大书,训解小书,以示区别。与"纂释"相反,《旁注》经传在左,训解在右。经传右侧第一行,是训释词意;右侧第二行,是疏通义理。这两行训解,简约明白,《明史》评价其"辞约义精"。② 以文本阅读的角度来看,朱升书写体例的改变独具意义。古代读者已习惯从右向左通栏书写的"直下"方式。③ 然《旁注》改变了读者左右方向的阅读顺序,它在经传右侧增加"旁栏",一则强化了经传的连贯性,读者从右向左诵读经传,可以顺畅无碍,而不必看到大量的纂释。二则经传与训解的区隔更加显著,读者需要时即从左向右逆向查找相关训释,给读者带来直观的视觉差异乃至思维方式影响,这正是朱升旁注体例的文本性意义。

朱升并非经学"旁注"体例的首创者。宋末元初尚有李恕《五经旁训》、熊禾《易经训解》、韩信同(1251—1332)《易》《诗》《三礼》《旁注》等数种。"纂释"与"旁注"的此消彼长,见证了宋元理学的发展脉搏。在阐明程朱理学经典的最初阶段,学者尝试采用多种经著体裁,寻求传播和发扬程朱学说的合适路径。"旁注"、"句解"、"纂释"等经典诠释体例纷纷出现,各有利弊,相互补益。其中的"纂释"体例,因更利于科举考试研习所需,遂成元代盛行的经学撰述形式。而"旁注"体经著直至元末朱升时,才再度出现。

朱升于《五经》《四书》皆有旁注。他最早编写《尚书旁注》(1344—1345)。指导门生用其义例合撰《诗经旁注》(1344 年始)。自撰《大学中庸

---

① 朱升:《易经旁注前图序》,《朱枫林集》卷 3,第 34 页。
② 张廷玉等:《明史》卷 136《朱升传》,第 3929 页。
③ 参见陈伟:《〈史记〉诸表"邪上"新探》,《文史》2019 年第 1 辑,第 23—24 页。

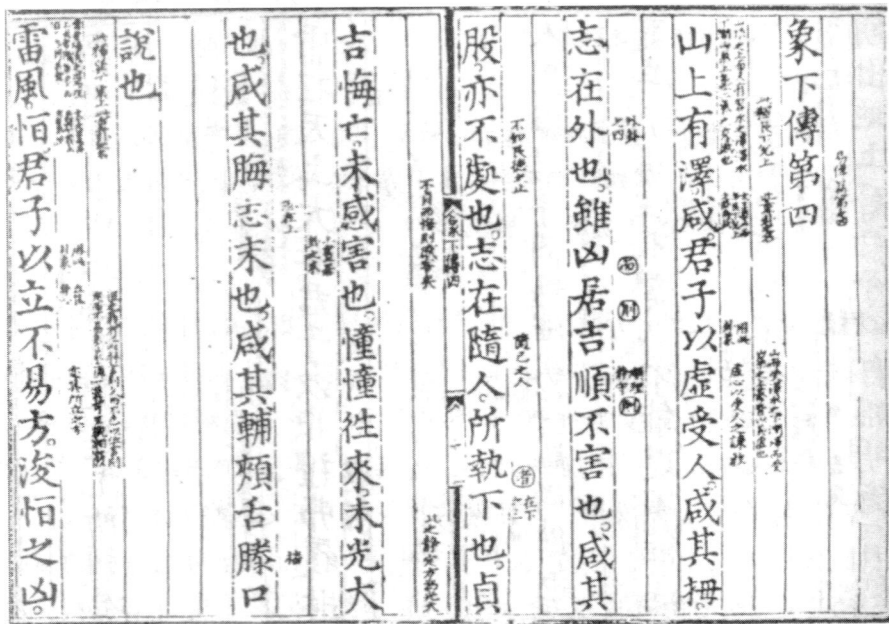

**图1 《周易旁注》示例图**

旁注》(1346),协助池州人张璹用其义例编成《论语孟子旁注》(1351),并编写《仪礼旁注》及《周官旁注》(1351)。朱升晚年完成《周易旁注》、《孙子旁注》(1370)。他另撰有《道德经旁注》《孝经旁注》及《小学旁注》等。期间,朱升还为蔡沈《书集传》做有《传辑》(1344年以后)和《补正》(1350)。①现仅存《尚书旁注》、《周易旁注》。

朱升于《周易旁注》用力最深,该书集合元代《周易》研究的众多成果,充分显示其学问兼容并蓄的特点。在吸收新安师友易学思想的基础上,朱升广泛采纳江西黄泽、吴澄、萧汉中,浙江夏溥,以及刘夏等学者的《易》说精华。他既向黄泽、吴澄学习象数之学,又客观看待大儒吴澄《卦序》研究的"未当"之处。② 朱升后期尤为关心《周易》卦序问题,他求访并精研刘夏

---

① 朱升著述时间,据刘尚恒《朱升事迹编年》(《朱枫林集·附录》,第184—206页)及《朱枫林集》所载各书序言。

② 参见杨自平:《吴澄〈易〉学研究——释象与"象例"》,载杨晋龙主编:《元代经学国际研讨会论文集》,第269—301页。

家传《易大业图》，最终取信于萧汉中《读易考原》之说，并将萧氏全书录入其《周易旁注》中。① 受赵汸的影响，朱升还接触到陆九渊三传、浙江学者夏溥的易学思想。《周易旁注》中对夏溥"读易十字枢"及"揲蓍之法"等论说亦多有引述。

朱升由"纂释"转向"旁注"，乃其学问成熟的体现。其学问转变，不仅源于程朱经传的"纂释"工作基本完成，已无继续用功的必要，也来自上述江西、浙江、安徽等地学者的相互交流和思想碰撞，以及赵汸等新安友人的砥砺夹持。在此基础上，朱升在教学和研究中，日益体会和反思元代新安理学的流弊，渐形成其对圣贤之学的深入认识。他为《大学中庸旁注》作序时指出：

> 先儒经解至矣，而犹未免云云者。先儒用圣贤功夫，故能因经文以得圣贤之意。学者用先儒功夫，而能因经解以得先儒之意几人哉？性质庸常，学力鲁莽，父兄师友取经解而督之，读经与解离，不能以意相附。其弊也断裂经文，使之血脉不通，首尾不应，欲求其知味乐学不可得也。②

朱升这段讲说微言大义，清楚解释了宋元以来圣贤之学的层层相递。此正阐明了北宋大儒周敦颐所言"圣希天，贤希圣，士希贤"的治学方向。③第一层即"先儒"之学，程朱为其代表。朱熹等人志向圣贤之学，朱子曾教人读书法，称：

> 圣人不令人悬空穷理，须要格物者，是要人就那上见得道理破，便

---

① 朱升：《问刘尚卿先生大业图旨书》，《朱枫林集》卷7，第118页。另见《刘尚卿示教读易诀》、《刘尚卿示教大业图旨》，《朱枫林集》卷10《附录》，第151—152页。朱升：《周易旁注前图序》，《周易旁注》卷首，《四库全书存目丛书》经部第2册，影印首都图书馆藏明刻本，第186—187页。
② 朱升：《大学中庸旁注序》，《朱枫林集》卷3，第32页。
③ 周敦颐：《周敦颐集》卷2《通书·志学》，陈克明点校，北京：中华书局1990年版，第22—23页。

实。只如《大学》一书,有正经,有注解,有《或问》。看来看去,不用《或问》,只看注解便了;久之,又只看正经便了;又久之,自有一部《大学》在我胸中,而正经亦不用矣。然不用某许多工夫,亦看某底不出;不用圣贤许多工夫,亦看圣贤底不出。①

这便是朱升所说"先儒用圣贤工夫"的由来,也即朱熹格物穷理之学的本来面目。无论是或问、注解,甚至正经本身,都是求得圣贤之"理"的凭借。正如朱升所说,"得圣人之意"乃是目的,一旦豁然贯通,便可得鱼忘筌、得意忘言。以故朱熹强调"圣贤工夫"才是重点,朱升亦领会到了此处。

第二层"学者"之学,即指宋元后学羽翼程朱学说,尤以新安理学为著。新安陈栎被称为"朱子功臣",胡一桂、胡炳文也被评价为"力肩正学,有功后进"者。② 他们已不再志向圣贤之学,而是志向羽翼朱子。因此朱升所谓"学者用先儒功夫",即新安前辈们纂辑群言、增益朱子之说的做法。

然则朱子用圣贤功夫,旨在领会圣贤之意;宋元诸儒用朱子功夫,却鲜少能体察朱子之意。赵汸对此深有同感,称"大抵近世君子,多以辨析义理便是朱子之学,纂述编缀便是有功斯文,故于向上工夫鲜有发明,日用之间无所容力"。③ 朱子的全体大用之学,在新安后学中并未得到发扬,其只是沉浸于辨析文义、阐发义理等表面功夫。

"学者"之学,承上启下,尤为重要。第三层普通士子之学,乃受教于"学者"的一般读书人。如果学者不志向圣贤,只做些纂辑群言的工作,那么其门人弟子则更近于末流。朱升正是看到徽州诸师友弟子日渐偏离"圣贤之学"的倾向,遂提出旁注群经、删削群注,以期新安后学由此"知味乐学",从而希圣希贤,重回对圣学真谛的追寻。

朱升旁注群经,正为救正元末新安理学末流之蔽而发,实际与陈栎等学者的纂释传统相背离。在征引材料的全面度、先儒训释的原始性上,"旁注"无法比拟其时流行的"纂释"。然"旁注"却使读者摆脱破碎化、片段化

---

① 黎靖德编:《朱子语类》卷 14,王星贤点校,北京:中华书局 1986 年版,第 257 页。
② 赵吉士辑撰:《寄园寄所寄》卷 11《泛叶寄》,周晓光、刘道胜点校,第 866—867 页。
③ 赵汸:《答倪仲弘先生书》,《东山存稿》卷 3,第 250 页。

的经解训诂，通过完整的经典阅读，将重心转移到对圣贤之学的体认上来。朱升《旁注》崇尚简明，只在必要处加以训解，其"融合先儒经解以顺附于经文，可离可合，有纲有纪，使读者止就经文考训诂，以求旨趣而已"。① 朱升并不摒弃训诂。与被目为"训诂之儒"的陈栎不同，②朱升强调训诂只为辅助经传之用，不能有碍圣贤精义的阐发。以故，他在旁注经典时亦不忘警醒，"窃恐近于训诂，无当于精微之蕴"。③ 至于如何融合先儒经解，朱升主张对先儒之说"再三玩索体认，以求真是之归"，此与赵汸"读书一切以实理求之，反而验之于己"如出一辙，乃是提倡致思自得之学。④

　　总之，解构叠床架屋的朱子后学，还原经传之真，以求圣贤之学，是朱升之学的进阶次序及宗旨。而旁注群经，则是其思想表达的主要方式。朱升对其各经旁注的效果，颇为满意。如《尚书旁注》，他称"观者多喜之，以其注文附经，语意通贯，一读即了，无繁复之劳也"。其《孙子旁注》亦"使词义畅明，阵势明白，而无徒读其书之患也"。⑤ 赵汸曾揭示经学著述与学问研修的紧密关系，称"若曰著述事体与反己之学殊涂，则亦未审其何所据依，以为折衷群言之本欤。"⑥朱升直至晚年仍用心旁注，正体现其学问的不断完善和进展。

　　以上可见元末新安理学转向，集中表现为新安学者反思"道统失坠"、回归"圣贤之学"的思想和行动。除朱升之外，赵汸、郑玉等新安学者也积极探寻新安理学的发展方向。赵汸对圣贤之学在元末的式微提出思考，称"圣学复明于近代，士始以知道为宗。久之又失其传，而学者益以空言自蔽"。⑦ 与朱升一样，他提出"圣贤工夫"才是儒者用力所在，称"其所谓圣

---

① 朱升：《论语孟子旁注序》，《朱枫林集》卷3，第33页。

② 程敏政：《定宇先生祠堂记》，《篁墩集》卷17，《文渊阁四库全书》集部第1252册，第298页。

③ 朱升：《朱枫林先生手书》，杨琢《心远楼存稿》卷8，《四库未收书辑刊》第5辑第20册，影印清康熙三十九年（1774）杨湄等刻本，北京：北京出版社2000年版，第40页。

④ 朱升：《论语孟子旁注序》，第33页；詹烜：《东山赵先生汸行状》，程敏政辑：《新安文献志》卷72，第209页。

⑤ 朱升：《孙子旁注序》，《朱枫林集》卷3，第36页。

⑥ 赵汸：《答倪仲弘先生书》，第250页。

⑦ 赵汸：《倪仲弘先生改葬志》，《东山存稿》卷7，第358页。

贤工夫,某工夫必有事实,决非虚言。然则苟不求其工夫所在,以实用其力,而遽欲苟附益于圣经贤传之间,皆朱子之所不许也"。① 他同样批评朱子后学纂辑群言的做法,转而深入体认程朱义理,反求诸己,遂成《春秋集传》《春秋属辞》等名作。郑玉亦以"善学圣贤"为目标,② 由此反思"今人之学",认为"是游心千里之外,而此身元不离家。所见虽远,而皆空言矣。此岂朱子毕尽精微以教世之意哉!学者之得罪于圣门而负朱子也深矣"。③ 他进而合会朱陆,撰著《春秋阙疑》等书。朱升、赵汸、郑玉等元末新安学者,彼此砥砺,均未局限于增益朱子之言,而能各有发明。这也令元末新安理学从"学者之学"回归"圣贤之学"的思想转向,更具群体性。

成长于"程朱阙里"的元末儒者朱升,其学问经历羽翼朱子、会通兼容两个阶段。除频繁往来于新安师友的交游辩难,他还积极访学江西等地名儒。在教学及研究中,朱升深入反思元末新安理学有碍于圣贤精义阐明的弊端,转而探求发明朱子学的新方法。他最终转向旁注群经,用心圣贤功夫,以救正日益陷入辞章训诂、文义辨析的新安末流之学。

朱升的治学历程,体现了元末新安学术从羽翼程朱到体认圣学的转向。就研究方法而言,新安学者从增益群言、为程朱理学做"加法",变为回归经传、为程朱理学做"减法"。就思想旨趣而言,新安学术从一宗朱子、羽翼朱子之说,发展为兼容并蓄、体认圣学真谛为旨归。其为学规模和学问功夫,皆有重要转变。

元末新安理学,确有回归圣贤之学的气象与特点。以往研究已阐明赵汸、郑玉等新安后学,积极问学江西、浙江著名学者,进而和会朱陆,从经义上发明、拓展朱子学内容的情形。④ 朱升之学,亦能体现元末新安理学会通

---

① 赵汸:《答倪仲弘先生书》,第249—250页。
② 郑玉:《送葛子熙之武昌学录序》,《师山集》卷3,《文渊阁四库全书》集部第1217册,第25页。
③ 郑玉:《与汪真卿书》,《师山集·师山遗文》卷3,第83页。
④ 除前述周晓光、吴兆丰诸文,还可参见韩志远:《论元代徽州陆学向朱学的演变——从郑玉看这一演变过程》,《徽学》2000年卷;张欣:《元儒郑玉"合会朱陆"思想再探——兼论其在学术史的尴尬地位》,《广播电视大学学报》2015年第4期。

诸家的博大面向。不独朱升、赵汸等人为然,名不见经传的新安处士王廷珍(1278—1335),晚年也总结其读书心得为:"圣贤作经,意在言表,岂拘注脚者所可得其本旨。要当真体实认,见之日用常行间耳"。① 此可见朱子全体大用之学在元末徽州的彰显情形。

较为遗憾的是,元末朱升等人反思和救弊程朱理学的行动,意义重大,却影响有限。明初敕修《四书五经性理大全》,仍采用"纂释"体裁编纂,并汇辑陈栎、胡一桂、倪士毅等新安学者的相关著述,对明代学术之发展影响深远。然终明一代,朱升各经《旁注》却刊刻不多,流传不广。明末学者姚文蔚对朱升《周易旁注》不受重视的处境颇为感慨,称"国初迄今二百余年,鲜有见而称述之者。殆不绝如线矣,岂不惜哉!"② 姚氏认为"旁注"体例不易阅读。为彰明书中易学思想,他"易古经而今经,易旁行而直下,不增不减而联络成章"③。此恰与朱升旁注群经的初衷背道而驰。

本章讨论在元明传承与转折的历史背景下,《四书五经性理大全》酝酿而生的思想基础。元代理学的繁荣发展,为《大全》编纂提供了丰富的思想资源。程朱理学在元代得以广泛传播,除许衡等大儒在北方传承并推广程朱学说之外,南方多地亦出现各具特色的朱子学传承脉络。以较具规模的金华、崇仁、新安之学为例,三地学者以发展和补益程朱理学为共同宗旨,彼此往来于学术请益、著作探讨及思想交流,当中既有学习与效仿,亦有不满和争鸣,其地著作在学术传播与承继中不断"优胜劣汰",《大全》编纂凭借的主要蓝本渐次涌现。

浙江、江西、安徽等地繁衍传续的程朱学说中,呈现出多元并竞的发展态势。金华学术以典章考证、名物训诂为治学特色,当地学者致力于构建以"金华四先生"为标识的道学传承系谱,在强化其朱学"正传"地位的同时,积极借助仕进的机会以官方力量推广金华的点抹考证之学。江西崇仁之学则立意于救弊程朱理学之弊,其地学者以承接朱熹所传之"道统"自任,有

① 郑玉:《处士王君墓志铭》,《师山集》卷7,第55页。
② 姚文蔚:《周易旁注会通叙》,《周易旁注会通》卷首,《四库全书存目丛书》经部第15册,影印无锡市图书馆藏明万历刻本,第488页。
③ 姚文蔚:《周易旁注会通叙》,第488页。

志于拓宽朱子学的内容并规避朱学末流沉浸于训诂词章的偏向。代表人物吴澄等人不仅撰著了足以承创道学的《五经纂言》,还利用对元廷文教的影响和广泛的学术交往,切实推广其"自得之学"的学问旨趣及"精思博考以求致用之道"的学术追求。号称"程朱阙里"的新安儒者,其学一以朱子为宗,旨在纂释和增益朱子之言,令学者借此掌握程朱奥义。这种关怀也令到朱升、赵汸等元末新安学者深入反思朱子学疏释传统之弊,探寻更准确、清晰的表述朱子学的新方式。元代新安理学多由民间坊刻传播其著作,其地"纂释体"的编纂体例与羽翼程朱的思想内容也因之广大。以上截然有别的理学流派发展模式,是元代学者在特殊的政局与仕进环境中,结合各自的乡里传统与学脉传承所作出的有益尝试和努力,集中体现了地域与学术的互动关系。

元代学术的地域化差异背后,有着各地学术传统的交流和论争。金华学者以"独得其宗"高度自任,既不满于新安理学著作通过民间坊刻渠道的流行广布,也有意无意地忽略崇仁之学继承者虞集的理学背景。以"道统"继承者自居的江西学者,却能包容与己不同的学术路径,对固守纂释与考证、专主一经的新安汪克宽勤加勉励,对前来从游、勤学好思的新安赵汸善加提携,但也不吝于表达对自大自尊的元末金华后学的批评和指正,乃至不惜与后者认真辩论为学体要。而"生文公之乡,读文公之书"的新安儒者,则努力汲取周边各地学者的优秀思想成果和资源,访学范围近及江西和浙江,远至福建。正是在往返问学与勤勉著述之中,新安学者"纂释体"的阐释方法渐趋成熟,其理学著述渐成科举应试与经学研习的范本。尤堪注意的是,元末新安学术于广泛求索中,产生了反思、救弊程朱理学流衍之弊的新趋势。朱升、赵汸、郑玉等新安后学逐渐发展出旁通诸经、合会朱陆的学问特色,元末新安理学渐从羽翼程朱、争做朱子功臣,发展为体认圣学、希圣希贤的重要转向。以上呈现出元代理学蓬勃兴盛的发展面貌,更新了我们对"宋明理学"之间元代理学的认识。

元明朱子学的递嬗,并未因朝代的更迭而中断。下文的研究将呈现,元末反思并修正程朱理学的思想趋势,直至明初仍在官方理学中发挥影响。洪武朝官方学术尚本着"求学术之真"的原则来修订蔡《传》,然自永乐朝确立《四书五经性理大全》之后,南北方学者却转向体悟、实践《大全》中的程朱奥义,思想潮流为之一变;至明中期政治危机之中,经世儒臣又纷纷修正《大全》以救时弊,思想风潮为之再变。

# 第二章　君师治教:明初帝王的
理学敕撰书

　　"君师"一词出自《尚书》的"作之君,作之师"。君师合一的观念经宋儒朱熹发明遂成为其理学中的核心论说,赋予帝王以治教合一的使命。[1]此后,朱子后学便不忘以此作为劝谏帝王的模范准则,以南宋真德秀《大学衍义》的影响和意义最著。明初开国以后,明太祖朱元璋(1368—1398 年在位)、明成祖朱棣(1402—1424 年在位)不仅同样尊奉程朱理学,两位帝王且主动将"治教合一"的职责归于己身并施之于日常行事,其中的重要表现是编纂了为数众多的教化性敕撰书。

　　明初尤其是洪武、永乐两朝帝王对待宋元理学的取态,是《大全》得以纂修的重要政治文化背景。太祖与成祖都重文治,这集中体现在两朝敕撰书编纂的数量和质量,都居明代各朝前列。洪武朝敕撰大量教化后妃诸王、公侯将相、文武官员和平民百姓的书籍,[2]永乐朝紧随其后,亦积极修撰教育臣民、士大夫等的各类书籍,尤其是永乐元年至五年起用两千多人编纂的大型类书《永乐大典》最为著名。[3] 然明初洪武、永乐两朝官方理学的特点实有不同,明太祖洪武末敕修《书传会选》《孟子节文》两部理学书,颁布后遂成科举考试中《书经》《孟子》两经的官定读本。明成祖则通过数次编纂

---

　　① 劳延煊:《君师合一与程朱政治思想》,《简牍学报》(台北)第 16 期,1997 年,第 573—591 页。

　　② 朱鸿林:《明太祖的教化性敕撰书》,《徐苹芳先生纪念文集》编辑委员会编:《徐苹芳先生纪念文集》,上海:上海古籍出版社 2012 年版,第 577—600 页。

　　③ 张升:《〈永乐大典〉流传与辑佚新考》;周中梁:《明代颁赐书籍研究》,北京师范大学历史学院 2013 年硕士论文。

帝学用书，不断修正其治国理念。永乐七年他亲自编纂《圣学心法》，标志其政治思想的正式确立，永乐十三年敕修《四书五经性理大全》乃是其治国理念的表达和实践。

本书次章以《书传会选》《圣学心法》这两部"关乎治道"的明初敕撰书为切入点，探讨明太祖与明成祖对待程朱理学态度的微妙差异及共趋，从中呈现影响程朱理学官学化进程的政治要素。《大全》正是在明初政治文化的传承演进中应运而生的。

## 第一节 学以辅政：太祖《书传会选》的编纂及用意

《书传会选》《孟子节文》两书先后编纂，体现明太祖对儒学与治国之间关系的基本看法。《孟子节文》备受古今学者非议，被视作太祖集权与专制的象征。研究者对《孟子》删节的内容取舍有所论析，注重阐发此事件与太祖专制统治之关系。[①] 然太祖删改的多是孟子对君臣关系"不合理"论说，企图恢复他理想化的君臣关系之表达，由此实可探究太祖对于为君职责的定位所在。本节则主要关注学者较少讨论的《书传会选》，由该书的修纂缘起、过程和实际影响，检视明太祖对宋元理学的实际态度及其行动收效，从中可见明初确立以儒家经典治国理念的具体情形。

### 一、修纂缘起

《书传会选》的修纂缘自明太祖本人的倡议。明太祖出身贫寒，加之常年兵戎生涯，未接受正规的儒学教育。然而他在后天学习中不断积累，获得

---

① 《孟子节文》研究，参见容肇祖：《明太祖的〈孟子节文〉》，《容肇祖集》，济南：齐鲁书社1989年版，第170—183页；朱荣贵：《从刘三吾〈孟子节文〉论君权的限制与知识分子之自主性》，《中国文哲研究集刊》（台北）第6期，1995年，第173—198页；张佳：《〈孟子节文〉研究》，清华大学历史系硕士论文，2007年；吴琦、杜维霞：《道势之争：明初儒士与皇权关系的政治文化解读》，《安徽史学》2013年第5期，第10—15页。

较高儒学素养。在三十年的统治生涯中，他曾召开经筵几十次，由当时著名儒者轮流讲授经典；他甚至将《尚书·洪范》篇书于宫廷，以便随时查看。研究者已注意到明太祖重视并推崇儒学，习读理学经典，尤其喜爱和熟悉《书经》的情形。① 正是在这样的儒学积淀中，明太祖提出修订宋儒蔡沈所著《书集传》，不满元末硕儒一直信奉的蔡《传》。

《书集传》由朱熹授意弟子蔡沈撰著而成。该书分别《尚书》今、古文而作"集传"并以朱熹理学注释之，被认为体现朱子《尚书》学思想代表性著作。《书集传》自刊刻以来备受宋、元朱子学者推崇，是元及明初科举考试中《书经》的官定读本。洪武二十七年（1394）四月，明太祖敕令儒臣修订蔡《传》，九月书成赐名《书传会选》。《明实录》详载太祖命儒臣修正蔡《传》、编纂《书传会选》之原委：

> 初，召国子监博士致仕钱宰等至，上语以正定《书（集）传》之意，且曰："尔等知天象乎？"皆对以不知。上曰："朕每观天象，自洪武初有黑气凝于奎壁间，奎壁乃文章之府，朕甚异焉。今年春暮，其间黑气始消，文运当兴，尔等宜考古正今，有所述作，以称朕意。"于是命翰林院学士刘三吾等总其事，开局翰林院，正定是书。②

"奎壁"乃二十八星宿中"奎宿"和"壁宿"的合称，二宿主文运，故常指代儒者文士。太祖认为"凝于奎壁间"的"黑气"由来已久，暗示他自"洪武初"已对儒家士大夫颇有微词，敕令修定蔡《传》即其不满的表现。

与《明实录》所载相印证的，则是洪武十年明太祖与群臣有关"日月五星运行"问题的著名辩论。君臣辩论的详细经过，见于太祖亲撰《七曜天体

---

① 朱鸿林：《明太祖的孔子崇拜》，《"中研院"历史语言研究所集刊》（台北）第 70 本第 2 分，1999 年，第 483—530 页；《明太祖的教化性敕撰书》，载《徐苹芳先生纪念文集》编辑委员会编：《徐苹芳先生纪念文集》，第 577—600 页；《明太祖的经史讲论情形》，《中国文化研究所学报》（香港）2005 年第 45 期，第 141—172 页；《明太祖对〈书经〉的征引及其政治理想和治国理念》，朱鸿林编：《明太祖的治国理念及其实践》，第 19—61 页。
② 《明太祖实录》卷 234，洪武二十七年九月癸丑条，第 3421—3422 页。

循环论》一文。① 该文详述太祖与翰林诸儒论辩日月五星运行之道的全过程。这篇议论日月五星运行规律的说理文字,呈现太祖认真求理却不免苛责臣子的生动形象,也显示帝王与儒者两种不同身份间的意见分歧。简言之,明太祖通过"与知天文精历数者昼夜仰观俯察",得出"天左旋,日月五星右旋"的结论;而傅藻、黄邻等翰林官员则坚持程朱理学的"天体左旋,日月亦左旋"之说。

帝制中国"天人合一"观念流行,日月五星运行与王朝秩序的建立、运行相关,因之引起历代学者的兴趣和讨论。现有的古代天文学史研究,展现了七曜左旋右旋问题背后的深层内涵。② 以盖天说、浑天说的天地结构理论为基础,古人面北背南,将天体自东向西的运动,称为左旋;将天体自西向东的运动,称作右旋。天体左旋说,已为时人普遍认可;争论的焦点在于日月五星是左旋还是右旋。战国时期已出现日月五星右旋的说法,这符合肉眼观测的结果,也便于历法家计算日月五星的运行度数。两汉晚期出现日月五星左旋的认识,这种意见得到宋儒的发扬而广为盛行,它符合宋儒对于宇宙秩序的描述,是基于逻辑思辨而非实际观测所得。

《七曜天体循环论》所见明太祖与宋元儒者之分歧,实为汉唐以来儒家与历法家日月五星运行之争论的延续。明太祖称信的"知天文精历数者",即奉行"天左旋,日月五星右旋"的历法家。他由观天象的实证考察出发,举晋代以来历法家"蚁行磨上"的经典譬喻为证。面对太祖的质疑,奉行"天体左旋,日月亦左旋"的儒臣傅藻、黄邻等,坚持朱熹、蔡沈等宋代新儒家的典型论述:"天行健",所以天体运行最速,"阳动阴静",以故日速于月。尊崇实学的明太祖显然无法满足于这样的答案,因此批评蔡沈违背"格物致知"的治学原则而以己意定夺是非。

---

① 明太祖:《七曜天体循环论》,《明太祖御制文集》,台北:台湾学生书局1965年版,第351—356页。朱鸿林指出《七曜天体循环论》所见明太祖临朝作风:对学术认真,却不免对臣子过于严苛,甚至有意泄愤,有损其帝王气度。参见朱鸿林:《明太祖对〈书经〉的征引及其政治理想和治国理念》,第49—52页。

② 郑文光、席泽宗:《中国历史上的宇宙理论》,北京:人民出版社1975年版。陈美东:《中国古代日月五星右旋说与左旋说之争》,《自然科学史研究》1997年第2期,第147—160页。

儒臣的说法既然不能令太祖信服,太祖因之提出修订蔡《传》。洪武十年辩论之后,傅、黄等儒臣受到惩罚。洪武十七年颁布科举定制,亦未将蔡沈《书集传》定于一尊,规定在蔡《传》之外兼取古注疏。洪武二十四年,太祖命礼部右侍郎张智(1335—1406)、翰林院学士刘三吾(1319—1400)等商议改定蔡《传》。洪武二十七年四月,正式下诏由刘三吾主持编纂《书传会选》,修订蔡《传》:

> 上观蔡氏《书(集)传》日月五星运行与朱子《诗(集)传》不同,及其它注说与鄱阳邹季友所论,间有未安者,遂诏天下儒臣定正之。①

朱熹《诗集传·十月之交》遵循古历法之成说,称"周天三百六十五度四分度之一,左旋于地……日月皆右行于天",②这确与蔡《传》有异。虽然《朱子语类》载朱熹谓"只恐人不晓,所以《诗传》只载旧说",或曰"横渠(张载)曰'天左旋,处其中者顺之,少迟则反右矣',此说最好","天道与日月五星皆是左旋"等等,③但就文献自身而言,朱子《诗集传》固要优于门人弟子辑录的《语类》。④

被太祖提及的另一个重修缘由,是蔡《传》注说与"鄱阳邹季友"论说有未能和洽之处。邹氏所论何以与蔡《传》有异?太祖又何以读到他的论说呢?邹季友,字晋昭,是一位寂寂无名的元代儒者。他在《元史》《宋元学案》中皆无传,现存史料对其记载也不多。因其传记资料的稀缺,清代儒者

---

① 《明太祖实录》卷232,洪武二十七年(1394)四月丙戌条,第3397页。

② 朱熹:《诗集传》卷11,《四部丛刊三编》,台北:台湾商务印书馆1966—1967年版,第22页。

③ 黎靖德编,王星贤点校:《朱子语类》卷2,北京:中华书局1986年版,第16、13、14页。

④ 值得留意的是,《书传会选》解说"日月运行方向",并未引朱熹《诗集传》,而取宋儒陈祥道(1053—1093)之说。福州人陈祥道,是北宋时期稍后于张载的著名儒者,以《三礼》之学见长,官至太常博士。他认为:"天绕地而转,……天左旋,日月违天而右转,……天之旋如磨之左转,日月如蚁行磨上而右转,磨转速而蚁行迟,故日月为天所牵转。至于日没日出,非日之行,乃天运作于地外,而日随之出没也。"陈氏解说符合明太祖《七曜天体循环论》中论说。

将他误作陆九渊再传、杨简(1141—1226)高第宋儒邹近仁(字季友)。① 据
《民国德兴县志》,邹近仁与邹季友确为二人。②《同治饶州府志》收录邹季
友简短传记,称其尝谓"入圣之功,必在致知"之语,并撰有《性理音释》《书
经音释》二书。③

　　现存资料显示,江西德兴县人邹季友,他是元代中后期与当时江西、
安徽著名儒者均有交游的学者。其中包括新安儒者胡炳文和江西鄱阳儒
者董真卿。明正德刊本胡炳文《云峰集》附录,载邹季友所撰《上云峰胡
先生书》一封。邹氏在信中回溯他与胡炳文讨论易卦图的情形,并推许胡
炳文的理学成就,称其为"能以道淑诸人者"。邹氏在信末提到修订其
《书经音释》的计划,称"《书传》者《音释》极感订正,倘遂可传,先生与有
惠焉。"④《(同治)德兴县志》收录邹季友所作《季真董君编易序》一文,是
他为董真卿《周易会通》所作序文。邹季友视董真卿为有家传、师传、心传
之人,称许撰作《周易会通》的董真卿"上而为四圣二贤之忠臣,下而为后学
者之先觉"。⑤ 胡炳文、董真卿治朱子学多有心得,邹季友与之均有问学
交谊。

　　邹氏《音释》之所以被太祖读到并重视,则与其刊行历史有关。现存邹
氏《音释》都附于蔡沈《书集传》一书。《书集传》最早刊于南宋建阳书坊,
随后又有四川广都刻本、上饶郡学吕遇龙刻本、明州刻本、南宋大字本等。

--------

　　① 清代敕撰《钦定天禄琳琅书目》将邹季友误作宋儒邹近仁。邹近仁,字季友,江西饶
州人,他与侄孙邹梦遇皆是南宋杨简高第。杨简文集中详述邹近仁、邹梦遇、邹近仁之子邹曾
先后悟道的情形(杨简:《邹鲁卿墓铭》《邹元祥碣》《邹德祥尊人墓铭》,《慈湖遗书》卷5,《文
渊阁四库全书》集部第1156册,第656—658页)。清末藏书家莫友芝纠正《天禄琳琅书目》之
误,指出邹近仁为邹季友的祖父(莫友芝撰,傅增湘订补:《藏园订补邵亭知见传本书目》卷1,
北京:中华书局1993年版,第73页)。
　　② 沈良弼修,董凤笙纂:《民国德兴县志》卷8,《中国地方志集成·江西府县志辑
(32)》,南京:江苏古籍出版社1996年版,第260、261页。
　　③ 锡德修,石景芬等纂:《同治饶州府志》卷18,《中国地方志集成·江西府县志辑
(29)》,第505页。
　　④ 邹季友:《上云峰胡先生书》,《云峰集》卷10,《元人文集珍本丛刊》影印明正德刊本,
台北:新文丰出版公司1985年版,第223页。
　　⑤ 邹季友:《季真董君编易序》,杨重雅纂,孟庆云修:《(同治)德兴县志》卷9,《中国方
志丛书》第259号,台北:成文出版社1975年版,第1410页。

这些宋刊本今多已不存。① 《书集传》元代版本众多,其元刊本最大特点即诸多版本增入邹季友《音释》、董鼎《朱子说书纲领》、郑东卿《尚书纂图》。其中以《音释》对蔡《传》影响最为深远。《书集传》至正五年虞氏明复斋刻本、至正十一年德星书堂刻本、同年双桂书堂刻本、至正十四年刘氏日新书堂刻本均附有邹季友《音释》。② 以至正十一年德星书堂刻本《书集传》为例,该本全名《重刊明本书集传附音释》,以南宋明州刻本《书集传》为底本校订而成,同时加入邹季友《音释》。刻书牌记称:"蔡氏《集传》元无音释,今用鄱阳邹氏《经传音释》,附于各段之末。庶几学者字得其音,事得其释,疑得其辨。"③

合并后的《书集传音释》以准确、易读的优势,成为元明之际士人学习《书经》的主要版本。明太祖阅读到的《书经》应即此《书集传音释》合刻本。其后明代坊间重刻《书集传》亦多附邹氏《音释》。合刻乃书商所为,然《音释》本为订正蔡《传》而作,故《书集传音释》中蔡、邹之说难免"间有未安"。细心读经的明太祖注意到书中注释前后矛盾之处,以此作为修订蔡《传》理据,是对流传甚广的经学典籍之合理考虑。

明太祖热心修订蔡《传》的直接理由,来自他常年观测天象、细致辨析文本的自悟自得,但深层原因却是他视《书经》为治国依据、甚为取重《书经》的崇敬心理使然。太祖对《书经》非常熟悉和重视,他的政治思想和治国理念及施政原则,都出自《书经》。④ 《书传会选》序言对此有清晰表述:

> 今天下车同轨,书同文,行同伦,当大德圣人在天子位之日,举议礼制,度考文之典,谓六经莫古于《(尚)书》,帝王治天下之大法莫备于《(尚)书》,今所存者仅五十八篇,诸儒训注又各异同,至宋九峰蔡氏本其师朱子之命作为《(书)集传》,发明殆尽矣。然其书成于朱子既殁之

---

① 王春林:《〈书集传〉版本源流》,《中国哲学史》2010 年第 2 期,第 101—105 页。
② 同上。
③ 林申清:《宋元书刻牌记图录》,北京:北京图书馆出版社 1999 年版,第 87 页。
④ 朱鸿林:《明太祖对〈书经〉的征引及其政治理想和治国理念》,第 53 页。

后,有不能无可议者,如《尧典》"天与日月皆左旋",《洪范》"相协厥居,为天之阴骘下民",有未当者,宜考正其说,开示方来。臣(刘)三吾备员翰林,屡尝以其说上,闻皇上允请,乃召天下儒士,仿石渠虎观故事,与臣等同校定之。凡蔡氏之得者存之,失者正之,旁采诸家之说,足其所未备。书成,赐名曰《书传会选》。①

从这篇由总纂官刘三吾所撰序文可知,《书传会选》旨在统一诸儒注疏,考订蔡《传》之失并加以完善,原因正在于太祖视《书经》汇聚"帝王治天下之大法"的重要地位。序中太祖明示蔡《传》之失,除《尧典》日月运行说外,尚有《洪范》"惟天阴骘下民,相协厥居,我不知其彝伦攸叙"一节,此为《尚书》中辨析"天"与"君"、"民"关系的重要段落,显然是太祖最为关心并与刘三吾等人讨论过的内容。②

对比蔡《传》、《书传会选》之于《洪范》此节的解说,可见太祖对君民关系的深入思考,蕴含其君师合一的政治抱负。蔡《传》注解称:"天于冥冥之中,默有以安定其民,辅相保合其居止,而我不知其彝伦之所以叙者如何也。"③这无疑将天作为一切的统领,削弱了君主的作用。《书传会选》却引王肃(195—256)之说,以"阴骘下民"为天事,"相协厥居"为民事,谓:"阴,深也。言天深定下民,与之五常之性。王者当助天和合其居,所行天之性。我不知常道伦理所以次叙,是问承天顺民何所由也。"④这就是说,"风雨霜雪,均调四时,五谷结实,立烝民之命"是天之事,也即"阴骘下民";而"敷五教以教民,明五刑以弼教。保护和洽,使强不得凌弱,众不得暴寡,而各安其居"是君之职,也即"相协厥居"。⑤《书传会选》重新赋予帝王奉天勤民的角色,体现了太祖治教合一的政治理想。在太祖看来,蔡《传》将君之事尽归于天,实际剥夺了人君"助天教民"的职责,有违他对儒家"人君当兼君师

①　刘三吾:《书传会选序》,《书传会选》,《文渊阁四库全书》经部第 63 册,第 3 页。
②　《明太祖实录》载洪武二十年二月御注《洪范》一卷书成,太祖称《洪范》此篇乃帝王为政之道,由精通《尚书》的刘三吾为御注《洪范》作序。
③　蔡沈:《书经集传》卷 4,《文渊阁四库全书》经部第 58 册,第 76 页。
④　刘三吾等撰:《书传会选》卷 4,第 101 页。
⑤　祝允明:《前闻记》,北京:中华书局 1985 年版,第 4 页。

之任,而行治教之道"理想的深切认同。①

综上所述,太祖热心修订蔡《传》、命臣子编纂《书传会选》的行动,始于洪武初年与儒臣辩论经史,得益于他日常细致研读《书经》时对训注不合的注意,更来自他以《尚书》作为治国参考的观念,显示洪武朝确立以儒家经典治国的基本理念。质言之,《书传会选》是太祖实现君师合一抱负的实践,通过重新订立经典,他向儒者确立了不拘泥于注疏、细心辨析异同而敢于批评蔡《传》的导向,并借以宣明他对君民关系的认识和定位。

## 二、编纂经过与内容特色

现存史料对于《书传会选》参修人员的记载并不一致。《明实录》称《书传会选》由刘三吾主持编修,由时任兵部尚书唐铎(1328—1397)推荐增入钱宰(1299—1394)、张美和(1314—1396)等27位儒者共同编修。四库本《书传会选·凡例》中却列有40位纂修人员。有研究指出,这是永乐朝重修《太祖实录》时删去建文旧臣的缘故。②

以40位纂修者构成来看,洪武朝敕修书以由元入明地方儒士为纂修主体。《书传会选》编纂者以地方征召儒者为最多,府县学教官和地方儒士有23人,占纂修总人数的57.5%;国子监官员、洪武朝科举入仕翰林官员次之。从纂修者萧尚传记资料来看,萧氏是擅长《书经》的地方名儒,洪武年间,有司迫其应乡试并获第二名,后被聘为福建、广东、湖广等地乡试考官。③ 由此可知,地方征召儒者应多为精通《书经》的名士。

《书传会选》纂修者另一特点则是南北分布均衡。除地方征召人员外,已知13位纂修官员,刘三吾是湖南茶陵人,戴德彝(奉化人)、卢原质(宁海人)、钱宰(会稽人)、王俊华(天台人)来自浙江,张美和(清江人)、胡季安

---

① 明太祖对君师职责的看法,参见朱鸿林:《明太祖的教化性敕撰书》,《徐苹芳先生纪念文集》编辑委员会编:《徐苹芳先生纪念文集》,第583页。

② 陈恒嵩:《刘三吾编纂〈书传会选〉研究》,《经学研究论丛》(台北)2001年第9辑,第62—65页。

③ 尹昌隆:《赘庵先生行状》,《尹讷庵先生遗稿》卷6,《四库全书存目丛书》集部第26册,影印北京图书馆分馆藏明万历刻本,第489—490页。

（南昌人）来自江西，张显宗（宁化人）来自福建，门克新（巩昌人）、景清（真宁人）、马京（武功人）来自陕西，齐麟（五台人）来自山西，许观（贵池人）来自南直隶。人员任用兼顾南北，符合太祖注重平衡南北文化的政策导向。①

《书传会选》编纂过程，记载甚少，即便在总纂官刘三吾的文集中也鲜有记录。万历朝重辑刘三吾文集，补入刘氏所撰《翰林院国史编修张吾乐先生墓志铭》一篇，记述他与张美和同入翰林校书一事：

> 有校书翰林之命，自晨迄暮校仇点窜。虽蝇头细字，先生手书不倦。十月书成，陛辞恩赐衣被各一袭，以华其归。家居复究心是书，考订十余条，屡书嘱以所订入梓。予复其书，是他人且付以已陈之刍狗，而先生一念忠厚如此。②

张美和名九韶，以字行，是严谨而忠诚的朱子学者，撰《理学类编》等书。③刘、张两人共同参与校勘之书，即为《书传会选》。张氏校订敕撰书籍的认真态度显示，《书传会选》确是纂修者以补充、完善朱子学为目的积极修订蔡《传》之为。这既是宋元儒者治学兴趣及疑经取向的延续，也是明太祖"格物致知"精神对臣子的影响和感召。

明清之际顾炎武对《书传会选》的评价值得留意。顾氏称赞《书传会选》较蔡《传》精准完备，于经传之下附以《音释》且考章典故，可见"宋元以来诸儒之规模犹在"。他又指出《书传会选》编纂者"皆自幼为务本之学，非由八股发身之人"，因而"所著之书虽不及先儒，而尚有功于后学"。④他甚至将洪武末修纂《书传会选》之时，视为宋末至明初经术人才的鼎盛时期。

---

① 明太祖平衡南北文化的相关研究，参见王昌伟：《明初南北之争的症结》，《明清史集刊》（香港）2007 年第 9 卷，第 27—48 页。

② 刘三吾：《翰林院国史编修张吾乐先生墓志铭》，《刘坦斋先生文集》卷 10，台湾大学图书馆藏清道光七年（1827）补刊本。

③ 张美和《理学类编》一书初名《格物编》，吴澄之孙吴当（1298—1362）将其更名为《理学类编》并作序言。此书辑北宋五子及南宋朱熹之言，辅以荀子以下数十人之说，但不辑陆九渊之言，承袭《宋史》将陆九渊心学排斥于理学之外的做法。张美和另著有《元史节要》《群书拾唾》二书。

④ 顾炎武：《日知录校释》卷 20《书传会选》条，张京华校释，第 747 页。

顾氏上述言论明显针对永乐朝编纂《四书五经大全》"古学弃"而"经说亡"的弊病而发,①但也凸显洪武朝学术对宋元学风的继承特点。

《书传会选》意在承袭宋元儒者《书经》解说而来,此书命名已见其端。"会选"二字,意在择选并汇集,刘三吾称"凡蔡氏之得者存之,失者正之,旁采诸家之说,足其所未备",表明此书主要以删改、增补两种修订方式,修正蔡《传》的解说。

《书传会选》注释条目更易与增补情形,实可见洪武朝官方理学取重所在。《书传会选·凡例》称此书纠正蔡《传》之处共66条,增补19位儒者注说。② 已有研究指出,除《尚书·召诰篇》外,《书传会选》删改蔡《传》之说98条之多,增补宋元儒者的注释条目410条。删改后易以其他儒者解说,以陈大猷(绍定二年进士)22条、孔安国(活跃于公元前2世纪)10条、金履祥9条、吕祖谦7条为最多;增补宋元儒者注说条目,以陈大猷76条、金履祥66条、陈栎64条、吕祖谦32条为最多。③ 由是可知,除保留蔡沈《书集传》部分原有批注外,《书传会选》以吕祖谦、陈大猷、金履祥、陈栎四位宋元治《尚书》学者思想为主体,构成洪武朝《书经》解释的官方依据。

《书传会选》采掇宋元多家经说,尤偏重浙江金华一地宋元著作,兼及元代新安理学著作。南宋浙东学派代表人物吕祖谦主张折衷朱陆,组织并主持历史上著名的"鹅湖之会"。陈大猷亦是金华人,他是一位深受吕祖谦影响的浙东儒者,其师承与杨简或朱熹无直接关联,也非朱子的私淑者。④ 陈大猷所著《书集传或问》作为《书传会选》引用条数最多的书籍,实际专为修正蔡《传》而作,⑤清代《四库全书》馆臣赞许其"采摭群言,反复辩驳,虽朱、蔡二家

---

① 顾炎武:《日知录校释》卷20《书传会选》条,张京华校释,第747页。

② 刘三吾等撰:《书传会选·凡例》,第4页。

③ 陈恒嵩:《刘三吾编纂〈书传会选〉研究》,《经学研究论丛》(台北)2001年第9辑,第66、79页。

④ 许华峰:《陈大猷〈书集传〉与〈书集传或问〉的学派归属问题》,蒋秋华、冯晓庭主编:《宋代经学国际研讨会论文集》,台北:"中研院"中国文哲研究所,2006年,第229—247页。

⑤ 陈大猷《书集传或问》卷首记其成书缘由为:"大猷既集《书传》,复因同志问难,记其去取曲折,以为《或问》。其有诸家驳难已尽,及所说不载于《集传》而亦不可遗者,并附见之,以备遗忘。然率意极言,无复涵蓄,辨论前辈,有犯僭妄,因自讼于篇首云。"陈大猷:《书集传或问》卷上,《文渊阁四库全书》经部第60册,第195页。

之说,亦无所迁就,可谓卓然自立者"。① 以这样一部旨在修订蔡《传》而又"卓然自立"的书籍为主要参考,正是《书传会选》的重要特色。除陈大猷外,朱子四传弟子金履祥,是"金华四先生"之一,他所著《尚书表注》与蔡《传》有较大出入,也被《书传会选》多加征引。而治《尚书》成绩斐然的新安儒者陈栎,他的《书解折衷》一书亦为修订蔡《传》而作,遂被《书传会选》所取重。

《书集传》自刊刻之日起即受到朱子后学辨疑和订误。除《书传会选》主要取资的《书传集传或问》《书解折衷》《书传音释》等书,同类的"疑蔡"之作还有宋末张葆舒《尚书蔡传订误》、浦江黄景昌(1261—1336)《尚书蔡氏传正误》,元代德兴余芑舒《读蔡传疑》、婺源程直方(1251—1325)《蔡传辨疑》等等。② 大量此类著作的涌现,既说明蔡《传》批注确有疏漏,也显示宋元治《书经》学者的研究旨趣在于修订蔡《传》以达朱子本义。延祐年间将蔡沈《书集传》确立为《书经》官定读本之后,元儒批评蔡《传》声音随之减小。从这一意义上而言,洪武朝《书传会选》的编纂正是对宋元朱子学者修订蔡《传》之研究路向的继承和总结。

综论之,《书传会选》的编纂是洪武年间官方儒学不拘泥于门户之见以完善和发展朱子学的表现,它在继承蔡沈《书集传》合理解说的基础上,积极汲取南宋浙东学术精华,兼采元代金华、新安等地朱子后学修正蔡《传》的优秀成果。可以说,《书传会选》既是洪武朝重用地方征召贤能、兼取南北籍官员之用人特色的体现,也是明初学术对宋元修订并完善朱子学之"精神"的延续。

## 三、影响及意义

洪武二十七年九月,《书传会选》颁行天下,作为应举士人及儒者研习

---

① 陈大猷:《书集传或问》书前提要,《文渊阁四库全书》经部第 60 册,第 194 页。

② 参见蒋秋华:《明人对〈书集传〉的批评初探》,林庆彰、蒋秋华主编:《明代经学国际研讨会论文集》,第 269—294 页;许华峰:《〈四库全书总目〉对宋、元之际"〈尚书〉学"的评述》,《"国立中央"大学人文学报》2000 年第 22 期,第 97—136 页;张建民:《宋代〈尚书〉学研究》,西北大学中国思想文化研究所博士论文,2009 年,第 176—206 页;游均晶:《蔡沈〈书集传〉研究》,台北:花木兰文化出版社 2010 年版;许育龙:《蔡沈〈书集传〉经典化的历程:宋末至明初的观察》,台北:万卷楼图书股份有限公司 2018 年版。

《书经》官定读本,并给蔡《传》直接的冲击。然检视明代地方志著录可知,《书传会选》颁行范围仅限于府学,抚州府、杭州府等部分《府志》载有洪武年间颁布《书传会选》的事迹或藏书著录,县级方志中均无此书记录,①可见其实际影响有限。

现存永乐二年状元曾棨(1372—1432)廷试策,展现了《书传会选》影响着实有限之例。永乐二年殿试,解缙(1369—1415)承成祖之命出题:"欲求博闻多识之士,命学士解缙采天文、律历、礼乐、制度拟选为题。"②这一命题的倾向性,与解缙正主持编纂的大型类书《文献大成》(后名《永乐大典》)一书有关。解缙将"天文、律历、礼乐、制度"纳入六经探讨范畴,问及如何统一《书经》《易经》中异说,考订《礼经》,补阙《乐书》。解缙的出题,是他主持编修《文献大成》的主导思想,也是他在洪武朝著名上疏《大庖西封事》的延伸。解缙曾在《大庖西封事》中提出文献述作的构想和期望,但未受太祖的重视及采纳。③

江西吉安府永丰县人曾棨在此次殿试中表现出色,被明成祖亲擢为状元,随后被命为《永乐大典》副总裁。曾棨生于明初理学兴盛之地江西,成长于洪武朝,《书传会选》修纂并颁行的洪武末年正是他应举准备之时。④永乐二年,31岁的曾棨以论述翔实、辩论精彩的廷试对策获得明成祖以及主要翰林官员的赏识。这篇对策条理清晰地阐明六经著作的相关问题,尤其详细辨析《书经》中引起争议的日月运行方向问题。

由曾棨夺魁的结果可见,他的对策实反映永乐初年官方理学的主流观点和期待。解缙在策问中称:"历象、禹贡、洪范载于《书》,大衍、河图、洛书著于《易》,古今异说,朕惟欲致其合一之归。"结合明太祖修订蔡《传》背景,策题确有实际指向。曾棨显然准确理解了题意,他在策文直接辨析《书经》中历象这一敏感问题。在日月运行方向上,曾棨宣明尊重蔡《传》立场,并将左旋右转

---

① 据《天一阁藏明代方志选刊》检视所得,上海:上海古籍书店1982年版。
② 俞宪:《皇明进士登科考》第一册,台北:学生书局1969年版,第98页。
③ 解缙:《文毅集》卷1,《文渊阁四库全书》集部第1236册,第599—600页。
④ 曾棨"二十充邑庠生……永乐元年中江西乡试,明年礼部会试,中选者四百七十人,公在第八,廷试遂中第一,赐进士及第。"见杨荣:《詹事府少詹事兼翰林院侍读学士赠嘉议大夫礼部左侍郎曾公墓志铭》,《文敏集》卷21,《文渊阁四库全书》第1240册,第337—338页。

之说调和为一。他先以历法的角度叙述天体日月运行的时间和度数,证之以朱熹《诗集传》,再阐述蔡沈有关七曜运行度数的基本论说,佐之以朱子之语,进而直指日月五星运行左旋、右转方向的不同论说。曾棨称:

> 其说何尝有不同哉? 但日者,阳之精,岂有迟于月之理。盖顺而数之则见其进,而与天俱左旋;逆而数之则见其退,而若右转。历家以进数阔远为难度也,故以其退数而纪之,则去度近而易耳。是故自地面而观其运行则皆左旋,自天度而考其次舍,则日月五星以渐而东,其行不及天,而次舍日以退也。然次舍虽退,其行未尝不进也;退虽逆,而进未尝不顺也。左旋右转之说,其实何以异哉?①

从表面上看,曾棨重在调和历法家与宋元儒家之间的意见分歧,然他的理论依据却是宋儒理学,如其所论"阳不可迟于阴"是程朱理学的基本观念。其论析过程也与朱熹"进数为顺天而左,退数为逆天而右,历家以进数难算,只以退数算之,故谓之右行"的说话如出一辙。②

曾棨历象论说与《书传会选》不合却被取擢为状元的事实,显示明太祖修订蔡《传》的事情并未在时隔不久的永乐初年产生实际收效。作为承续宋元传统以修订蔡《传》的积极成果,官定《书传会选》试图为明初士人提供一种更准确、完善的《书经》读本,但它显然未获当时主流士人的认可和接受。

尽管如此,直至永乐朝《书传大全》编选之前,《书传会选》仍在形式上保留《书经》官方读本的地位。在永乐十年廷试对策中,榜眼林志(1378—1427)答卷中,出现"朝之为教也,本于蔡沈《集传》,既得乎折中之,当一以《会选》为正,又兼乎诸说之长"的说法。③ 林志对《书传会选》的承认不似

---

① 曾棨:《廷试策》,《刻曾西墅先生集》卷1,《四库全书存目丛书》集部第30册,影印石家庄市图书馆藏明万历十九年(1591)吴期炤刻本,第85页。
② 黎靖德编,王星贤点校:《朱子语类》卷2,第14页。
③ 台湾学生书局编辑部汇辑:《明代登科录汇编》第1册,台北:学生书局1969年版,第292页。

曾棨所论涉及具体问题辨析,但他的态度亦展现明初士人对洪武朝理学敕修书的灵活应对。到永乐十三年《书传大全》敕修并颁行天下府县学校后,该书纂修宗旨及内容取舍皆有别于《书传会选》并成为此后明代士人学习《书经》的官定读本,意味着明太祖着意修订蔡《传》的用心已然成空,两朝政治文化亦发生重要改变。明中前期学者何乔新研习《书经》时,所言"及《四书五经大全》既颁,而《会选》又废矣",亦印证《书传会选》因《书传大全》而掩辉的实情。①

　　总之,《书传会选》的编纂和颁行,是明初以儒家经典治国理念的确立和发展之重要阶段。该书缘起于明太祖对儒家经典的重视,他对承载"二帝三王治天下之大经大法"的《尚书》非常熟悉和取重,视之为治国理念及施政原则的根基和来源。洪武十年起,太祖在日常观察和细致研读中注意到蔡沈《书集传》出现的问题,儒臣却无法提供出更可靠的文献依据和学问支撑来说服他,于是他下命敕修《书传会选》。通过修订宋儒《书集传》并重新订立经典,太祖宣示其君师合一的政治理念,也对明初学者勇于质疑经典的学问趋向有典范意义。

　　明初《书传会选》的修纂是宋元以来学者辨疑经典以发展学术的做法延续。该书编修人员以由元入明地方儒士为纂修主体、兼取南北籍官员,其内容选取则显示南宋浙东及元代金华、新安等地学术在洪武朝官方理学中的影响,并体现明初官方学术不拘泥于门户之见以发展朱子学的特点。然而,颁行记载的普查和永乐初曾棨的个案皆显示,《书传会选》在洪武末至永乐初的实际影响有限,它只保留形式上官定学说的地位,并随着永乐朝《书传大全》的编纂和颁行而被正式取代。

## 第二节　道治天下:敕撰书与成祖治国理念的演进

　　以"继承祖制"为旗号发动靖难并成功夺位的明成祖,在位期间同样重

---

① 何乔新:《跋书传辑录纂注》,《椒邱文集》卷 18,《文渊阁四库全书》集部第 1249 册,第 304 页。

视以文教治国。他著名的文教工程,如大型类书《永乐大典》以及官定程朱理学读本《四书五经性理大全》的修撰,常被研究者认为是其笼络士人的手段,后书更因固守程朱正统的特点而被视作他控制士人思想的工具。① 实际上,如果尝试从另一角度进行解读,重新审视成祖的敕撰活动,有助于对明初治教理念的形成产生更为复杂多元的认识:敕修书籍的数量和质量堪比其父朱元璋的明成祖朱棣,他在永乐七年编写帝学用书《圣学心法》的行动宣示,其与太祖一样相信程朱理学是有用之学,不仅有益于士大夫自我修养和帮助君主治理国家,也是对君主本人修身治国有用的一套学问。

应该说,永乐时期是明代政治文化奠定基调的重要阶段,这与明成祖政治思想的逐步成熟紧密相关。成祖先是于永乐二年(1404)敕修《文华宝鉴》以教育皇太子朱高炽(1378—1425),五年后又御制《圣学心法》以集中表达其治国理念。尤其是其帝学用书《圣学心法》,采编历代先贤嘉言善行以教育皇太子,既体现成祖对理想帝王的要求和准则,亦是明初政治思想发展进程的直观展现。在此基础上,《四书五经性理大全》才得以编刊。以往有关《圣学心法》内容及意义的探讨稍显不足。清儒对《圣学心法》评价不高,认为它是欺世之作,编纂此书的成祖"依附圣贤,侈谈名教,欲附于逆取顺守",然其统治却较秦、隋之君更为残暴。② 现代研究者常从成祖的政治手腕等角度解读此书。③ 本节以《圣学心法》的编纂和内容为中心,考察成祖"圣王"之学的形成过程,以见其政治理念的演进历程,从而梳理从《圣学心法》到《四书五经性理大全》的内在发展理路。

---

① 《剑桥中国明代史》《宋明理学史》及林庆彰等的相关研究,在看待明成祖的文教政策时,都注意到其登基前后的多项措施,有着取得和证明皇位继承合法性的目的。牟复礼、崔瑞德编:《剑桥中国明代史》上卷,张书生等译,北京:中国社会科学出版社1992年版,第216—220页;侯外庐等编:《宋明理学史(下)》,第10—13页;林庆彰:《〈五经大全〉之修纂及其相关问题探究》,第363—366页;陈恒嵩:《〈五经大全〉纂修研究》,第21—22页。

② 永瑢等:《四库全书总目》卷95《圣学心法》条,第807页。

③ 明成祖《圣学心法》的研究,参见朱鸿:《明成祖与永乐政治》,台北:台湾师范大学历史研究所1988年版;李焯然:《治国之道——明成祖及其〈圣学心法〉》,《汉学研究》(台北)1991年第9卷第1期,第211—227页;毛佩琦:《从〈圣学心法〉看明成祖朱棣的治国理想》,《明史研究》1991年第1辑,第119—130页。

## 一、成祖"圣王"之学的形成

明成祖朱棣为太祖第四子,洪武三年(1370)被封为燕王(时 11 岁),洪武九年赴中都历练(时 17 岁),洪武十三年至北平(时 21 岁),明太祖病卒时(1398)他 39 岁。不同于早年失学的明太祖,成长于帝王之家的明成祖幼年便接受了正规且严格的儒学教育。① 明太祖洪武元年专门设立大本堂,并且"取古今图书充其中,延四方名儒教皇太子、诸王,分番夜直,选才俊之士充伴读。"②教授皇太子和诸王的老师,皆为当时的理学名儒和翰林官员,如金华名士宋濂、博士孔克仁、翰林修撰王僎、国子助教朱复等。③ 可见,自洪武元年至九年中都历练之前,朱棣至少受过八年以上程朱理学系统教育,长期耳濡目染之下具备基本的儒学素养。

洪武十三年燕王朱棣赴北平之后,明太祖派遣辅导官员至燕府帮助他学习儒学和管理地方事务。所派人员有以儒术起家的乾州武功人康汝楫,他历任燕府训导、燕府长史、燕府司录等职。侍奉朱棣时日最久的凤阳寿州人朱复,他曾任洪武朝国子助教并参与编纂训诫藩王之书《昭鉴录》,后历任燕相府参军、燕府长史、燕府左相等职。成祖在燕府期间教育与讲学情况虽不清楚,但从他即位以后撰写《圣学心法》、敕修《四书五经性理大全》,以及《实录》所载其尊崇程朱理学的言论和文教措施来看,明成祖早年所受的

① 明太祖对诸位皇子的教育情况,参见朱鸿林《洪武朝的东宫官制与教育》一文,考察洪武时代的东宫辅导制度和储君所获得的教育与训练等情形。明太祖对于藩王的教育与管制的研究,则有陈学霖《明太祖对皇子的处置:秦王朱樉罪行与明初政治》一文,简述藩王制度与藩王教育的状况。朱鸿林:《洪武朝的东宫官制与教育》,王成勉编:《中华文化的传承与创新:纪念牟复礼教授论文集》,香港:香港中文大学出版社 2009 年版,第 95—142 页;陈学霖:《明太祖对皇子的处置:秦王朱樉罪行与明初政治》,朱鸿林编:《明太祖的治国理念及其实践》,第 95—139 页。仅就燕王朱棣的早期教育而言,学者多在论述明成祖其人其政时有所考述,如朱鸿:《明成祖与永乐政治》一书中,考察燕府辅导官员名单及任职情况。朱鸿:《明成祖与永乐政治》,第 23—24 页。另参见朱鸿《君储圣王,以道正格——历代的君主教育》,郑钦仁主编:《中国文化新论·制度篇》,台北:联经出版事业公司 1982 年版,第 413—464 页。
② 《明太祖实录》卷 36,洪武元年十一月辛丑条,第 665 页。
③ 宋濂《恭题御书赐蕲春侯卷后》一文载,"武武六年夏六月十又三日,皇上幸大本堂,堂乃储君讲道之所,而诸亲王肄业于左右。"宋濂:《文宪集》卷 12,《四库全书》册 1223,第 599 页。《明史》亦称"太祖命学士宋濂授皇太子、诸王经于大本堂,后于文华后殿。"张廷玉等撰:《明史》卷 55,第 1408 页。

经学训练对他影响甚深。① 即位之后，明成祖亦通过开设经筵日讲、阅读《大全》等方式，继续学习儒家经典并从中寻求治国之道。

成祖对理学与治国关系的思考和实践，早在永乐二年廷试考卷中已落定基调，这时间甚至早于《文华宝鉴》的成书之日。作为永乐朝以科举考试遴选贤能的首场殿试，永乐二年策问题目和取士标准对于宣示永乐文教的指向有着特殊的意义。② 鉴于此次考试的重要性，有必要对出题人的基本背景略作交待，对策问和夺魁士人的答卷再做细致研读。此处值得一提的是，建文二年（1400）的廷试策问，同样是有关帝王之治的内容，且建文、永乐的廷试策题从内容到用词都有相似性，而与洪武朝显然有别，可见明初三朝政治文化氛围之更迭。

前文考察《书传会选》在明初士人中的回响时，曾引述永乐二年解缙所代作的廷试策问和状元曾棨的对策。此次考试除关注士人对天文、律历、礼乐、制度等领域知识的掌握和贯通能力之外，是以"圣贤与帝王之治的关系"为亟待辨明的首要议题。命题的考试官解缙是最早归附明成祖的洪武旧臣，他在永乐初年文教治理中的地位举足轻重。策问中，解缙开篇即代帝发问："朕闻圣人之治天下，明于天之经，察于地之义，周于万物之务，其道贯古今而不易也。是故黄帝、尧、舜统承先圣，垂裳而治，神化宜民，朕惟欲探其精微之蕴。"③策题直指"圣人与帝王"、"道统与治国"的双重关系，意味颇丰：它既是永乐初年高级文官们热衷讨论和辨明的论题，也是靖难夺位不久的成祖最希望考察臣子和天下士人心之所向的好问题。

来自江西永丰县的曾棨荣登是科的状元。他的答策可谓深得君心，被成祖御批为"贯通经史，识达天人，有讲习之学，有忠爱之诚，擢魁天下，昭我文明，尚资启沃，惟良显哉"。④ 这篇"有忠爱之诚"的对策，披露出此时

---

① 永乐朝教化性敕撰书的研究，参见朱鸿：《明成祖与永乐政治》，第200—225页；周中梁：《明初敕撰教化书籍研究》，香港理工大学中国文化学系博士论文，2018年。

② 朱鸿也对永乐朝八次制策的题目有过分析，值得参考。朱鸿：《明成祖与永乐政治》，第119—123页。

③ 曾棨：《廷试策》，《刻曾西墅先生集》卷1，第81页。

④ 同上书，第82页。

君臣的共同关注所在。

曾棨对策之始,即称引《中庸章句》对圣人道统的叙述以解题,接着便肯定二帝三王以来的圣人皆是道统的继承者,那么受天明命的成祖也是如此。在这里,曾棨有着一组非常清晰的逻辑关系:受天明命——居圣人之位——得圣人之时——论圣人之治——有志于圣学。这一逻辑体系在接下来的答策中得到"点睛",曾棨指出,古今帝王继承道统的依据在于一"心"之转移:

> 臣愚知皇上之心,即黄帝、尧、舜之心也。先黄帝、尧、舜而圣者,此心也,后黄帝、尧、舜而圣者,亦此心也。太祖圣神文武、钦明启运、俊德成功、统天大孝高皇帝,实同此心也。①

这就是说,君主的"居位"并不需要血缘的联系,甚至不需要前任帝王的任命,而是通过"此心"的认定。曾棨特别提到了明太祖是"此心",而成祖也正是"此心"。这解决了成祖即位的合法性问题,无疑是成祖喜闻乐见的局面。在这种解释体系中,成祖所发动的靖难也增加了替天行道的味道。紧接着的论述中,曾棨以二帝三王统承而治的盛况,模拟成祖继承太祖鸿业的行实,一则强调成祖之"得时",二则进而推衍出得此圣时的成祖更需从中庸之道中获得"此心"的辩证看法。随后的答策中,曾棨具体解释了中庸之道在圣学——《四书》《五经》中展现。至此,道统与帝王之治的逻辑体系已基本建立起来:得位的依据在于心,得位得时者可以为治,而治天下者需治此心,此心尽在反映圣学的《四书》《五经》之中。

上述思维体系所推导出的其中一个重要结论,就是圣学与治国的紧密关系,也即成祖若要实现天下大治的盛世愿景,则需借助宋元理学治心大要。这样的看法并非只是进言劝诫的儒臣之孤鸣。曾棨被成祖亲擢为状元的事实,成祖赐《文华宝鉴》于皇太子时的相关讲话,尤其是永乐七年《圣学心法》的编纂和问世,皆显示永乐君臣之间确已形成一种治国理念的默契

---

① 曾棨:《廷试策》,《刻曾西墅先生集》卷1,第82—83页。

看法——他们已就道学对政治治理的重要价值达成共识。在这种君臣同心的政治氛围中,永乐十二年《四书五经性理大全》的敕修和最终颁布有其发展的内在必然理路。

　　曾棨所论中还有两点需作特别注意。首先,他对圣学与治道关系的看法并非独创,而是来源于两宋儒者的不断思考和总结,是宋儒政治哲学中的重要表达。其次,在他的叙述中,太祖和成祖都成为了能够同时代表治统和道统的理想帝王,他们既是政治领导,还是学术权威。① 这正符合成祖以君师自任并积极以程朱理学来框架其治国核心理念的要求。

　　在这样的政治基调之下,成祖前后两次编写帝学用书,从《文华宝鉴》与《圣学心法》的敕撰记载,已见其治国理念的推进之处:

表 3　《文华宝鉴》与《圣学心法》敕撰记载对比

| 《明太宗实录》永乐二年夏四月甲申条 | 《明太宗实录》永乐七年二月甲戌条 |
|---|---|
| 《文华宝鉴》成。先是命侍臣辑自古以来嘉言善行有益于太子者为书,以授太子,至是书成,名《文华宝鉴》。上御奉天门召皇太子授之,曰:"修己治人之要,具于此书。昔尧、舜相传惟曰'允执厥中',帝王之道,贵乎知要,知要便是为治,尔其勉之。"皇太子拜受而退。上顾翰林学士兼右春坊大学士曰解缙等曰:"朕皇考训戒太子,尝采经传格言为书,名《储君昭鉴录》。朕此书稍充广之,益以皇考《圣谟大训》,以为子孙帝王万世之法。诚能守此,足为贤君。昔秦始皇教太子以法律,晋元帝授太子以韩非书,帝王之道废而不讲,此所以乱亡。朕此书皆大经大法,卿等兼辅东宫,从容闲暇亦当以此为说,庶几成其德业,他日不失为守令主。"② | 上出一书,示翰林学士胡广等曰:"古人治天下皆有其道,虽生知之圣,亦资学问。由唐、汉至宋,其间圣贤明训具著经传,然简帙浩繁,未易遽领其要。帝王之学,但得其要,笃信而力行之,足以为治。皇太子天下之本,于今正当进学之时,朕欲使知其要,庶几将来太平之望。秦汉以下,教太子者多以申韩刑名术数,皆非正道。朕间因闲暇,采圣贤之言,若'执中建极'之类,切于修身齐家治国平天下者,今已成书,卿等试观之,有未善更为朕言。"广等遍览毕奏曰:"帝王道德之要,备载此书,宜与《典谟》《训诰》并传万世,请刊印以赐。"上曰:"然。"遂名曰《圣学心法》,命司礼监刊印。③ |

---

　　① 参见黄进兴:《李绂与清代陆王学派》,郝素玲、杨慧娟译,南京:江苏教育出版社 2010 年版,第七章"拥有圣君的代价:康熙皇帝统治下政治机构对道统的同化",第 150—151 页。实际上,明成祖与清康熙帝的作为和历史评价值得对比:他们是历史上为数不多实践治道合一的君主,但两人在当朝及后世却有着大相径庭的评价——一位是僵化儒学残酷对待儒者的帝王,一位是百年一遇的圣君。上述差异有助于重新认识明成祖对待理学的态度及其意义。

　　② 《明太宗实录》卷 30,永乐二年四月甲申条,第 545—546 页。

　　③ 《明太宗实录》卷 88,永乐七年二月甲戌条,第 1161—1162 页。

对比分别于永乐二年、七年撰成《文华宝鉴》和《圣学心法》两部训诫皇太子之书时所发表的讲话,当中可见朱棣对帝王治国之要的一贯把握和着眼之处,同时隐含着他对太祖治国之法的承袭与发展的观点。由前后两篇讲话来看,明成祖认为治国的关键在于掌握要领,因此他反复提到"帝王之学,但得其要,笃信而力行之,足以为治"、"帝王之道,贵乎知要,知要便是为治"的说法。而《文华宝鉴》《圣学心法》正是围绕着帝学之要来采编先贤嘉言的,成祖也自信二书足以展现他所理解的帝学之要以供太子学习。

明成祖所热衷的帝学之要究竟为何?永乐二年,他训诫皇太子,指明其要领为尧舜相传的"允执厥中"之语。此语出自《尚书·大禹谟》中"人心惟危,道心惟微,惟精惟一,允执厥中"的十六字心法。① 永乐七年明成祖更是以"心法"直接命名并再次编纂帝学用书,他在这次谈话中同样提出"执中建极"之类的圣贤之言。在积极肯定以儒家理念为治国方针的同时,明成祖在前后两次的谈话中都指出他对法家、阴阳家的治国方略的批评,认为它们"皆非正道",是国家之所以乱亡的主因。成祖这种推重儒家、排异法家的表态,既彰显出不同于太祖的治国特点,也显示他对理想帝王形象的塑造和期许。

一句话,《文华宝鉴》几乎可看做是《圣学心法》的雏形,明初洪武朝所编的帝学书为其提供了直接来源。以明初同类帝学用书而言,洪武朝已有教导东宫的《储君昭鉴录》。② 不同于朱棣在燕府时曾读的训诫藩王之书《昭鉴录》,《储君昭鉴录》是太祖敕修以教育懿文太子朱标(1355—1392)的帝王之书,其内容"采经传格言为书"以作训示。③《文华宝鉴》以洪武朝《储君昭鉴录》为蓝本,两书虽已不存,书名却显示它们都属惩恶扬善的传

① "精一执中"语出《尚书·大禹谟》"惟精惟一,允执厥中"之语,是尧舜禹禅让之十六字心传。

② 朱鸿认为成祖"弃"《储君昭鉴录》不用而编《文华宝鉴》《圣学心法》,是在思想上欲超越太祖的表现。朱鸿:《明成祖与永乐政治》,第 126 页。

③ 朱鸿林:《明太祖的教化性敕撰书》,《徐苹芳先生纪念文集》编辑委员会编:《徐苹芳先生纪念文集》,第 577—600 页。

统劝诫书,旨在类集历代事实以昭鉴规训。①

然则以《文华宝鉴》为基础,永乐七年明成祖御制《圣学心法》的内容及性质皆有变化。从表3来看,明成祖时隔五年重编皇太子训诫书的用意是明确的。在永乐二年与解缙等大臣的交谈中,成祖回到太祖编纂帝王训诫书的传统上称述《文华宝鉴》,指明它是在洪武朝《储君昭鉴录》的基础上扩充同朝代的《圣谟大训》而来的书籍。而永乐七年与胡广(1369—1418)等朝臣的对话中,成祖却不再提及太祖朝的相关训诫书,转而强调亲力亲为编选《圣学心法》的一己之心得。《圣学心法》内容虽亦采择"由唐、汉至宋,其间圣贤明训具著经传"者,然书名已显示它是以宋元理学为纲领的新型帝学书。应该说,成祖的上述认识与他早年系统的儒学教育不无相关,也显示其治国思想的成熟进程,是他在永乐初年复杂的政治环境中对宋元理学与国家治理之间关系的准确定位。

从《文华宝鉴》到《圣学心法》,体现了成祖政治思想的连续性和演进过程。永乐二年、永乐七年明成祖敕修两书时,都反复提出崇儒抑法的主张。同时,成祖敕修《文华宝鉴》起,逐步将"帝学之要"落实宋儒心法上来,《圣学心法》的最终出台则是其治国理念正式确立的真实写照。

以上的讨论显示,明成祖自即位起注意帝学之要的探讨和总结,他两次编纂帝学用书,条列圣贤之言以阐发修身治国的方法。《圣学心法》可谓其治国理念的充分表达,该书编纂背景、宗旨和内容显示,推重程朱理学是永乐年间成祖始终一贯的治国方略,这成为他敕修《四书五经性理大全》的重要背景。

《圣学心法》的编纂要旨可以简言之:用理学帮助国家治理,心法是理学的核心价值。其命名已涵盖了成祖的施政理念与自我期许。"圣学"是

---

① 这可从宋濂为训诫诸王的《昭鉴录》所作序言中得到印证,"洪武六年三月癸卯朔,上诏……(诸人)类集历代诸王事实。既受命,乃取东观诸史相与研磨,善与恶可为劝惩者咸采焉,其文芜事泛则删取其大槩,或有奢淫不轨无复人理者,辄弃而不收……名之曰《昭鉴》。"(宋濂:《昭鉴录序》,《文宪集》卷5,第358页)明太祖也称:"特命儒臣于诸史内撮类历代藩王事迹,编而成书,示使朝夕目之,戒必为善。"(明太祖:《昭鉴录序》,《全明文》第1册,此篇采自明万历十年刻本《高皇帝御制文集》卷15,上海:上海古籍出版社1992年版,第196页)

指宋代理学家为了最终导引出一个理想政治秩序而建立起的一套系统的有关自我修养的学问。这正是宋明理学所常讲的修己治人之学。"心法"是指这套学问的要诀和主旨,也即前文已述及的宋儒十六字心法。① 这即是说,《圣学心法》是一部按照宋代新儒学所建立的学说和理念以治国的帝学用书,而"亲撰"此书的成祖将自己置身于治统和道统合一的继承人角色。既然掌握圣学之心法才是获得权力合法性的唯一理据,他就必须通过"传授要诀"方式令到皇太子朱高炽同样具备继统的资格。该书的具体编纂背景是永乐七年成祖巡狩北京并命太子监国。② 它虽名义上由成祖亲编,其实际成书过程也得到了一些翰林官员的帮助,《江西通志》中即载有永乐二年进士、时任翰林修撰的余鼎参与编修《圣学心法》的情形。③

从政治思想史的意义上来看,《圣学心法》在唐宋帝学书的基础上发展而来,并因"心法"的引入而更具意义。《圣学心法》深受唐太宗《帝范》影响。唐太宗《帝范》在中国古代历史理论和政治思想史具有重要价值,对后世帝王之学影响深远。④ 随后,宋代出现范祖禹(1041—1235)《帝学》、真德秀《大学衍义》等著名学者撰写的帝学书。以上诸书皆是《圣学心法》的编纂基础。

学者认为明成祖以唐太宗自比自拟,《圣学心法》乃是仿效唐太宗《帝范》而作。⑤ 这样的推论往往基于如下事实:唐太宗"玄武门之变"与治理

---

① "心法"的概念,据陈荣捷所言,"心"、"法"连用始见于白居易(772—846),宋儒之"心法",则有邵雍和程颐,另有后人采辑元儒许衡的语录而成的《鲁斋心法》一书。(陈荣捷:《宋明理学之概念与历史》,台北:"中央研究院"中国文哲研究所筹备处,1996年,第23—24页)实际上,"心法"一词在宋元儒者中常被使用和提及。

② 《明太宗实录》卷88,永乐七年二月甲戌条,第1161页。此次皇太子监国的情形参见朱鸿《明永乐朝皇太子首度监国之研究(永乐七年二月至八年十一月)》,《"国立"台湾师范大学历史学报》(台北)第12期,1984年,第85—114页。

③ 余鼎,字正安,永乐二年进士。《(雍正)江西通志》称"是科诏选天下文学之士二十八人,以应列宿,鼎与焉。寻授翰林修撰,博学能文,与修《圣学心法》及《高庙实录》,晋侍讲,寻上章乞归,凿钓台以自娱,所著有《南坡文集》行世。"谢旻等监修:《(雍正)江西通志》卷91,《文渊阁四库全书》史部第516册,第105页。

④ 唐太宗《帝范》中君主理论的研究,参见瞿林东:《一代明君的君主论——唐太宗和〈帝范〉》,《陕西师范大学学报(哲学社会科学版)》2005年第6期,第14—18页。

⑤ 例如,朱鸿认为成祖时以唐太宗自拟,"法唐太宗而意在唐虞三代"。朱鸿:《明成祖与永乐政治》,第124—125、244页。

国家的开明隆盛,使得有着相似得位经历的明成祖,以之作为政治和文教的学习楷模和凭据。然明成祖对《圣学心法》的定位不止于此,其评价唐太宗及《帝范》称:

> 纵观前代,若唐文皇帝倡义靖难,定天下于一,躬擐甲胄,以至履弘基而登璇极,其思患也不可谓不周,其虑后也不可谓不远。作《帝范》十二篇以训其子曰:"饬躬阐政之道,备在其中。"详其所言,虽未底于精一执中之蕴,要皆切实著明,使其子孙能守而行之,亦可以为治,终无闺门、藩镇、阉寺之祸。①

这段评语明扬暗抑,颇为曲折。像唐太宗这样得位不正却开创贞观盛世的历史先例,固然为明成祖提供了政权合法性的依据。因此成祖特意述及唐太宗以靖难平定天下的功绩,显示他有借据于前朝历史的考虑。可是,至少上述论说也透露了,在明成祖看来,唐太宗是一位未能领悟圣帝明王之道的君主。

《帝范》十二篇,篇目分别为"君体、建亲、求贤、审官、纳谏、去谗、诫盈、崇俭、赏罚、务农、阅武、崇文",其内容诚如成祖所言,有着务实而明确的优点。然而成祖批评《帝范》存在着"未底于精一执中之蕴"的根本性缺陷,暗指唐代出现安史之乱、藩镇割据、宦官专权等亡国之祸的根源,皆来自君主不得"心法"之故。这甚为严厉的指摘,无疑将唐太宗推至与得道贤君相对立的角色之中。明成祖对汉唐之治的历史评价,是与朱熹、真德秀等南宋儒者一致,而与中唐至南宋末多数君主们的意见相左的。已有研究显示,从宋神宗与王安石,孝宗、理宗与南宋理学家有关施政理念的矛盾中,文臣多半提倡尧舜三代而贬抑贞观之政,但唐太宗典范对统治者更有吸引力。②

来自尧舜禹授受相传"十六字心法"的"精一执中之蕴",乃是成祖自认

---

① 成祖朱棣:《圣学心法》,《四库全书存目丛书》子部第 6 册,影印北京师范大学图书馆、清华大学图书馆藏永乐七年(1409)内府刻本,第 124 页。

② 方震华:《唐宋政治论述中的贞观之政——治国典范的论辩》,《台大历史学报》(台北)2007 年第 40 期,第 19—55 页。

为其优于汉唐政治思想的关键之处，也是其编纂《圣学心法》的指导思想。此心法经宋儒表彰，逐渐形成宋元理学完整理论内核。

帝国治理与心法的关系，实际是在宋代新儒家兴起背景下的新议题。最早由北宋司马光提出以"中庸之道"来"治心"的意见，随后经过二程、朱熹等理学名家的接受和发挥，①尤其经朱熹《中庸章句集注》阐发，在南宋儒者中得到深入回响，真德秀《心经》一书即是阐发儒家圣贤心法的代表作。②"心法"被纳入关系国家治道的帝学领域，在元代已有表征。"帝王心法"是元代政治文化中的热门议题。元代赡思(1277—1351)任职翰林院期间进呈《帝王心法》一书于元文宗，史称"文宗称善"。③ 现存《元统元年进士题名录》载，是年(1333)蒙古色目人与汉人、南人的御试制策和前三甲士人答题，皆以帝王授受心法为主要内容。④

事实上，明太祖论政亦有对"心"强调，他对皇太子的训诫中有"万物必根于一心"的类似论说。⑤ 开国名臣宋濂也曾上疏皇太子，论述帝王心学的重要性。⑥ 然而，勤恳务实的太祖之"心"，是以"仁明勤断"为处理繁琐政务时的行动准则的自省和要求；儒者宋濂进谏的"二帝三王相传心法"，是致仕臣子向储君提供"德仁敬诚"的切实的道德劝诫；而成祖的圣贤相传之"心法"，则是帝王主动凭据儒家经典作为治国安邦之达道的自期和宣言。与洪武君臣相比，成祖的有体有用之"心学"无疑更具形而上的意味。

总的来看，成祖对太祖之"心学"的发展，正是他深入体悟宋儒之理学

① 漆侠：《宋学的发展和演变》，石家庄：河北人民出版社2002年版，第371页。
② 永瑢等：《四库全书总目》卷92《心经》条，第785页。
③ 宋濂等撰：《元史》卷190《儒学·赡思传》，北京：中华书局1976年版，第4351页。
④ 北京图书馆出版社影印室辑：《辽金元传记资料丛刊》第20册，北京：北京图书馆出版社2006年版，第645—761页。
⑤ 明太祖谓："人君治天下，日有万几……凡此皆以一心为之权度，苟无权度，则未有不失其当。《明太祖实录》卷113，洪武十年六月丙寅条，第1864—1865页。
⑥ 宋濂称："臣闻古圣人有言曰：为君难。其所谓难者何也？盖以四海之广，生民之众，受寄于一人。敬则治，息则否；勤则治，荒则否；亲君子则治，近小人则否。其机甚微，其发至于不可遏，不可不谨也。所以二帝三王相传心法，曰德、曰仁、曰敬、曰诚，无非用功于此也。"宋濂：《致仕谢恩笺》，《文宪集》卷1，《文渊阁四库全书》集部第1223册，第239页。参见朱鸿林：《洪武朝的东宫官制与教育》，王成勉编：《中华文化的传承与创新：纪念牟复礼教授论文集》，第95—142页。

的表现。具备较高儒学素养的成祖,确实承认宋元儒学的理念和价值,相信和接受宋儒的内圣外王之学,并加以消化为已所用。他在上述讲话和御制序言中多次提到"一己之心得""学习""求索"等语词,以强调个人自觉的重要作用。他通过反复述及帝学之要,阐明作为继统之君需掌握圣学心法的主旨。至此,成祖用以自期的圣王形象已清晰可见:既非汉唐未得道之贤君,亦不拘泥于太祖成法而有自得,①最终经由圣学心法秉承圣帝贤王道统以治理天下。

　　明成祖时期是明代政治理论形成并确立的关键阶段。明成祖取法唐太宗《帝范》,取鉴明太祖训诫书,却意在超越汉唐、自立于本朝。他以宋代《帝学》《大学衍义》等帝学用书为思想来源,承袭明初《储君昭鉴录》《圣谟大训》的编纂传统,逐渐摸索出以宋儒十六字心法为核心的新型治国理论。永乐年间,成祖两编帝学用书以辅导东宫,从《文华宝鉴》到《圣学心法》完成了传统训诫书到新型帝学书的转变,用宋元理学的框架来组织道德训诫的内容。《圣学心法》的编纂和颁布显示,成祖已系统地建立起道学与国家治理的紧密联系,从中找到政权合法性的理论依据,其以宋元理学治国的政治思想已然成型。

## 二、《圣学心法》的内容与结构

　　已有研究认为,《圣学心法》在形式和风格上都借鉴了宋代两种性质相似的书——范祖禹的《帝学》和真德秀的《大学衍义》。② 这样的看法已注意到《圣学心法》对于宋代著名儒者所撰帝学用书的继承性。然而,《帝学》和《大学衍义》二书都是以宋儒的立场为君主编写的劝诫之书:前者是太史范祖禹为宋哲宗担任经筵侍讲官时,从经史中"摭取帝王务学求实之要"以供君主学习的著述;后者是真德秀征引经史阐明《大学》中帝王经世治国要

---

　　① 牟复礼、崔瑞德编《剑桥中国明代史》称,"这表明他虽然明白宣布要恢复祖宗的传统,但他也不认为自己应受它们的限制。"(第217页)

　　② Wm.Theodore de Bary(狄百瑞). *Neo-Confucian Orthodoxy and the Learning of the Mind-and-Heart*.pp.91,106,158-168.上述观察被引述入《剑桥中国明代史》(上卷)第四章"建文、永乐、洪熙和宣德之治",第217页。

则,以进呈并教育宋理宗的著作。以故两书反映的是儒臣所希望建立的圣君形象。

《圣学心法》却与之不同,作为以帝王的角度所撰写的书籍宣示自勉,它表达的是永乐皇帝的自期。本节分析《圣学心法》的结构和内容,并通过与《大学衍义》一书编写重点的对比,彰显帝王自撰帝学书的特点所在。

正因为此,《圣学心法》四卷包括"君道、父道、子道、臣道"四部分,其中君道篇幅最大,共计 1708 条,约占全书 87%。第四卷末尾有"父道、子道、臣道"三部分,共计 250 条。"君道"之下,分为二十六条细目,其内容和结构是明成祖政治理论的主要表达。成祖御制《序》称,《圣学心法》体现"正心、修身、齐家、治国、平天下之要道",也即朱熹《大学》八条目的内容。"君道"二十六条细目,正是按照"八条目"来组织的,现加入"八条目"以作分类,并统计各细目中编选圣贤嘉言的条数,见表 4 所示:

表 4 《圣学心法》"君道"细目分类统计表

| 分类 | "君道"原二十六条细目、条数 | 条数 |
|---|---|---|
| | 1. 统言君道(351) | 351 |
| 格物致知 | 2. 学问(287) | 287 |
| 诚意正心 | 3. 敬天(19)、4. 法天(22)、5. 祀神(41)、6. 法祖(16) | 98 |
| 修身 | 7. 谨好恶(27)、8. 勤励(21)、9. 戒谨(178) | 226 |
| 齐家 | 10. 德化(69)、11. 正内治(35)、12. 睦亲(18) | 122 |
| 治国 | 13. 仁政(56)、14. 育材(21)、15. 用人(110)、16. 纳谏(59)、17. 辨邪正(40)、18. 修礼乐(54)、19. 正名分(32)、20. 礼臣下(22)、21. 明赏罚(45)、22. 慎刑(62)、23. 理财(22)、24. 节俭(34) | 557 |
| 平天下 | 25. 驭夷狄(16)、26. 征伐(51) | 67 |
| 总计 | | 1708 |

由表 4 可见,《圣学心法》在《大学》八条目的理论框架下阐释治国之道,各条目比重分配亦有特点:"治国"部份条数最多,约占"君道"总篇幅的 1/3;"格物致知"和"修身"并重,分别约占君道的 1/6、1/7。这样的条目安排符合成祖在《圣学心法序》中的陈述,可以总结为:"治国"是他最为关心

的主题，"学问"是治国的入径和根本，"修身"是践行"心法"的重点。

与宋儒真德秀的《大学衍义》相比，二书虽都在《大学》框架之下阐明帝王之道，但《大学衍义》只阐释"格物、致知、诚意、正心、修身、齐家"六目而不及"治国、平天下"二目，《圣学心法》则兼及修己的本体层面与齐家、治国、平天下的实践之用。明嘉、隆间重臣李春芳（1510—1584）认为《圣学心法》"于敬天、法祖、用人、理财者尤申重焉"，①即提揭此书重视治国之用的特点。

真德秀《大学衍义》重"体"而未及"用"的篇章安排实有其用意，乃是针对宋理宗个人的弱点而提供的补救之方，因此重在给帝王做道德提升。②在弥补《大学衍义》"有体无用"之结构性缺失的名义下，明中期学者丘濬（1421—1495）撰写《大学衍义补》一书并深远影响十六七世纪的经世思想。③如果说《大学衍义》和《大学衍义补》合起来，可以作为宋元明之际君臣治国理想的完书，那么在两者之间尚有出自帝王御制的《圣学心法》：它以《大学》为框架，以《中庸》为宗旨，内容兼及修己、治人的体用两面。与士大夫处心积虑为帝王和时局谋略，进而谨慎且富有深意的安排布局不同，《圣学心法》是帝王统筹全局的思考和实践。这使得它既不像《大学衍义》那样有着对"诚心"的特别强调，又不似《大学衍义补》那般旨在提供专业化而具体琐碎的政治指导，而是希望为后世帝王展示万世不变的治国法则，因此也更具理论性特点。

《圣学心法》内容上采择圣贤嘉言并按类依照细目编辑成书。它的编纂体例为：各条细目之下，先征引《五经》《四书》以及子书中此类的论说，标之以"《某书》曰"；再按时间先后逐条称引汉唐宋元以来先贤之语，标之以

---

① 李春芳：《廷试策》，《贻安堂集》卷1，《四库全书存目丛书》集部第113册，影印北京大学图书馆藏明万历十七年（1589）李戴刻本，第22页。

② 真德秀《大学衍义》一书的写作背景及用意，参见朱鸿林：《理论型的经世之学——真德秀〈大学衍义〉之用意及其著作背景》，《儒者思想与出处》，第80—101页。

③ 朱鸿林有关经世思想的系列研究中，深入分析丘濬《大学衍义补》撰写目的，认为此书表面上为补充《大学衍义》而作，实际是丘濬面对成化时局推出的治国学问的参考书和改革时弊的蓝图，旨在使有效的政府功能得以完成。朱鸿林：《丘濬〈大学衍义补〉及其在16、17世纪的影响》，《儒者思想与出处》，第102—128页。

"朝代+某某曰";每条引文之末皆附有小字注释,分别为文意解释、文献来源和音释;整条细目的末尾,间或附有明成祖所作的按语。现逐条统计《圣学心法》"君道"部分各条细目引用书籍和先贤的次数,并依照征引次数按降序列表 5 如下:

**表 5　《圣学心法》"君道"各细目引用书籍及先贤语录统计表**

| | 1.统言君道 | 2.学问 | 3.敬天 | 4.法天 | 5.祀神 | 6.法祖 | 7.谨好恶 | 8.勤励 | 9.戒谨 | 10.德化 | 11.正内治 | 12.睦亲 | 13.仁政 | 14.育材 | 15.用人 | 16.纳谏 | 17.辨邪正 | 18.修礼乐 | 19.正名分 | 20.礼臣下 | 21.明赏罚 | 22.慎刑 | 23.理财 | 24.节俭 | 25.驭夷狄 | 26.征伐 | 共计 |
|---|---|---|---|---|---|---|---|---|---|---|---|---|---|---|---|---|---|---|---|---|---|---|---|---|---|---|---|
| 《五经》 | 112 | 35 | 8 | 12 | 27 | 12 | 6 | 12 | 65 | 22 | 19 | 6 | 18 | 9 | 34 | 7 | 9 | 29 | 10 | 7 | 7 | 23 | 5 | 4 | 3 | 20 | 521 |
| 《四书》 | 31 | 67 | | | 5 | | 6 | | 5 | 20 | | 2 | 3 | | 5 | | 3 | 3 | 1 | | | 4 | 1 | 2 | | 4 | 162 |
| 朱熹 | 6 | 48 | 1 | | | 1 | | 2 | | | | 1 | 1 | 3 | 1 | 2 | 1 | | 1 | | | 1 | | | 1 | | 71 |
| 《说苑》 | 10 | 7 | | 1 | 1 | | 1 | | 10 | 1 | | 2 | 7 | | 3 | 5 | 1 | 1 | 2 | 3 | 4 | 3 | | 3 | | 3 | 68 |
| 司马光 | 13 | 5 | 1 | | | 2 | 1 | | 5 | 1 | 1 | | 1 | 4 | 8 | 3 | 2 | 1 | 1 | 3 | | 1 | 1 | 5 | 2 | | 62 |
| 《心学》 | 14 | 32 | 2 | 4 | | | | | 4 | 1 | | | 1 | | | | | | | | | 1 | 1 | | | | 61 |
| 唐太宗 | 5 | 2 | | | | | | 9 | | | 2 | 4 | | | 7 | 3 | 1 | 1 | | | 2 | 1 | 2 | 1 | | 1 | 43 |
| 《荀子》 | 16 | 4 | | | | | | 3 | 1 | | | 2 | | 1 | | | 1 | 1 | 2 | 2 | 1 | 3 | | | 3 | | 40 |
| 程子 | 4 | 25 | | | 1 | | 2 | | 2 | | 3 | | 1 | | | | | | | | | | | | | | 38 |
| 欧阳修 | 1 | | | | 1 | | | 5 | 1 | | 1 | | 1 | 5 | 4 | | 4 | | | 2 | 3 | 2 | 1 | 1 | | | 37 |
| 苏轼 | 8 | | | | 1 | | 1 | 1 | | | 1 | 1 | 1 | 4 | 1 | 2 | | 1 | | 1 | 2 | | 1 | 2 | 5 | | 33 |
| 真德秀 | 8 | 5 | 4 | | | | | 1 | 2 | 1 | | | | 1 | | 2 | | | | | | 1 | 1 | | | | 32 |
| 陆贽 | 9 | | | | | 1 | | 3 | | | | | 2 | 5 | | | | 4 | | 3 | | 2 | | | | | 30 |
| 胡寅 | 7 | 2 | | 1 | | 1 | | 2 | 6 | 1 | | | 1 | 2 | 2 | 1 | | | 1 | 1 | 1 | | | 1 | | | 30 |
| 范祖禹 | 7 | 1 | | | | | 2 | 2 | | | 1 | 1 | 5 | 2 | 1 | | 1 | | 1 | | | 2 | | | | | 28 |
| 胡宏 | 13 | 1 | | 1 | | | | | | | 1 | | 2 | 1 | | | | | | | | | | | | | 24 |
| 周子 | 6 | 9 | | | | | 1 | 1 | | | | 1 | | | | 4 | | | | | 1 | | | | | | 23 |
| 魏征 | 4 | | | | | | 4 | | | 1 | | 1 | 2 | 1 | | 2 | | 2 | | | | | | | | | 17 |
| 张子 | 1 | 13 | | | | | | 1 | | | 2 | | | | | | | | | | | | | | | | 17 |
| 胡安国 | 2 | 2 | | | | | 4 | | 2 | | 2 | | | 2 | | | | | | | | | | | | | 15 |
| 《孝经》 | 1 | | | | 2 | | | 1 | 5 | | | | 1 | | | 2 | | 1 | | | | | | | | | 13 |
| 吕祖谦 | 1 | 3 | | | | 2 | | 4 | 1 | | | 1 | 1 | | | | | | | | | | | | | | 13 |
| 董仲舒 | 3 | 3 | | 1 | | | 1 | 1 | | | 1 | 1 | | 1 | | | | | | | | | | | | | 12 |

续表

| | 1.统言君道 | 2.学问 | 3.敬天 | 4.法天 | 5.祀神 | 6.法祖 | 7.谨好恶 | 8.勤励 | 9.戒谨 | 10.德化 | 11.正内治 | 12.睦亲 | 13.仁政 | 14.育材 | 15.用人 | 16.纳谏 | 17.辨邪正 | 18.修礼乐 | 19.正名分 | 20.礼臣下 | 21.明赏罚 | 22.慎刑 | 23.理财 | 24.节俭 | 25.驭夷狄 | 26.征伐 | 共计 |
|---|---|---|---|---|---|---|---|---|---|---|---|---|---|---|---|---|---|---|---|---|---|---|---|---|---|---|---|
| 张敬夫 | 4 | 2 | | | | | | | 5 | | | | | | | | | | | | 1 | | | | | | 12 |
| 《家语》 | 1 | | | | 1 | | | | 5 | | | | 2 | 1 | | | | | | | | | | | | | 11 |
| 扬子 | 6 | 4 | | | | | | | 1 | | | | | | | | | | | | | | | | | | 11 |
| 邵子 | 1 | 6 | | | | 1 | | | 2 | | | | | | | | | | | | | | | | | | 10 |

注:征引次数少于10条的先贤语录,共计274条,此处不录。

由表5可知,《圣学心法》称引条目以《五经》、《四书》为最多。检视全书可知,《圣学心法》参引的经书版本正是程朱理学对经典的注释本。已知书中所引"《易》曰"的小字解说皆出自朱熹《周易本义》和程颐《易传》,"《书》曰"的小字注释皆来自蔡沈《书集传》。比较程朱注释原文与《圣学心法》中相应引述,可见后者在引用时较为灵活,并非逐字逐句的精确征引,而是会将字句略作改动,但保持意思基本不变。这显示程朱理学经典为《圣学心法》的内容核心。此外,《圣学心法》直接称引朱熹之语有71条之多,程子之语也有38条,大部分集中于"学问"细目。

表5还显示《心学》一书在《圣学心法》中的重要地位。《圣学心法》中引用"《心学》曰"多达61处,其编排的位置尤为特殊。按照惯例,每条细目最前面才会出现"《某书》曰",这既遵循时间先后,也是经典之核心地位的体现;后文按时间编排引述儒者之言,只会称"某某曰"。唯有《心学》混迹于宋代儒者的言论之间,而未指明其作者。举例言之,如《圣学心法》"仁政"细目最末一条:"《心学》曰:人君欲知天命,当观人心。欲得人心,当施仁政。"①

《心学》是由何人所撰现无可考。宋元明目录书,仅《内阁藏书目录》载"王实斋(遂)《心学》一部一册",并著录"宋淳祐间,王遂《先天图说》《太极图解》《中庸章句》《西铭解》及附以杂著"。王遂《心学》已佚,未知它是否

---

① 成祖朱棣:《圣学心法》卷3,第217页。

《圣学心法》常引的《心学》。但《剑桥中国明代史》认为"心学曰"并非独立成书，而是明成祖的个人评论，①这样的判断并无根据。首先可以断定的是，《心学》是一本由南宋以后之人所著的实体书籍。如前所言，《圣学心法》每条引文之末都附有文献来源，如"胡宏曰：人生在勤，勤则身修、家齐、国治、天下平。《胡子知言》"②《心学》在文献出处出中现了91次。如"吕祖谦曰：人主进德之验……刘静春曰：朝廷纳远大之谋，久而成王道；纳浅末之议，久而成乱政。并《心学》"③这显示《心学》是一部独立成书、可作为文献征引的专著。这91处转引自《心学》的圣贤之语，多是南宋朱子、张栻、吕祖谦等理学家有关"心"的论述。再加上《圣学心法》中直接引述"《心学》曰"的61处，皆是作者有关"心"的阐发文字。由此推论，《心学》是南宋晚期以后的一部性理学著述。

《心学》并非成祖撰写或授意撰写的另一重要证据，是《圣学心法》中"《心学》曰"的格式不同于成祖撰写的两则按语。一般而言，《圣学心法》的格式为：每条经文、古今帝王圣贤之语的起始皆顶格书写；同一经典、同一朝代引文的起始，则略去书名和朝代，降一格书写。"《心学》曰"正是并列于宋儒之中降一格书写，文中次序在宋儒真德秀之后，说明它确为南宋晚期以后的作品。然而《圣学心法》四卷中，唯有"君道"之"学问"、"慎刑"两细目的结尾，各有一段文字降三格书写。④ 观其内容，一段阐明帝王心法内涵，另一段批评法家苛酷之历史教训，皆是成祖编纂《文华宝鉴》《圣学心法》的敕谕中反复述及的观点，这两段文字分明是成祖的按语，相信也是他尤有心得之处。

总之，表5"君道"各细目引用书籍及先贤语录之统计，已展示《圣学心法》认定有资治道的"古圣贤嘉言"的实际范围：除主要依据宋代新儒学代表人物（如张载、程朱、真德秀等）的经典著述和言论以外，还重视对推动宋

---

① 《剑桥中国明代史》认为："他（成祖）仿照宋人的办法，也对许多段落附上自己的评论以便进一步阐明'心学'。"牟复礼、崔瑞德编：《剑桥中国明代史》上卷，张书生等译，第217页。

② 成祖朱棣：《圣学心法》卷2，第193页。

③ 成祖朱棣：《圣学心法》卷3，第229页。

④ 成祖朱棣：《圣学心法》卷2、4，第184—185、250页。

代理学有贡献的人物(如司马光、欧阳询等)的相关论说。同时,汉唐以来的名臣明君(如董仲舒、魏征、唐太宗)之语,以及《荀子》《扬子》《说苑》等子部典籍,也是《圣学心法》称引的重要对象。

《圣学心法》每条引文后小字标注的文献来源也堪留意。表5已统计并分析《圣学心法》正文大字称引《五经》《四书》《荀子》之类"《某书》曰"的部分。现仅统计"君道"各细目中汉唐宋代以来先贤言论(也即"某某曰")每条后小字文献出处,据引用次数降序排列如表6所示:

表6　《圣学心法》"君道"各细目文献来源统计表

| 《通鉴纲目》 | 190 | 《心学》 | 152 | 宋人《文集》① | 139 |
|---|---|---|---|---|---|
| 《朱子文集》 | 37 | 《大学衍义》 | 34 | 《帝范》 | 27 |
| 《奏议》 | 24 | 《言行录》 | 24 | 《胡子知言》 | 23 |
| 《通书》 | 22 | 《贞观政要》 | 20 | 各人《本传》 | 18 |
| 《性理群书》 | 13 | 《春秋胡传》 | 13 | 《读史管见》 | 12 |
| 《西汉书》 | 8 | 《宋史》 | 8 | 《明善录》 | 8 |
| 《唐书》 | 7 | 《唐鉴》 | 6 | 《四书注》 | 6 |
| 《晋书》 | 5 | 《资治通鉴》 | 5 | 《近思录》 | 5 |
| 《程氏遗书》 | 4 | 《博议》 | 4 | 《史记》 | 3 |
| 《后汉书》 | 3 | 《省心杂言》 | 3 | 《真西山读书记》 | 3 |
| 《程子易传》 | 3 | 《谏录》 | 2 | 《戒子通录》 | 2 |
| 《大宝箴》 | 2 | 《名臣经济奏议》 | 2 | 《近思续录》 | 2 |
| 《诗传》 | 2 | 《童蒙训》 | 1 | 《魏志》 | 1 |
| 《蜀书》 | 1 | 《蜀志》 | 1 | 《文选》 | 1 |
| 《女戒》 | 1 | 《唐律疏议》 | 1 | 《传家录》 | 1 |
| 《家训》 | 1 | 《近思别录》 | 1 | 《正蒙》 | 1 |
| 《皇极经世书》 | 1 | 《积善录》 | 1 | 《蔡传》 | 1 |
| 《中庸义》 | 1 | 《语录》 | 1 | 《孟子纂疏》 | 1 |

表6中文献来源及征引次数,显示《圣学心法》编纂时的主要参考资

---

① 为便于统计,除单列"朱子《文集》"外,其他如司马光、欧阳修等宋儒《文集》皆合称"宋人《文集》"。

料。可见,除南宋以后性理书《心学》外,朱熹《资治通鉴纲目》也是《圣学心法》的重要参考对象。《资治通鉴纲目》是仿《春秋》列纲,仿《左传》列目,并以理学对历史事件的价值判断来从司马光《资治通鉴》中节取事实编成的史书。《圣学心法》以《资治通鉴纲目》为征引汉唐宋代明君贤臣格言的主要编纂参考,体现了浓厚的宋代程朱理学色彩。

上表 55 种典籍大致可分为四类:唐宋帝学用书《帝范》和《大学衍义》;《奏议》《言行录》《贞观政要》《唐书》《唐鉴》《资治通鉴》《通鉴纲目》《读史管见》等各类体裁的史书;《心学》《胡子知言》《通书》《性理群书》《近思录》《省心杂言》等宋儒性理之学的专书或结集;宋代司马光、欧阳修,包括朱熹等人的文集。上述典籍的类别和引用情况,反映出成祖对历代兴亡治乱的历史取鉴和宋儒性理之学的言论尤为关心。这种取重促使永乐十二年、永乐十四年《四书五经性理大全》和《历代名臣奏议》等书的敕修和颁布,也深远影响明代敕撰书的编纂传统。后世历代帝王《宝训》,宣宗《帝训》《五伦书》,景泰帝《历代君鉴》《宋元通鉴纲目》,宪宗《文华大训》等书的修纂,都有受成祖编纂倾向影响的痕迹。①

表 6 中,范祖禹评述唐史的《唐鉴》被《圣学心法》重视和引用,他的《帝学》一书却未被提及。真德秀《大学衍义》以及《真西山读书记》都被作为参考对象,而他的另一部著作《心经》,这部同样是宣讲圣学传心之法的著作却在《圣学心法》中只字未提。真德秀《心经》"集圣贤论心格言,而以诸家议论为之注",其内容和结构显示,《圣学心法》的编纂基础在南宋时期已成规模。②《圣学心法》虽未直接征引《帝学》《心经》诸书,却不表明它未受其影响。

由上可见《圣学心法》一书的整体面貌,它以"君道、父道、子道、臣道"组成,然重点在于阐发"君道"中的帝三之学。其君主理论以朱熹《大学》八

---

① 参李晋华编著,引得编纂处校订并引得:《明代敕撰书考:附引得》,北平:哈佛燕京学社 1932 年版。

② 《心经》的研究,参见 Wm. Theodore de Bary 所著 *Neo-Confucian Orthodoxy and the Learning of* the Mind-and-Heart 一书的论述(New York:Columbia University Press,1981),最新研究参见何威萱:《真德秀〈心经〉析论》,《正学》第 3 辑,2015 年,南昌:南昌大学国学院,第 231—260 页。

条目为纲领,经宋儒阐发的"心法"为理论内核,旨在表达明成祖的政治理念和治国思考,并为后代君主提供帝学理论和实践法则。由表 5、表 6 对《圣学心法》称引历代先贤言论、文献出处的综合分析可知,《圣学心法》以程朱理学为核心内容,以宋代新儒学代表人物的经典著述和言论为主,辅以推动宋代理学发展的人物论说,及汉唐以来的明君贤臣的历史经验。它的文献来源广泛,涵盖经、史、子、集各部,并尤其受程朱理学经典、朱熹《资治通鉴纲目》、性理学著作《心学》及唐宋帝学用书的影响。

要言之,《圣学心法》为明成祖治国奠定理论内核,为其敕修三部《大全》进而实践"一道德同风俗"的治教理想做好准备。其在明代政治理论发展史中亦独具意义:其一,超越汉唐,正式建立以宋儒理学为核心的政治思想。明中后期士人也提出《圣学心法》有别于唐太宗《帝范》,乃是明成祖直接三代之治的体现。① 其二,帝国治理与"心法"理论相结合,开启新的政治模式。帝王心法,是君主理论与儒家伦理高度结合的产物,核心在于"存心以体道,体道以出治"②。明成祖由《圣学心法》开启的新型政治模式,拓展了帝王之学内涵,并使之更具理论性,成为后世君主治国理政的重要凭据。

综上所论,从《文华宝鉴》到《圣学心法》,成祖完成了以程朱理学为治国核心理念的确认和宣示。虽然《文华宝鉴》已初具强调理学心法之特性,但它仍属于传统意义上借鉴史实以明晓善恶的训诫书,直至《圣学心法》用宋元理学的框架来组织道德训诫的内容,成祖才系统和全面地建立起道学与国家治理的紧密联系,并从中找到政权合法性的理论依据。以往研究看待明成祖敕修《永乐大典》《圣学心法》以及《四书五经性理大全》等一系列文教工程时,多将之笼统归纳为成祖巩固其统治的政治手腕和工具,然本节上述分析,旨在呈现成祖之所以选择宋元理学之"心法"作为其政权依据的内在理路。这不仅有助于我们深入了解成祖对宋元理学的真实取态,也为

---

① 陈懿典:《拟御制〈圣学心法〉书成颁赐侍臣谢表》,《陈学士先生初集》卷 23,《四库禁毁书丛刊》集部第 79 册,影印北京大学图书馆藏明万历四十八年(1620)曹宪来刻本,第 420 页。

② 李春芳:《贻安堂集》卷 1,《四库全书存目丛书》集部第 113 册,影印北京大学图书馆藏明万历十七年(1589)李戴刻本,第 22 页。

时隔五年后《四书五经性理大全》的修纂提供了最为关键的政治背景。

### 三、三部《大全》的出台

与唐太宗《五经正义》的述作类似,明成祖在编修《圣学心法》后亦有统合六经的编纂工程。如果说《五经正义》是对魏晋隋唐的注疏的总结,①那么永乐朝《四书》《五经》《性理》三部《大全》则是对宋元朱子学疏释乃至性理之学的综合和确认。

永乐七年《圣学心法》颁布后,政治文化已然发生微妙变化。这突出体现在其风向标——科举考试,尤其是殿试的策问及对策上。永乐十年殿试策问及前三甲进士对策,不失为三部《大全》敕修的前奏。②

此次策问延续成祖的治国理路,向士人考察"六经与帝王治道"的关系。是年礼部尚书为吕震(1365—1426),读卷官为胡广等人。策问主题直指汉唐帝王之治,与"五纬集奎"的宋代以后帝王之治的分别。这正是成祖在《圣学心法》中反复阐明的议题——得宋儒"心法"之帝学方能实现"大治"。同时,策问也展现出成祖治国理路的推进之处,其进一步提出"六经著帝王为治之迹"的看法,意在探明"用"六经以达道的具体方法,其中称:

> 朕奉承宗社,统御海宇,夙夜祗畏,弗遑底宁,以图至治,于兹十年,未臻其效。虑化未洽,谨之以庠序之教;虑养未充,先之以足食之政;虑刑未清,详之以五覆之奏;求才备荐举人之科,考课严黜陟之令。然厉俗而俗益偷,革弊而弊不寝,若是而欲跻世泰和,果何行而可?
>
> 六经著帝王为治之迹。《易》以道阴阳,专名数者,或流而为灾异,尚理致者,或论而为清谈。《书》以道政事,语知行则何以示其端,论经世则何以尽其要?《诗》以道志也,何以陈之于劝惩黜陟之典?《春秋》

---

① 《五经正义》的研究,参见野间文史:《五經正義の研究:その成立と展開》,东京:研文出版1998年版。《五经正义》与《五经大全》的比较研究,参见秦学颀:《从〈五经正义〉到〈五经大全〉——关于唐、明二代经学统一的比较》,《孔子研究》2002年第1期,第95—102页。

② 永乐九年、十年分别举行殿试。《永乐九年进士登科录》现藏于上海图书馆,《永乐十年进士登科录》见台湾学生书局编辑部汇辑《明代登科录汇编(一)》,第199—361页。

以道名分也,何以用之于闭阳纵阴之说?《礼》以道行,而《乐》以道和也,何以道同六经而用独为急?①

　　结合前述永乐二年殿试策问,更见《圣学心法》之后永乐朝治国理念的渐进特点。永乐二年策问是从大处着眼,考察"圣学"与"治国"的紧密关系,意在为永乐文教奠定整体基调。那么,沿着"治国需心法,心法在圣学"这一思路,永乐十年则将策题延伸到宋儒讲明和自诩继承的"圣学"的载体——经典研究。也就是说,成祖明确要以宋儒的经典研究取代汉唐的注疏。

　　永乐十年殿试前三甲士人的答题,无一例外都立意于阐明宋儒经典研究之意义。② 状元马铎(福建长乐人、国子生)的策文认为,只有程朱理学才可实现圣道,他进而提出以程朱理学为指导的帝王之治,远超唐太宗之治并足以实现三代之貌的观点。榜眼林志(福建闽县人、府学生)的对策,更具体概述六经正宗的归属,认为《易》应以朱熹《本义》为主,兼用程颐《传》;《书》以蔡沈《书集传》为本,《书传会选》为正,又兼采诸说之长;《诗》以朱熹《诗集传》为宗;《春秋》以程颐、胡安国《传》义为取。探花王钰(浙江诸暨人、国子生)的对策,也以重用宋代"真儒"作为阐明六经中帝王治道的关键所在。

　　在相信"圣学"关乎治道的理念下,明成祖对宋儒发明的"圣学"不断加深消化,以致全部采纳、吸收,既包括其性理理论体系,又涵盖支撑其理论所需的六经研撰。至此,确立一套完备体现宋儒理学体系的书籍——《四书》《五经》《性理大全》,已是呼之欲出的事了。

　　永乐十二年八月,成祖北征回北京,十一月敕令行在翰林学士胡广等人主持编纂一套宋儒理学的经典合集,这便是次年九月编纂完成的《四书五经性理大全》。③ 三部《大全》完成并颁布以后,成祖在多个场合表扬此书,

---

　　① 《明太宗实录》卷126,永乐十年三月乙酉条,第1573—1574页。
　　② 台湾学生书局编辑部汇辑:《明代登科录汇编(一)》,第275—315页。
　　③ 《明太宗实录》卷158、168,永乐十二年十一月甲寅条、十三年九月己酉条,第1803、1872页。

宣示其对《大全》足以治国的信心。他自述旦夕批阅《大全》，从中收获甚多，并勉励天下学者也要"尽心讲明"此书以掌握圣贤精义。在四方进献祥瑞以颂圣治时，他则提到"四方所进祥瑞，何益于治？此书（《大全》）万世之祥瑞也。"①可见成祖对《大全》着实重视，并相信此书所载的"大道"关系国家治理的成败。其御制《大全》序称：

> 朕惟昔者圣王继天立极，以道治天下。自伏羲、神农、皇帝、尧、舜、禹、汤、文、武相传授受，上以是命之，下以是承之，率能致雍熙悠久之盛者，不越乎道以为治也。下及秦汉以来，或治或否，或久或近，率不能如古昔之盛者，或忽之而不行，或行之而不纯，所以天下卒无善治，人不得以蒙至治之泽，可胜叹哉！……

> 朕缵承皇考太祖高皇帝鸿业，即位以来，孳孳图治。恒虑任君师治教之重，惟恐弗逮。切思帝王之治，一本于道。所谓道者，人伦日用之理，初非有待于外也。厥初圣人未生，道在天地；圣人既生，道在圣人；圣人已往，道在六经。六经者，圣人为治之迹也。六经之道明，则天地圣人之心可见，而至治之功可成。六经之道不明，则人之心术不正，而邪说暴行侵寻蛊害。欲求善治，乌可得乎？

> 朕为此惧，乃者命儒臣编修《五经》《四书》，集诸家传注而为《大全》。凡有发明经义者取之，悖于经旨者去之。又辑先儒成书，及其论议格言，辅翼《五经》《四书》，有裨于斯道者，类编为帙，名曰《性理大全书》。编成来进，朕间阅之，广大悉备，如江河之有源委，山川之有条理。于是圣贤之道，粲然而复明。所谓"考诸三王而不缪，建诸天地而不悖，质诸鬼神而无疑，百世以俟圣人而不惑。"大哉，圣人之道乎！岂得而私之？遂命工锓梓，颁布天下，使天下之人获睹经书之全，探见圣

---

① 《明太宗实录》多有本朝接受四方进献麒麟等物的记载，杨荣、金幼孜等人的文集中也载有他们借此歌颂圣人即位的文字。但在《大全》完成并进献之后，明成祖多次表态此书对于国家治理的重要意义。其中《明太宗实录》永乐十三年十一月庚子条载："行在礼部尚书吕震奏，麻林国进麒麟将至，请于至日率群臣上表贺。上曰：'往者翰林院言修《五经四书》及《性理大全》书成，欲上表进，朕则许之，盖帝王修齐治平之道异于此，有益世教，可以进表。麒麟有无，何所损益？'遂已。"（卷170，第1896页）

贤之蕴,由是穷理以明道,立诚以达本,修之于身,行之于家,用之于国,而达之天下,使家不异政,国不殊俗,大回淳古之风,以绍先王之统,以成熙皞之治,将必有赖于斯焉。①

这篇重要序文,是成祖永乐十年以来将"治国"与"六经"紧密结合的治国理念之表达,也宣示着《四书五经性理大全》代表的儒家经典成为明代治国理念的最终载体。其内容显然脱胎于朱熹的《大学章句序》。从三皇五帝的继统序列,到圣道复明的论说,再到格物、致知、诚意、正心、修身、齐家、治国、平天下的八条目进阶,甚至于"继天立极"、"君师治教"这些用词,无一不渗透着宋儒理学的意味。②

然则《大学章句序》在阐明上古先王治教合一的基础上,重点强调孔子以来的道统,引申出宋儒周敦颐、二程、张载对道统的承继。成祖《大全序》却在强调三代的传承序列之后,全然不提孔子乃至宋儒的道统传承。这层隐晦的信息说明,成祖有意弱化宋儒的道统并另起一套,将"君师治教"之重责尽归于己身,从而使自己成为像三代圣王那样政治和道德合一的权威。

成祖的道统观念,较其编纂《圣学心法》时亦有变化。永乐七年,成祖为《圣学心法》"学问"一目作有按语,对"君师"职责有如下界定:

> 居君师之位者,当上承列圣之所传,下取诸儒之论以倡明之。研极其精微,而融会于一理,首之于躬行心得,而本于修身,然后推之于家于国于天下,则治平之效可以臻之于二帝三王之盛矣。③

据此条按语上下文可知,成祖此时所指的"列圣",明确包括二帝三王、孔孟

---

① 《明太宗实录》卷126,永乐十年三月乙酉条,第1573—1574 页。
② 侯外庐等编《宋明理学史》也有类似的看法,作者认为成祖这篇御制序抄袭了朱熹《中庸章句》序文的原意,又参以《大学章句》的序意,并提出御制序以及胡广等大臣的进书表中使用"善治""真儒""不明""不行"等词,是从《四书集注》卷末程颐所作《明道先生墓表》中抄来的。参见侯外庐等编:《宋明理学史(下)》,第12—13 页。
③ 成祖朱棣:《圣学心法》按语,第185 页。

以至濂洛关闽诸子。① 到了永乐十二年编纂《大全》时,他所称的"圣人",已仅限于三代圣王。成祖在《大全序》中意在淡化圣人之学的行文措辞,显示他从尊崇道统到试图占据道统的转变。

成祖这种以君师自任而兼行治教之道的理念,与太祖有相似之处。正如研究显示,明太祖对于人君职责的看法,与王祎、宋濂这些洪武儒臣对他的期待一样,既包含了一般所认识的君职"养民",也涵盖了一般所忽视的师职"教民",而后者尤为三代以后的帝王所忽略。② 永乐十年殿试策问中,开篇便提到"化民、养民、刑罚、求才"等治国理念的关键语词,分明就来自于太祖。策问中对"礼教并重"和"刑以弼教"的共同重视,亦是明太祖教化理念的核心。③ 然成祖在策问中将"化民"置于"养民"之前,显示了他对人君所承担的"师"职的强调。

成祖对人君职责的看法,来源于太祖而有所发展。明太祖既重"养民",也重"教民",他敕修了以历史故事为主要内容的各类教化书,以化民成俗,所教之"民"是包括各种职业和阶层的社会大众,所教之理也带有不少果报思想和迷信色彩以符合当时臣民的普遍道德和价值。④ 成祖在此基础上,更重视对士大夫文化话语权的掌握和控制,试图将士大夫的"道统"系于政治导向之下。《圣学心法》编纂后,成祖又敕修三部《大全》,以宋儒的经典研究取代汉唐的注疏,既是其治国理念的实践,也是他积极参与并进一步占据儒家道统的努力。

随着的问题便是,成祖占据儒家道统的尝试,在精英士大夫中得到怎样的响应?从当时编书官员的《复命表》来看,在这篇直接进呈成祖的应制文字中,他们对成祖的评说,殊足玩味。永乐十三年《大全》编纂完成后,胡广

---

① 成祖朱棣:《圣学心法》卷2,第184—185页。

② 朱鸿林《明太祖的教化性敕撰书》一文引述王祎"诚所谓兼治教之道"之语,也即王祎、宋濂认为太祖兼任君师,正是对太祖的鼓励(第582页)。此外,有关建文朝道统观的论述,可参考 Peter B.Ditmanson. "Contesting Authority: Intellectual Lineages and the Chinese Imperial Court from the Twelfth to the Fifteenth Centuries", pp.193-233。

③ 朱鸿林:《明太祖的教化性敕撰书》,《徐苹芳先生纪念文集》编辑委员会编:《徐苹芳先生纪念文集》,第577—578页。

④ 同上书,第581—582页。

等人上《进书表》献之,而胡广上呈的这篇文字,实为陈道潜代拟。现存陈氏《淇园编》中,首篇即《纂修〈四书五经性理大全〉诸书告成复命表》(本书简称《复命表》),内容与胡广文集中《进书表》相同,标题后小字注曰"时同太学士胡广、右春坊杨荣、右谕德金幼孜",并在文后附有其孙陈岳的按语"成祖纂修《性理大全》诸书,螺川胡公(胡广)、富沙杨公(杨荣)与先拙斋公为同年友,力荐同事。书成复命,属公草稿。岳定公集,谨志于此。"《复命表》先陈述圣王、贤哲的道统传承,接着称:

> 窃尝观之,周衰道废,汲汲皇皇,以斯道维持世教者,惟师儒君子而已。未有大有为之君,能倡明六经之道,绍承先圣之统,如今日者。此皇上所以卓冠百王、超越千古者也。①

文中"百王",实指三代以下之历代君主,所以"千古"也只限于三代以下的时期。因此,当时的士大夫显然未将融会其理想的治教合一角色许与成祖,却也很小心地对成祖用心文化和儒学的举动给出足够大的褒扬和期许,称他"卓冠百王、超越千古"。值得申述的是,明成祖的道统观在后世也有深远影响,清康熙帝即熟读成祖敕修的《圣学心法》《性理大全》等书,对成祖的道统观念了如指掌。不过,康熙被他的儒臣认为是可与三代齐名的帝王,这与明成祖的"卓冠百王、超越千古"显然有别。②

明太祖到明成祖时期的政治文化与治国理念,既具一贯性,亦蕴含着新发展。前章既讨论了《四书五经性理大全》所继承的宋元思想遗产,本章则与之相辅而成,阐明元明转折中《大全》应运而生的政治文化背景,即明初洪武、永乐两朝治国理念微妙却又颇为严重的差异之处。

具体言之,明初重要理学敕修书《书传会选》,集中体现洪武朝确立

---

① 陈道潜:《复命表》,《淇园编》卷1,"中研院"傅斯年图书馆藏清康熙九年(1670)陈氏家刊本。胡广:《进书表》,《胡文穆公文集》卷9,《四库全书存目丛书》集部第28册,影印复旦大学图书馆藏清乾隆十五年(1750)刻本,第626—627页。
② 有关康熙道统观及影响的论述,参见黄进兴:《李绂与清代陆王学派》,第138—162页。

以儒家经典治国的理念。该书缘起于明太祖热心修订蔡沈《书集传》的一系列行动,背后却是明初治国理念与宋儒解经传统之间的张力。太祖视《尚书》为治国宝典,通过编纂《书传会选》重新订立经典,从而宣示他治教合一的政治理念。《书传会选》编修人员以由元入明地方儒士为纂修主体、兼取南北籍官员,其内容则采撷宋元多家经说,尤重浙江金华一地宋元著作,体现明初官方学术不拘泥门户之见以完善并发展朱子学的特点。然而《书传会选》颁行后实际影响有限,它在永乐初士人中只保留形式上官方学说的地位,并随着永乐朝《书传大全》的编纂和颁行而被正式取代。

明成祖御制《圣学心法》是永乐朝官方政治思想的集中体现,它取法唐太宗《帝范》及宋儒编集多种帝学书,以洪武朝《储君昭鉴录》、永乐初《文华宝鉴》为基础,逐步发展成型。内容涵盖"君、父、子、臣"四道,并以君道为主,重点阐明成祖时期的治国理念。其结构以《大学》为纲,宋儒"心法"为理论内核,旨在为后世君主提供治国法则、历史经验与理论指导。《圣学心法》在近世政治思想史中有关键地位,它体现了君主理论与儒家伦理的高度结合,是明成祖君师职责合一思想的确认,及其对治统、道统关系的处理结果,对后世的帝王之学及政治思想影响深远。

不难发现,随后由成祖要求编纂的三部《大全》,正和他即位以来一直对理学关乎治道的倾心相吻合。如果说《圣学心法》是他将程朱理学作为政权依据的宣示,那么三部《大全》则是他积极参与并占据儒家道统的尝试。在成祖编修的三部《大全》中,《四书、五经大全》汇总宋元经典的研究,《性理大全》则集合程朱关于天理、人性方面理论体系的相关文字,这两类性质和层次上有所分别的《大全》共同构成了他对宋儒理学完整体系的继承和确认,这也是他从即位起尤其是编修《圣学心法》以来对理学注重的必然结晶。

综括来看,太祖和成祖都相信程朱理学与治国方略直接关联,也同样以君师自任,行治教合一之责。所不同的是,太祖更重视将理学运用于治国的实践,而成祖则喜欢参与到士大夫的话语中去,既为自己的政权寻找合理的理论支撑,又表现出以政治侵占文化道统的野心。一言之,成祖求"大"而

"全"遂为《四书五经性理大全》,既为实现其"一道德同风俗"的治教理想,也是要代言学术并成为道统集大成者的体现。《四书五经性理大全》正是在明初政治和文化的传承转折中脱胎而生。

# 第三章　垂世立教:《大全》纂修过程及内容特点

　　《四书五经性理大全》由翰林学士胡广、杨荣(1371—1440)、金幼孜(1367—1431)主持编修,任用朝臣和在外教官共42人,于永乐十二年(1414)十一月开始编纂,次年九月书成,历时近十个月。尽管这部影响明代士人的大书如此重要,其纂修地、人员构成、编纂安排、内容选取等诸多基础信息却亟待补益。本章根据明人文集、方志等较为细琐的记述,将其串联起来,以期复原《大全》纂修过程相关的丰富图景,从而展现明初政治与学术的复杂互动。下文将逐一探析《大全》纂修诸问题,考察其编修的时空、工作状态等情形,并重点关注《大全》的内容特点,讨论它主要取材于元代新安一带理学著作的原因。

## 第一节　纂修地安排及用意

　　明成祖于永乐十二年敕修重要理学典籍《四书五经性理大全》,《明实录》记载其纂修地点为"东华门外"。以往研究未注意此东华门的所在是当时的京师南京还是北京。明初诸多士人文集中有《大全》修纂于北京的确凿证据。永乐朝敕撰书编纂地点的选定,受成祖行迹、颁布对象及其政治部署等多重因素影响。《大全》在北京纂修与次年会试、殿试首次于北京举行,均是成祖迁都的重要部署与阶段,共同为最终迁都北京起到文化上的宣示作用。《大全》纂修地问题,既是《大全》研究的基本问题,且与永乐迁都事件相关,可为明初政治史的考察提供助益。

## 一、纂修地点考

历代官私史书如薛应旂(1500—1574)《宪章录》、雷礼(1505—1581)《皇明大政纪》、何乔远(1558—1632)《名山藏》、谈迁(1594—1657)《国榷》及清修《明史》等,均对《大全》纂修地语焉不详。这因具有原始资料价值的《明实录》一书对此记载便有失模糊。《明太宗实录》载《大全》敕撰经过,称:

> 上谕行在翰林院学士胡广、侍讲杨荣、金幼孜曰:"《五经》《四书》皆圣贤精义要道,其传注之外,诸儒议论有发明余蕴者,尔等采其切当之言,增附于下。其周、程、张、朱诸君子性理之言,如《太极》《通书》《西铭》《正蒙》之类,皆六经之羽翼,然各自为书,未有统会,尔等亦别类聚成编。二书务极精备,庶几以垂后世。"命广等总其事,仍举朝臣及在外教官有文学者同纂修,开馆东华门外,命光禄寺给朝夕馔。①

《明实录》仅指出《大全》纂修地为"东华门外",未指明此东华门所在是南京抑或北京。明清重要史书和现代研究在引述《大全》纂修一事时,皆照《明实录》援引,少有指出此问题者。②

在明初两京制度确立和演变背景下,《大全》纂修于何地实有重要意义。洪武二年(1369)八月南京始置东华门。③ 明成祖发动靖难之役,初以南京为都城,永乐七年二月以巡狩为名迁驻北京,同年四月在北京设午门、

① 《明太宗实录》卷158,永乐十二年十一月甲寅条,第1803页。
② 参见侯外庐等编:《宋明理学史(下)》,第9页;曾贻芬:《明代官修"大全"散论》,《史学史研究》1996年第2期;郭素红:《明初经学与〈大全〉的敕修》,《求索》2007年第10期;陈恒嵩:《五经大全》纂修研究。此外,何淑宜提出《大全》在北京修纂,参见何淑宜:《香火:江南士人与元明时期祭祖传统的建构》,第162页注69。台湾师范大学朱鸿教授具体指出其《大全》编纂地点应为西苑。
③ 《明太祖实录》卷44,洪武二年八月己巳条,第862页。

东华门、西华门、玄武门。① 因此,永乐十二年敕修《大全》时,南京、北京都有东华门。

永乐元年(1403)成祖以北京为行在,②直至永乐十九年"正北京为(京)师,不称行在"③。虽然《大全》敕修诏令面对的是"行在翰林院"的三位总纂官,但并未确实指出《大全》在北京修纂,只是语焉不详地提及"开馆东华门外"。现考察《大全》纂修官传记及文集,部分参修官员在永乐十二年前后居留或召赴北京的记述,却为《大全》开馆于北京提供确凿证据。如下:

1. 金幼孜:

> (永乐)十二年,(金幼孜)复从北征。升翰林学士,仍兼谕德,修《五经四书性理大全》,为总裁官,授奉议大夫。十四年,还南京。④

2. 林志:

> (1)甲午(永乐十二年)之秋,余(林志)以纂修赴召行在。⑤
> (2)癸巳车驾幸北京,甲午(永乐十二年)(林志)召赴行在,预编《性理》及《四书五经大全书》。书成,受赐赉,升文林郎。丙申(永乐十四年)扈从南还,预编《历代名臣奏议》。辛丑召赴北京,升修撰,授承务郎。⑥

---

① 《明太宗实录》卷 88、90,洪武七年二月甲戌条,永乐七年夏四月戊子条,第 1161、1189 页。

② 明代北京行部职掌和沿革的历史,参见徐泓:《明北京行部考》,《汉学研究》(台北)1984 年第 2 卷第 2 期,第 569—598 页。

③ 《明太宗实录》卷 229,永乐十八年九月丁亥条,第 2227 页。

④ 杨士奇:《太子少保礼部尚书兼武英殿大学士赠荣禄大夫少保谥文靖金公墓志铭》,《东里文集》卷 20,《文渊阁四库全书》集部第 1238 册,第 240 页。

⑤ 林志:《续刻鄀斋公文集》,香港大学图书馆藏美国国会图书馆摄制北平图书馆善本书胶片,明万历间活字本,第 10 页。

⑥ 杨士奇:《故奉训大夫右春坊右谕德兼翰林侍读林君墓表》,《东里文集》卷 16,第190 页。

3. 萧时中(1383—1425):

　　永乐十二年,(萧)时中迎其母太安人就养来南京,而安人侍行。既至,踰月,时中被召赴北京。又明年,安人得疾,……(永乐十四年五月七日)竟弗治。又数月,……(萧)时中已南还,旦夕且至矣。①

4. 章敞(1376—1437):

　　(章敞)复召至北京,入翰林修《四书五经性理大全书》,遂留行在刑部。②

5. 陈循(1385—1462):

　　永乐十三年二月初九日,处士曾公以疾卒于家,余(陈循)时以扈从留北京。越三月,讣至。余闻之,恸哭失声。③

6. 段民(1376—1434):

　　踰年,(段民)扈从赴北京,召修《四书五经及性理大全书》,书成,被重赐。④

7. 宋魁(1386—1421):

　　(宋魁)十三年陈循榜登第,为行在翰林庶吉士。文学益进,预修

---

①　杨士奇:《翰林修撰萧时中妻安人刘氏墓碣铭》,《东里文集》卷21,第248—249页。
②　杨士奇:《礼部左侍郎章公墓碑铭》,《东里续集》卷28,《文渊阁四库全书》集部第1239册,第27页。
③　陈循:《故处士曾公墓志铭》,《芳洲文集续编》,《续修四库全书》集部第1328册,影印南京图书馆藏明万历四十六年(1618)陈以跃刻本,第67页。
④　杨士奇:《故嘉议大夫刑部右侍郎段君墓志铭》,《东里续集》卷37,第155页。

《性理大全》等书。书成,受赐赉。明年,扈从还南京。十九年春,奉诏送秘阁书籍至北京。①

以上所引,多是明初名臣杨士奇为《大全》纂修人员所作墓志第一手传记资料,也有纂修官的自述,皆确实可信,清楚展现《大全》实际纂修地为北京无疑。

## 二、背景及意义

永乐朝敕撰书有二十种之多,数量仅次于洪武朝。② 永乐时敕修书纂修地的选择,受修纂时间、成祖行迹、纂修者及颁布对象等因素影响。现据《明实录》和明人文集等材料,汇总永乐年间重要敕撰书的修纂概况如表7所示。

表7　永乐朝敕撰书一览表

| 敕撰书籍 | 敕修时间 | 成祖行迹 | 纂修者 | 对象 | 纂修地 |
|---|---|---|---|---|---|
| 《文华宝鉴》 | 永乐二年 | 南京 | 文臣 | 皇太子 | 南京 |
| 《永乐大典》 | 永乐元年至五年 | 南京 | 解缙、姚广孝等二千多人 | —— | 南京 |
| 《圣学心法》 | 永乐七年 | 北京 | 成祖及文臣 | 皇太子 | 北京 |
| 《四书五经性理大全》 | 永乐十二年至十三年 | 北京 | 胡广等 | 六部、两京国子监、天下州县学 | 北京 |
| 《历代名臣奏议》 | 永乐十四年 | 南京 | 黄淮、杨士奇等 | 皇太子、皇太孙、大臣等 | 南京 |
| 《为善阴骘》 | 永乐十七年 | 北京 | 文臣辑录,成祖加以评论 | 诸王、群臣及国子监、天下学校 | 北京 |
| 《孝顺事实》 | 永乐十八年 | 北京 | 翰林儒臣辑录,成祖加以评论 | 文武群臣及两京国子监、天下学校 | 北京 |

---

① 杨士奇:《故翰林庶吉士宋子魁墓志铭》,《东里续集》卷38,第175页。

② 李晋华编著,引得编纂处校订并引得:《明代敕撰书考:附引得》,北平:哈佛燕京学社1932年版,第1—36页。朱鸿林:《明太祖的教化性敕撰书》,《徐苹芳先生纪念文集》编辑委员会编:《徐苹芳先生纪念文集》,第577—600页。

　　由上可见,永乐朝敕撰书编修地点的选定,既与成祖行迹、颁布对象相关,也受制于其时的政治需要。成祖即位初,敕修书多修于南京。工程浩大的《永乐大典》,即修纂于藏书丰富的南京。从永乐七年《圣学心法》开始,敕撰书多修于北京,这实际与明成祖迁都北京的步骤相适应。面向天下读书人的《大全》选择在北京修纂,即与成祖迁都部署关系密切。

　　成祖自即位起,就已为迁都进行军事、物资、行政等方面的筹备。已有研究把永乐迁都进程分为四个阶段:南北两京体制初行、开始营建北京与第一次巡幸、第二次巡幸与西宫建设、第三次巡幸与紫禁城建设。① 这些逐步实施的迁都事宜,势必伴随着朝臣的质疑之声。永乐十九年北京宫殿大火引发朝臣上疏一事,从侧面反映出部分大臣酝酿已久的对于迁都所带来一系列问题的不满。②

　　在这样的背景下,成祖决定于北京修纂《大全》,无疑有其深意。《大全》是为天下读书人提供学习程朱理学的标准范本,成祖寄望此书以实现其"一道德"之治教理想。因此编纂之初即以"垂世立教"为要求,书成之后又多次表彰,命礼部劝勉天下学者尽心阅读。这样一部读者广泛且关系国家治道的理学标准读本在北京修纂,其文化意涵可与成祖政治、军事等方面的迁都步骤相配合,共同宣示北京作为首都的政治文化地位。

　　与之相辅相成的是,永乐十三年的会试和殿试地点也由南京转至北京,更证实以文教先行来辅助迁都的部署之重要性。永乐十三年在北京举行会试和殿试,这在成祖迁都步骤中处于第三阶段。③ 永乐十二年八月,北京行部乡试首次奏请考试官,成祖命翰林院侍讲曾棨和邹缉(1366—

---

　　① 新宫学:《北京遷都の研究:近世中国の首都移転》,东京:汲古书院 2004 年版,第129—221 页。

　　② 永乐十九年正月,明成祖正式迁都北京,是年四月,奉天、华盖、谨身三殿发生大火。成祖为此下罪己诏,并令群臣直言上疏。杨荣、金幼孜的上疏意见被采纳,李时勉被贬官,萧仪上疏忤旨,下狱死。萧时中也有建言八事。朱鸿林通过分析李时勉(1374—1450)、邹缉、萧仪(1384—1423)等人的上疏和议论,揭示出部分大臣对迁都事情的不满情绪。见 Chu, Hung-lam(朱鸿林). "Textual Filiation of Li Shimian's Biography: The Part about the Palace Fire in 1421," *East Asian Library Journal* 13:1(2008),pp.66-126.

　　③ 新宫学:《北京遷都の研究:近世中国の首都移転》,第190—197 页。

1423)任主考官,①此为两京乡试由皇帝钦命考官之始。② 其后,永乐十三年二月首次于北京行在礼部举行会试,③而不是在京师南京举行。随后的殿试如期在北京进行,永乐十三年三月"赐进士陈循冠服银带,余赐钞各五锭,俱赐宴于北京"④。此时《大全》正在北京东华门外加紧编纂,并于半年后宣告完成。考虑到《大全》为科举考试提供统一读本的功用,《大全》编修地、会试殿试举行地的安排,具有政策配合性,属同一时期确定的文教策略。

综上所述,《明实录》记载《大全》编修"开馆东华门外",具有模糊性。然《大全》纂修官传记、文集载其被召赴北京的记述,证实《大全》确于北京修纂。供全国士人阅读的《大全》在北京编纂,其在成祖迁都部署中意义重大。以往研究未注意到在北京纂修《大全》是永乐迁都部署中的重要阶段。这与永乐十三年会试及殿试举行地的变动相配合,共同宣示北京政治文化之"首"都的地位。

需注意的是,《大全》在北京开馆修纂带来的首要问题是:当时的国家藏书机构文渊阁在南京,而北京的书籍较为匮乏,永乐十九年由南京文渊阁大批量运送书籍至京的行动尚未展开。⑤ 所幸,相较于用帙千卷、规模浩大的《永乐大典》,编纂《四书五经性理大全》时实际需要的书籍数量不多,由南京提前运送至北京也不难。因此,《大全》在北京修纂的图书资源等"硬件"亦可解决。据成祖敕谕,除《五经》《四书》的程朱传注及宋儒性理书籍外,只需择选程朱后学著述中较精审的几部"采择""增附""类聚"即可。下文将揭示,《大全》确实是在十余部重要宋元疏释书的基础上删订而成。

---

① 《明太宗实录》卷 154,永乐十二年八月丙午条,第 1775 页。
② 张连银:《明代乡试、会试评卷研究》,西北师范大学文学院硕士论文,2004 年,第 11—12 页。
③ 《明太宗实录》卷 161,永乐十三年二月甲戌条,第 1824 页。
④ 《明太宗实录》卷 162,永乐十三年三月癸巳条,第 1837 页。
⑤ 杨士奇:《文渊阁书目题本》,《明代书目题跋丛刊》(上册),北京:书目文献出版社 1994 年版,第 2 页。

## 第二节　纂修官构成及任用特点

《四书五经性理大全》编纂过程中的详细工作情形,以往并未被充分提揭。现存三位总纂官胡广、杨荣、金幼孜的文集,皆未记载《大全》纂修过程。[①] 然纂修人员是《大全》编纂的直接参与者,其人员任用及构成等情形,对《大全》编纂、内容取材、完成质量有直接影响。本节主要利用明人文集及传记等材料,先补充已有的纂修者名录,在此基础上分析《大全》编修人员的任用特点,接着再对编修分工等相关工作状态加以探讨,以补备研究者较少留意之处。

《大全》四十二位纂修者的姓名和他们参与编修时的官职,详列于永乐十三年明经厂本《大全》书前。学者林庆彰、陈恒嵩依据地方志等史料,又搜罗各位纂修者的生平事迹,附于其《大全》研究之中。[②] 在上述成果的基础上,现据纂修者及相关士人的现存文集、《明清进士题名碑录》《明代传记丛刊》等材料,补充并整理编修人员的籍贯、仕宦经历等情况如下:

### 表8　《大全》纂修者籍贯、履历表
（说明:人员排序依照《四书五经性理大全》书前原次序）

| 编纂人 | 籍贯 | 登科 | 入修《大全》时的职衔（仕宦经历） | 编纂《大全》后的任用 |
|---|---|---|---|---|
| 胡广总纂官 | 江西吉安府吉水县 | 建文二年进士一甲状元 | 翰林院学士兼左春坊大学士 | |

---

① 胡广文集存《进书表》一篇(胡广:《胡文穆公文集》卷9,《四库全书存目丛书》集部第28册,影印复旦大学图书馆藏清乾隆十五年(1750)刻本,第626—627页)实为《大全》参修人员陈道潜代拟;杨荣文集存《恭题四书性理大全后》一文(杨荣:《文敏集》卷15,《文渊阁四库全书》集部第1240册,第237页),他给金幼孜所写《神道碑》中述及:"甲午从征西虏,既还,命儒臣纂修《五经四书及性理大全书》,学士胡公与公及余实总其事",但未提到具体工作内容。(杨荣:《故资善大夫太子少保礼部尚书兼武英殿大学士赠荣禄大夫少保谥文靖金公神道碑铭》,《文敏集》卷17,第275页)

② 林庆彰:《〈五经大全〉之修纂及其相关问题探究》,第366—371页;陈恒嵩:《〈五经大全〉纂修研究》,第24—50页。

续表

| 编纂人 | 籍贯 | 登科 | 入修《大全》时的职衔（仕宦经历） | 编纂《大全》后的任用 |
|---|---|---|---|---|
| 杨荣总纂官 | 福建建宁府建安县 | 建文二年进士二甲 | 右春坊右庶子兼翰林院侍讲 | |
| 金幼孜总纂官 | 江西临江府新淦县 | 建文二年进士二甲 | 右春坊右谕德兼翰林院侍讲 | |
| 萧时中 | 江西吉安府庐陵县 | 永乐九年一甲状元 | 翰林院修撰 | 翰林院修撰 |
| 陈循 | 江西吉安府泰和县 | 永乐十三年一甲状元 | 翰林院修撰 | |
| 周述 | 江西吉安府吉水县 | 永乐二年一甲榜眼 | 永乐三年文渊阁进学，翰林院编修 | |
| 陈全 | 福建福州府长乐县 | 永乐四年一甲榜眼 | 翰林院编修 | |
| 林志 | 福建福州府闽县 | 永乐十年一甲榜眼 | 翰林院编修 | |
| 李贞 | 福建漳州府南靖县 | 永乐十三年一甲榜眼 | 翰林院编修 | |
| 陈景著 | 福建福州府闽县 | 永乐十三年一甲探花 | 翰林院编修 | |
| 余学夔 | 江西吉安府泰和县 | 永乐二年二甲 | 永乐三年庶吉士，《永乐大典》副总裁 | 翰林院检讨 |
| 刘永清 | 湖广荆州府石首县 | 永乐九年二甲 | 永乐九年庶吉士 | 翰林院检讨 |
| 黄寿生 | 福建兴化府莆田县 | 永乐九年三甲 | 永乐九年庶吉士 | 翰林院检讨 |
| 陈璲 | 浙江台州府临海县 | 永乐九年二甲 | 永乐九年庶吉士 | 翰林院检讨 |
| 陈用 | 福建兴化府莆田县 | 永乐九年三甲 | 永乐九年庶吉士 | 翰林院检讨 |
| 王进 | 南直隶苏州府长洲县 | —— | 曾任武昌府学训导，大庚县儒学教谕 | 翰林院五经博士 |
| 黄约仲 | 福建兴化府莆田县 | —— | 曾任汀州府学教授，翰林院典籍 | |

续表

| 编纂人 | 籍贯 | 登科 | 入修《大全》时的职衔（仕宦经历） | 编纂《大全》后的任用 |
|---|---|---|---|---|
| 涂顺 | 建昌府新城县 | 永乐二年二甲 | 永乐三年庶吉士 | |
| 王羽 | 浙江杭州府仁和县 | 洪武二十四年二甲 | 礼部郎中 | |
| 童谟 | 浙江黄岩 | —— | 曾任六安县学正,番禺县令,山东布政使、广西布政使 | 山东布政使 |
| 吴福 | 浙江宁波府鄞县 | 建文二年二甲 | 曾任礼科给事中,江西按察佥事,礼部员外郎,福建布政使 | 陕西布政司右参政 |
| 吴嘉静 | 江西临江府新淦县 | —— | 曾任训导,刑部员外郎 | |
| 黄裳 | 广东广州府番禺县 | —— | 曾任福建政和知县,礼部主事 | |
| 段民 | 南直隶常州府武进县 | 永乐二年二甲 | 永乐三年庶吉士,刑部主事 | 刑部郎中 |
| 洪顺 | 福建福州府怀安县 | 永乐二年二甲 | 永乐三年庶吉士,刑部主事 | 山东按察司佥司 |
| 沈升 | 浙江杭州府海宁县 | 永乐二年二甲 | 永乐三年庶吉士,刑部主事 | |
| 章敞 | 浙江绍兴府会稽县 | 永乐二年三甲 | 永乐三年庶吉士,刑部主事 | 刑部郎中 |
| 杨勉 | 应天府江宁县 | 永乐二年三甲 | 永乐三年庶吉士,刑部主事 | 刑部郎中 |
| 周忱 | 江西吉安府吉水县 | 永乐二年二甲 | 永乐三年庶吉士,刑部主事 | 刑部员外郎 |
| 吾绅 | 浙江衢州府开化县 | 永乐二年二甲 | 永乐三年庶吉士,刑部主事 | 刑部郎中 |
| 陈道潜 | 福建兴化府莆田县 | 建文二年二甲 | 曾任礼科给事中,湖广夷陵州判官,广东道监察御史 | |
| 王选 | 江西临江府新喻县 | —— | 大理评事 | |

续表

| 编纂人 | 籍贯 | 登科 | 入修《大全》时的职衔（仕宦经历） | 编纂《大全》后的任用 |
|--------|------|------|------------------------------------|----------------------|
| 黄福 | 福建建宁府浦城县 | —— | 曾任杭州府学训导,太常寺博士 | 太常寺寺丞 |
| 王复原 | 江西吉安府泰和县 | —— | 曾任广东化州府学正,北京国子监博士 | |
| 赵友同 | 南直隶苏州府长洲县 | —— | 太医院御医 | |
| 曾振 | 江西南昌府进贤县 | —— | 福建泉州府儒学教授 | |
| 廖思敬 | 湖广衡州府衡阳县 | —— | 曾任衡州府学训导,南直隶常州府儒学教授 | |
| 傅舟 | 江西临江府清江县 | —— | 湖广蕲州儒学学正 | |
| 杜观 | 江西临江府清江县 | —— | 南直隶太平府儒学教授 | |
| 颜敬守 | 江西吉安府吉水县 | —— | 江西永新县儒学训导 | 善化县儒学教谕 |
| 彭子斐 | 江西吉安府吉水县 | —— | 南直隶常州府儒学训导 | |
| 留季安 | 浙江处州府青田县 | —— | 南直隶镇江府儒学训导 | 镇江府儒学训导 |

　　表8显示,《大全》编修人员的构成大致均衡,符合成祖"举朝臣及在外教官有文学者同纂修"的敕谕,亦兼顾到众多宦历和履历不同的士人加入。三位总纂官是深受成祖宠信的近臣,多次跟随明成祖北征,参与重要政策的制定,由他们主持修纂成祖视若治国圣经的《大全》,可谓实至名归。陈循、李贞、陈景著三位乃永乐十三年的新科进士,在《大全》编纂数月后才加入参编。① 这六位以外,余下36位成员按与修时的官职分类,有12位来自翰

---

① 《明太宗实录》卷162,永乐十三年三月丁巳条载,"命第一甲进士陈循为翰林院修撰,李贞、陈景著为编修,仍命同纂修《性理大全》等",第1839页。

林院,约占 33%;17 位来自北京中央各部门,约占 47%;地方上征召的教官有 7 位,约占 19%,可见《大全》纂修之初的人员配置比重。纂修者的任用能够不局限于翰林官员,而是较全面地录用中央各部门的成员,兼及地方上的教官。

除不少刑部官员外,太医院御医赵友同也在任用之列,值得注意。赵友同,南直隶苏州府人,他继承家学,精于医术,还是宋濂的高第。① 赵氏于洪武间由胡俨(1361—1443)举荐为华亭教谕,永乐初由姚广孝(1335—1418)推荐做太医院御医,又被推荐跟随夏原吉(1366—1430)治理水道,并参与纂修《永乐大典》等国家工程。《永乐大典》的编纂,确实需要涉及到许多医学书籍。而《四书五经性理大全》虽较少涉及医理,然赵氏亦有儒学素养。以故赵友同的入选显示,《大全》纂修人员的选用能够不拘行业,并以学行和声望为主要衡量标准。

以 42 位纂修者的编书资历来看,其中 14 位此前曾参与过永乐朝其他敕撰书的编修,分别为:胡广、杨荣、金幼孜、周述、陈全、余学夔、王进、黄约仲、吴福、段民、章敞、陈道潜、赵友同、周忱,占总数的 33%。陈道潜于永乐元年入修《太祖高皇帝实录》,胡广、杨荣、金幼孜则参与永乐九年《太祖高皇帝实录》的重修工作,②陈道潜的学识、工作表现令杨荣深为赞叹;其他十人曾参与纂修《永乐大典》,当中余学夔、赵友同、王进三位,同任《大典》的副总裁官,余学夔、周忱等人的工作成效也获得了同时代官员的称赞。③ 本朝积累的编纂经验,以及相关工作中得到的声誉或好评,成为《大全》纂修任用原则的重要指标。

以《大全》编修者的进修经历来看,14 人曾有庶吉士经历,或获在文渊阁进学,约占总数的 38%。当中包括永乐三年进入文渊阁学习的 10 位进士,以及永乐九年的 4 名庶吉士。这部分纂修官具备良好的学问基础,又经过系统性的学习和考核,学术均有长足进步。以他们为主体,确可保证《大全》纂修的整体质量。成祖热心培养本朝新晋人才,尤为器重永乐

---

① 赵友同生平参见杨士奇:《御医赵彦如墓志铭》,《东里文集》卷 18,第 212—213 页。
② 《明太宗实录》卷 120,永乐九年十月乙巳条,第 1516—1517 页。
③ 郭伯恭:《永乐大典考》,张升编:《永乐大典研究资料辑刊》,第 39—42 页。

三年首次文渊阁进学的"二十八星宿",①不仅数次亲往考察其学习成效,亦注重历练其行政能力。② 永乐十年,成祖从中择选 12 人授刑部主事,解决刑部刑罚不清的问题。③《大全》纂修官中的 7 位刑部主事正出于其中。这使得《大全》纂修成员中,除翰林院外,刑部官员比其他在京官员显得较多。

以地方征召教官的选用特点来看,7 位地方教官入修时所任教的学校集中在南直隶,另有江西、湖广、福建等地;有的教官在《大全》编纂完成后,又迁至长沙府、镇江府任职。上述教官任教省份都是南方科举盛行之地。④ 这样的安排,既可促进《大全》纂修与地方教学需要的结合,客观上也令纂修工作更具说服力,有利于《大全》在地方上的推行和流布。具体人员的取录上,相信与总纂官的推荐有一定关系,但最终仍以学识水平为衡定标准。比如,常州府儒学训导彭子斐,研习《春秋》学的造诣甚深,他与总纂官胡广、金幼孜学出一门,友情甚笃,其入选也不足为奇。⑤

---

① 后补入自愿进学的周忱,实有二十九人。见《明太宗实录》卷 38,永乐三年春正月壬子条,第 643 页。

② 《明太宗实录》卷 38,永乐三年春正月壬子条载,明成祖勉励永乐三年进学的庶吉士称:"人须立志,志立则功就天下,古今之人未有无志而能建功成事。其汝等简拔于千百人中为进士,又简拔于进士中至此,固皆今之英俊。然当立心远大,不可安于小成,为学必造道德之微,必具体用之全,为文必并驱班、马、韩、欧之间,如此立心,日进不已,未有不成者。古人文学之至,岂皆天成? 亦积功所至也。汝等勉之,朕不任尔以事,文渊阁古今载籍所萃,尔各食其禄,日就阁中恣尔玩索,务实得于己,庶国家将来皆得尔用,不可自怠以孤朕期待之意。"(第 642—643 页)从中可见成祖以"师"自任的情形。有关这批庶吉士及明代庶吉士制度形成的研究,参见高桥亨:《明代庶吉士制度の成立とその背景——永樂二年科庶吉士を中心として》,《集刊东洋学》第 96 号,2006 年,第 63—82 页。

③ 多位纂修人的传记资料皆载此事。如,李时勉《大仆寺少卿沈公墓志铭》称"公讳升,字志行,杭之海宁人,永乐甲申进士。于时太宗文皇帝初即位,欲作新士习,命选进士之有学识者入翰林,改庶吉士,读书秘府,所以期待之意甚厚。得二十八人,而公预焉。壬辰秋,上特以刑部刑罚不清,殿召公等十有二人皆授刑部主事。"李时勉:《古廉文集》卷 10,《文渊阁四库全书》集部第 1242 册,第 481—482 页。

④ 永乐二年至永乐十三年间进士的籍贯,以江西、浙江、福建、南畿为最多。参见吴宣德:《明代进士的地理分布》,香港:香港中文大学出版社 2009 年版,第 56 页。

⑤ 胡广:《送彭子斐教授训导毗陵序》,《胡文穆公文集》卷 13,《四库全书存目丛书》集部第 29 册,影印复旦大学图书馆藏清乾隆十六年(1751)胡张书等刻本,第 54 页。

　　最后,以《大全》纂修者的籍贯来看,虽然《大全》在北京编修,但参修的编纂官都是南方人,集中于江西、福建、浙江等地。① 有研究认为,这样的现象出自江西、福建籍三位总纂官基于地缘情谊的推选,也与成祖对江西人士的笼络政策有关。② 实际上,《大全》纂修者的地域特色是与永乐初年进士的地理分布情况相吻合的,③未必能以地缘关系或政策倾斜作用一以概之。退一步而言,编修官主要来源的上述三省,实际上还是宋元理学特别发达的地方,它反映的是如实的地域文化分布格局。

　　需作补充的是,《大全》编纂完成之际,又从国子监中择选监生予以誊抄缮写,用时一个月左右。杨士奇为其中一位太学生尹自道所写送序中称,"圣天子隆《四书》《五经》之道及古圣贤性理之旨,诏翰林儒臣博考众说而精择之,以垂教万世。又诏选太学生端悫有学者以职缮写,……书成,诏吏部,太学生悉第其高下,授之官而考策,自道裒然高等,奏授正五品澄江府同知"。④ 其后,《大全》纂修官之一陈循,又在尹自道岁满考绩赴任徽州府时,记述两人曾"预有事于修《性理大全》之书,又同处翰林者期月"的情形,⑤可见《大全》纂修及缮写之具体细节。

　　分析至此可以总结:《大全》的人员任用,倾向于选择本朝培养的、或有本朝编书经历的中央官员和地方教官;一般依据学识、经验等标准择优录取,同时也兼具推荐的方式;纂修者的籍贯集中在江西、福建、浙江等地。这与洪武朝敕修书的人员取用特点有显著不同:太祖敕修书以地方上征召或

　　① 其中,江西 15 人,福建 11 人,浙江 9 人,江苏 4 人,湖南、湖北、广州各 1 人。
　　② 陈恒嵩:《〈五经大全〉纂修研究》,第 50—51 页;朱鸿:《明成祖与永乐政治》,第 165—166 页。
　　③ 以永乐二年至十年的四次会试为例,第一甲、第二甲进士中以江西、福建籍士人为最多,期间的 163 位庶吉士中,只有 6 名为北方人,其他都为江西、福建、浙江三省的士人。参见郭培贵:《明代各科庶吉士数量、姓名、甲第、地理分布及其特点考述》,《文史》2007 年第 1 期,第 158—162 页;吴宣德:《明代进士的地理分布》,香港:香港中文大学出版社 2009 年版,第 56 页。
　　④ 杨士奇:《赠尹同知之任序》,《东里续集》卷 8,《文渊阁四库全书》集部第 1238 册,第 466 页。
　　⑤ 陈循:《送尹同知之任徽州府序》,《芳洲文集续编》卷 2,《续修四库全书》集部第 1328 册,影印南京图书馆藏明万历四十六年(1618)陈以跃刻本,第 43 页。

推荐的著名隐逸儒者为主体,①成祖编纂《大全》时却以本朝培养的年轻官员为主要力量。叩源推委,实则取决于洪、永两朝所面临的不同形势:永乐中期,成祖所面对的已不再是元末遗留下来的一批硕儒,而是本朝励精图治培养出的数量可观的新晋人才。更重要的是,在用人策略上,太祖重经验、实践和老练的人;成祖直接仰赖于新培养的进士,不仅重视他们的成才,用他们修书,还主要依靠他们治国。

纂修官的任用原则与构成特点,展现出成祖认真用《大全》以实践其治国理想的用心和期望。其任用原则有章可循,不能以乡缘推荐或政治倾斜等说法笼统概之。其人员构成全面合理,反映出朝廷对于《大全》修纂的特别重视。成祖起用本朝新人才乃至新进士来编纂这部"有资治道"的程朱理学官定读本,实际更利于达成"学术一而风俗同"的儒家治教理想。以上精心安排也证实《大全》并非抄袭一过以"上欺朝廷,下诳士子"的"急就之书"。至于明中期史料有关《大全》编纂进程的零星记载,如"永乐间修《大全》诸书,始欲详缓为之,后被诏促成"等等,②这些更为细节的纂修情形,文献已不足征。

更进一步言之,永乐朝起用新进之士编纂这部旨在"一道德同风俗"的官定理学读本,乃是成祖以君师自任并积极占据儒家道统的体现。一如清人陆陇其(1630—1693)所说"《四书五经性理大全》,虽纂辑之臣如胡、杨、金、萧,无大儒在其间,故不无繁冗遗漏之病,而大义炳如,非程朱之学不载,足为学者准绳。盖当时承宋元诸儒理学大明之后,黑白昭然,不必登堂入室

---

① 洪武朝敕修的书籍,主要起用地方征召人士进行纂修。以《元史》的修纂为例,即由总裁官宋濂征召著名隐逸儒者组成。参见陈高华:《元史纂修考》,《历史研究》1990 年第 4 期,第 115—129 页;罗仲辉:《明初史馆和〈元史〉的修纂》,《中国史研究》1992 年第 1 期,第 144—153 页;黄兆强:《〈元史〉纂修若干问题辨析》,《东吴历史学报》(台北)1995 年 4 月,第 153—180 页。

② 张弼:《书陈金宪先生墓志铭后》,《张东海先生诗文集》,《四库全书存目丛书》集部第 39 册,影印北京大学图书馆藏明正德十三年(1518)周文仪福建刻本,第 473 页。此外,清初陈廷敬等学者亦把《大全》"抄书"归因为成祖催促所致,认为"《大全》之书,明永乐朝急就之书也,七年开馆于秘阁,十三年帝问纂修如何? 馆中人闻之惧,仓卒录旧书,略加删饰以进。"则不仅纂修时间有误,抄袭之说亦无史料根据。陈廷敬:《经学家法论》,《午亭文编》卷32,《文渊阁四库全书》集部第 1316 册,第 471 页。

之士,然后能知圣人之道,永乐之政未有善于此时者也。自成、弘以上,学术一而风俗同,岂非其明效耶!"①换言之,这"学术一而风俗同"的儒家理想之实现,来源于永乐朝新晋官员"大义炳如"的编修行为,背后也即成祖试图掌握和控制士大夫文化话语权的用意所在。

## 第三节　内容特色与取材成因

明、清乃至近代学者对三部《大全》的批评重点,正是其取材于宋元既有成书的鲜明内容特色。明清之际,顾炎武严厉指摘《大全》内容"仅取已成之书,抄誊一过,上欺朝廷,下诳士子"。② 清修《四库全书》馆臣沿袭顾炎武、朱彝尊等人对《大全》内容取材的批判,同样指责它抄袭前人成书,"虽奉敕纂修,实未纂修也","天下后世讵可欺乎"。③《大全》的"污名化"现象,以致作为《大全》取材底本的宋元书籍也一并陷入误解,其底本常被视为"为经义而设"的举业用书,原有的经学价值被忽略不提。④ 上述"定论"深远影响近代研究者,使得这部衔接元明儒学的重要著作之内容与意义,皆未充分显白。《四书五经性理大全》内容取材特点及其成因,实际大有可议。相关探讨不仅可以厘清学术界长期以来对《大全》的诸多非议,并可深化元明之际朱子学传承脉络的呈现与探研,有助于对明代思想文化的实际成就作出重新评估。下文在已有研究的基础上,考察《大全》的取材底本及其显著特色,并从敕撰要求、纂修分工、元末明初士人理学阅读等角度,综合分析《大全》内容特色的成因。

---

① 陆陇其:《松阳钞存》卷上"道体",《文渊阁四库全书》子部第 725 册,第 636 页。
② 顾炎武:《日知录校释》卷 20《四书五经大全》条,张京华校释,第 746 页。
③ 永瑢等:《四库全书总目》卷 28《春秋大全》条,第 230 页。
④ 如《四库全书总目》中《诗传通释》条,称"此书既专为朱《传》而作,其委屈迁就,固势所必然"。《春秋胡传附录纂疏》条,称此书"盖兼为科举而设,……明永乐中胡广等修《春秋大全》……其实乃全勦克宽此书";《四书大全》条,称"其书因元倪士毅《四书辑释》稍加点窜,……考士毅……盖颇讲科举之学者,其作《辑释》殆亦为经义而设,故广等以凤所诵习勦剟成编软"。永瑢等:《四库全书总目》卷 16、28、36,第 127、229、301—302 页。

## 一、取材底本及其特点

　　《四书五经性理大全》以元代多种程朱理学著述为参考底本,是为其重要内容特点。各经《大全》于书前《凡例》中亦述及其内容所由,并无隐晦。作为宋元理学的总结之作,《大全》之内容构成确有来源。16 世纪迄今,学者们对其主要编纂底本加以细致考辨,形成了较为一致的看法,以清儒朱彝尊《经义考》的论说最为通行,学者陈恒嵩据此详细考辨《五经大全》各经的取材底本。现补齐三部《大全》底本、著者及籍贯等信息,见表 9 所示:

表 9　《四书五经性理大全》取材来源①

| 各部《大全》 | 取材底本 | 著者 | 籍贯 |
| --- | --- | --- | --- |
| 《四书大全》 | 《四书辑释》 | 倪士毅 | 安徽休宁(元属江浙行省徽州路) |
| 《周易传义大全》 | 《周易会通》 | 董真卿 | 江西德兴(元属江浙行省饶州路) |
| | 《周易本义通释》 | 胡炳文 | 江西婺源(元属江浙行省徽州路) |
| 《书传大全》 | 《书蔡氏传辑录纂注》 | 董鼎 | 江西德兴(元属江浙行省饶州路) |
| | 《尚书蔡氏集传纂疏》 | 陈栎 | 安徽休宁(元属江浙行省徽州路) |

---

　　①　表 9 中《四书大全》取材来源参见朱冶:《倪士毅〈四书辑释〉研究——元代"四书学"发展演变示例》,北京师范大学古籍研究所硕士论文,2007 年,第 43—48 页;顾永新《从〈四书辑释〉的编刻看四书学学术史》,《北京大学学报(哲学社会科学版)》2006 年第 2 期,第 104—113 页;闫春:《〈四书大全〉的编纂与传播研究》,华东师范大学人文学院古籍研究所博士论文,2009 年。《五经大全》取材来源参见陈恒嵩《〈五经大全〉纂修研究》,第 67—256 页。陈恒嵩的研究表明,《礼记集说大全》以陈澔《礼记集说》为经解标准,《礼记集说》之下增补宋元儒者《礼记》疏解,疏解文字以宋人卫湜《礼记集说》为参考底本(第 149—170 页)。因为朱熹并未注解《礼记》,《礼记集说大全》实际上选择陈澔之书作为《礼记》的经注,又取用宋儒卫湜的《礼记集说》作为陈澔经注的疏解。《大全》选定的经注定本显然更为重要,实有必要列于上表。《大全》取材来源的相关探讨,另参见杨晋龙:《〈诗传大全〉与〈诗传通释〉关系再探——试析元代诗经学之延续,杨晋龙主编:《元代经学国际研讨会论文集》,第 489—538 页;顾永新:《"四书五经大全"取材论略——以〈春秋大全〉为中心》,《经学文献的衍生和通俗化——以近古时代的传刻为中心》上册;吾妻重二:《〈性理大全〉的成立与黄瑞节〈朱子成书〉——宋代道学家著作经典化的重要侧面》,徐兴庆编:《东亚文化交流与经典诠释》,第 365—392 页。

续表

| 各部《大全》 | 取材底本 | 著者 | 籍贯 |
|---|---|---|---|
| 《春秋集传大全》 | 《春秋胡氏传附录纂疏》 | 汪克宽 | 安徽祁门(元属江浙行省徽州路) |
| 《诗传大全》 | 《诗传通释》 | 刘瑾(活跃于元代) | 江西安福(元属江西行省吉安路) |
| 《礼记集说大全》 | 《礼记集说》 | 陈澔 (1260—1341) | 江西都昌(元属江西行省南康路) |
| | 《礼记集说》 | 卫湜(活跃于南宋宝庆初) | 江苏苏州(元属江浙行省平江路) |
| 《性理大全》 | 《朱子成书》 | 黄瑞节(活跃于元代) | 江西安福(元属江西行省吉安路) |

由表9来看,《大全》主要参考安徽、江西地区元代朱子学者撰成的理学书,学者皆以羽翼朱子为指归,彼此学术联系紧密,此为《大全》取材底本的首要特点。结合本书第一章第三节对于新安理学特点的研究,更可见《大全》取材底本著作之间的内在联系。婺源、休宁、祁门一带古属新安,表9中胡炳文、汪克宽及陈栎、倪士毅师徒,皆是元代新安理学的代表人物,学问旨趣以羽翼朱子为宗,彼此常往来于学术请益;董鼎、董真卿父子是德兴人,也即《宋元学案》所谓"鄱阳之学"的传承者。① 而鄱阳之学与新安理学的关系尤殊,如前所述,《宋元学案》中"介轩学案",即朱熹弟子黄榦传于鄱阳董梦程,又自鄱阳流入新安的一派朱子学者。表9中董鼎、董真卿、胡炳文同属"介轩学案"。董真卿易学思想又深受新安胡一桂的影响,胡一桂为董梦程再传。鄱阳、新安两地的学术关联不止于此,《书传大全》主要参考的董鼎、陈栎之书彼此还存在盘根错节的关系,正如前文所述,董鼎之书,乃是其子董真卿吸纳陈栎相关成果基础上重编而成的。以上均显示元代新安、鄱阳朱子学在地理、学理上存在天然联系,享有共同的学术传承脉络,具有错综复杂的学术交集(如图2所示)。

---

① 黄宗羲撰,全祖望补:《宋元学案》卷89"介轩学案",陈金生、梁运华点校,第2970页;胡荣明:《地域、家族与学术交流网络:朱子后学集团的形成——以介轩学派为中心的考察》,《朱子学刊》2009年第1辑,第162—175页。

```
                          朱子
        黄榦      董铢        滕珙
   饶鲁        董梦程              朱洪范
                                  胡斗元
        董鼎    胡方平
              胡一桂    陈栎  胡炳文
   汪克宽        董真卿      倪士毅
```

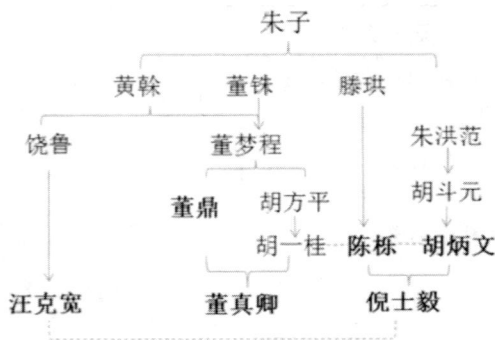

**图2 《大全》取材底本著者学术渊源示意①**

注:直线为师承,虚线为交游关系。

　　《大全》取材底本除撰著者之间紧密的思想渊源外,各书的编纂体例也颇一致,都采用"纂释体"编著(其中《性理大全》体例性质与《四书五经大全》有别,然本书将其作为整体讨论),以羽翼程朱经传为旨归。可以说,《大全》以资取材的上述《四书辑释》《周易会通》《书蔡氏传辑录纂疏》等宋元疏解著作,还是宋元同类"纂释体"著述中较成熟完备者。

　　作为《大全》取材来源的宋元理学著作,多出自福建坊刻且流传甚广,亦是其显著特点。除前述新安理学著作以外,董鼎《书传辑录纂注》、刘瑾《诗传通释》、董真卿《周易会通》等各经《大全》的主要参考底本,也都是在勤有堂、翠岩精舍、日新堂等建阳名肆坊刻而成的。② 不独《四书五经大全》为然,《性理大全》所据的《朱子成书》亦由至正元年(1341)日新堂刊刻出版。换言之,《大全》取材书籍也是深受元代建阳书坊青睐之作,说明这批底本确有其特点,既有助士人科举考试及日常教学研习,又符合市场流通的

　　① 图2参如下资料,程瞳:《新安学系录》,合肥:黄山书社2006年版。黄宗羲撰,全祖望补:《宋元学案》,陈金生、梁运华点校;史甄陶:《元代前期的徽州朱子学——以胡一桂、胡炳文和陈栎为中心》,第25—26、47—53页;朱冶:《倪士毅〈四书辑释〉研究——元代"四书学"发展演变示例》,第9—19页。上述新安儒者的关系及交游情形,参见朱冶:《元儒倪士毅的生平与交游》,北京师范大学古籍与传统文化研究院编:《中国传统文化与元代文献国际学术研讨会会议论文集》,北京:中华书局2009年版,第397—409页。

　　② 方彦寿:《建阳刻书史》。

需要。它们通过建阳坊刻的书籍流通渠道益促进其广播,最终进入明初《大全》纂修官的视野。

《大全》主要参考的这几部宋元理学著作,确与教学和举业紧密相关而自成一格。它们多为讲学授课而作,适合读书人自修以致进阶。在元代仕进不易的特殊背景下,长期任书院山长的胡炳文、隐居教授的陈栎和倪士毅、屡试不中的汪克宽等儒者虽境遇有别,但大都寄情于著述、教授二事,其纂疏诸经即为研经穷理,也与日常教学攸关因而切合科举考试的关怀所在。举例言之,《四书辑释》为倪士毅黟县教书期间编写,既为研修"以自便观读",又兼顾科举考试"以便初学",撰成后数次恳请同门友人相与参读修订,书成付梓后又耗十年之功进行重订以臻完备。出于对后学的考虑,倪氏注重引用条目的清晰简明,并随处补充朱注的音切和引用事证。① 此外,其师陈栎修改早年著作《书解折衷》而成《书传纂疏》,更符合科举考试的需要;好友汪克宽《春秋纂疏》专主胡安国《传》,同样符合元代科举考试定制。上述著作从体例到内容,既较之同时期其他理学书更符合科举考试用书的诉求,亦能兼顾经学研习的严谨性。

总之,《四书五经性理大全》主要取材底本特色鲜明。其著者多集中在安徽、江西一带具有同质性的理学群体,尤其以元代新安理学人物为主体,彼此有师承授受渊源。再者,其内容皆以羽翼朱子为指归,并与教学和科举考试有着天然联系。著述体例主要是元代诠释朱子学通行的"纂释体",采择宋元儒者疏解以汇聚成书,其出版多由方兴未艾的建阳坊刻以广其传。

那么,在成祖这项意在占据并代言道统的修纂工程中,来自江西、福建、浙江等地的《大全》纂修官们,为何主要选取江西、安徽相毗邻一带所谓"介轩学派"的元代理学书为底本进行编纂? 又为何不取同时代亦发展成熟的浙江、福建等地朱子后学的著述? 这首先由敕撰书的体例要求和性质决定,同时受制于纂修分工等人事因素,最终取决于元末明初理学书籍的实际流传情形。

---

① 《四书辑释》的编纂宗旨和内容特点,参见朱冶:《倪士毅〈四书辑释〉研究——元代"四书学"发展演变示例》,第24—26、31—36 页。

## 二、敕撰要求与编纂传统的契合

前文已述,元末明初朱子学多元繁荣发展,同时期较突出者,还有浙江金华、江西崇仁等地表彰朱子学的方法。金华朱子学以朱熹嫡传正脉自居,治学以典章考证、名物训诂为特色,如其地著名儒者许谦《读四书丛说》《诗集传名物钞》即是例证。崇仁之学则以吴澄为代表,立意拓宽朱子学的内容,通过五经《纂言》等著作以和会朱陆。《大全》的敕撰要求与新安理学的编纂传统相吻合,是其舍金华、崇仁等地著作的原因之一。

《四书五经性理大全》的取材,首先受明成祖纂修敕令的导引和影响。永乐十二年成祖敕修《大全》,意在占据道统并统一道德,因之其编修自有审慎考虑。成祖对《大全》编纂的方法、体例、水准等皆有明确要求,他称:

> 《五经》《四书》皆圣贤精义要道,其传注之外,诸儒议论有发明余蕴者,尔等采其切当之言,增附于下。其周、程、张、朱诸君子性理之言,如《太极》《通书》《西铭》《正蒙》之类,皆六经羽翼,然各自为书,未有统会,尔等亦别类聚成编。二书务极精备,庶几以垂后世。①

由此可见,成祖实际提出要编两类书,将后来编成的《五经大全》和《四书大全》视为一书,而将《性理大全》看做在性质和层次上有所分别的另一书。②前者侧重于把宋元经典研究加以汇总,后者则是程朱关于天理、人性方面理论体系的著作语录合集。

《四书五经大全》《性理大全》的体例、性质显然有别。纂修官的《复命

---

① 《明太宗实录》卷158,永乐十二年十一月甲寅条,第1803页。

② 《明太宗实录》卷168,永乐十三年九月己酉条载"《五经四书大全》及《性理大全》书成。"(第1872页)《明太宗实录》卷170,永乐十三年十一月庚子条,成祖称"往者翰林院言修《五经四书》及《性理大全》"之语(第1896页),证实是将三部《大全》视为二书。明清士人称引此书为《五经四书大全》或《四书五经大全》的情况均有,本书统称之为《四书五经大全》。

表》中总结到:"修辑六经,恢拓道统之源流,大振斯文之萎靡。博采先儒格言,以为前圣之辅翼。合万涂于一轨,会万理于一原。"①可见二书各有所职,又相互关联:《性理大全》是深入程朱经典研究的阶梯,而《四书五经大全》的探讨又有益于体会程朱"圣学"的理论和归趋。

此外,《四书五经大全》自颁行起即成为科举考试出题的依据,而《性理大全》作为程朱理学的理论体系,只是士子学习宋儒学说的辅助读物,与考试的直接关系显得相对较弱。从后文将讨论的刊刻史来看,《四书五经大全》与《性理大全》后来也确实存在分开出版的情形。下文分述两类《大全》的敕撰要求与宋元既有理学书的契合之处:

对于《四书五经大全》一书,成祖敕令指出"经—注—疏"三层格局的编纂结构,即在《四书》《五经》的程朱传注之下,采择和编辑程朱后学的疏释,逐条增附于下,这正是元代盛行的"纂释体"编纂体例。

成祖对《大全》的编纂要求,与元末新安一带理学著作采取"纂释体"正相吻合。更进一步来看,"纂释体"著作特有的编写方法,乃是《大全》直接"抄袭"前人成书的内在缘由。回顾宋元时期"纂释体"著作的发展历程,辗转相因是这类书籍的编写模式,其工夫高下在于对前人疏解的"采撷"水平。以《四书大全》取材底本《四书辑释》为例,著者倪士毅曾追述其师陈栎之训,不失为对"纂释体"著述方法的深入提挈。日本宫内厅书陵部藏至正元年(1341)刘氏日新堂初刻本《四书辑释》,载有倪士毅所写跋文一段,其中称:

> 《四书辑释》始于至元三年(1337)丁丑春三月,藁具于五年(1339)秋七月。犹记癸酉(1333)春,尝以欲编此书之志告于先师(陈栎),先师欣然曰:"宜加勉励,以成此志,吾与云峰于此大下工夫,今此工夫亦不多矣,譬之金焉,披沙拣金者,吾与云峰是也。既得金而聚于此,不过欲更加拣择,取其色之高者,而去其色之不足者耳。若果识金,则何难

---

① 陈道潜:《复命表》,《淇园编》卷1,"中研院"傅斯年图书馆藏清康熙九年(1670)陈氏家刊本。

哉? 汝其留心学问而精识察之。"①

披沙拣金之喻,十分精妙。此即宋元"纂释体"编纂模式的核心要义所在。以朱子精义为衡量准绳,择取最接近朱子本旨的宋元疏解诠释,进而荟萃成书,这便是陈栎、胡炳文及倪士毅诸辈学者们前赴后继的工作。学者间的高下之别,只在于采择工夫的精审程度而已。倪士毅自述《四书辑释》成书经过,对此正有印证,其称:

> 朱子《四书》注释,格庵赵氏(顺孙)尝谓其意精密,浑然犹经。……故黄氏(榦)有《论语通释》。而采《语录》附于朱子注释之下则始自真氏(德秀),名曰《集义》,止《大学》一书。若吴氏(真子)之《集成》则泛滥甚矣。于是先师定宇陈先生(栎)方编《四书发明》,时星源云峰胡先生(炳文)亦编《四书通》,彼此虽尝互观其书之一二,而未竟也。既而二书因学者传入坊中,皆以板行。先师晚年颇欲更定其书而未果,及见《四书通》全书,遂手摘其说,盖将以附入《发明》,若《大学章句》则尝下笔发其端矣,余未之及。士毅不揆浅陋,亦尝僭欲合二书为一,……乃即以二书详玩,且以先师手摘者参酌而编焉,名曰《四书辑释》。②

《四书辑释》的编纂原委,正道出宋元朱子后学以羽翼朱子为宗旨的学术传承脉络。朱熹《四书章句集注》为"经",黄榦为之疏解而成"通释",南宋名儒真德秀则采入朱子《语录》以作疏释而成"集义",直至疏解"泛滥甚矣"的吴真子"集成",以及集陈栎"发明"、胡炳文"通"之大成的"辑释",此即宋元"纂释体"编纂传统的发展历程。相互承袭为其特色,

---

① 顾永新:《〈四书辑释〉影印说明》,《日本宫内厅书陵部藏宋元版汉籍选刊》第24册,上海:上海古籍出版社2012年版,第3页。倪士毅:《中庸朱子或问》卷末,日本宫内厅书陵部藏日新堂初刻本《四书辑释》,第231—232页。
② 倪士毅:《重订四书辑释凡例》,《四书通义》,中国科学院图书馆藏明正统十年(1445)建阳进德堂补修本。

叠床架屋为其弊端,①学者用力于采择最贴近朱注的疏解以荟萃成书。

　　既然采择的精审程度,是判断一部"纂释体"著述质量高下的标准。那么,在元末明初《四书》《五经》领域皆出现较完善的"纂释体"著作的情况下,《大全》纂修官所能做的工作实际已经不多了。这并非是为《大全》"剽袭"说巧作辩解,而是旨在借此阐明元明朱子学递嬗过程中的重要现象。从元末以后各经均未出现内容及编选质量上更佳的"纂释体"著作的实情,以及元末新安理学家多走向反思"纂释"之弊、回归圣贤经传的"相反"路径,亦可得到反证。明初《大全》纂修官根据敕令的要求,从流传至此的宋元"纂释体"著作中,择选一个或多个成熟的底本,重新编选整合成书,是其合理的选择。就这层意义而言,《四书五经大全》确为宋元朱子疏释著作的总结之作。

　　对于《性理大全》的编纂,成祖亦具体指明编纂方法和内容,是将作为"六经羽翼"的《太极》《通书》《西铭》《正蒙》等书汇聚成编。这体现在成书后的《性理大全》前25卷上。《性理大全》共70卷,卷1至25,是反映宋儒性理之义的重要书籍和名篇的节录。这些著作和名篇有周敦颐《太极图》《通书》,张载《西铭》《正蒙》,邵雍《皇极经世书》,朱熹《易学启蒙》《家礼》,蔡元定《律吕新书》,蔡沈《洪范皇极内篇》等,其内容篇目在成祖敕谕中已有提示。它们是宋儒性理学的公共经典,因之成为宋元朱子后学编纂性理书时喜闻乐道的引述对象。

　　元儒黄瑞节的《朱子成书》正符合成祖敕撰要求,为《性理大全》编选提供了可资参考的底本。② 该书以"晦庵朱氏诸书在《四书》外者"荟

---

　　①　明代的"纂释体"理学著述,更成为叠床架屋、滚雪球式的集成书,出现了如《四书通义》等著作。参见顾永新:《从〈四书辑释〉的编刻看〈四书〉学学术史》,《北京大学学报(哲学社会科学版)》2006年第2期,第105—109页。

　　②　已有研究认为《性理大全》内容和编次的主要参考对象,一说是宋儒熊节《性理群书句解》,一说是元儒黄瑞节《朱子成书》,依据皆是《性理大全》前二十五卷所收著作和篇名与两书大同小异。清代《四库全书》馆臣认为《性理大全》主要参考《近思录》和宋儒熊节的《性理群书句解》;何淑宜则认为《性理大全》取材于元儒黄瑞节的《朱子成书》。此外,《性理大全》采择《易学启蒙》《家礼》的具体方法,相关研究参见侯外庐等编:《宋明理学史(下)》,第17—21页;吾妻重二:《〈家礼〉的刊刻と版本——〈性理大全〉まで》,第53—83页;何淑宜:《香火:江南士人与元明时期祭祖传统的建构》,第162—176页。

萃成编,①包括朱子解说的《太极图》《通书》《西铭》《正蒙》《周易参同契》,朱子校正的《律吕新书》《皇极经世指要》《阴符经》,朱子撰写的《易学启蒙》《家礼》。《朱子成书》的编纂体例为,本文之下朱子解说大书,采编自朱子《或问》《语类》等的相关论说、宋元儒者发明文字均以小字"附录"于后,其中黄瑞节个人看法则以按字别之。②《朱子成书》之本文、解说与附录,多被《性理大全》前25卷所吸纳和参照。

然《大全》纂修官未止步于此,编成的《性理大全》余下部份,卷26—70,以分类的方式将宋儒的语录加以收录。这部分《朱子成书》所无的内容,学者已讨论出其分类依据是以《朱子语类》为准。③ 细致检讨《性理大全》后45卷的内容,不难发现它实际上是受《近思录》《朱子语类》以及成祖御制《圣学心法》的综合影响。现考察《性理大全》卷26—70所分门类及具体细目的参考来源,列出其参考书籍及原书分类、细目,两相比照,列表如下所示:

表10 《性理大全》卷二十六至七十诸门类及细目分类依据

| 《性理大全》卷二十六以下 | | 分类依据 | |
|---|---|---|---|
| 门类 | 细目 | 书籍来源 | 门类(细目) |
| 理气 | 总论、太极、天度、天文、阴阳、五行、时令、地理 | 《朱子语类》 | 理气(太极天地、天地) |
| 鬼神 | | 《朱子语类》 | 鬼神 |
| 性理 | 性命、性、人物之性、气质之性、气质之性、心、心性情、道、理、德、仁、仁义、仁义礼智、仁义礼智信、诚、忠信、忠恕、恭敬 | 《朱子语类》 | 性理(人物之性气质之性、性情心意等名义、仁义礼智等名义) |
| 道统 | | 《圣学心法》所强调 | |

① 刘将孙:《朱子成书序》,中国国家图书馆藏元至正元年(1341)日新堂刻本《朱子成书》卷首。
② 黄瑞节:《朱子成书凡目》,《朱子成书》卷首。
③ 陈荣捷认为《性理大全》的内容与编次,必受《朱子语类》的影响,但书中诸子包括老、列、庄、墨,可见其尚无门户之见;又认为,《性理大全》以周子《太极图说》冠首,有如《近思录》,但书中"邵子"亦占一章,与《近思录》相比,则更为包容。陈荣捷:《宋明理学之概念与历史》,第351—352页。此外,参见侯外庐等编:《宋明理学史(下)》,第15—17页;曾贻芬:《明代官修"大全"散论》,《史学史研究》1996年第2期,第58—59页。

续表

| 《性理大全》卷二十六以下 | | 分类依据 | |
| 门类 | 细目 | 书籍来源 | 门类（细目） |
| 圣贤 | 总论、孔子、颜子、曾子、子思、孟子、孔孟门人 | 《朱子语类》 | 孔孟周程张子、程子门人、尹氏门人、罗氏、胡氏门人、吕伯恭、陆氏 |
| 诸儒 | 周子、二程子、张子、邵子、程子门人、罗从彦、李侗、胡安国、朱子、张栻、吕祖谦、陆九渊、朱子门人、眞德秀、魏华父、许衡、吴澄 | | |
| 学 | 小学、总论为学之方、存养、省察、知行、致知、力行、教人、人伦、读书法、史学、字学、科举之学、论诗、论文 | 《近思录》 | 为学大要、致知、存养、教学、警戒 |
| | | 《朱子语类》 | 学（小学、总论为学之方、论知行、读书法上、读书法下、持守、力行）、论文上、论文下诗 |
| 诸子 | 老子、列子、庄子、墨子、管子、孙子、孔丛子、申韩、荀子、董子、扬子、文中子、韩子、欧阳子、苏子 | 《朱子语类》 | 老氏庄列、战国汉唐诸子、杂类 |
| 历代 | 唐虞三代、春秋战国、秦、西汉、西汉、东汉、三国、晋、唐、五代、宋 | 《朱子语类》 | 本朝、历代（一、二、三） |
| 君道 | 君德、圣学、储嗣、君臣、臣道 | 《圣学心法》 | 君道（学问、德化）、臣道 |
| 治道 | 总论、礼乐、宗庙、宗法、谥法、封建、学校、用人、人才、求贤、论官、谏诤、法令、赏罚、王伯、田赋、理财、节俭、赈恤、祯异、论兵、论刑、夷狄 | 《朱子语类》 | 朱子论治道、朱子论取士、朱子论兵刑、朱子论民财、朱子论官 |
| | | 《圣学心法》 | 君道（统言君道、法祖、育材、用人、纳谏、修礼乐、正名分、礼臣下、明赏罚、慎刑、理财、节俭、驭夷狄、征伐） |
| 诗 | 古诗、律诗、绝句 | —— | |
| 文 | 赞、箴、铭、赋 | —— | |

上表显示，《性理大全》的门目分类主要参考朱熹门人黎靖德所编《朱子语类》而来。《朱子语类》有而《性理大全》无的门目，①仅包括《四书》《五经》及宋

---

① 《朱子语类》较多篇幅而《性理大全》无的门目为:大学、论语、孟子、中庸、易、书、诗、孝经、春秋、礼乐、周子书、程子书、张子书、邵子书、朱子自论为学工夫、朱子论自注书、朱子论外任、朱子论内任、朱子训门人。

代诸子的著书,这些内容已被采入《四书五经大全》而不必重复于此。《性理大全》有而《朱子语类》无的门目,主要是"道统""君道""治道"三目。"道统"虽为朱子论述的核心问题,但它散见于《朱子语类》之中,并未单独成目。《性理大全》将宋儒有关道统的论说汇总起来,凝练为独立一节,并置于"圣贤"条目之前,意在突出道统的重要性。"君道""治道"的门类和细目则与《圣学心法》较为相似,显示本朝一贯对君臣伦理和"圣学"治国功用的强调。①

统而言之,明洪武朝已确立以程朱理学为主要标准的取士制度,②永乐朝进而提供统一读本以供全国士子学习研修。成祖敕谕中实际指出以元末明初流行的"纂释体"诠释程朱经典,同时编纂另一部羽翼六经的性理学专书,期望编成的《四书五经大全》和《性理大全》两书构成对宋儒理学的完整确认,为后世万代学者立定楷模。在此敕撰要求的背景下,来自江西、安徽一带多部"纂释体"著作,进入《大全》纂修官的视野,它们既是宋元经典疏释著述中的成熟完备之作,内容又采择精审,一宗朱子为归,适合读书人进学之用。《大全》纂修官选其中完善者重新"采择诠次",是再自然不过的事。顾炎武等人所谓《大全》抄袭前人成书,事实却是以新安理学为主体的宋元纂释书与《大全》纂修"精神"相契合的结果。

### 三、纂修分工与《大全》取材

《大全》纂修由胡广、杨荣、金幼孜总其事,任用朝臣和在外教官历时近十月完成。总纂官在《大全》取材中是否有决定性影响? 他们为何不取"朱学嫡传"金华理学著作,而专取安徽、江西相毗邻一带的著述? 纂修分工及人事因素对《大全》编纂有何具体影响? 下文指出《大全》纂修过程中工作安排和层级分工的可能情形,这是影响《大全》编选和取材的直接因素。

---

① 《性理大全》内容及所用材料与《朱子语类》《圣学心法》等书的关系,尚待进一步研究。值得一提的是,《性理大全》的影响远及清康熙帝,康熙重新补订《性理大全》并亲为之作序,御制序中称自己常读此书,对其中精义体会甚深,此篇序文处处渗透着明成祖《圣学心法序》《大全序》的痕迹。(康熙:《御制性理大全序》,《性理大全书》,《文渊阁四库全书》子部第710册,第1—2页)

② 洪武朝虽以程朱理学为主,却不尽用程朱理学。譬如,《书经》即以蔡沈《书集传》为准,兼取古注疏。

有关《大全》纂修过程记载阙如,以往研究也对《大全》实际纂修情形语焉不详。因此《大全》取材常被归为总纂官或个别纂修官的作用,有失偏颇。《四库提要》强调三位总纂官的影响,认为《大全》取材源自"(胡)广等以夙所诵习剽剟成编"。[1] 全祖望则提出,曾任《永乐大典》副总裁之一的江苏武进人陈济(1364—1424)在《大全》纂修中作用尤著,各经取材来源及编纂条例的制定均出自陈氏一人之手,此即《大全》取材"尽出于专门"的原因。[2] 陈济之名并不见于《大全》书前所列纂修官名录,当今学者林庆彰、陈恒嵩亦认为全祖望说法不确,理由是陈济传记中详述其担任《永乐大典》总裁官的贡献,却只字未提他参修《大全》一事。[3] 如此将《大全》取材归于个人之因,有违《大全》编纂实情。

实际上,如表 11 所示,《大全》纂修至少分三个层级进行:

表 11　《大全》纂修分工[4]

| 总纂官 | 江西 | 胡广、金幼孜 |
|---|---|---|
| | 福建 | 杨荣 |
| 实际负责人员 | 江西 | 萧时中、陈循 |
| 参修人员 | 江西 11 人 | 周述、余学夔、涂顺、吴嘉静、周忱、王选、王复原、傅舟、杜观、颜敬守、彭子斐 |
| | 福建 10 人 | 陈全、林志、李贞、陈景著、黄寿生、陈用、黄约仲、洪顺、陈道潜、黄福 |
| | 浙江 9 人 | 陈璲、王羽、童谟、吴福、沈升、章敞、吾绅、曾振、留季安 |
| | 江苏 4 人 | 王进、段民、杨勉、赵友同 |
| | 湖北 | 刘永清 |
| | 湖南 | 廖思敬 |
| | 广东 | 黄裳 |

① 永瑢等:《四库全书总目》卷 36《四书大全》条,第 302 页。

② 全祖望:《与谢石林御史论古本大学帖子》,《鲒埼亭集外编》卷 41,《续修四库全书》集部第 1430 册,影印上海图书馆藏清嘉庆十六年(1811)刻本,第 170 页。

③ 林庆彰:《〈五经大全〉之修纂及其相关问题探究》,第 369—391 页。陈恒嵩:《〈五经大全〉纂修研究》,第 47—48 页。金实:《故右春坊右赞善陈先生行状》,《觉非斋文集》卷 20,《续修四库全书》集部第 1327 册,影印山东大学图书馆藏明成化元年(1465)唐瑜刻本,第 164 页。

④ 本表据永乐十三年经厂本《四书五经大全》书前四十二位纂修官名录,纂修者及相关士人现存文集、《明清进士题名碑录》等整理。

　　第一层级为总纂官,由来自江西和福建的胡广、杨荣、金幼孜担任。他们是深受成祖宠信的近臣,多次跟随明成祖北征并参与重要政策的制定。三位总纂官分别以翰林院学士、翰林院侍讲身份主持《大全》编修。他们身居要职,事务繁多,对于《大全》修纂只能停留在名义上的贡献。

　　第二层级实际负责官员,是同为江西籍的萧时中、陈循二人。陈循《年谱》明确记载萧、陈共同主持《大全》编纂的情形:

　　　　修书虽胡、杨、金三公当首,然居内阁,不暇及此,而兼立例、处置诸务,悉付修撰萧公时中与公(陈循)二人,而三人者视成而已。①

上述引文证明,《大全》由胡广等人挂名总纂,其职责仅是考核纂修成果、监督修纂进度等,萧时中、陈循二人实际负责《大全》编纂条例的拟定,具体编纂事务的处理和统筹。萧、陈分别为永乐九年、十三年状元。他们皆以翰林院修撰之职入修《大全》,也是除总纂官以外翰林官员中品级最高者,由他们主持《大全》纂修较为合理。不过陈循是中途以永乐十三年新科进士身份加入《大全》修纂,因此永乐十二年纂修安排当由萧时中主事,次年三月以后萧、陈二人协同负责纂修事宜。

　　第三层级参修官员,是遵照萧时中等制定编修条例的具体实施者,《大全》书前名录所载尚有 37 人。其中仍以江西人最多,福建、浙江籍士人次之。前文已述,《大全》纂修官的构成兼举翰林院、中央各部及地方征召人员。但翰林官员在当中起主导作用。现存珍贵材料证实翰林院编修林志对《易经大全》的突出贡献:

　　　　太宗皇帝命儒臣纂修《五经四书性理大全》,驿召公(林志)至行在,总修《易经》,义例条画,咸公出也。书成,宴赉优厚,进阶文林郎。②

────────────

① 陈循:《芳洲文集·年谱》,《四库全书存目丛书》集部第 31 册,影印故宫博物院图书馆藏明万历二十一年陈以跃刻本,第 318 页。该《年谱》为曾任山东馆陶县教谕的王翔所作。
② 王钰:《故奉训大夫右春坊右谕德兼翰林院侍读林公行状》,《续刻蔀斋公文集》附录,明万历间活字本。

福建人林志永乐十年以《易经》中状元,总纂官杨荣称赞这位同乡"辩论精确,勤于编述,迥出侪辈。"①由他领衔《易经大全》的编选,说明《大全》纂修更具体的分工为:在萧时中、陈循主持之下,又按与修人员对各经的专长分工,各经有林志等人作为"组长"专门负责,同组成员协作编写各部《大全》。

第三层级纂修官员的具体分组情况,实际上也有文献可征。除林志负责《易经大全》的编修外,结合《登科录》及传记文集等相关资料,可大致推断部分参修人员的分组和分工情况如下:

表 12　各经《大全》纂修分组

| 《易经大全》 | 林志(组长)吴福等 |
| --- | --- |
| 《诗经大全》 | 萧时中(组长)陈璲　黄寿生　段民等 |
| 《春秋大全》 | 陈景著　彭子斐等 |
| 《书经大全》 | 余学夔　陈道潜等 |
| 《礼记大全》 | 未知 |
| 《性理大全》 | 未知 |

上表反映出《大全》参修官员的实际工作状态。具体来说,在确定《大全》参修成员之后,先据各人《四书》《五经》专长进行分组;再于各组内择选一位"组长"进行统筹,负责此部经典的编选原则、凡例等的制定;随后各组成员按照各经义例协作编选。作为第二层级负责官员的萧时中,他以《诗》为专经,可能为《诗传大全》制订了编纂条例和章程等。萧氏同年进士陈璲,则在《诗传大全》诸书的具体纂修事务中多所助益,陈氏"参考汉唐以来儒先之说折衷之,而一以濂洛诸儒为准",其崇论闳议获三位总纂官一致赞赏。② 再如,彭子斐与总纂官胡广、金幼孜同学于江西著名学者聂铉(洪武四年进士),所学内容即是《春秋》经,他在《春秋大全》编纂中应贡献不

① 杨荣:《故奉训大夫右春坊右谕德兼翰林侍读林君墓志铭》,《文敏集》卷21,第326页。
② 王俨:《江西按察司佥事逸庵陈先生墓表》,《思轩文集》卷17,《续修四库全书》集部第1329册,影印北京大学图书馆藏明弘治刻本,第597页。

小。① 再者,以《书经》取中进士的余学夔、陈道潜,前者被称为"一时执笔者,亦以公为能",称"其烛理明,存心公,故议论正而取舍定,是以功绩著于朝廷,名誉扬于海宇";②后者则在书成后实际执笔《纂修〈四书五经性理大全〉诸书告成复命表》,均为《大全》相关编修工作奉献良多。

《大全》分工、分组等实际纂修情形,彰显出江西籍官员在其中的主导作用,这对《大全》取材有决定性影响。三位总纂官中有两位江西人,实际负责的两位翰林官员又都是江西人,其余参修人员中江西人数也最多。浙江金华儒学在明初官方理学中具有重要地位,③然《大全》未取用金华理学著述,除了其注重点抹标注、考章训诂的体例与旨趣不适用于科举考试外,《大全》纂修中无浙江籍士人主事,也是重要缘由。浙江籍参修人员虽也不少,但多是六部官员、各省布政使等,品秩虽高于翰林官员,但在修书等文教工作中不占优势。另有浙江籍地方学官和初阶翰林官员入修,亦对《大全》取材的条例制定无决定作用。从洪武朝太祖起用宋濂等金华儒臣,到建文朝重用方孝孺(1357—1402)等浙江籍士人,金华理学在朝廷的地位可谓达到鼎盛。靖难之役是以方孝孺等建文旧臣的不合作而告结束,永乐朝浙江士人的势力自然削弱,④这一情形也反映在《大全》纂修主事与分工上,进而影响到《大全》之取材书籍,最终形成不选金华理学著述的局面。

总之,以往对《大全》纂修分工并不清楚,江西籍士人在《大全》纂修中的主导作用未被充分注意。从挂名领衔到具体负责、制定规则,实际都出江西籍官员之手,其他参修人员只是按各经分工、依例协助编纂。永乐朝浙江籍士人势力锐减,他们在《大全》纂修中影响力有限,以致有着"朱学嫡传"

---

① 胡广:《送彭子斐教授训导毗陵序》,《胡文穆公文集》卷13,第54页。
② 王直:《侍讲余公墓志铭》,《抑庵文后集》卷33,《文渊阁四库全书》集部第1242册,第265—266页。
③ 参见 John W.Dardess, *Conquerors and Confucians:aspects of political change in late Yüan China*, New York:Columbia University Press,1973。
④ Peter B.Ditmanson 指出明成祖诛灭建文忠臣方孝孺十族,这对于强调宗谱式结构的金华学派有着毁灭性打击。参见 Peter B.Ditmanson, "*Contesting Authority:Intellectual Lineages and the Chinese Imperial Court from the Twelfth to the Fifteenth Centuries,*" Ph. D. Dissertation, Harvard University,1999,pp.234-239。

之称的金华理学著作未得到《大全》取用。这是《大全》取材新安一带理学书籍而不取金华著述的直接原因。

### 四、日常理学阅读与《大全》取材

《四库全书》馆臣认为《大全》取材源自"（胡）广等以夙所诵习剿剟成编"，那么，《大全》取材底本在元末明初士人日常理学阅读中究竟占据怎样的位置？来自浙江、江西地区两位著名儒者赵撝谦（1351—1395）与杨士奇的案例显示，《大全》取材的宋元著作不仅是胡广等纂修官员可能的日常读物，更是元末明初读书人共同的理学必读书籍。

浙江余姚人赵撝谦所著《学范》六篇，是了解明初士人学习经典次序和内容的重要文献。赵撝谦《明史》有传，《宋元学案》记载他是胡炳文的四传弟子，将其列入"介轩学案"中，视他为学有传续的朱子学者。① 洪武十二年（1379），赵氏担任中都（凤阳）国子监典簿，二十二年转任广东琼山县（今海南）教谕，时有"海南夫子"美誉，②六年后卒于广东番禺。其一生从事教育，门生众多，《学范》即是他任教国子监期间定立的教学大纲。③ 赵撝谦于六经皆有涉猎研修，尤善于《易》，并与浙江当地各经有专攻的学者都有交往，④他本人的意见可看做洪武年间江浙一带儒者对宋元程朱理学著作看法的缩影。

《学范》共分六个门类，第二类"读范"详列士人学习经、子、史、集的应

----

① 黄宗羲撰，全祖望补：《宋元学案》卷 89"介轩学案"，陈金生、梁运华点校，第 2989 页。赵撝谦传记资料，参见张廷玉等撰：《明史》卷 285《文苑·赵撝谦传》，第 7323—7324 页；黄宗羲：《明儒学案》卷 43"诸儒学案"，沈芝盈点校，北京：中华书局 2008 年版，第 1048—1049 页。

② 黄世春：《赵考古文集序》，《考古文集》，《文渊阁四库全书》集部第 1229 册，第655 页。

③ 据《学范》书前洪武二十二年广信府儒学教谕郑真所撰序文，称赵撝谦"今奉新命，教谕广东琼州府琼山学云"，说明此时《学范》已成，而赵氏尚未赴任琼州。赵撝谦：《学范》叙录，《四库全书存目丛书》子部第 121 册，影印浙江图书馆藏明嘉靖二十五年（1546）陈垲重刻本，第 313 页。

④ 据《明史》载，赵撝谦"与朱右、谢肃、徐一夔辈定文字交。天台郑四表善《易》，则从之受《易》。定海乐良、鄞郑真明《春秋》，山阴赵俶长于说《诗》，连雨善乐府，广陵张昱工歌诗，无为吴志淳、华亭朱芾工草书篆隶，撝谦悉与为友。博究《六经》、百氏之学，尤精六书，作《六书本义》，复作《声音文字通》，时目为考古先生。"张廷玉等撰：《明史》卷 285《文苑·赵撝谦传》，第 7323—7324 页。

读之书。其中"读经"推荐书目,赵㧑谦于经传之外提出"《四书》合看书目"、"《四书》之暇当看"、"《易》书目"、"《书》书目"、"《诗》书目"、三《礼》书目、"《春秋》书目"七类,间或附以按语。宋元性理类著作,则被赵氏列入"《四书》之暇当看"类目,以及随后的"读子"推荐书目当中,在周、程、张、朱等性理名篇,和《近思录》《伊洛渊源录》《性理群书》等宋儒名著之外,仅提及徐骥、何基、胡炳文的注释或阐说。

现将赵㧑谦推荐宋元《四书》《五经》类著作,按其内容、体例及性质,重新分类列表如下,同类著作中书籍顺序谨遵《学范》原次序:①

**表 13 《学范》推荐经学书籍**

| 分类 | 赵㧑谦推荐宋元书籍 | |
|---|---|---|
| 《四书》合看书目 | 南宋朱子学者增补朱子语录之作 | 黄榦《集义》《通释》,真德秀《讲义》《大学衍义》,饶鲁《纂述》《辑讲》《语录》,赵顺孙《(四书)纂疏》 |
| | 宋元金华儒者考证之作 | 金履祥《大学疏义》《语孟考证》《通证》,何基、王柏、张塈《句读》《批抹画截表》《注音考》,许谦《(读)四书丛说》 |
| | 元代新安儒者纂释之作 | 胡炳文《四书通》《讲义》,倪士毅《四书辑释》,陈栎《四书发明》,程复心《四书章图(纂释)》 |
| 《易》书目 | 两宋儒者经传注疏 | 朱子《(周易)本义》,古注疏,程子《易传》,项安世《(周易)玩辞》,蔡渊《传》,徐幾《传》 |
| | 元代安徽、江西儒者纂释之作 | 胡一桂《(周易本义附录)纂疏》,吴澄《(易)纂言》,胡炳文《(周)易(本义)通释》《二体相易论》《六爻反对论》《讲义》,董真卿《(周易)会通》 |
| | 其他 | 叶岘《总玩》,程直方《四圣一心》,赵然明《(意言)图解(辨)》,《程朱易同》 |
| 《书》书目 | 宋以前及宋儒注疏 | 蔡沈《(书集)传》,古注疏,苏轼《注》,林之奇《注》,吴棫《注》 |
| | 元代安徽、江西儒者纂释之作 | 董鼎《(书辑录)纂注》,陈栎《(书传)纂疏》,吴澄《(书)纂言》 |
| | 宋元金华儒者考证之作 | 金履祥《通鉴前编》 |
| | 其他 | 《尚书大义》,汪氏《集传补遗》 |

---

① 赵㧑谦:《学范》卷上,第317—320页。

续表

| 分类 | 赵㧑谦推荐宋元书籍 | |
|---|---|---|
| 《诗》书目 | 宋以前及宋儒注疏 | 朱熹《诗集传》,古注疏,辅广《诗童子问》,欧阳修《诗本义》,苏辙《解》,吕祖谦《(吕氏家塾)读诗记》,严粲《诗缉》 |
| | 宋元金华儒者疑经、考经之作 | 王柏《诗疑辩》,许谦《(诗集传)名物钞》 |
| | 元代安徽、江西儒者纂释之作 | 胡一桂《(诗集传附录)纂疏》,刘瑾《诗传通释》,汪克宽《诗集传音义会通》 |
| 《礼记》书目(《仪礼》、《周礼》书目略) | 宋以前及宋儒注疏 | 古注疏,卫湜《礼记集解》,黄榦《经传通解》,杨复《经传通解》,黄震《黄氏日钞》 |
| | 元代安徽、江西儒者纂释之作 | 陈栎《(礼记)注解》(礼记集义详解),陈澔《(云庄礼记)集说》 |
| 《春秋》书目 | 宋以前及宋元儒者经传注疏 | 胡安国《(春秋)传》,古注疏,陆淳《(春秋)啖赵(集传)纂例》,程氏《传》,张洽《传》,刘敞《(春秋)意林》《(春秋)权衡》,程端学《(春秋)本义》,陈傅良《春秋后传》 |
| | 元代安徽、江西儒者纂释之作 | 李廉《春秋(诸传)会通》《考异拾遗》,汪克宽《春秋胡(氏)传(附录)纂疏》《春秋诸传提要》 |
| | 元代金华儒者考证之作 | 张枢《(春秋)三传朱墨(本)》 |

以上《学范》推荐的宋元经学著述大致可分为三个层次:宋以前及宋儒注释书和经传书,宋元金华儒者的理学点抹书和考释书,元代安徽、江西儒者的程朱纂释书。从表13来看,《大全》主要取材的书籍,都在赵氏所举元代安徽、江西一带程朱纂释书的范围之内。浙江籍学者赵㧑谦对金华考证性著作的取重,应是他任教中都国子监时的教学特色所在。而《学范》中赵氏对胡炳文《四书通》的推崇,或是其师承影响所及(其认为《四书》书目中惟《四书通》最精,乃"所不可无之书也"①)。其余的宋儒经传书与安徽、江西地区的纂释书,则是明初士人基本而又必备的理学书籍。② 简言之,《大全》所取材的主要书籍,是明初士人介以掌握理学或读书科考的重要参考和必备之书。

① 赵㧑谦:《学范》卷上,第317页。
② 由《学范》的推荐书籍出发,宫纪子也注意到徽州学术在江南地区的压倒性优势,以致成为明初朝廷最低限度要参考和继承的书籍,参见宫纪子:《モンゴル时代の出版文化》,第396页。

表 13 亦显示《学范》与元代四明儒者程端礼著名的《读书分年日程》之承续关系。程端礼元中期在江东书院讲学撰写《读书分年日程》并被朝廷推行各府县学,他根据朱子读书法所发展的进学序次和"课程表",详列士人从 8 岁入学至 15 岁读《四书》《五经》的方法和次序,当中所记辅助经传学习的宋元理学著作与《学范》中推荐经学书籍多相合。[①]《学范》书前序文也称它与《读书分年日程》相表里,[②]可见明初儒学教育对元代教法及内容的一致性和继承性。因此,表 13 所列实际是元代至明初士人学习朱子学时都会用到的传统参考书籍。

除《学范》之外,江西籍著名官员杨士奇的读书记录也可证明这一观察。泰和人杨士奇成学于洪武年间,早年授徒湖湘,永乐时担任翰林编修并辅助太子监国,后官至礼部侍郎兼华盖殿大学士。[③] 杨氏文集录有他为元末明初通行的多部理学书所撰跋语,记述其得书渠道、卷数内容及此书在明初的流传、评价等情形。[④] 其中《四书》《五经》类著作题跋关涉明初理学阅读史诸细节,显示《大全》取材底本的实际流行状况。然则性理类书籍提及不多,仅及张栻《太极解》、朱子门人所编《朱子语类》《朱子语略》,以及明初张美和《理学类编》等数种。兹依序摘录《四书》《五经》类重要文字如下:

表 14　杨士奇文集《四书》《五经》类书籍题跋

| 经类 | 著作著者 | 题跋中重要文字 |
|---|---|---|
| 易 | 董真卿《(周)易会通》 | 《五经》先儒所论著者,《易》最多,而精义悉具。此书至于经传古今之辨,先儒传授之详,披卷了然,可为《易》书集大成者也。 |
| | 涂溍生《易主意》 | 专为科举设,近年独庐陵谢子方有之以教学者,于是吾郡学《易》者皆资于此。 |
| | 其他:胡方平《易学启蒙》、朱《朱子易说》、赵友士《易义》、解季通《易义》 | |

---

① 《读书分年日程》和《学范》两书教育士子读书、习文的相关研究,参见宫纪子《モンゴル时代の出版文化》,第 385—414 页。

② 郑真:《学范序》,《学范》叙录,第 313 页。

③ 杨士奇传记,参见张廷玉等:《明史》卷 148,第 4131—4138 页;L. Carrington Goodrich and Chaoying Fang, eds.. *Dictionary of Ming Biography*, 1368-1644. pp. 1535-1538. 杨士奇早年的学术生涯,参见徐兆安:《明初泰和儒师杨士奇早年的学术与生活》,载田澍等主编:《第十一届明史国际学术讨论会论文集》,天津:天津古籍出版社 2007 年版,第 810—824 页。

④ 杨士奇:《东里续集》,《文渊阁四库全书》集部第 1238 册,第 579—586 页。

续表

| 经类 | 著作著者 | 题跋中重要文字 |
|---|---|---|
| 书 | 陈栎《书传纂疏》 | 今读《书传》者,率资此书及董鼎《纂注》。 |
| | 其他:陈雅言《书卓跃》 | |
| 诗 | 刘瑾《诗传通释》 | 其采录各经传及诸儒所发要义,又考求世次源流,至明且备,盖会通之书也。 |
| | 其他:朱善《诗解颐》 | |
| 春秋 | 汪克宽《春秋胡(氏)传(附录)纂疏》 | 近世治《春秋》者,兼主左氏、公、谷、文定四家。《三传》旧有注疏,此书专主胡《传》云。 |
| | 其他:李廉《春秋会通》、孔颖达《春秋左传(正义)》、明太祖敕修《春秋本末》、吕祖谦《左传博议》 | |
| 礼记 | 吴澄《礼记纂言》 | 此书(《礼记》)出于孔氏之徒,而杂以吕不韦及战国处士、汉博士之言,其旨不能皆粹,而错简亦多。近世吴文正公澄著《礼记纂言》,多所更定。其篇次亦各以类从,……于是一书之中类分章别,条理粲然,诚不刊之典也。 |
| | 陈澔《礼记集说》 | 此詹事府张录事教子旧书,……凡三册云,永乐壬寅(1422)八月识。 |
| 四书 | 朱熹《四书集注》 | 其句读旁抹之法,兼取勉斋黄氏(幹)、北山何氏(基)、鲁斋王氏(柏)、导江张氏(洽)诸本之长,宣城张师曾为之忝校,加以音考,盖今最善本也。 |
| | | 句读一用黄勉斋法,又有熊勿斋(禾)《(四书)标题》,便于学者,盖善本也。 |
| | 倪士毅《四书辑释》 | 朱子集注《四书》,之后儒先君子著述推广发明之者,无虑十数家。而今读《集注》者,独资(吴真子)《(四书)集成》及此书为多,他盖不能悉得也。《集成》博而杂,不若此书多醇少疵也。 |
| | 史伯璿《四书管窥》 | 盖出饶氏(鲁)《辑讲》、何氏(吴真子)《集成》、胡氏(炳文《四书通》)陈氏(栎)《发明》、金氏(履祥)《考证》、许氏(谦)《丛说》、倪氏《辑释》之后,其论诸家之失,皆平正的确。 |
| | 萧镒《四书待问》 | 为科举之学设也……此书余初习举业时受之司仓伯,今吾所畜书独此最久。 |
| | 其他:袁明善《大学中庸日录》、明太祖敕修《孟子节文》、真德秀《大学衍义》 | |

表 14 显示,《大全》选用的元儒疏解著作,《四书辑释》《周易会通》《书传纂疏》《诗传通释》《春秋纂疏》《礼记集说》等,杨士奇基本都读过,而且

分明是他研习理学时主要参考阅读的书籍。杨氏阅读的其他性质有别的理学书，还包括他集中列出的《易主意》《书卓跃》《四书待问》等科举用书，以及明初流行的经世著作《大学衍义》和洪武朝敕撰书《春秋本末》《孟子节文》等。

杨士奇对这几部《大全》取材底本的跋语显示，这些书籍兼具内容精良、流通广泛的特点。首先，它们在内容上均有简明完备、严谨少疵的优势，令学者读后颇能"披卷了然"。杨氏指出倪士毅《四书辑释》"多醇少疵"，陈澔《礼记集说》亦"类分章别，条理粲然，诚不刊之典也"。其次，它们在性质上都具备"会通"的特色，是同类经学书中的"集大成"之作。《易会通》被杨氏称为"《易》书集大成者也"，刘瑾《诗传通释》也被称为"至明且备，盖会通之书也"。再次，它们流传广泛，大多可在书市中购买到，或能从同乡友人处借读、抄写而得，有广泛的读者群，甚至成为士人研习某经时的专属读物。杨士奇提到，董鼎《易会通》为"自吾授徒以来，市书此最初得云"；陈栎《书传纂疏》、倪士毅《四书辑释》诸书也出自建阳坊刻，是故"今读《书传》者，率资此书（《书传纂疏》）及董鼎《纂注》"，"今读《集注》者，独资《（四书）集成》及此书（《四书辑释》）为多，他盖不能悉得也"，较易被学者所见；而史伯璿《四书管窥》、涂溍生《易主意》、陈澔《礼记集说》诸书，杨氏亦可从朋友处求来抄录以得之。元末明初战乱之后，书坊刻书更成为学者得书的重要渠道，对明初士人的理学阅读和习学有实际影响。

总之，两位分别来自浙江、江西的学者所推荐和自读的理学书籍，反映《大全》取材之书籍，皆是元代直至明初南方读书人（尤其是参加科举考试的士人）必读的重要经典参考书。赵撝谦洪武朝任教国子监期间，依据元代传统教法提出《四书》《五经》推荐合看书目，既体现浙江籍学者对金华考证性著作的注重，也显示宋元安徽、江西一带的纂疏书是明初士人的必备参考。杨士奇在明初的阅读实践说明，这些纂释著作以简明、会通等特点遂为元末最流行理学书，其流传甚至超出地域限制。质言之，《大全》主要用以取资的蓝本，正是元代以至明初南方读书人中流行的重要理学疏解书籍。

明永乐朝敕撰《四书五经性理大全》，旨在为天下士子提供程朱理学官定读本。永乐十二年至次年，《大全》于北京东华门外开馆编纂，这既是《大全》修纂的首要时空背景,又在永乐迁都的背景下兼具重要政治意义。事实上,自永乐十二年起,永乐朝多种教化性敕撰书的编纂地,渐由南京改为北京。《大全》纂修地的选定,实际是成祖迁都北京的文化宣示。既然供全国士人阅读的《大全》在北京修纂,其地的"首都"意味则更趋显著。《大全》纂修地与会试、殿试举行地在政策上相互配合,是成祖在朝野的迁都阻力下,用文教先行以辅助政治迁都的明确表态,其政治意涵大于文教意涵。

《大全》纂修官员的构成,则显示永乐朝有别于洪武时期的任官特点和政治文化。《大全》纂修者的任用办法是在本朝官员、新晋进士和地方教官中按学识、经验等标准择优录取,同时接纳推荐的方式,呈现出以本朝培养或有本朝编书经历的中央官员、地方教官为主的用人特点,参修人员的籍贯集中在江西、福建、浙江等文教发达的省份。这样的任用特点有别于洪武朝重用"老"儒的策略,背后是成祖有意起用本朝培养的新晋官员以积极掌握和控制士大夫文化话语权的用心,实际也更利于"学术一而风俗同"的儒家治教理想的贯彻和实施。

《大全》内容编选有鲜明的继承性,其主要取材于宋元既有书籍的内容特点,备受明清至近代学者诟病。以往学者多关注《大全》以资取材的对象"是什么",却少有探究《大全》纂修官"为什么"以这些理学书籍为编纂底本,后者方能揭示元明朱子学递嬗中的诸多影响因素。实际上,《大全》以资取材的宋元著述特色显著。其主要由元代安徽、江西一带同质性的理学群体所撰写,彼此在地理、学理上存在天然联系。内容一宗朱子,适宜日常教学与科举考试之用。体例则主要为宋元通行的"纂释体",并多由福建书坊刊刻出版。

《大全》取材特点的形成,是多种内外因素综合作用的结果。明成祖敕谕中指明编纂两类著作的具体方法和内容,即以元末明初流行的"纂释体"诠释程朱经典,再汇总宋儒性理学精义以辅翼六经。元代新安理学为主体的经典纂释著作,因之被《大全》纂修官所取重。号称"朱学嫡传"的金华理学著述之所以未被《大全》取重,除著作体例不合要求外,也与永乐朝浙江籍士人势力削弱的形势有关。《大全》实际由江西籍士人主持并制定编修规则,参修的浙江籍士人在《大全》纂修中影响力有限。元末明初士人的日常理学阅读更证实,《大全》取材的几部著作不仅是江西籍纂修官"夙所诵习",也是元末明初士人共同的理学必读书。明初赵撝谦、杨士奇的个案显示,《大全》取材著作是元代乃至明初南方读书人中常用且必备的理学著作,既是儒者教人或自修的重要参考,也供士人介以掌握理学或读书应举之用。

正如本书开篇所提到的,《大全》之形成渊源有自,《大全》所取正是符合科举考试需要的、流行于元末明初的"纂释体"理学著述中最成熟作品。其内容取材之特色,既符合明成祖的敕撰要求,也受纂修人事具体影响,并最终再现了元末明初南方理学研习的实际情形。作为一部承载成祖"修齐治平之道"的官定理学经典,《大全》编纂完成后,逐渐对明代的人才培养、学术发展乃至治国方略等发挥不同层面的影响。明中后期常有士人不读《大全》,《大全》被束之高阁的相关记载。那么,官定《大全》在明代的实际颁行及流通情况如何? 它在儒学教育中的推行与落实状况怎样? 下文将深入文献,对《大全》在明代被接受和阅读的情形作出阐说。

# 第四章　颁行天下:《大全》在
# 明代的推行与流布

　　据《明实录》记载,永乐十三年(1415)九月,总纂官胡广等人进献《四书五经性理大全》。明成祖于北京奉天殿受书,并命行在礼部刊行天下。① 永乐十五年三月,《大全》颁布于六部、两京国子监及天下郡县学。随后还颁赐或影响至朝鲜、日本等东亚汉文化圈诸国。永乐朝《大全》的颁行,意味着官定程朱理学读本不仅完成,且予以正式推广。随之而来的问题是,《大全》明代府州县学的推行情况是否理想? 明代士人对《大全》实际接受程度如何?

　　《大全》颁布后推广与传播的具体情形,以往研究较少论及。虽有研究指出明中后期士子不读《大全》的现象及风气,②然作为明初钦定的程朱理学经典,《大全》在明代官私刊印流通中历久不衰,它事实上构成了明代读书人的知识背景和思想底色。在阳明学兴盛的明中后期思想史中,《大全》所发挥的重要作用尤易被忽略。以故,本书第四章较直观地呈现《大全》在明代流传及刊印的整体状况,以见它自颁布至明末始终活跃于知识流通市场的情形,此为《大全》影响的直接体现。《大全》在明代儒学教育中的施用过程,现存相关记载有限,下文主要从《大全》颁布初期的零星史料中予以还原,并以河东学派代表人物薛瑄为个案,展现《大全》颁布之初即对学者治学路径产生的深入影响。

---

① 《明太宗实录》卷168,永乐十三年九月己酉条,第1872页。

② 侯美珍:《明科场由尊〈大全〉到不读〈大全〉考》,《中国文化研究》2016年第2期,第28—36页。

## 第一节　刊行历史概说

作为全国士人必读的程朱理学读本,三部《大全》在明代的颁刊与流传历史,其在官私刊印的具体情形,乃是明代思想史传承发展的重要表现。三部《大全》在明代的影响可谓遍及所有读书应试之人,却也正因为此,其意义在当时自不必提及,在后世反而被忽略。实际上,三部《大全》在明代的刊行历史,尤其是它在坊间屡次刊印的情形,便是它影响的首先反映。

《大全》在明代既有官府刊印,也通过民间刊刻渠道以广其传。官府为实现大量发行书籍的诉求,逐渐形成所谓"官书发行系统",部分官版书由福建建阳书坊翻刻出版,《大全》即其中重要一种。① 除官刻与坊刻刊本之外,《大全》在坊间流传过程中,还出现了多种形态的校正本、增补本、节略本以及合刊本等衍生版本。现据中外善本书目、书志及相关检索系统的著录,搜集和整理《四书五经性理大全》主要明代版本及其衍生版本,以阐明其刊行流传之概貌,详见本书附录所示。值得注意的是,由于文献失传等因素,《大全》在明代实际刊刻次数和种类只会更多。

### 一、官刻与坊刻的结合

本书附录"《四书五经性理大全》明代版本"显示,《大全》在明代版刻次数多、衍生情况复杂,其流通盛况是官方刊刻与民间坊刻合力的结果。其中,宋元以来日益成熟的福建建阳书坊业,为《大全》在明代社会的广泛传播助力颇多。

《大全》的官刻情形较为简单明晰,明代只有永乐、嘉靖两朝曾由官方刊抄《大全》。永乐十三年(1415)内府经厂本,是《大全》的最早刻本,现于

---

① 李子归:《明代建阳的书户与书坊》,《中国文化研究所学报》(香港)2018 年第 66 期,第 23—45 页。

海内外多家图书机构均有藏本。经厂本是明朝二十四衙门之一司礼监的刻书,一般而言开本舒朗,印刷精良,铺陈考究,质量较高。① 然《大全》永乐十三年经厂本的刊刻地在北京还是南京,尚不清楚。前文虽已证实《大全》在北京编纂,但此时北京城尚处建设之中,未必具备刊刻条件。现存史料中仅有《明宣宗实录》记载,宣德七年(1432)"敕南京司礼监悉送所贮《五经四书(大全)》及《性理大全》等书赴北京"②。据此仅能推断南京司礼监曾储存《大全》并送往北京,然此《大全》为南京官方所刻,抑或福建书坊所刊,现已无文献可证。除永乐十三年官刻《大全》以外,明代唯有嘉靖一朝由官方重抄重刊《性理大全》,此版本惜已不存。③

与官刻情况相比,《大全》经由民间坊刻出版的情形较为复杂多样。它自颁布后,即成为明代坊刻争相刊印的重要书籍,其中的福建建阳书坊更成为"照式翻刊"官版《大全》的主力军。④ 此后,以《大全》为底本进行增删、修订、节略的各种衍生版本在坊间不断涌现,种类繁多,又彼此交织,构成了繁杂的版本流传脉络。这客观呈现出《大全》为主的官定程朱理学经典在明代社会的持续影响力和活力。

就刊刻形式而言,如本书附录所见,三部《大全》的坊刻本有各经分开刊印、合刻两种情况。早在《大全》编成后,朝廷命建阳书坊分别刊刻了《四书五经大全》与《性理大全》,此即明初建刊本,也是《大全》最早的坊刻本。坊刻本《大全》依据官本而来,内容起初差别不大。明中前期学者、藏书家叶盛(1420—1474)曾在得到建本《性理大全》后,题曰:

> 《性理大全书》十册,得之尚宝司丞建安杨允宽氏,允宽盖文敏公(杨荣)长嫡也。此书板刻在闽中,一依官本,比之《四书五经大全》本有间矣。性理之学,明于宋而晦于宋,至我朝始得而大明焉,于是文皇

---

① 马学良:《司礼监经厂与明代内府刻书关系辩证》,《版本目录学研究》2018 年第9 辑。

② 《明宣宗实录》卷 97,宣德七年十二月甲午条,第 2187 页。

③ 吴瑞登:《两朝宪章录》卷 8《续修四书全书》史部第 352 册,第 587 页。

④ 李子归:《明代建阳的书户与书坊》,第 38 页。

帝主张道学之功,盖万世而不磨矣。①

"一依官本"的坊刻本《大全》,却成为明中前期学者的主要得书渠道。应该说,官方对坊间翻刻《大全》的活动总体持有嘉尚的取态。总纂官杨荣还记载了建阳书林叶氏求刻《大全》的情形。杨荣即为建安人,他在《恭题〈四书性理大全〉后》中,写到"予乡郡建阳叶添德氏,家素饶贯而好学博雅,间于庠序得靓此书,遂求抄录锓诸梓以广其传,乃以书来京师,请予言识之",对叶氏翻刻推广《大全》之举称赞有加,盛赞"添德以民间之杰然者,乃能广播而盛传之,此其所以超乎众人者,岂不远哉"。② 由此可见,《大全》颁布学校后仍不能满足广大士子的读书缺口,在此情势下,官方对坊间翻刻《大全》持鼓励肯定的态度。

由附录可见,从正统、天顺朝起,非官方性质的坊刻或私刻本《大全》陆续出现。景泰、成化、弘治都有不同版本的坊刻,其实际刊刻的情况可能更多。从现有存本来看,嘉靖一朝对三部《大全》的刊刻尤为频繁,几乎每隔几年便有《大全》的坊刻本印行,万历朝对《大全》的刊刻也不少。两朝民间刊刻活动的增多,应与朝廷格外重视《大全》的相应举动有关。嘉靖时世宗敕令重抄《性理大全》,③万历时大臣又请以《性理大全》为经筵讲章,④这无疑对书坊或个人有导向作用。嘉、万两朝《大全》坊刻的热潮,与此时盛行的阳明学形成鼎足之势,彰显了程朱理学作为官方学术正统的强大影响力。这也为中晚明思想史叙述提供了更为全面的图景。

## 二、校正本与"权威"读本

《大全》在明代翻刻与传播的漫长过程中,由于刻书机构林林总总、刊

---

① 叶盛:《书性理大全书后》,《菉竹堂稿》卷8《四库全书存目丛书》集部第35册,影印山东省图书馆藏清初钞本,第312页。

② 杨荣:《恭题四书性理大全后》,《文敏集》卷15,第237页。

③ 《明世宗实录》卷187,嘉靖十五年五月乙卯条,第3951页。值得注意的是,世宗仅重抄《性理大全》却未涉及《五经四书大全》。

④ 《明神宗实录》卷308,万历二十五年三月辛亥条载:"大学士赵志皋等请以《性理大全》接续进讲,不报。"第5767页。

印质量参差不齐、翻印次数太多、民间坊刻缺乏规范等因素，其诸多坊间版本的差异逐渐扩大，《大全》内容的完整性和一致性难以保证。明末学者张自烈（1597—1673）即提到"金陵（南京）、吴阊（苏州）、武林（杭州）所刊《大全》，字句错误，颇害文理"的现象，揭露出《大全》在长期流传中质量堪忧、有碍观瞻等问题。

然坊刻本《大全》之弊，并非明末方才显现。中晚明大量《大全》校正本的出现，正是因应《大全》可信版本不足的情况而生。旨在"一道德同风俗"的程朱理学经典，在传播过程中渐产生文本差异与字句错讹，势必影响学者的阅读和研习，书坊刊行的各色《大全》校正本应运而生。

谁会成为众多《大全》校正本中值得信赖的"权威"读本？中晚明《大全》传播过程中较为特殊的现象，是挂名当时著名官员的《大全》校订本在嘉靖以后的大批涌现。较早的有嘉靖三十一年（1552）福建书坊余氏自新斋（又称新安堂）刊刻《新刊宪台厘正性理大全》。最为出名、也流布最广的，是万历间闽芝城建邑书林余氏刊刻的《五经大全》校正本。其中包括：署名嘉靖四十一年状元申时行（1535—1614）校正的《申学士校正古本官板书经大全》；署名万历十一年（1583 年）第二甲进士叶向高（1559—1627）补订的《叶太史参补古今大方诗经大全》；署名万历二十九年第三甲进士周士显校订的《周会魁校正易经大全》；署名万历三十五年探花张瑞图（1570—1641）校正的《张翰林校正礼记大全》等。此外，还有万历三十一年吴勉学刊本、署名万历十一年榜眼李廷机（1542—1616）校订的《新刻九我李太史校正大方性理全书》；崇祯朝刊印、署名天启二年（1622）探花陈仁锡（1581—1636）校正的《陈太史校正易经大全》；泰昌元年（1602）刊印、署名万历三十五年第三甲进士虞大复参正、黄辉订正的《春秋集传大全》；以及周誉吾留耕堂木刻本《周会魁校正四书大全》；等等。

这类《大全》校正本是商业出版与科举考试相结合的产物。上述题名的校订人均声名赫奕，乃书坊推出这系列《大全》的"卖点"所在。申时行、叶向高、李廷机都于万历朝入阁，前两位还曾任万历朝内阁首辅，张瑞图也于天启朝入阁，陈仁锡于崇祯朝任国子监祭酒。周士显是天启朝官至礼部尚书的李维桢（1547—1626）的门人，与书林往来密切。虞大复则在崇祯朝任参政，南明王朝时亦复出。由他们挂名校正的各经，是各人经典研究的专长所系。譬如，申时行精通《书经》，他曾经筵进讲《书》经，汇集为《书经讲义会编》一书。① 概言之，以上校订者既是精通科举考试的佼佼者，也能对国家文教产生着实影响。由他们署名的《大全》校正本，自然成为中晚明民间流行的《大全》"权威"读本。

对比此类《大全》校正本与永乐十三年经厂本《大全》，其内容实际区别不大，只是书名标新立异而已。从《大全》校正本的版式来看，确有为读者考虑的细节和意图。以书林余氏《五经大全》校正本为例，各书每页上方都留有两至三格空白以供士人批注之用，现存版本中也有士子在空格处朱笔补入注释或读书心得文字的记录。

总之，《大全》在明代刊刻流传广泛，然其官刻与坊刻、私刻相结合的出版方式，尤其是民间坊刻的不规范性，致使《大全》版本间差异逐步增大。中晚明一系列以著名学者署名的《大全》校正本涌现，甚至特意打着"官板"《大全》的旗号以吸引眼球。归根结底，这正反映了现有《大全》版本在长期流传中失去可靠性，士人研习经典无所凭据的现实。书坊塑造《大全》"权威"读本进行售卖，以响应中晚明读书人的需求。此既是书坊有意迎合市场的刊刻行为所致，亦是晚明商业社会的写照，显示《大全》作为公共文化资源所具有的商业价值。

### 三、增补本、节略本及合刊本

《大全》另有以增补、节略或合刊的新面貌出现。明末张自烈对此尤感痛心，他提出《大全》一书"自坊本承讹，彼纂此删，与原本顿异，后学文辞失真，义理浸晦，背孔孟而崇佛老，弃忠孝而尚权奸，甚乖纂修初意，此世道人心之患，非独是书阙略而已"，②以故他撰写《四书大全辨》一书，专以修正《大全》为宗，并与友人辩论时强调纂删《大全》内容的行为，在坊间早有例可援，其称：

---

① 申时行：《书经讲义会编》，《四库全书存目丛书》经部第 50 册，影印中国科学院图书馆藏明万历二十五年（1597）徐铨刻本，第 388—837 页。
② 张自烈：《重定〈四书大全〉第一疏》，《芑山文集》卷 1，《四库禁毁书丛刊》集部第 166 册，影印中国社会科学院文学研究所图书馆藏清初刻本，第 36 页。

闻足下语友人云:《大全》钦定,不得妄行刊布。某窃叹此论迂甚。先是坊刻《大全》,有或纂或删者,非某创为之也。此无足深辨。①

张自烈认为官定《大全》的权威性并非不容侵犯,虽意在为他删纂《四书大全》辩护,然其所述亦符合《大全》在明代中后期流衍的实情。

中晚明出现了数量可观的《大全》增补本、节略本以及合刊本,多在《大全》原有经典疏解之外补入晚近学者的新思想和新论说,或予以删节,从而令《大全》融会新的时代思想特色。万历朝倪晋卿《周易大全纂》,缪昌期(1562—1626)《周易九鼎》《四书九鼎》,冯梦龙(1574—1646)《别本春秋大全》,②崇祯间杨彝(1583—1661)《四书大全节要》、顾梦麟(1585—1653)《四书说约》《诗经说约》,徐汧(1597—1645)辑《五经大全附考异》《四书大全附考异》、张溥(1602—1641)《五经注疏大全合纂》《四书注疏大全合纂》等书都是如此。

举例而言,倪晋卿的《周易大全纂》,实际是汇总《大全》编成之后明儒各家易说而成的作品。书前"引用书目"中首列蔡清、林希元等明中期易学名家之作,正文则先列《大全》,每句下逐条附纂明儒相关易学论说。由《周易大全纂》引述的明儒经解来看,它的宗朱特点并未改变,是书可谓《大全》在晚明的总结、扩充之作。

东林早期人物缪昌期的《新镌缪当时先生四书九鼎》同样是在《四书大全》的基础上删补而成,但它却有着明显的王学痕迹。该书每页分上下两栏。上栏为"删补征言",由明儒唐士雅纂辑、其门人潘文焕作补。其所征之言,是明中后期儒者,主要是王门后学季本(1485—1563)、李材(1529—1607)等人的《四书》解经文字。下栏则为《大全》原文和缪昌期纂要,杨文奎为之编次。其先列"宋大全"原文,再于每句经文下纂述宋元疏解大要而为"纂要"。纂要基本保持《大全》疏解原貌,只在原有基础上更为精炼、凝

---

① 张自烈:《与友人论〈四书大全〉书(六)》,《芑山文集》卷3,第90页。
② 冯梦龙《别本春秋大全》是依据《春秋大全》和自撰《麟经指月》一书,汇集删订而来。参见沈俊平《举业津梁——明中叶以后坊刻制举用书的生产与流通》,台北:学生书局2009年版,第155—162页。《大全》增补本的历史较为复杂,有待详考。

括。缪昌期另撰有《新镌缪当时先生周易九鼎》十六卷存世。①

晚明复社代表人士亦多编有《大全》增补本或节略本。② 杨彝在崇祯七年至八年(1634—1635)编有《四书大全节要》,顾梦麟稍后编成《四书说约》以集合《四书大全》及明中后期多种《大全》辅翼之书,徐汧则在《四书五经大全》之后附以宋儒王应麟(1223—1296)《考异》。张溥的《五经注疏大全合纂》,旨在合并《大全》与《十三经注疏》。明末诸儒的《大全》改编本,均站在反思王学末流之弊的角度,试图回归并重振程朱理学,为明末朱子学的发展注入新血。

此外,已知《大全》还有数种合刊本行世。合刊本多将某经《大全》与明人的另一部经学著作合并刊行,两书内容都不做变更。崇祯朝《性理会通》一书分《正编》七十卷、《续编》四十二卷,《正编》便是胡广等纂《性理大全》,《续编》则是明人张行成汇总、钟人杰订正的明儒性理文字。这就与前述倪晋卿《周易大全纂》分列明儒言论于每条目之下的做法显然不同。同时期还有二节版《周易传义大全》,它是将署名陈仁锡校正的《易经大全》与明人刘庚与所纂《易经汇征》合刊,具体做法也与《性理会通》大致相同。

以上《大全》在明代官私刊刻的情况,及其在坊刻中衍生出的校正本、增补本、节略本、合刊本等复杂的版本变异等情形,已直观展现《大全》在明代社会的广泛流传和深入影响。无论是采用哪种形式,《大全》的这些新面貌无非是借助《大全》为载体,从而以更易被接纳的方式向士人推广其思想和学说。这些《大全》版本随着时代思潮的变化,不断叠加累积,推陈出新,形成了明代经典传播中的一道独特景观。

## 第二节　儒学教育中的推行

明成祖视《大全》为实现其"圣王"之教的重要载体。他认为《大全》蕴

---

① 现存另有《缪太史批阅周易会通》一部,同样是缪昌期的作品。
② 朱冶:《晚明复社与经典改纂:顾梦麟等编〈四书说约〉初探》,张艺曦等主编:《16—18世纪东亚世界的文人社集》,台北:联经出版公司,待出版。

含着"帝王修齐治平之道",是"有益世教"的治国宝典。以故《大全》编成进献后,成祖于永乐十五年三月"颁《五经四书性理大全书》于六部,并与两京国子监及天下郡县学",①颁行天下以供全国士人诵读研习。成祖对《大全》的推行十分用心,他以身作则,苦心劝勉全国读书人诵读《大全》,特敕谕礼部称:

> 此书学者之根本,而圣贤精义悉具矣。自书成,朕旦夕宫中披阅不倦,所益多矣。古人有志于学者,苦难得书籍。如今之学者,得此书而不勉力,是自弃也。尔礼部其以朕意晓谕天下学者,令尽心讲明,毋徒视为具文也。②

成祖强调《大全》颁行不能止步于制度规定层面,他命礼部敦促全国士人认真诵习此书,使之真正成为士子精研宋儒经义的主要取径,从而对士人产生普遍而切实的教育作用。除敕谕礼部推广《大全》外,成祖还在多个场合反复训示《大全》有益于国家文教的重要价值,以见其推行《大全》并贯彻其治国理念的一致努力。

然则成祖以《大全》来辅佑政治的愿景是否最终得以落实?《大全》在明代儒学教育系统中的推行情况如何? 现存较为零散的史料向我们提供了《大全》颁布后教官、士人等"第一线"读者的反馈意见,以见《大全》在明代的实际影响范围及认受程度。

## 一、"尽心讲明"与"不可泥也"

成祖对《大全》推行于全国的用心和寄望,确也得到较好的贯彻。《大全》颁布之初,虽无直接的制度规定科举考试只用《大全》,亦无直接材料表明《大全》在培养人才中的具体作用,然《大全》在实际上成为明代儒学教育的主要教材,生员由此入仕,士人由此自修。清人对此有过总结,称"明代

---

① 《明太宗实录》卷186,永乐十五年三月乙未条,第1990—1991页。
② 同上。

士子为制义以应科目者,无不诵习《大全》,而诸家之说尽废"①。

《大全》的有力推行,首先得益于它在明代各级学校的切实颁行。成祖敕谕《大全》颁布天下学校,现普查《明实录》的记载以及《南雍志》《天一阁藏明代方志选刊》中府级、县级学校的藏书记录,可见从国子监到主要省份的府、州、县学都具备一套至多套《大全》。②《大全》颁布一如成祖谕旨,落实到了"两京国子监及天下郡县学"。这也意味着,全国各地的儒学学生都有机会读到《大全》。

其次,明代官方亦不时派遣官员敦促《大全》在地方上的讲习。成祖命官员巡视地方时推广敕撰书籍,以辅助地方教化的施行。譬如,胡濙(1375—1463)巡行天下时,"虽穷乡下邑,足迹无不到",其任务之一,即是"出新制《性理大全》《为善阴骘》《孝顺事实》诸书,俾劝励之。"③后世帝王也效法成祖,命掌管学政的官员督促《大全》习学。现存万历三年(1575)明神宗给提学官的敕谕称:

> 国家明经取士,说书者以宋儒传注为宗,行文者以典实纯正为尚,今后务将颁降《四书五经性理大全》《资治通鉴纲目》《大学衍义》《历代名臣奏议》《文章正宗》及当代诰律典制等书,课令生员诵习讲解,俾其通晓古今,适于世用。其有剽窃异端邪说、炫奇立异者,文虽工弗录。所出试题亦要明白正大,不得割裂文义,以伤雅道。④

通过一系列文教举措,《大全》在明代儒学教育中始终保持其官定理学地位。

除敦促学者"尽心讲明"《大全》之外,明初官方对于程朱理学的态度实

---

① 胡广等:《四书大全》书前提要,《文渊阁四库全书》经部第205册,第2页。
② 由地方志及学校的书籍著录可得知,参见黄佐:《南雍志》卷17《经籍考》;《天一阁藏明代方志选刊》,上海:上海古籍书店1982年版。闫春《〈四书大全〉的编纂与传播研究》一文中亦统计《四书大全》在国内外的部分流通情况,第26—56页。
③ 王偶:《资德大夫礼部尚书赠太保谥忠安胡公行状》,《思轩文集》卷22,《续修四库全书》集部第1329册,影印北京大学图书馆藏明弘治刻本,第658页。
④ 王圻:《续文献通考》卷60《续修四库全书》史部第763册,第69页。

际较为宽容,并未独尊《大全》而故步自封。华亭人(今上海)张弼(1425—1487)记载了宣德、正统间的两则记闻,明中前期的学术气氛由此可见一斑。其一称:

> 宣德间章丘教谕余姚李应吉疏于朝,言《大全》去取有未当者。下其议于礼部,礼部下之天下学校,许兼采诸说,一断以理。[①]

张弼在读《大全》纂修官、浙江台州人陈璲的《墓志铭》后,述及此条记闻。张弼字东海,成化二年(1466)进士,历任兵部主事、江西南安知府等职,与陈白沙(1428—1500)、贺钦(1437—1510)等一时名儒都有交游。[②] 记闻中提到的李应吉,浙江余姚人,永乐三年举人,是一位出色的师儒。方志记载他"凡四任学职,累上书言事,多见施行,所著有《先天图》等书"。[③] 李应吉在山东章丘县学做教谕时,上疏批评《大全》中宋元疏释的去取问题,获礼部肯定的答复。这则关乎礼部政策的重要事件,未见载于《明实录》或其他官方史料,然礼部"许兼采诸说,一断以理"的回应并不与实情相违背。事实上,永乐朝颁行《大全》以后,官方未有只读《大全》的相关规定,敕撰《大全》的本意是通过为士人提供程朱理学典范以确立教化的导向性,进而达成"一道德同风俗"的治教理想,它并不排斥能够羽翼、发明程朱理学精义的其他解说。

其二,张弼还记载道,《大全》纂修官陈璲正统年间提学江西时,曾向学者申明《大全》读法,称:

> 永乐间修《大全》诸书,始欲详缓为之,后被逮促成。诸儒之言,间

---

① 张弼:《书陈金宪先生墓志后》,《张东海先生诗文集》卷4,《四库全书存目丛书》集部第39册,影印北京大学图书馆藏明正德十三年(1518)周文仪福建刻本,第473—474页。

② 贺钦著,贺士谘编订:《哭张东海》,《医闾先生集》卷9,武玉梅校注,沈阳:辽宁人民出版社2011年版,第147页。

③ 萧良幹、张元忭等纂修:《(万历)绍兴府志》卷32《选举志三》,《四库全书存目丛书》史部第201册,影印北京师范大学图书馆藏明万历刻本,第121页。李应吉著述丰富,有《忍斋集》《集韵诗》《杜诗集注》《先天图说》《礼记中和记》等多种,现皆不存。

有不暇精择,未免抵牾。虚心观理,自当得之,不可泥也。①

张弼的记载确有出处,乃是曾任国子学录的安福人李本素在江西所见闻,李氏此后任教华亭时又转告张弼,较为可信。陈璲的意见,针对明中前期儒学教育中拘泥于《大全》疏解、不求甚解的现象所发。他的讲话,旨在重申《大全》编纂本意是为士人学习程朱理学提供阶梯,《大全》是范本而非完本,学者可借助《大全》以明理,过分拘泥于《大全》中的疏释则有碍学者深入经典并有自得。张弼对陈璲的看法深感认同,他批评拘泥于《大全》中宋元训释的学者,称"泥者中无权度,执以为断,陋哉!"②张弼等人对《大全》所具价值的把握,对《大全》所载教育意义的认识,应该说较准确地理解了朝廷对《大全》的定位。

由上可见,《大全》是明代儒学教育中的"双刃剑",亦是摆在儒学管理者与实践者面前的一道难题。《大全》颁布初期,即成为士子尽弃他说、用心讲明的程朱经典读本。然学者亦易陷入《大全》繁复的经义疏解,困于既有成说而难以自得,以致有碍于程朱本义的阐明。一方面,成祖钦定并由礼部推行的《大全》,被赋予了官定程朱理学读本的身份,成为明代儒学教育中的必读经典。自《大全》颁行之日起,无论生员还是教官,均需面对汇集宋元程朱理学之"大全"的国家经典,不必向外他求。另一方面,随着《大全》日益深入影响明代的儒学教育,它渐成为士人读书研习、形塑思想的主要来源。《大全》"字求其训,句求其解"的解经特色,以宋元众多朱子后学经典疏解为主的内容特点,皆对学者的思想产生直接影响。然一旦过于拘泥经典中的文句训释,则有碍于学者的读书自得。

在这样的背景下,"尽心讲明"与"不可泥也",遂成《大全》颁布后官方持有的基本态度,《大全》在明代儒学教育中因之得以顺利推行,明代朱子学的官学化进程随之得以贯彻完成。客观而言,《大全》的颁布和推行,本

---

① 张弼:《书陈金宪先生墓志后》,《张东海先生诗文集》卷4,《四库全书存目丛书》集部第39册,影印北京大学图书馆藏明正德十三年(1518)周文仪福建刻本,第473—474页。

② 同上。

身即意味着程朱理学经典文本趋向固化和单一化。学者的阅读范围由"兼采众说"到"只读《大全》"，对宋儒经义的理解由"以理断之"到"以《大全》断之"，这对永乐以后士人的治学方法与经典理解的影响深远而巨大。然而明初地方儒学教官并未拘泥于《大全》，还能对《大全》中经典诠释予以认真辩难、细致研习。无论是礼部的"批示"，还是提学官陈璲、教谕李应吉，以及张弼等人的提醒，均指向《大全》在儒学教育中的应有角色。申言之，"一断以理"抑或"不可泥也"，都旨在引导学者以《大全》为本，却不以《大全》为桎梏的学问取态，期望读书人融会贯通《大全》既有训释，又能反求诸己寻求自得的为学取径。

《大全》在明代儒学教育中更引人瞩目的效果是，其颁布后的十年间，地方学校中出现了便于士人研习的《大全》新读本。此即建宁府学教官彭勗（1387—1451）编纂的《书传大全通释》一书。

## 二、地方学官的最初反应

官方颁布程朱理学经典以供天下读书人诵习，此一文教盛举在永乐朝士人中引起的反响可想而知。不过，如今所能看到明初士人对《大全》的反应性文字却少之又少。在《大全》颁行十年间不多的现存案例中，先后在多地担任儒学教官的江西籍士人彭勗，其撰著的《书传大全通释》成为《大全》现存最早的反应性著作。

彭勗编纂《书传大全通释》的用意，常被视为不满并修正《大全》而作。成化间学者陆容（1436—1494）对此有着如下解说：

> 正统初，南畿提学彭御史勗，尝以永乐间纂修《五经四书大全》讨论欠精，有与《集注》背驰者，遂删正自为一书，欲缮写以献。或以《大全序》出自御制而止。以今观之，诚有如彭公之见者。盖订正经籍，所以明道，不当以是自沮也。①

———————

① 陆容：《菽园杂记》卷3，《文渊阁四库全书》子部第1041册，第256页。

陆容之见,实则反映出陆氏本人对《大全》的看法,可代表部分明中期士人对《大全》的相关意见,却未必全然符合彭勖本意。陆氏所记时间亦有误,彭勖《书传大全通释》早在永乐二十二年(1424)已编成,宣德十年(1435)由福建书坊刊刻,所谓正统初"欲缮写以献"一事并无文献可征。不过,陆容记载亦反映出《大全》官定权威地位不可动摇,此应为明中前期学者的共识。

彭勖成为撰著《大全》反应性著作的第一人并非偶然。江西吉安府永丰县人彭勖,字祖期,别号畜庵。他是明前期一位勤勉于地方教育的儒者,其在《明史》有传,生平资料详载于门人叶盛所作传记,以及官至南京礼部尚书的倪谦(1415—1479)所作墓铭。①

彭勖生于洪武朝后期,幼年从学于乡里儒者曾以南。永乐十三年,25岁的彭勖赴北京参加会试、殿试,并以《书经》位列三甲进士。此时《大全》正在北京东华门外进行编纂。彭勖的同年进士中至少有5人在殿试过后新加入《大全》修纂,并在实际纂修事务中承担重要职责。彭勖虽未直接参与《大全》的纂修工作,但他无疑是较早直观感受到《大全》编修和它即将发挥之效用的士人之一。

彭氏随后数十年的任官履历也与地方教育密切相关,他历任广东南雄府、福建建宁府教职,正统元年(1436)起升任监察御史一职,督学南畿十几年。彭勖在地方学校的表现,显示他是位忠诚的朱子学者。譬如其担任建宁府教授时,疏请于朱熹故宅实行春秋祭以及免除朱熹子孙的徭役;他还上疏建尊贤堂,崇祀北宋儒者胡安国、南宋朱子学者蔡沈、真德秀三人;他亦搜集朱熹以下宋元诸儒读书规范,编为《读书要法》训示士人。彭勖尊崇程朱理学,且教育有方,叶盛赞誉他提学南畿时"一时东南士风翕然振起,己未(正统四年)廷试三甲魁选,悉出先生。"彭氏对地方教育的成绩有目共睹,

---

① 张廷玉等撰:《明史》卷161《彭勖传》,第4383—4384页;叶盛:《畜庵彭先生传》,徐纮编:《明名臣琬琰续录》卷10,《文渊阁四库全书》史部第453册,第387—388页;倪谦:《进阶亚中大夫山东按察司副使致仕畜庵先生彭公寿藏铭》,《倪文僖集》卷29,《文渊阁四库全书》集部第1245册,第552—555页。

乃至得到一时名臣杨荣等人肯定,称赞他教学各地"皆能以学行淑人,声誉甚著"。①

作为这样一位尊崇朱子学、重视地方教育的教官,彭勖自然能切身感受到《大全》颁行对于士子的意义和影响所在。正是在建宁府学任教期间,彭勖撰写完成《书传大全通释》一书,专对《四书五经性理大全》中的《书传大全》予以诠释补充。从书前永乐二十二年彭氏自撰序言来看,《书传大全通释》完成之时距离《大全》正式颁布仅七年。

《大全》颁行之初,它作为官方经典的权威性是不言而喻的。彭勖阐明其编纂意图时特别强调《书传大全通释》是为辅翼《大全》而作,他称:

> 愚读是经传叨中甲科,且尝推所得以淑诸人。而其中微辞奥义,有弗能辨析者尤多。比因伏睹颁降《书传大全》,然后积岁不决之疑一旦冰释。第《大全》藏于学校,闾巷未易得睹。是以忘其不题之咎,摘取其切要者附载下方,名曰《书传通释》。缮写成编,归贻家塾,庶与吾党之士共焉。②

在这篇序言中,彭勖不吝于表彰《大全》颁行的重大意义,而他的《书传大全通释》却也符合《大全》在地方儒学中作进一步推广的实际形势,毕竟大多数准备科举考试的士人并不能轻易看到府县学校中"各藏一部"的《大全》。彭勖著述的初衷,是出于教学授徒所需,为士子提供日常研习之用的《大全》读本。为此,他既认真肯定了《大全》颁布之于程朱经典诠释的典范性意义,同时也"斗胆"对官定理学读本予以删正补订,以期更清晰地阐明程朱理学之道。不过,《书传大全通释》旨在便人阅览,序文中却特别提出要"归贻家塾",这也印证了《大全》颁布之初作为官定程朱理学读本的权威性。

---

① 杨荣:《杏隐居士彭叔敏墓志铭》,《文敏集》卷22,第352页。
② 彭勖:《书传大全通释序》,《书传大全通释》,香港大学图书馆藏明宣德十年(1435)守中书堂刊本胶卷。

《书传大全通释》宣德十年刊刻于福建守中书堂,现存刊本目录后有"宣德乙卯岁仲秋日守中书堂鼎新刊行",卷三书题下又题作"书林三峰刘氏日新书堂重刊"。据王重民的说法,守中书堂应是刘氏日新堂入明以后,子孙分其业,又各立堂名,也即日新堂的分肆。①《书传大全通释》在宣德朝获书坊刊印的情形显示,虽然建阳书坊依据官板刊印的《大全》已陆续进入图书流通市场,但此时《大全》的坊刻本尚未流传开来,彭氏精简《大全》而来的《书传大全通释》确可帮助士子研习程朱经典。

由现存《书传大全通释》来看,彭勗在《书传大全》原书基础上做了三项增损工作。《书传大全》共十卷,本身集合元代董鼎《书传辑录纂注》、陈栎《书传纂疏》等多部朱子后学著述而来。《书传大全通释》卷数不变,但彭氏首先简化了《书传大全》原有的宋元疏释,部分章节的删削比例较大,甚至从原有的7、8条解说删减至2、3条,以便读者更容易掌握蔡沈《书集传》中的宋儒经义。再则,彭勗也对《书传大全》中解说不明之处加以补正,其个人意见以"愚按"别之。更重要的是,彭氏为《书传大全》补入了辨析字音、字义、字体等的《音释》。《书传大全》未有《音释》,此特点常为后世学者所诟病。②《书传大全通释》未补入明初流行的邹季友《音释》,而是添入了钱塘人董镛(字孟声,永乐二年进士,曾任永丰知县,永乐间任建阳县儒学训导)的音点。③ 整体来看,《书传大全通释》并非简单翻刻《书传大全》,而是希望为士子日常研习提供更为简明、便用的《书传大全》读本。

彭勗的上述做法,既是他研习《书经》之自得的体现,也着实反映出《大全》的疏解存在过于繁杂的情况,给实际的教与学造成困扰。彭勗的摘录一过,便是根据一己研经心得对《大全》作出简单的清理工作,从而有益于

---

① 王重民:《中国善本书提要》,上海:上海古籍出版社1983年版,第8页。

② 顾炎武对此颇有意见,其称《书传会选》:"每《传》之下,系以《经文》及《传》《音释》,于字音、字体、字义辩之甚详,其《传》中用古人姓字、古书名目,必具出处,兼亦考证典故。盖宋元以来诸儒之规模犹在。"然而"至永乐中修《尚书大全》,不惟删去异说,并《音释》亦不存矣。愚尝谓自宋之末造以至有明之初年,经术人材,于斯为盛。自八股行而古学弃,《大全》出而经说亡,十族诛而臣节变,洪武、永乐之间,亦世道升降之一会矣。"顾炎武:《日知录校释》卷20《书传会选》条,张京华校释,第747页。

③ 陈道、黄仲昭纂修:《(弘治)八闽通志》卷32,《四库全书存目丛书》史部第178册,影印天津图书馆藏明弘治刻本,第3页。

学者掌握《大全》所阐发的程朱理学精义,由此及见彭氏作为朱子学者的切实行动所在。

总之,官修《大全》旨在为士人提供阐明程朱理学经义的统一范本,从而塑造士人的道德修养及思想言行,进而为国家培养可用人才。官定经典《大全》的颁布及其在儒学教育中的有效推行,意味着它的确成为明中前期读书人的首要程朱理学读本。然随着《大全》推广和影响的日益深入,儒学教育中亦出现拘泥于《大全》疏解、有碍于程朱本义阐明的现实情形。明中前期陈璲、李应吉、彭勖等人应对《大全》的反馈意见及相关活动,不论是提示读法、研读探讨还是著述反思,均是地方一线教官在儒学教育中的有益探索和积极实践。以上案例再现了《大全》颁布后在明代儒学教育中的具体施用情形,然《大全》对明代读书人学问趋向的深入影响,还需通过儒者研习《大全》以体道的相关案例加以说明。

## 第三节 明中前期学者的阅读与实践

《大全》在明代传衍的重要特点之一,是它在文字可鉴的明代史料中"隐晦不显"的现象。与同时期东亚汉文化圈诸国相比,其特色更见显著。《大全》自传入朝鲜半岛后就被翻印重刊,朝鲜王朝前期学者盛赞《大全》刊行乃"吾东方学者之幸"的类似言行,比比皆是。① 然而直观反映明代学者对《大全》阅读和观感的史料却如此之少,以致后世学者难睹《大全》明代影响史的真容。个中原因值得考量,是中朝儒学差异与共趋的体现。其中一个较为重要的因素,应与《大全》作为官定程朱理学读本的"御制"身份有关,由是成为明代学者所默认的思想背景与言语共识之故。事实上,《大全》颁布后,它不仅在明代读书人的科举考试、儒学教育中承担主要角色,亦成为学者日常研习、修身践履的重要取径。

---

① 卞季良:《四书五经性理大全跋》,《春亭先生文集》卷12,据韩国古典综合数据库(ht-tp://db.itkc.or.kr)原书影像著录,第161页。

成化间著名学者贺钦留下的珍贵资料显示,明中期学者甚至希望将《大全》推广至学校教育之外、乡间之间。贺钦不仅认为《大全》可读,他尤其推崇《性理大全》一书,视此为教化乡里的捷径要道。他指出《性理大全》"读书者固可学,不读书者得此捷要真方,亦可学为君子",①劝进乡人重视运用此书以指导日常礼俗实践。由此及见《大全》之教化示范意义在明代的演进情形。而《性理大全》中所载朱子《家礼》在明代被取重和"实际"施用的情形,②更可见包括《四书五经大全》在内,《性理大全》等书在明代士人的思想和实践中的意义。

除贺钦之外,山西大儒薛瑄(1389—1464)围绕《大全》展开的阅读实践令人瞩目。薛瑄学术造诣来自体会和践行《性理大全》,他对《四书五经大全》所代表的宋元疏解著作亦有系统看法。薛瑄的后继者、河东学派第四代学者王鸿儒(1459—1519),更在读书研修中计划撰写《五经辨注》,对《五经大全》中的宋元疏解专作辨析。薛瑄、贺钦、王鸿儒等明中期学者的言行实践,显示官定《大全》可以成为学者研经悟道的载体,甚或是其修身践行、化民成俗的主要凭借。无论是接纳、批评,还是反思践履,上述学者均是在诵习《大全》的基础上,形成各自学问风格。本节重点考察河东学派代表人物薛瑄和王鸿儒的相关著述言行,他们的学问前后相继,又都对国家教育有特殊关心,借助《大全》以发展学说或表达思想,此为《大全》颁布后影响学者思想和行动的典型写照。

## 一、山西大儒薛瑄的《大全》阅读

被黄宗羲《明儒学案》目为河东学派之首的明初儒者薛瑄,他因笃实践履的学行而广受后世的推崇。薛氏在《明史》和《明代名人传》有传,现代学者更将其追溯为明代关中理学之始。③ 然而,回顾薛瑄的为学历程,他分明

① 贺钦:《书〈东莱格言〉后以劝乡人》,《医闾先生集》卷6,武玉梅校注,第88页。
② 吾妻重二:《〈家禮〉の刊刻と版本——〈性理大全〉まで》,第53—83页。
③ 张廷玉等撰:《明史》卷282《儒林·薛瑄传》,第7228—7229页;L.Carrington Goodrich and Chaoying Fang,eds..*Dictionary of Ming Biography*,1368-1644. pp.616-619;陈时龙:《明代关中地区的讲学活动(上)》,《"国立"政治大学历史学报》(台北)2007年第27期,第218—219页。

是在永乐朝尊崇程朱理学尤其是颁布《大全》以后的文教背景中,形成并践履其理学思想从而影响后世学者的。代表薛瑄理学成就的《读书录》一书,乃是他阅读《大全》及相关理学书籍时心得体会的文字合集,与永乐朝三部《大全》的关系密不可分。

山西河津人薛瑄,字德温,号敬轩,谥文清,是彭勖同时期稍后的学者。他出生于洪武朝后期,幼时跟随父亲薛贞(1355—1425)学习《四书》《五经》。值得一提的是,薛父曾向明太祖进讲《尚书·大禹谟》并因意义晓畅而获太祖称赞,由此可见薛瑄的家学渊源。① 薛瑄是永乐十九年进士,会试主考官为时任左春坊大学士的杨士奇,翰林院侍读、《大全》纂修官周述。此时《大全》刚颁布天下学校不久,与彭勖一样,薛瑄也成为《大全》最早一批积极"阅读者"。随后的六七年间,薛瑄遭逢祖父母、父亲去世的变故,直至宣德三年(1429)才出任广东道监察御史一职,历任云南监察御史、山东学正等职,天顺时官至礼部侍郎兼翰林院学士,卒年75。中间经历正统八年至十四年的罢官讲学,天顺元年至八年辞官教学,在家乡河津县传播其理学思想。从上任到屡次罢官的前后四十多年间,薛瑄一直研读经书,记录并结集读书心得而成《读书录》《读书续录》二书。

《读书录》与《读书续录》,是实践之儒薛瑄一生理学造诣的文字呈现。前书是他在宣德至正统二十多年间所录,②后书则是他于天顺元年69岁以后家居八年所著。③ 通过分析《读书录》中阅读对象及意见,可见景泰前学者对《大全》乃至宋元理学书籍的代表性看法。④

薛瑄自述《读书录》的撰作,乃是效仿张载教人读书之法而来,他在《读书续录》书前识语中称:

---

① 薛贞,河津人,史称"中洪武甲子乡试,授元氏教谕,官满赴阙。太祖诏择儒官可备顾问者,吏部以二十人上,贞在列。尝进讲《尚书·大禹谟》,意义晓畅,太祖称善。"储大文等编纂:《(雍正)山西通志》卷140,《文渊阁四库全书》史部第546册,第754页。

② 《读书录》中可见"宣德五年"某事产生某念之类的记载;卷4又有"吾来湖南三年矣"的记载,卷8则有"正统四年十一月十九日"的记载,卷10称"往年在湖南"云云。薛瑄:《薛瑄全集》,孙玄常等点校,太原:山西人民出版社1990年版,第1613、1105、1259页。

③ 同上书,第1617页。

④ 薛瑄《读书续录》中的理学观念及思想变化情形暂不讨论。薛瑄《读书录》的思想变化,以及此变化与薛瑄个人经历、正统以后政治局势的关系,值得关注。

往年因读张子"心中有所开，即便札记，不思则还塞之矣"之言，遂于读书心中有所开时，随即札记，有一条二句者，有一条三五句者，有一条数十句者，积二十余年乃成一集，名曰《读书录》，盖以备"不思还塞"，如张子所云者。①

张载此语见于《近思录》，并被选入《性理大全》中，原句为："义理有疑，则濯去旧见以来新意；心中有所开，即便札记，不思则还塞之矣。"②由是可知，"札记"这种述作形式本就针对经典中"疑义"而发，乃是对义理中不通之处予以疏通，而疏通的办法就是读者的反复体悟与实践。因此，《读书录》即为薛氏读义理书时质疑、体悟、实践的心得笔记。

根据门人阎禹锡（1426—1476）所作《行状》，薛瑄撰著《读书录》时主要阅读的理学书籍，正是永乐朝颁行的《性理大全》。《行状》记载薛瑄赴任广东道监察御史后，潜心"苦"读《性理大全》的生动行实如下：

手录《性理大全》一书，潜心诵诵，每至夜分方寝。值冬夜，雪飘盈几，读诵不辍，或思有所得，即起而燃烛记之，或通宵不寐，味而乐之，有不知手舞而足蹈者，遂积为《读书录》。③

阎禹锡是薛瑄正统间居家授徒时的学生，他后于成化二年（1466）将《读书录》《读书续录》仿《近思录》体例加以重编并刊刻于山东，此版本现已不存。薛瑄门人对《读书录》成书经过的记载确实可信，显示《性理大全》是薛氏早年理学实践的主要对象。反观《读书录》所载内容，虽然直接提及《性理大全》书名的仅有一条，此条为对周敦颐《太极图说》重要性的强调，称"《性理大全》书以周子《太极图》冠于篇端，默识而旁通之，则一书之理不外是矣。非独《性理大全》不外乎是，以至《五经》《四书》与凡圣贤之言，又

---

① 薛瑄：《薛瑄全集》，孙玄常等点校，第 1283 页。
② 朱熹、吕祖谦编：《近思录》卷 3"致知"条，《文渊阁四库全书》子部第 699 册，第 40 页。
③ 阎禹锡：《礼部左侍郎兼翰林院学士薛先生行状》，《薛瑄全集》，孙玄常等点校，第 1613 页。

岂有出此《图》之外者哉? 呜呼! 其旨深矣。"①不过,《读书录》中称引的《五经》《四书》《太极图说》《西铭》等著作和性理名篇,以及薛氏有关性理之学的践行体会等内容,皆不出《性理大全》一书的讨论范围。②

除《性理大全》外,《四书大全》以及羽翼朱熹《四书章句集注》的宋元疏解著作,也是薛瑄《读书录》的重点阅读对象。薛瑄明确且屡次分别提及的,有倪士毅《四书辑释》、程复心《四书章图纂释》及王元善《四书通考》诸书。巧合的是,此三书在明初曾合编刊行(现藏于中国国家图书馆),此合编本卷首题"后学新安倪士毅辑释,新安林隐程复心章图,后学莆田王元善通考",是在元至正二年(1342)刘氏日新堂初纂本《四书辑释》的基础上,与《四书章图纂释》《四书通考》二书合编而成。③ 而《四书大全》的取材底本正是至正二年初纂本《四书辑释》。由此可以推测,薛瑄手边随读随录的《四书》疏释书应是此三书在明初的合编本,他因之所发的相关议论也是对《四书大全》意见的如实反映。

从治学路径来看,薛瑄对上述义理书的阅读偏重,十分合理。如前所述,《性理大全》是宋儒关于天理、人性方面理论体系的语录集合,《四书大全》则是附载宋儒性理之学的经典文本。因此,学贵践履的薛瑄自然重视由此二书尤其是《性理大全》出发,于"修齐治平日常人生"中体验并实践程朱之理。④

此外,《读书录》中有关《五经》疏释书的评述文字显示,与《性理大全》《四书大全》同时颁降的《五经大全》,理应也是薛瑄日常阅读的理学参考书,但因其认为"《五经》《四书》,一'性'字括尽",⑤故不作取重。薛瑄于

①　薛瑄:《薛瑄全集》,孙玄常等点校,第 1225 页。

②　这由《薛瑄全集》附录二"《读书录》、《读书续录》摘引主要书目暨核校版本"一览表也可证之。同上书,第 1500—1502 页。

③　国图现藏明初三书合编本《四书辑释》的刊行情况尚不能确定,并非顾永新《从〈四书辑释〉的编刻看四书学学术史》一文指出的,国图所藏明初刻本《四书辑释》与日本所藏永乐四年博雅书堂残本为同一版本(《北京大学学报》2006 年第 2 期,第 105—106 页)。日本所藏永乐四年(1406)博雅书堂残本《四书辑释通考》为《四书辑释》与《四书通考》二书合编。顾氏在《〈四书辑释〉影印说明》中已纠正此处说法(《日本宫内厅书陵部藏宋元版汉籍选刊》第 24 册,第 6 页)。

④　钱穆:《明初朱子学流衍考》,《中国学术思想史论丛》(七),第 25 页。

⑤　阎禹锡:《礼部左侍郎兼翰林院学士薛先生行状》,第 1618 页。

《五经》中较重《易经》，一如近人钱穆所言，也是因《易经》中《十翼》"谈及宇宙论方面，可补《四书》之缺"的缘故。①

统言之，三部《大全》中，薛瑄最重《性理大全》。《读书录》的阅读对象是以《性理大全》为主、《四书大全》及其主要取材的宋元《四书》疏释书为辅，兼及《五经大全》尤其是《易经》注疏。这显示三部《大全》已成为薛瑄这个时代的读书人修身、践行的必读之书。

## 二、《读书录》对《四书五经大全》的具体意见

《读书录》既是薛瑄体悟、践行程朱理学的自得文字，也是他以亲身践履向有志于圣学的士人指明如何阅读、体悟和实践三部《大全》的生动示范。书中的性理相关条目，已为读书人研习并践行《性理大全》提供了可资取法的范例。书中虽无直接称引《四书五经大全》的条目，然薛氏评述宋元《四书》《五经》疏释书二十余条议论文字，实际是对《四书五经大全》为主的程朱经典纂释著作之讨论意见。请看下表：②

**表15　《读书录》有关宋元疏释书之意见**

| | |
|---|---|
| 卷一 | 1)《四书集注》《章句》《或问》，皆朱子萃群贤之言议，而折衷以义理之权衡，至广至大，至精至密，发挥圣贤之心，殆无余蕴。学者当依朱子"静思熟读，循序渐进"之法，潜心体认而力行之，自有所得。窃怪后人之于朱子之书之意，尚不能遍观而尽识，或辄逞己见，妄有疵议；或剽拾成说，寓以新名，炫新奇而掠著述之功，多见其不知量也。<br>2)《四书》当先以《集注》《章句》为主，参之于《或问》。如《辑释》诸书，固多有发明，但《语录》或因人浅深而发，或有未定之论；诸儒又或各持所见，间有与朱子异者。若经文、《集注》《章句》未通而泛观，此则本义反为所隔，使人将有望洋之叹；若经文、《集注》《章句》《或问》既已贯通，在己之权度既定，然后兼考诸书，则知所则矣。<br>3)余读《集释》（注：倪士毅《辑释》，薛瑄亦作《集释》，下同）"洒扫应对"条下载朱子《语录》曰："洒扫应对，有形而上者；精义入神，亦有形而上者。"窃疑此语或记者之误。盖"精义入神"，谓精究事物之理入于神妙，是即形而上者也；若谓"精义入神"以上又有形而上者，则"精义入神"为何物耶？③ |

---

① 钱穆：《明初朱子学流衍考》，第25页。
② 表15根据《薛瑄全集》中收录十一卷本《读书录》而来。据书前凡例称，此本以乾隆本（薛瑄裔孙薛天章校刻）为底本，除全部保留原本校注外，又对照河津本（侯鹤龄编，明万历本）、石门本（石洲张公刻，明嘉靖本）作复校而成。
③ 薛瑄：《薛瑄全集》，孙玄常等点校，第1025—1026页。

续表

| | |
|---|---|
| 卷一 | 4) 读朱子《语录》,不若读《易本义》《四书集注》《章句》《或问》诸手笔之书为定论。有余力,则参考《语录》之类可也。① |
| 卷一 | 5) 朱子《语录》杂论,散见于诸书者甚多。当时门人从旁记录,岂无一二之误,况传写之久乎?尝窃谓,读朱子《语录》杂论,不若读朱子手笔之书为无疑。然《语录》杂论中有义理精确明白,发手笔之未发者,则不可不考也。② |
| 卷二 | 6)《诗》曰:"至于太王,实始翦商。"朱子《论语集注》用旧说为是,唯如此,则与"三以天下让"之言相合。《通考》(注:王元善《通考》)中金履祥、熊禾皆力辨诗人之言,谓"姑取其王迹之所由始耳,太王实未始有翦商之志。"若如其说,则泰伯"三以天下让"之言为不通矣。③ |
| 卷四 | 7) 近世儒者,割裂经史子集百家之说,区别门类,缀集成书,务欲包括古今问目,以为决科之利,使后学转相剽窃,但资侥幸利达,而无以资身心之用,其弊也甚矣!④ |
| 卷四 | 8) 读朱子《语录》杂书,断不若读其手笔之书。<br>9) 后儒纂集杂说语录附诸经书条下,有语同而数处皆见者,几于"曰若稽古"三万言矣。<br>10) 各经、《四书》脚注之脚注太繁多。窃谓不若专读各经、《四书》正文、传、注,熟之又熟,以待自得之可也。小脚注太繁多,不惟有与经、注矛盾处,亦以起学者望洋之叹。<br>11) 学者于正经、传、注尚不能精熟,即泛观小注中诸儒之说,愈生支节而莫知其本;若传、注精熟之余,有余力而参看之可也。⑤ |
| 卷四 | 12) 读书只当以正文、传、注为本,正文、传、注已通析,尚有可疑者,乃可参考《语录》诸说。窃见传、注之外,皆有诸儒小注,经文不过数语,而小注乃至数千百言,其实学者不但不能周览,并经文、传、注亦不能精矣。若有大圣贤作,必重加芟削矣。<br>13) 人果能诚信求道,虽《五经》《四书》正文中亦自有入处;若无诚心向此,虽经书一章反复以数万言释之,人亦不能有得也。⑥ |
| 卷五 | 14)《四书》《五经》、周、程、张、朱之书,道统正传。舍此而他学,非学也。<br>15) 汉唐以来,正教与异学并行,而学者莫知所宗。自宋诸君子表彰《四书》《五经》而发挥之,如日月经天,而爝火自熄。有志之士,宜熟读精思而力行之,庶不负先正之教矣。<br>16)《四书》满天下,真知实践者盖有之矣,吾不得而识其人也。⑦ |

① 薛瑄:《薛瑄全集》,孙玄常等点校,第 1033 页。
② 同上书,第 1040—1041 页。
③ 同上书,第 1056 页。
④ 同上书,第 1122 页。
⑤ 同上书,第 1123 页。
⑥ 同上书,第 1126 页。
⑦ 同上书,第 1143 页。

续表

| 卷八 | 17)近世《易》《诗》《书》《春秋》《四书》传注之外,世儒纂集诸家之说附释其后,虽时有发明,其实太繁复汗漫,而学者终不能遍观而尽读,反于正经本旨至蔽隔支离,先儒烛笼之譬正如此。① |
|---|---|
| 卷八 | 18)《四书集注》《章句》之外,倪氏《集释》最为精简。其他割裂旧说,附会己意,但欲起学者之观听,图己名之不朽,驳杂浩穰,害理尤甚。② |
| 卷八 | 19)程复心《四书章图》(注:全名为《四书章图纂释》)破碎义理,愈使学者生疑。<br>20)程复心将《太极图》中着一"气"字,又从而释之曰:"太极未有象数,惟一气耳。"乃汉儒"涵三为一",老、庄指太极为气之说,其失周子、朱子之旨远矣。③ |
| 卷八 | 21)《五经》《四书》小注不胜其烦,读者诚有"文灭志"、"博溺心"之患。<br>22)非有过人之识,而欲纂集群言以折衷圣贤之经旨,多见其不自量也。④ |
| 卷十 | 23)程复心《大学章句图》首画《太极图》,中间着一"气"字,是以气言太极。周子"无极而太极",专以理言也。程说曰:"太极未有象,惟一气耳。"是即汉儒异端之说,又岂识所谓太极哉!⑤ |

　　以上讨论散见于以时间编次的《读书录》各卷之中,显示出薛瑄对宋元以至明初《四书》《五经》疏释书的一贯看法和取重。其中,(1)、(2)、(7)、(9)、(10)、(11)、(12)、(13)、(14)、(15)、(16)、(17)、(21)、(22)十四条统言读法及总评疏释书之弊;(3)、(6)、(18)、(19)、(20)、(23)六条具体评点宋元疏释书,如倪士毅《四书辑释》、程复心《四书章图纂释》和王元善《四书通考》;(4)、(5)、(8)三条则是对宋元以来朱子《语录》书的述评,而《语录》本身即为宋元疏释书的组成部分。

　　概言之,薛瑄提出程朱经典的读法是以经、传、程朱注释为本,兼取《语录》、宋元疏解以资参看,重在体悟本义并运用于躬行实践。同时,他认为程朱疏释书有着妄、繁、泛、杂、异等诸多缺陷,从而有碍于学者理解程朱本义,因此,只有在融会贯通本经并有定见之后,学者方可取用疏释书中的朱子《语录》和宋元诸儒疏解文字作为参考,参考时还需有所考订。

---

① 薛瑄:《薛瑄全集》,孙玄常等点校,第 1222 页。
② 同上。
③ 同上书,第 1228 页。
④ 同上书,第 1237—1238 页。
⑤ 同上书,第 1264—1265 页。

上述条目中,薛瑄对《语录》书,尤其是"各经、《四书》脚注之脚注"颇为关注,他不仅认为"纂集群言以折衷圣贤之经旨"的述作有"不自量"之嫌,甚至期望"若有大圣贤作,必重加芟削矣",这实际是对宋元治朱子学者增补、诠释朱子之言的研经取径之深刻反思。《读书录》这一明确的指向性,在阎禹锡所作《行状》中也有清晰阐明:

> 及宋末,词章枝叶之学竞起。先生惧其末流远而本源晦也,敬录御制《性理大全》书,昼夜读诵不辍,然后约之于心身性理之间,谓"太极即吾仁义礼知之性也",谓"《五经》《四书》,一'性'字括尽",谓"今之学者,不知性之至,不践性之至,非学也。"著读书一《录》,皆发明性理之旨。非徒言也,而又能践其言。①

以上可见,正是针对宋末至明初朱子学者沉浸于补益朱子之言而不重体悟实践的"词章枝叶之学",薛瑄通过"手录诵读《大全》——体验与践行——记录践行心得——实践心得",转而强调程朱理学本身既有的实践面向。这一文本与行动的互动过程,是他发明程朱理学的具体方法。薛瑄其人、其书的示范意义,由此得以彰显。

与他的前贤和同志相比,薛瑄上述为朱子学做"减法"的努力自有其时代特点及意义。正如本书首章所示,早在元代中后期,来自理学发达地区的朱升、赵汸、郑玉等南方朱子学者,就已看到宋元治朱子学路径的问题所在,并着手从撰述体例、地域理学间的交融会通等层面尝试发展朱子学。明初确立以《大全》为标准的官方理学之后,与这些元代先贤一样,北方儒者薛瑄也需应对朱子学后续发展问题。于是,他通过认真研习《大全》所载宋儒奥义,将之内化为对程朱本义的理解和体会,并以践行体悟来强调程朱理学的实践面向,规避汗漫支离的程朱末流之学。从他的理学践行文字《读书录》来看,薛瑄对宋元朱子学发展状况的反思较元末诸儒更为系统和彻底,他的学行示范及后续影响实际开阔了明代朱子学的发展路向。

---

① 阎禹锡:《礼部左侍郎兼翰林院学士薛先生行状》,第1618页。

薛瑄的理学实践不仅开明初河东学派之端，也成为关中理学的"外来资源"。① 伴随着其人其书在明代影响，《读书录》渐成明代士人阅读《大全》时的辅助参考书之一，这见于《读书录》的版本流传历史，也见于《读书录》的后续反应性著作（如弘治张吉编《读书录要语》等）。《大全》的现存版本中，亦见后人手录《读书录》的相关内容而在《大全》书中所作批注。

总的来看，薛瑄以其儒学实践向士人宣明，官定《大全》不仅可读，甚至可作为行道的载体和凭据，学者既要避免沉浸于宋末以来的训释词章之学，也不好借此书专为自己讲一番话说，只需在会通体悟程朱本义的基础上践行即可。薛瑄的案例显示，对有志于圣学、潜心研经的明代读书人而言，官定《大全》不仅未能束缚其思想，反而为他们"行道"提供了更为直接简便的经典依据。

### 三、河东学者王鸿儒的承继与发展

薛瑄以《大全》为致知践行的取径，不乏后继者。官至南京户部尚书的南阳人王鸿儒，是北方大儒薛瑄的三传弟子，其学行具有河东学派的早期特点。王鸿儒学于段坚（1419—1484），从而上承薛瑄致知实践之学。其为学主张穷理致用，以谙熟经史、务实施用为特点。他管理山西学政成绩斐然，任职南京期间协助平定宸濠之乱并卒于任上。王鸿儒学行是明中期河东理学的代表，他的"笔语"类札记是河东学派的典型著述表现，他继承并发展了薛瑄的主敬存心之学，扩大了河东理学的经世面向，更显示了《大全》影响下15世纪学者之思想新动向。

薛瑄《读书录》是《四书五经性理大全》的阅读反馈和实践，王鸿儒亦有《凝斋笔语》一书对《大全》所代表的宋儒理学进行辨析。《凝斋笔语》一书既有单行本，其内容又散见于王鸿儒文集《凝斋集》卷七"杂录"中。所谓"杂录"，是王鸿儒读《五经》、史书、子书等的读书札记、思考辨析，这正是延续薛瑄《读书录》以来的传统。"杂录"147条，由"易说五十三条"、"诗书春秋

---

① 陈时龙：《明代关中地区的讲学活动（上）》，《"国立"政治大学历史学报》（台北）2007年第27期，第218—223页。

礼说三十条"、"笔语十七条"、"史事三十一条"、"众书十六条"(众书包括《论语》、《大学》、《孟子》、《说苑》、《颜氏家训》等)五部分组成。有趣的是,《凝斋集·杂录》中同名为"笔语"的 17 条,有关性理的讨论和思辨,却与《凝斋笔语》32 条无一重合。一言之,《凝斋笔语》的内容,见载于《凝斋集·杂录》除"笔语"以外的其他四类之中。《凝斋集·杂录》与《凝斋笔语》两者的关系复杂,如下表所示:

表 16 《凝斋集·杂录》与《凝斋笔语》内容对比

| 《凝斋集》卷七"杂录"(147) | 《凝斋笔语》(32) |
|---|---|
| "易说五十三条" | 论《易》十四条 |
| "诗书春秋礼说三十条" | 论《诗》三条 |
| | 论《书》一条 |
| | 论《左传》一条 |
| | 论《周礼》三条 |
| "众书十六条" | 论《四书》三条 |
| | 论子书三条 |
| | 引朱子答王子合书一条 |
| "史事三十一条" | 论史三条 |
| "笔语十七条" | 无 |

就撰写体例而言,无论是《凝斋集·杂录》还是《凝斋笔语》,都具河东之学的鲜明特色。河东学派以读书札记为致知实践之学的一种重要表达,薛瑄《读书录》《读书续录》二书,随条札记读《大全》等宋代以来理学书心得。反观王鸿儒《凝斋集·杂录》和《凝斋笔语》,两者皆以经说、史事、子书组成,大致符合传统的四部分类法,然所涉书籍范围比《读书录》等更为广大。王氏曾向好友提到"生自经大故以来,衰悴不可言,……独于经书或时精思,尚能有得,但不得如执事者以质正之",①乃其正德初丁忧期间,读书精思,深思有得则随笔札记,以供自读或与同志辩难,此正是王鸿儒"杂录"和"笔语"的思想来源。除薛瑄的影响外,王鸿儒的读书笔记,亦受宋儒黄

---

① 王鸿儒:《与梅留守一之》,《王文庄公凝斋集》卷 10,第 664 页。

震（1213—1280）《黄氏日抄》的影响较著。①

由表 16 中规模可知，《凝斋笔语》仅为《凝斋集·杂录》篇幅之五分之一，且其内容分散、无法囊括王鸿儒主要思想。举例言之，《凝斋集》"众书十六条"中最后一条"拟补格物致知传"，标题单列，此为单行本《凝斋笔语》所无，但颇见王鸿儒思想特色，及其对《大全》改作之处。王鸿儒称：

> 所谓致知在格物者，合内外之道也。明于庶物内斯明矣，察于人伦内斯通矣。既明且通，则不疑其所行也。《诗》曰："天生蒸民，有物有则。民之秉彝，好是懿德"。《康诰》曰："弘于天若，德裕乃身"。此为物格，此为知之至也。②

古本《大学》无格物致知传，朱熹补作《格致传》，并在补传中提出"即物穷理"的论学宗旨。③《四书大全》沿袭朱熹之说，并采辑宋元朱子后学的说法以羽翼之。薛瑄的格物论说，已与朱子有所不同，主张由"吾心之理"与"物之理"相结合。④ 王鸿儒的补格物致知传，他"合内外之道"的格物观，以及对知识之外"德性"重要性的强调，都是与薛瑄一致而与程朱有别的。他强调于人伦日用中做工夫，于行动践履中格物致知，正是薛瑄以来河东之学"复性"的方法。⑤ 这种在"日用常行"中体会"道"的做法，其所知与所行有机统一，既是王鸿儒为学行事的显著特色，也体现了薛瑄以来河东学

---

① 据明嘉靖十二年庐州刊本《凝斋集》中《与梅留守一之》一文（卷 8，第 13 页），王鸿儒已有两部《黄氏日抄》，却仍请梅纯求购此书善本（此记载为 2007 年影印民国十五年河南官书局刻本王鸿儒文集所缺）。王鸿儒的读书笔记与《黄氏日抄》在编纂和内容上有相似处。《黄氏日抄》"以所读诸书随笔札记，而断以己意。"《黄氏日抄》97 卷，读经者 30 卷，读三传及孔氏书者各 1 卷，读诸儒书者 13 卷，读史者 5 卷，读杂史、读诸子者各 4 卷，读文集者 10 卷，计 68 卷，皆论古人；69 卷以下，皆自作之文（永瑢等：《四库全书总目》卷 92《黄氏日抄》条，第786 页）。

② 王鸿儒：《拟补格物致知传》，《王文庄公凝斋集》卷 10，第 734 页。

③ 《大学》文本变动与立说模式的讨论，参见刘勇：《变动不居的经典：明代〈大学〉改本研究》，北京：生活·读书·新知三联书店 2016 年版。

④ 参见陈荣捷：《早期明代之程朱学派》，《朱学论集》，第 335 页。

⑤ 参见侯外庐等：《宋明理学史（下）》，第 130 页。

派致知力行的一贯风格。

《凝斋集》"笔语十七条",是王鸿儒主敬存心之学问特点的重要表达,单行本《凝斋笔语》皆无。薛瑄专注于敬,段坚之学"其功一本于敬"。① 王鸿儒亦如此,《凝斋集》"笔语"称"师友夹持,敬义可立。敬义夹持,天德可达",②又称"居敬所以存心也。心若能存,则理可穷,性可尽,而命可至也。""存心所以养性也。""理、性、命一也,穷尽至则有次序尔。"③更可见王鸿儒在师说基础上的发展,他认为居敬可以存心养性,心存则理、性、命皆可达成。对"存心"的强调,是其有自得之处,也见于《凝斋集》中其他文字。卷九《题朱子因梦中影响图后》一文,王鸿儒提出君子于生死、穷通、毁誉等事,"不足以动其心",心存则超然物外的看法。④《凝斋集》"笔语"第二条,称"明镜止水以持心,泰山乔岳以立身,青天白日以应事,光风霁月以待人",此乃其《座右铭》的精炼之语。⑤

王鸿儒对存心的强调,在其《主人翁传》一文中表露无疑。何谓主人翁?宋儒指心之主宰。宋儒陈埴指出,持敬的方法是存心,存心的关键正是"扶起主人翁,不令放倒耳",检验的方法不是引证他人言语,而是"只自验看"。⑥ 因此,薛瑄常自省称:"余每呼此心曰:主人翁在室否? 至夕必自省曰:一日所为之事合理否?"⑦王鸿儒的"主人翁"传更生动描写了主人翁在室与否的重要性,他称主人翁有爱甫、宜甫、履甫、通甫四子,重孙、恭孙、端孙、止孙、直孙、德孙、庄孙为四子执役:

> 四子虽天下大贤,主人翁须臾不在室,辄昏惰纵怠,或姑息,或残忍,或欲败度纵败礼,或以是为非、以非为是,诸仆亦群然而起,各逞其

---

① 冯从吾:《关学编》卷3,陈俊民、徐兴海点校,第28页。
② 王鸿儒:《王文庄公凝斋集》卷10,第720页。
③ 同上。
④ 王鸿儒:《题朱子因梦中影响图后》,《王文庄公凝斋集》卷9,第579—580页。
⑤ 王鸿儒:《王文庄公凝斋集》卷10,第719页。
⑥ 陈埴:《木钟集》卷8,《文渊阁四库全书》子部第703册,第694页。
⑦ 薛瑄:《薛瑄全集》,孙玄常等点校。

> 所欲,资财俱耗。翁归,痛刻责四子,便帖帖就约束,诸仆亦无敢于哗于
> 室者。①

爱、宜、履、通四子,实为仁、义、礼、智四端。② 重、恭、端、止、直、德、庄等仆,乃《礼记》所言君子容貌之宜,是君子修身践形的表现。③ 王鸿儒通过以上拟人化的表述,提揭儒者常存此心的必要性,他也特别点明自己在内的河东之学对主敬存心的体认,称主人翁"著于河东,而实出于灵台","翁之一子,今在宛,亦尝往乎灵台者。蚤虽放旷,壮知检饬,亦子美所谓'近辞痛饮徒,折节万夫后'者,视其言行气象,其亦终为克肖者耶。"④灵台,即心。⑤ 其文足见王鸿儒的自省与自期。

综上,《凝斋笔语》就规模言之,仅为《凝斋集》卷七"杂录"的五分之一,从内容来看亦无法涵盖王鸿儒理学思想的主旨。王鸿儒对《大全》的相关意见,更体现于《凝斋集》卷七中未被《凝斋笔语》引述的内容,以及文集其他卷次的理学文字中。王鸿儒的主敬存心之学,亦见河东学派在明中期发展和演进情形。

王鸿儒除以《凝斋笔语》和《杂录》等札记体笔记为载体,精思明辨《大全》所载宋儒义理之外,还计划撰写《五经辨注》,以辩正《五经大全》为旨归。⑥ 这展现出明中期学者尝试修正《大全》的思想新趋势。虽然王氏《五经辨注》未及完成,从其他文字亦可推及此书规模。譬如,王鸿儒举例《尚书·益稷》中"以五采彰施于五色作服汝明"条辨析之,认为由是"乃知蔡《传》解亦欠明",⑦显然对专主蔡《传》的《书传大全》有所质疑。在明初确立《四书五经性理大全》为官定理学经典的背景下,王鸿儒"辨注"的指向正是此程朱官定经典。

---

① 王鸿儒:《主人翁传》,《王文庄公凝斋集》卷8,第502页。
② 班固:《汉书》卷58《公孙弘传》,北京:中华书局1962年版,第2616页。
③ 卫湜:《礼记集说》卷77,《文渊阁四库全书》经部第118册,第630页。
④ 王鸿儒:《王文庄公凝斋集》卷8,第504—505页。
⑤ 《庄子·庚桑楚》,郭象注:"灵台者,心也。"
⑥ 郭维藩:《南京户部尚书谥文庄王公行状》,第312页。
⑦ 王鸿儒:《与梅一之》,《王文庄公凝斋集》卷10,第610—611页。

总之,王鸿儒以"笔记"为载体修正《大全》的思考和行动,乃是承继注重学问自得、致知践履的河东理学而来。王氏曾引程子语录"自得后须放开,不然却只是守",①以宣明其研习程朱理学的原则。然其学行实践,却也注入新的时代思想特色而有所延展。王鸿儒不仅以博古通今、务实施用的学行特点,张大了河东理学的经世面向,还秉持主敬存心之学,在"居敬"之外更强调"存心"的重要性,这均是 15 世纪程朱学者应因新的时代背景而产生的思想新动向。

无独有偶,与王鸿儒时代相仿的华亭人沈霁(1460—1545),也在阅读《大全》的过程中发展出体验身心的学问趋向,可见《大全》颁布后的明代思想史中逐渐汇聚的一股新潮流。沈氏曾学于胡居仁(1434—1484)、章懋等明中期著名程朱学者,是学重经世的官员。他"每公事暇,读《性理大全书》,一有所得,即记录味而玩之",致仕归家后"平生无私蓄,虽历任不受一物,行李萧然,惟图书数卷而已。居家十七年,屏绝人事,日诵《四书六经性理大全》诸书并《闽洛语录》,潜玩义理,验之身心,务为践履之学",②此反映出明中期南北方学者通过阅读《大全》而体验身心、践履施行的学问共趋。

从沈霁为学历程的自述,更显示出明中期学术研究的转向趋势。沈氏尝曰:"霁年少时遂有志圣贤之学,从胡敬斋、章枫山,其于古圣贤之书无所不讲。后在南台无师友指引,公事暇,惟日对圣贤,废寝忘食者数年,而后豁然贯通,始知道理皆具于心,不假外求。若徒求之,上而无得,于身心则亦何益。"③由于官定《大全》颁布,经典文本的探寻和整理已暂告段落,明中期学术转向个人化的体悟实践也是自然之事,对于"心"的强调和回归则成为此时学者呼之欲出的思想诉求。沈霁的案例还证明了,对于明中前期学者而言,即使无师友相与砥砺讲习,只要有《大全》在手,且能够"虚心观理",自然能对圣贤精义有所体悟和收获。薛瑄、王鸿儒、沈霁等明中前期学者由

① 王鸿儒:《众书》,《王文庄公凝斋集》卷 10,第 733 页。
② 焦竑辑:《贵州兵备副使沈公霁传》,《国朝献征录》卷 103,《续修四库全书》史部第531 册,影印上海图书馆藏明万历四十四年(1616)徐象橒曼山馆刻本,第 94—95 页。
③ 同上书,第 96 页。

《大全》而体道、行道的相关活动，与十五世纪中后期集中修正《大全》的思潮相呼应，揭示出阳明学兴起之前明中期思想史的丰富场景。这正是本书下章将揭示的主要内容。

明初颁降的《四书五经性理大全》为明代学术发展提供了思想基底。作为官定程朱理学经典，《大全》自颁布后即对明代士人的读书习学、经典研究乃至身心修养发挥重要作用。三部《大全》的刊行和出版情形，其在儒学教育系统中的推行力度及落实情况等，实则构成了明代思想史这块"画板"的基本色调。此后，明代无论是批评、支持、修正《大全》的声音，都是围绕着《大全》日益发挥的深远影响而展开的，这在阳明学兴起以后的明中后期也不例外。

本章呈现《大全》在明代官私刻印的流传历史，从宏观上考述《大全》在明代思想传播中始终占据学术主流，并未随着时代思潮的风起云涌而退出历史舞台的客观情形。宋元兴起的福建书坊业成为《大全》在全国范围内推广的有力保障。中晚明商业出版的勃兴，更推动了《大全》校正本中"权威"读本的涌现。《大全》坊刻本中又衍生出增补本、节略本、合刊本等多种版本形态，随着时代思潮的发展，不断推陈出新，为《大全》内容注入新活力。《大全》在有明一代错综复杂的出版刊刻历史，乃是其广泛影响的直观体现。

明成祖期望《大全》成为全国士人"尽心讲明"的重要经典，从而实现其"一道德同风俗"的治教理想。《大全》在明代儒学教育体系中得到确实的推行，在两京国子监、府、州、县级学校均有颁布和贮藏，以供天下士子研读学习。提学官和各级地方教官等的早期意见显示，《大全》颁布后即作为明代读书人的首要经典，被认真加以研习和辩难。在《大全》逐层推行的过程中，亦出现士人拘泥于此书中辞章训诂、不求甚解的状况，有碍于程朱义理的学习和体会。李应吉、陈璲、彭勖为代表的各级儒学教育官员，均注意及时总结、反省官方经典推广中产生的弊病，通过上疏建言、引导读书方法及撰著简明读本等途径，倡导"不可泥也"的为学路径，积极探索《大全》在实际教学中的运用。此正反映《大全》在明代社会影响的逐渐深入。

　　《大全》对明代思想史的更深层次影响，则见于明中期学者贺钦、沈霁，以及河东学派薛瑄、王鸿儒等人以《大全》来"行道"的思考与实践。读书笔记、札记是读者阅读及思考的重要表达和载体。薛瑄、王鸿儒一脉相承的理学"札记"——《读书录》与《凝斋笔语》，正体现河东学者对《大全》所载程朱理学的体会和实践。河东学派"笔语"、"杂录"与"读书录"等札记体文字，不同于朱子、吕祖谦《近思录》，王阳明《传习录》等有宗派语录性质的著作，却是学者阅读官定《大全》为主的儒家经典时的自得体会。换言之，阅读并体悟《大全》所载的宋儒精义，进而付诸实践，正是河东致知实践之学的进学历程。河东学派两位著名人物由《大全》入学成学，可见《大全》能够作为学者体悟圣贤之道的重要载体。官定《大全》不仅未能束缚学者研经自得，还成为有志于圣学的儒者修身践履的主要凭据，乃至为其实践理想、教化乡里提供助益。

　　至此可以总结，《大全》在明代中国的推行一如成祖所期。它不仅在全国范围得以推广，且确实成为天下士子研经悟道的重要载体，教官用《大全》培养人才，士子用《大全》谋求功名，学者从《大全》中致知践行，书坊还利用《大全》作为商业出版中有利可图的公共文化资源。可以说，随着官定程朱理学读本《大全》的颁布和流传，南北方学者均转向使用、体会、践行《大全》的相应思考与行动上来，《大全》颁布对于15世纪学术潮流的转变意义重大。下章的研究将呈现，在时代变革的浪潮之下，《大全》还成为经世官员救正时弊的关键渠道，以修正《大全》为主要表现形式的政治和思想改革正待展开。

# 第五章　经世致用:时代变革下的《大全》修正

  《大全》对明代思想世界的深入影响,不仅见于其复杂的刊行流传历史,它在儒学教育中的贯彻和推行,以及对学者致知实践之学的养成,更反映在《大全》对明代读书人思想与行动的整体指导意义,以及儒者道德理想的规范作用上,它在客观上塑造着明代士人的所思所想与行动准则。一言之,承载宋代以来圣贤精义的《大全》,它构成了明代知识人思想与行动的基本背景。讨论明代思想世界的任何一部分,无论是亦步亦趋的朱子学者、"于静中养出端倪"的心学家,还是迅速崛起的阳明后学,都离不开《大全》所构建出的基本儒学框架。

  纵观明代,《大全》的影响是全方位的,它对于明朝士大夫具有多元功用。朝廷之上,经筵讲官利用《大全》为帝王进行系统的儒学教育,朝臣向君主上疏谏诤时也常引《大全》作为经典依据,甚至在儒者从祀孔庙的重要议题中,其著作是否被《大全》所征引,成为衡量他能否被认定为"真儒"的关键条件和从祀标准。庙堂之下,《大全》是士子参加科举考试的主要参考,亦是儒者修身践履的重要凭借,明代各时期的学者都在不同程度上运用《大全》以表达其思想和学说。

  《大全》更深远影响明代学术的发展方向。自二程及朱熹等宋儒奠定了新儒学的基本框架以来,宋元学者的用功重点在于朱子之言的再诠释,旨在为程朱理学提供更为完善的"读本"。永乐朝三部《大全》的纂修及颁布,意味着程朱理学读本的最终完成,并以官方的形式确定下来。这客观上促使明代学术的研究重心发生转向,永乐后士人的研习重心,确从羽翼朱子转向体悟并实践《大全》所承载的程朱理学精义上来。从这层意义上来说，《大全》的颁布和影响，是造成有明一代学术区别于宋元学术的根源，也是明代思想发展历程中的里程碑式事件。

本书末章讨论的核心议题是:就时代变革中的 15 世纪读者而言,《大全》对于他们的切实意义和具体影响何在？下文以个案研究的方式，按其相关著作的时间先后为序，考察《大全》颁布百年间学者围绕《大全》展开的一系列儒学实践。他们分居南北各地，无论在朝在野，都有针对《大全》的重要意见以及旨在修正《大全》的反应性著述。从他们相似或不同的取重和态度，可见明代朱子学传承转折的基本脉络，此为《大全》影响史的着实面貌，已足以显现 15 世纪思想史中一条重要却未曾"着色"的发展轨迹。

## 第一节　时代背景与思想趋向

15 世纪下半叶(大约是 1450—1500)五十余年间，思想史上出现了一种较为特殊的现象，以《大全》为目标对象的程朱经典修正活动集中涌现。一批学者型官员(scholar-official)前后相继的编纂出旨在修订《大全》的学术著作，其体例不一，形式多样，但都或明或暗地指向官定《大全》的诸多弊病，试图予以修正完善。明中期著名学者罗钦顺(1465—1547)即注意到此时《大全》修正活动频现的特别状况。罗氏为弘治六年(1493)进士，后官至南京吏部尚书。① 他记述道:

> 余自入官后，尝见近时十数种书，于宋诸大儒言论有明诋者、有暗诋者，直是可怪。既而思之，亦可怜也。坐井观天而曰天小，不自知其身在井中尔。然或往告之曰:"天非小也，子盍从井外观之。"彼

---

① 罗钦顺的最新研究，参见林展:《罗钦顺与学友对阳明学的批判及其时代意涵》，香港理工大学中国文化学系博士论文，2019 年。

方溺于坐井之安,坚不肯出,亦将如之何哉? 呜呼! 斯固终归于愚而已矣。

　　诸大儒言语文字,岂无小小出入处? 只是大本大原上见得端的,故能有以发明孔孟之微旨,使后学知所用力之方,不为异说之所迷惑。所以不免小有出入者,盖义理真是无穷,其间细微曲折,如何一时便见得尽? 后儒果有所见,自当信得及,于其小小出入处,不妨为之申明,亦先儒以俟后之君子之本意也。①

　　罗钦顺的评论不失为十五世纪中后期质疑、修正《大全》之思潮的总结与反思。他站在维护官定《大全》的立场上,直斥"明诋""暗诋"程朱理学正统的学者为固陋之士,倡导从大处着眼悉心学习《大全》所载宋儒精义,不应纠结于琐碎的考证辩驳。罗钦顺所言,既与明中前期学者提醒"虚心观理,自当得知,不可泥也"的《大全》读法有异曲同工之处,又有排斥"异说"回归程朱经传的时代指向性。

　　正如罗钦顺所言,到了 16 世纪初,以修正《大全》为宗旨的理学著作已有十几种之多。除了下文重点探讨的杨守陈、周洪谟、王恕和蔡清等学者的著述以外,陈真晟(1411—1473)天顺二年(1458)进献《程朱正学纂要》,陈公懋弘治元年(1488)上书《尚书》《周易》《大学》《中庸注》等,稍后林希元(1482—1567)撰著辅翼《大全》的《四书存疑》等,均是重要例证。明中期学者以《大全》为载体集中表达其变革时弊的诉求,此现象尚未被学界所注意,它是理解明代朱子学之转折与内在延展的关键所在,又与接下来阳明学的兴盛有内在逻辑关系,是揭示明代思想史之走势与本质的基础。以故本章重点关注明中期《大全》修正"运动"的相应表现,考察其与当时政治背景、思想发展脉络的互动关系。

　　明中期学者修正《大全》的系列行动,自有其特殊的时代背景。其重要背景之一,是正统十四年(1449)土木堡事件的发生和持续发酵的影响力。土木之变,以明英宗朱祁镇北征瓦剌的兵败告终。虽然它只是一场

---

① 罗钦顺:《困知记》续录卷上,《文渊阁四库全书》子部第 714 册,第 338 页。

战役的失利,但其对明朝政治局势、文化思想的冲击持久而深远。此事件之后,明中期士人的所思、所行皆被赋予新的时代意涵。一方面,土木之变的冲击,强化了夷夏大防的紧迫感与必要性。这突出表现在明中期历史编纂和史学观念的显著变化,成、弘间名臣丘濬编写《世史正纲》等史著,旨在加强夷夏之辨,在历史书写中逐步颠覆元朝正统体系,否定元朝正统地位的相应行动。① 另一方面,土木之变所暴露出的明中期政治、军事、文化所存在的问题,也促使此时学者深入反思,益加注重经世思想的发扬。丘濬撰写经世巨著《大学衍义补》,针对成化时局推出治国学问的参考书和改革时弊的蓝图,旨在使有效的政府功能得以完成,即是其中一例。② 可以看到,以丘濬为代表的明中期学者型官员,他们的行动趋向于务实和救世,反对空洞的学术探讨和程序化的经典研习。明中期学者以修正和完善官定《大全》为号召的思想共趋,正是这一政治与学术背景下的产物。

15 世纪后半叶,除了被誉为"有明一代文臣之宗"的丘濬以外,杨守陈、周洪谟、王恕和蔡清等人接踵而起,通过著述及相应行动以表达思想。他们年代相近,均成长于土木堡事件的变局之下,其著作体例不尽相同,然皆以辨疑和修正《大全》为旨归,以期救正时弊、敦化学风,乃至重振朱子学。他们的相关著述活动还存在着彼此呼应、相互承继的内在联系。由是,形成了土木之变后的时代变革中,经世官员通过辨疑经典以救正时弊的思想新动向。需作强调的是,明中期学者集中修正《大全》的行动,并不意味着官定

---

① 刘浦江:《元明革命的民族主义想象》,《正统与华夷:中国传统政治文化研究》,北京:中华书局 2017 年版,第 158—164 页;朱鸿林:《15 世纪之学术趋势》,《儒者思想与出处》,第 60—79 页;向燕南:《中国史学思想通史·明代卷》,合肥:黄山书社 2002 年版,第 117—159 页。值得一提的是,土木之变对周边诸国史学的影响持续深远,直至朝鲜王朝后期,受丘濬《世史正纲》的影响,朝鲜学者中亦出现了否定元朝正统地位、强化华夷之辨的呼声。

② 朱鸿林:《丘濬〈大学衍义补〉及其在 16、17 世纪的影响》,《儒者思想与出处》,第 102—128 页。朱鸿林以丘濬为研究个案,考察了土木堡事件后明中期士人思想中的经世趋向和相应行动。参见 Chu, Hung-lam."Ch'iu Chün( 1421-1495) and the *Ta hsüeh Yen-i Pu*:Statecraft Thought in Fifteenth-Century China" ( Ph.D.Dissertation,Princeton University,1984)一文,尤其是第 2 章,pp.57-109。

《大全》影响力有所削弱，却反映出《大全》因循时代变革、与之俱进的新发展与新活力。

## 第二节　理事之道：《私抄》的启示

浙江四明人杨守陈（1425—1489），天顺前撰著完成了质疑《大全》的九经《私抄》。《私抄》诸书现已不存，然杨守陈所撰《私抄》序跋及相关理学论述，已见其从程朱经典中寻找现实施用之道的学问旨趣。杨守陈一生奉行"精思实践"之学，此四字既是其幼年家学的教诲所在，也是他终生奉信不悖的言行守则。受其家学影响，杨守陈承袭了南宋以来的心学传统。他通过抄书以质疑官定《大全》，所抄之书既呈现其对程朱经典的看法，也体现土木之变后士人从时局出发对理学之"用"的高度思考和关注。下文从杨氏生平交游出发，考察他撰述《私抄》的背景及其用意，展现其修正《大全》以求致用的学行特点。

### 一、经济之才与心学传统

杨守陈字维新，号镜川，谥号文懿。他在《明史》有传，现代学者对其家族的科举与经学状况有过论述。① 杨守陈的生平事迹，详载于何乔新所撰《墓志铭》、王傲（1424—1495）所作《神道碑》，以及程敏政（1445—1499）所写《传》中，前二人是他临终前特意指定的传记人选。杨守陈另外嘱托刘宣（1424—1491）为其作《传》，称述何、王、刘三人是他"相知最深"的友人。②

---

① 张廷玉等撰：《明史》卷 184《杨守陈传》，第 4875—4877 页；钱茂伟：《明代的科举家族：以宁波杨氏为中心的考察》，北京：中华书局 2014 年版；钱茂伟：《明代宁波杨阯生平研究》，载《第十四届明史国际学术研讨会论文集》，昆明：云南人民出版社 2011 年版；钱茂伟：《国家、科举与家族：以明代宁波杨氏为中心的考察》，《宁波大学学报（人文科学版）》2010 年第 6 期；钱升升：《宁波镜川杨氏家族研究》，宁波大学人文与传媒学院硕士论文，2012 年。

② 何乔新：《嘉议大夫吏部右侍郎兼詹事府丞谥文懿杨公墓志铭》，《椒邱文集》卷 30，第 462 页；王傲：《吏部右侍郎兼詹事府丞赠礼部尚书谥文懿杨公神道碑铭》，《思轩文集》卷 13，《续修四库全书》集部第 1329 册，影印北京大学图书馆藏明弘治刻本，第 550 页。

或因刘宣未及写《传》的缘故，杨守陈的传记后来由他的翰林晚辈程敏政撰写。① 统观三篇传记文字，实可见杨氏为学行事的特点及面貌。

三篇传记分别从道德、仕途、学行的不同侧面，各有所重的记述了杨守陈的一生。杨氏于景泰二年（1451）中进士，此时距震撼朝野的土木之变发生不久。他随后被选为翰林院庶吉士，不久便因丁祖父母忧归家。在27—35岁的七年家居岁月中，杨守陈撰著完成九经《私抄》诸书。天顺二年守丧期满，他以翰林编修复职并参修《大明一统志》，接着被选作内书堂的教官。成化元年，其担任宪宗的经筵讲官，次年升侍讲，三年改为司经局洗马，八年升侍讲学士。弘治元年时，杨氏改任吏部右侍郎，与左侍郎刘宣共同辅助吏部尚书王恕（1416—1508）的工作，期间深得王恕的信任和倚重。然杨守陈于弘治二年卒，年64岁。

弘治元年由王恕引荐为刑部尚书的何乔新，是杨守陈相交二十多的友人。② 何氏为景泰五年进士，成化初任刑部员外郎的他与杨氏因文章互赏而定交，他所撰《墓志铭》中记述二人是以名节相砥砺的道德净友。何氏在这篇铭文中，对杨守陈的记述兼顾其道德与学术的两面，不过笔墨显然更偏重于前者。文字重点是把杨氏描述为一个敢讲话的官员，并详细列举他在成、弘间上疏、经筵等刚正言行的六个实例，以证其不附权贵、敢讲真话的正直气节。此外，何乔新对杨氏的广博学识也示肯定，并简单述及其校订《书》《大学》《礼》的三条案例，以呈现后者学问的经世特点。

官至南京吏部尚书的王偁与杨守陈为世交。他自述与杨氏"同年及第，同官翰林，道义相亲之日久"，③同时，杨守陈是王偁之子王沂的座师，而

---

① 程敏政：《杨文懿公传》，《篁墩文集》卷50，《文渊阁四库全书》集部第1253册，第191—195页。此外，刘宣传记见徐溥：《南京工部尚书刘公传》，《谦斋文录》卷3，《文渊阁四库全书》集部第1248册，第633—635页；李东阳：《明故南京工部尚书刘公墓志铭》，《怀麓堂集》卷49，《文渊阁四库全书》集部第1250册，第531—532页。

② 何乔新行实见林俊：《明资政大夫刑部尚书赠太子少傅谥文肃椒丘何公神道碑》，《见素集》卷18，《文渊阁四库全书》集部第1257册，第188—190页。此外，何乔新撰有《周礼集注》一书，其《书仪礼叙录后》一文记述，他的三礼研究因"科举之学中辍"，但"登第以来"便得继续，可见精学之士不会因科举而放弃经典的学习。除传记外，杨守陈的文集《桂坊稿》也请何乔新写序，而杨氏文集中也有《送闽宪副何廷秀序》《复何布政乔新书》两篇交游文字。

③ 王偁：《吏部右侍郎兼詹事府丞赠礼部尚书谥文懿杨公神道碑铭》，第550页。

其弟杨守阯(1436—1512,成化十四年进士)则是王儆执教南京国子监时的门生;杨氏子杨茂仁(成化二十三年进士)和王氏子王沂又为同年好友,可见关系尤密。王氏在《神道碑》中将杨守陈记述为一位满怀"经纶济世之才"却未尽其用的官员。为论证这一观察,王儆举用杨氏的七则事迹,例证内容与何乔新《墓志铭》有同有异、各有偏重。两相对比,更显见王儆着意强调杨氏用理学以经世的此一面向。① 此外,王儆特别指出杨氏家学"远宗杨慈湖(陆九渊门人杨简)、黄东发(黄震)诸公"的情形。

程信(1416—1473)、程敏政父子皆为杨守陈的交游。② 程敏政是景仰杨氏学行的翰林晚辈,他后来不仅为杨守陈作《传》,还为其祖父杨范作《传》。③ 程敏政视杨范为南宋陆学四传弟子,将其学问大旨归于一"心"字。④ 这样的强调,在程敏政为杨守陈文集《金坡稿》所写序言中也有呼应,序文中追溯杨范得南宋学者杨简的心学之传,并将杨守陈视作能够将杨范之学"益大发之"的家学继承人,认为其所撰诸经《私抄》"皆扩前贤所未发,使及朱子之门,必有起予之叹,后此亦必将辅朱《传》行世",显示对杨氏之学推崇备至。⑤ 在程敏政为杨守陈所写《传》中,更在记述其生平言行及理学大略后作有一长段的"论曰",称:

> 儒者心学之失传久矣。其上工训诂以为高,其次竞辞章以为奇,又或以天资用事而能随世以就功名,斯已矣。四明自慈湖杨氏师象山

① 举例言之,同样引述杨守陈执教内书堂,后来却不攀附当年的宦官学生一事,何乔新注重由此称道其名节,引述他"吾犹嫠妇也,守节三十年,今老矣,岂白首而改节耶?"之语,但王儆举此例并不偏重颂扬其名节,而是辅证杨守陈的仕宦坎坷。

② 杨守陈:《送南京参赞机务兵部尚书兼大理寺卿程公序》,《杨文懿公文集》卷19,《四库未收书辑刊》第5辑第17册,影印明弘治十二年(1499)杨茂仁刻本,第546页。

③ 程敏政:《栖芸先生传》,《篁墩文集》卷49,《文渊阁四库全书》集部第1253册,第185—186页。

④ 程敏政《栖芸先生传》称"初四明之学宗慈湖,弥久不衰,若司训洪敬道、舒仲权、徐公义,暨国子周程金宪、黄润玉,皆表表者。先生少师敬道,长友礼润玉,而又请教于仲权公义,其学益振。盖自六经诸史百家众技,无不涉猎,卒归宿于一心,故所自立如此。"程敏政:《篁墩文集》卷49,第185页。

⑤ 程敏政:《金坡稿序》,《篁墩文集》卷28,《文渊阁四库全书》集部第1252册,第496页。

(陆九渊)、东发黄氏师考亭(朱熹),皆卓然知体立用宏、显微不二之义,学者尊之若颓波砥柱,而栖芸(杨范)实嗣其传,至公(杨守陈)益充大之。盖其始则抱遗经以求圣人于言表,而不以训诂辞章为能,故其持己律家、居官接物,视老壮如一日,而不少肆,其子弟皆谨礼守法,不屈于不义,而以古人为可期也。夫学术有得于一心,则尊之而不为泰,弃之而不为损,择之精,守之确,终吾身而不变,此所为"儒"。而世往往以迂左目之,皆孟子之所谓失其本心者也。公晚遇明天子,将有柄用之渐,而阨于老,不能究其经纶远大之业,使儒效暴于天下,岂非斯人之不幸哉?①

以上评论是程敏政《金坡稿序》的扩充,从中显见他对杨守陈"心学"面向的有意强调。面对各偏一执的训诂、辞章、功利之学,精思实践的杨氏之学在弘治初受到程敏政的推重,似乎也并不出奇。然而,程敏政将杨守陈定位为一位学宗朱陆、有体有用的当世大儒,并将其学问要旨同样归为一"心",这样的形象与前述何、王传记,尤其是何氏《墓志铭》中颇有差异。值得注意的是,杨守阯对杨守陈学问渊源的记述,却可与程敏政的记载相辅证,其称:"惟公之学受之于先祖,先祖之学私淑诸晦庵、象山之徒之再传者也,于孔门所谓'尊德性而道问学'者有得焉。"②不过,结合程敏政本人的理学思想来看,提出著名的"朱、陆早异晚同"观点的他,未免在杨守陈传记中掺杂了自己的学问偏重。③ 反过来,与杨守陈相知甚深的何乔新在《墓志铭》中略去了杨氏家学之陆学渊源的记述,应与何氏对当时流行的陈白沙等人的"心学"不甚认同的情形有关。④

---

①　程敏政:《杨文懿公传》,《篁墩文集》卷 50,第 195 页。
②　杨守阯:《先兄文懿公文集序》,《碧川文选》卷 2,《四库全书存目丛书》集部第 42 册,影印中国科学院图书馆藏明嘉靖四年(1525)陆钶刻本,第 52 页。
③　何威萱:《程敏政及其学术思想:明代阳明学兴起前夕的学术风气研究》,香港理工大学中国文化学系博士论文,2013 年。
④　值得一提的是,何、杨二人在治朱子学的取向上也有共通处,并与当时著名儒者罗伦(1431—1478)、陈白沙的治经取径大相径庭。何乔新曾在《寄罗应魁内翰书》中对白沙之学深表忧虑,并附信与之论学(《椒邱文集》卷 16,第 266—267 页)。何乔新还是丘濬的"学问友",两人对陈白沙、庄昶的学说并不认同,杨守陈无疑与何乔新等人相似。

总的来看,常年供职于翰林院的杨守陈,学有根底、学问重在精思实践以致施用,其人重名节、敢直言、刚正不阿,然至中年屡不得志,未能充分发挥其经世济民之志愿与才学。受家学之心学传统的影响,杨守陈早年便写就质疑程朱经典的《私抄》诸书,书中既是他实践之学的理论呈现,也启发着明中期学者对心性之学的思考。

## 二、"吾心之理与经遇"

"私抄"二字,重在"私"字,意即作者一己之理学心得的体现,具体方法则是将各经按照己见编次重抄。杨守陈于《三礼》《周易》《尚书》《诗》《孝经》《四书》都有《私抄》。诸书今均不存世,然杨氏所撰六篇《私抄》序文及相关论学材料,亦可见其撰述用意和学问大要。

自杨守陈学举子业之时起,抄书便是他的读书习惯,逐渐成为其治学研撰特色。由杨氏自题《割锦类编序》《稽古韵略序》《钩玄类聚序》三篇文字来看,他早年在学习《四书》《五经》传注、古韵,乃至博览经史子集时,都采用"分类而抄之"的办法,不断搜集、类聚相关文字以增广成书。①

杨守陈"抄书"的最初目的是以资备忘,从而提供检视或查找资料的方便,但到他撰著九经《私抄》时,其意义已显然发生改变。杨氏最早写就的《三礼私抄序》中明确提出此转变,称:

> 夫顾米粟者,欲以饱其腹;睇布帛者,欲以暖其躬。蒙(杨守陈自称)之所以抄此《礼》者,岂徒以检阅而已哉?诚欲究其本末原委,以治其心,而践诸躬,措之家,达则布之国与天下耳。②

杨守陈的上述讲话,诚非空谈,而是身处祖父母相继过世哀思中的他,对于操办家中"大事"时如何"讲礼"、"合礼"的务实反思。③ 序文中,他更

---

① 杨守陈:《割锦类编序》《稽古韵署序》《钩玄类聚序》,《杨文懿公文集》卷1,第408—409、411页。

② 杨守陈:《三礼私抄序》,《杨文懿公文集》卷2,第417页。

③ 同上书,第416页。

以《大学章句》之八条目自期,希望通过抄书以致知、治心躬行以齐家、进而惠及国与天下的进阶次序,将一己的经世抱负投诸到研经著述的儒者之业上来。其身后的传记言行也显示他的确做到了"身修"与"家齐",只是未尽施展其治国平天下才干而卒,仅留《私抄》诸书以启后世。①

出于对经典之现实功用的要求和反思,杨守陈读经时注重反复诵读、体味,进而"诵之久、味之详,乃反有疑焉",有疑后又能与学者反复论辩,并时时总结积累其一己之心得,有定见后则将经典调整次序以整理成书,类似的记载在他各篇序文中都有出现。②

就阅读对象而言,官定《大全》是杨氏《私抄》应对和处理的首要经典。在杨守陈这里,学问有"时学"是与"古学"之分,《大全》即为"时学"的代表。他向学生详细阐明了两种学问的关系,称:

> 余少时读古书,求古道,攻古文辞,惟师先大考耳。稍长欲兼举业,作时文,始别从师。未久而省先考于京师,每过庭辄有闻,然或谓古人易子而教,举业焉可无师? 先考曰:"古学难,时学直易易耳。《五经四书大全》,此讲说之师也。历科三试程文,此笔削之师也。何必人师哉?"……居今之世,求古之道而不兼时学,则不能入仕而行道,故二者不可偏废也。时学如余考所言,故无待余矣。古之学虽难,然古人亦曰自得师,曰主善惟师,曰以己心为严师,时又安待余者? 子归于家,取《四书》《六经》日诵味之,观古圣贤之所以至于圣贤者,而用心力焉。心尝严而惟善是主,则将自得师矣,信无待余也。孟子不云乎:"子归而求之,有余师"。③

以上显示杨守陈等明中期学者,在处理学问追求与科举之业关系问题上所展现出的张力。举业之学是"入仕行道"的门径,而相对于此的"真学

① 王懊:《吏部右侍郎兼詹事府丞赠礼部尚书谥文懿杨公神道碑铭》,第550—551页。
② 杨守陈:《大学私抄序》《中庸私抄序》《论语私抄序》,《杨文懿公文集》卷2,第421—422页。
③ 杨守陈:《送徐生升序》,《杨文懿公文集》卷5,第439页。

问"则是儒者的最终归趋,士人需统而治之,不可偏废。在杨氏看来,"时学"不必有师,《大全》便足以胜任经典解释的权威,"古道"则更需要学者求诸"自得"和"己心",杨守陈的所谓"私抄"即是此意。

强调"吾心之理与经遇",是杨守陈《私抄》之作的核心精神。他对《大全》所代表的宋元疏解之作有过集中评议,主张回归经传,避免繁杂的经典诠释阻碍程朱义理乃至经传本身的阐明。在《论语私抄序》中,杨守陈对《四书大全》及相关宋元朱子疏释书有如下论说:

> 经以注而明,亦以注而晦。注之下复有注焉,经宜益明,而或反晦焉者,盖烛笼添骨则障其明,朱子尝言之矣。……朱子以《论语》与《孟子》《大学》《中庸》合为《四书》,初取程、张以下九家之说,为《论孟精义》,寻改名《集义》,复因之而作《集注》,辞简而尽,义精而周,经于是乎大明矣。后儒乃复杂取其《集义》《或问》《语录》及诸儒之说,皆附注其下,若《纂疏》《辑释》《发明》《大全》之类,皆博而寡要,初学读之,茫乎若泛巨派,棼乎若治乱丝,徒足以蔽精神、惑心志,虽《集注》亦反为之晦,而况经乎?
>
> 夫经之言,不过人心之理耳。使微传注,人但熟读详味之,久将见吾心之理亦与经遇,而自无不明。其有难明者,《集注》既明之矣,何用杂说以反晦之哉?彼烛笼之剩骨,良可除也。故蒙独抄经与《集注》以诵味之,《集注》间有义尤深、辞甚简者,择抄他说以明之,然亦罕矣。若蒙见未逮朱子,而不能无疑者,以附之各篇之末,俟异日学进而无疑,直削之耳。①

上文首句便引朱子之言,评述以《大全》为代表的程朱纂释书。"烛笼添骨"之喻,见于朱子门人所辑《朱子语录》及朱子嫡长孙所编《文公易说》,原是朱熹论说《易·未济》的一段讲话。事出南宋易学名家赵彦肃(字子钦)给朱熹的书信,认为其《论孟精义》"极详",《易说》却"太略",朱熹便以

---

① 杨守陈:《论语私抄序》,《杨文懿公文集》卷2,第422页。

灯笼为喻与之论说，称"此烛笼添得一条骨子，则障了一路明，若能尽去其障，使之体统光明，岂不更好？"①朱子原意是指《易》之爻辞乃周公领悟圣经大旨，故较为简略，不可强解强说。杨守陈此处妙用朱熹的譬喻，将对象置换为《四书大全》为主的程朱疏释书，认为后者一如"烛笼之剩骨"，有碍于程朱经注的阐明，进而阻碍"吾心之理与经遇"，实需除之而后快。

职是之故，就此篇序文所及的《论语私抄》而言，杨氏所"抄"的对象只包括《论语》本经和朱子《集注》，仅在个别朱注解经不甚清白处补入宋元后儒的疏解，而补入的"他说"条目未必都是《论语大全》所选的疏解。更为重要的是，他还在对朱注有疑处附以自己的意见。

上述例证显示，杨守陈研撰的重点与指向即是，删疏以明注，用注以达经，上达的过程则是通过熟读、体悟、明吾心之理而实现。由此可见，明中期已出现学者在研读《大全》的基础上，溯本求源，转而回归经传的新趋向。这也令我们注意到此时学者对"吾心之理"的特殊强调。就杨守陈的个案而言，他对心学的强调既来源于家学，也受宋元以来四明地区理学传统的影响。②

以"吾心"出发，杨守陈不仅"尽弃"《大全》疏解，其对程朱经传亦多有疑义。他调整《大学》《中庸》次序，重编《三礼》，对《尚书》的部分条目也予以重新解释，这样的做法在当时已引起疑义。③ 以故，杨氏论学文字中多有为《私抄》辩解之语，他还于各篇《私抄序》中征引孔孟程朱言行或是宋元大儒书先例等以为己证。譬如，《三礼私抄序》中，杨氏自述是根据朱子"析经附传"、元儒吴澄"类序乱编"的体例以抄书；《大学私抄序》中他向"客"人辩论的引据，悉数出自元代金华朱子后学王柏的《大学沿革论》；《论语私抄序》取朱子烛笼之譬以证己；《孟子私抄序》则引孔、孟、朱子之言行以佐之；《尚书私抄序》则复取王柏所著《书疑》以证之；杨氏在《私抄解》中，还称所

---

① 黎靖德编：《朱子语类》卷67，《文渊阁四库全书》子部第701册，第357页；朱鉴编：《文公易说》卷8，《文渊阁四库全书》经部第18册，第586页。

② 杨守陈：《新锓周易本义后序》，《杨文懿公文集》卷5，第442页。

③ 《大学私抄序》即记载有"客"质疑此书，杨氏与之辩解的情形。杨守陈：《大学私抄序》，《杨文懿公文集》卷2，第421页。杨氏《私抄解》一文，更是全篇针对《私抄》之撰述理由，展开自问自答的辩解。杨守陈：《私抄解》，第440—442页。

抄诸说皆仿吕祖谦《读诗记》之例等。①

　　杨氏"冒天下之大不韪",质疑官定程朱经传与后儒疏解而成《私抄》,此举实有其良苦用心在,背后是对经典所载"理事之道"的追寻与探究。经有错漏、经注有误读、疏解蒙蔽经旨,均会阻碍经典的实际施用之效,这时就必须调整重编经典、更正谬误、删削疏解,以符合实用之需。

　　杨守陈对《私抄》致用价值的深切寄望,在其生前未尽显于世,在友人为他所写传记中也未充分显白,却在杨守阯的文字中有清晰阐明。杨守阯深受其兄杨守陈的学问影响,自述两人"天伦为兄,恩义则师"。② 杨守阯撰有《送尹庆成赴绍兴推官序》一文,尹庆成是杨守陈、杨守阯两兄弟的门生,杨守陈成化间主考乡试时对尹氏青眼有加,弘治三年杨守阯主考会试时尹氏被取为进士。在尹氏即将赴任绍兴府通判之际,时杨守陈已卒,杨守阯为之赠言道:

　　　　夫郡推,刑官也。理刑之道,吾尝闻之文懿(杨守陈)矣。文懿尝作《尚书私抄》,谓:"《舜典》'象以典刑'至'钦哉钦哉,惟刑之恤哉'一节,乃帝舜命官之语,非史臣记事之辞,当移属'帝曰:皋陶,蛮夷猾夏,寇贼奸宄,汝作士'之下,然后继之以'五刑有服'至'惟明克允'一节,皆帝舜一时命官之语。钦而恤,明而允,实万世刑官之大训,阙一不可者。第古书错简,以钦恤之语混为记事之辞,使当时命官之意有不完备。"故《私抄》悉移正之其说,甚详也。庆成治《书》而为文懿门生,亦尝谈及此否耶? 夫钦恤明允,理刑之道,尽于是矣。使上古圣君复生,不过以是训其臣;使文懿九原可作,亦必以是为庆成赠。予尚何说哉,惟庆成其念之,则所以副文懿之望者,此亦一端也。岂惟以副文懿之望,所以慰会稽一郡之望者,亦在乎此。岂惟以慰一郡之望,虽进而理天下之刑,亦不出此道也。③

---

① 参见王柏:《鲁斋集》卷9,第145—147页;杨守陈:《杨文懿公文集》卷5,第441页。
② 杨守阯:《先兄文懿公文集序》,《碧川文选》卷2,第53页。
③ 杨守阯:《送尹庆成赴绍兴推官序》,《碧川文选》卷2,第42页。

　　杨守阯这篇赠序，不啻为《私抄》之现实施用的生动演绎。他用《私抄》来勉励尹氏，不仅显见杨氏二兄弟之同志同心，更是杨守陈《私抄》足以用世、何以用世的明证。杨守阯的举例显示，杨守陈通过调整《舜典》经文的次序，提炼出"钦恤明允"作为刑官处理日常狱讼事务的最终理据，既令到经典中原有的"理刑之道"更加彰显，也使得此"道"成为舜帝之语从而出处更有凭据。这样的调整和用意，同样见于《私抄》仅存的其他几个案例中。①

　　虽然杨守陈的经济之才未尽施展，其《私抄》诸书亦不久于后世，②但他求诸"己心"的为学大要和撰著"私抄"的学问旨趣却影响到明中后期的几位重要儒者。学术晚辈程敏政即得益于他有关"尊德性"与"道问学"的论辩，并受到他对"吾心之理"之论说的启发。③ 此外，杨守陈于成化二十二年参加"后七元会"，文会成员皆为有声望的浙江籍在朝官员，其中就包括余姚人、王阳明（1472—1529）的父亲王华（1446—1522）。④ 王阳明早年跟随

---

　　① 如何乔新记载杨氏之论为："《大学》本末一章，乃治国平天下之传；《礼丧大记》一篇，乃仪礼经文。"（何乔新：《嘉议大夫吏部右侍郎兼詹事府丞谥文懿杨公墓志铭》，第465页）程敏政记载杨氏论曰："于《诗》以《卷耳》为大夫行役者之作，谓：'陟冈陟砠马瘏仆痡，非后妃思虑所及。'以《柏舟》为非妇人之作，谓其心不可转，威仪不可选，正孔子所谓'吾于柏舟见匹夫执志之不可易'者也。至以《郑卫》之诗非孔子所谓'郑声'，其辩尤详。大约谓：《春秋》主事当无不载，《诗》主辞当有所择，朱子修《通鉴纲目》于莽操吕武之事，靡不备载，其续楚辞，则神女季姬皆断为礼法之罪人，高唐赋亦视为倡家之渎礼，若《郑卫》诸篇非刺淫而果为淫者所自作，圣人必不录之矣。"（程敏政：《杨文懿公传》，第194页）

　　② 杨守阯《先兄文懿公文集序》称："昔在京邸，尝于诸稿中妄意掇取议论叙事杂著之文数百篇，为三十卷，付公之季子茂仁郎中先为刻本。其文之未及取，与夫《五经四书私抄》《奏议》《诗集》，今于南都与公之长子茂元同知翻辑以图续刻，未遂也。"（《碧川文选》卷2，第52页）另，朱彝尊《经义考》著录《读易私抄》《中庸私抄》《大学私抄》《三礼私抄》《论语私抄》《孝经私抄》未见，《书私抄》《诗私抄》存。（相关著录情况载《经义考》卷49、88、112、154、158、165、221、228，《文渊阁四库全书》史部第677—680册，第544—545、188—189、445—447、157—158、194—195、261—262、831—832、41页）

　　③ 见于程敏政对杨守陈的多篇记述文字，如《镜川杨学士经筵进讲图赞》，称其"是有得乎心传之懿，无取于口给之胜者欤。"《宿昌平新城刘谏议祠下兼怀镜川杨翰长》一诗称"摩挲三诵壁间书"。程敏政：《篁墩文集》卷56、73，第313、533页。另可参见何威萱《程敏政及其学术思想：明代阳明学兴起前夕的学术风气研究》，香港理工大学中国文化学系博士论文，2013年。

　　④ 永瑢等：《四库全书总目》卷192《浙元三会录》条，第1742页。

父亲游历于北京,亦直接或间接受到杨守陈理学思想的影响。

<h2 style="text-align:center">第三节　朱子忠臣:《疑辨录》的示范</h2>

与杨守陈同修《明英宗实录》的周洪谟(1420—1491),同样是一位学贵致用、留心时务的学者型官员。他专为修正《大全》而作的《疑辨录》,成书于成化中叶,乃其50—60岁期间所辑录。《疑辨录》迟于杨守陈《私抄》近三十年,并与后者呈现不同的面貌。

周洪谟历仕五朝,成化初起掌管两京国子监教事十余年,他将此间与诸生讲论经典所得,汇辑为《疑辨录》一书。随后,升任礼部右侍郎兼管监事的他,于成化十六年(1481)将此书进呈宪宗,同时疏请重修官定《四书五经大全》。他的提议虽被驳回,但其质疑并修订官定理学的上疏举措,实有发时代之先声的特殊价值。本节重点考察《疑辨录》在周氏生平际遇及时代思想中的位置和意义,再对书中辨疑的具体内容和实际指向作出分析。

### 一、生平及经世言行

四川长宁人周洪谟,字尧弼,号箐斋,又号南皋子。其生平事迹载于清人所编《明史》,近人所辑《明代名人传》等,他的年谱及著作晚近也得到学者整理和关注。① 与他的好友、杰出朱子学者丘濬一样,以"朱子忠臣"自期的周洪谟未入《明儒学案》。②《明史》评价他是一位喜谈经济、尤好建白的官员,对其建言时务、整顿学政、改订礼制的作为有重点论及。③《明代名人传》把他看做一位官员、著作者和教育家,却对其以资用世的上疏建言评价

---

① 王龙水:《〈疑辨录〉与〈箐斋读书录〉之关系及流传考论》,《东华理工大学学报(社会科学版)》2010年第4期;蔡东洲:《周洪谟现存著作考论》,《西华师范大学学报(哲学社会科学版)》2013年第6期;周兴福:《周洪谟年谱》,北京:中国文史出版社2013年版。

② 朱鸿林:《丘濬〈朱子学的〉与宋元明初朱子学的相关问题》,《儒者思想与出处》,第178页。

③ 张廷玉等撰:《明史》卷184《周洪谟传》,第4873—4874页。

不高,认为他的许多意见不切实际。① 约言之,以上论述已对周洪谟的政治功业有所谈及,但对他博学而又善于经济的特点讨论不足,亦未能将其言疏行事与其学问理想加以综合考虑,而这便是本节的讨论重点所在。

就周洪谟的传记资料而言,最早有接任他为礼部尚书的耿裕(1430—1496)所撰《行状》,惜已不存。后有继任他做礼部左侍郎、弘治间官至内阁首辅的徐溥(1428—1499)据《行状》而写《神道碑》,以及周洪谟嘱托丘濬所作《墓志铭》。此外,周洪谟的文集已佚,然其上疏议事的经世言行多载于《明实录》中。下文结合传记及《明实录》等的记载,考察周氏经世功业与理学著述之关系。

周洪谟的经济才能在他入仕之初便崭露头角,其经世之学的特点和规模也已初步显见。他幼年成学背景优越,祖上三世皆为地方县学训导。周洪谟于正统九年(1444)四川乡试时被选为第一,②次年即在武英殿大学士杨溥(1372—1446)等人主持的殿试中被取为榜眼,是年状元为“三元及第”的商辂(1414—1486)。此时明王朝正面临内忧外患的困难局面,民间动乱和起事不断,北部边防亦受到蒙古人的威胁。基于对上述问题的迫切关注,正统十年的殿试中,有意于选拔能够“敷政化,安中国,而抚四夷”的实用型人才。③ 商辂和周洪谟无疑是其中的佼佼者。④

随后 25 岁的周洪谟担任翰林院编修一职。四年后,身处京城的他经历了土木之变的动荡时局,此时他对国家局势的忧虑和反省,见于其景泰元年四月的千言上疏之中。⑤ 疏中,周洪谟痛陈英宗被困瓦剌的局面,乃因其未听朝臣劝谏而执意北征的结果,他以此上疏景泰帝,提出以“外攘虏寇、内安生民”为时下要务,陈言内治十二事。建言包括整顿吏治、安顿民生、兴办学

---

① L.Carrington Goodrich and Chaoying Fang, eds.,*Dictionary of Ming Biography*,*1368-1644*. p.270.

② 王直:《辽府长史杨君墓碑铭》,《抑庵文后集》卷 32,第 239 页。

③ 《明英宗实录》卷 127,正统十年三月戊子条,正统十年殿试策问,第 2536—2537 页。

④ 周洪谟的廷试对策已不存,但同年商辂的廷试对策仍见存。商辂的对策本诸《中庸》,将“治国平天下”的宏愿归结为帝王的“修身”之业。策后附有后学孔正颐所作识语,称其“大经济大学问,千古帝王师相,兢兢业业,此物此志也,读者化之。”商辂:《商文毅公全集》,《北京师范大学图书馆藏明刻孤本秘籍丛刊》第 18 册,桂林:广西师范大学出版社 2010 年版,第 194—198 页。

⑤ 《明英宗实录》卷 191,景泰元年四月壬午条,第 3949—3952 页。

校、加强军事管理等诸方面,从中粗见他经世济民的思想大略。检其所论,多从其熟悉的实际情况出发,故不致流于空疏,且能得出切实的解决方案。比如"均赋役"一条,周氏从家乡四川所属郡县差役不均的实情着眼,提出在每里专设一籍,以便查验户口,杜绝舞弊;再如"设方略"一事,他建议起用熟悉地形和方言的四川人刘浣(时任行人),以辅助金都御史李匡(1400—1465)治理四川的少数民族叛乱。与同样就土木之变后复杂政局向景泰帝进言的官员相比,①周洪谟未止于以诚意正心之学为帝王劝诫,其所论更注重具体而实在的事务及解决之道,而这些内容亦是他日后关心的主要议题。

景泰间,周洪谟任经筵侍讲、太子讲官等职,参与编纂官修地理总志《寰宇通志》,时与陈循、万安(1417—1488)、丘濬、耿裕等人皆为同事。因其侍讲景泰帝和怀献太子朱见济的关系,英宗复位之后,周氏调任南京翰林院侍读,直至英宗驾崩以后的天顺八年十月,他才因纂修《英宗实录》为由改任北京。

成化朝是周氏崭露头角并渐受倚重的时期。成化元年他升任侍读学士,三年调为南京国子监祭酒,十年改国子监祭酒,十二年底升礼部右侍郎兼掌监事,十六年进礼部左侍郎,十七年升为礼部尚书,直至弘治元年十月,他因监察御史王嵩弹劾其与万安的关系而致仕,三年后卒于乡。故此,一生任职于翰林院、国子监和礼部的周洪谟,对涉及国家教育、文化的制度和举措尤为用心和关注。

周洪谟既认真的尊信儒学的价值,同时又有着持经达变的务实态度。周氏的认真,体现在他对所关心的议题会一再上疏,直至得到明确而合理的批复为止。以其著名的祭孔礼制一事为例,周洪谟先是成化十一年倡议府州县学校祭孔时应补入乐歌、佾舞,又于次年疏请加封孔子谥号。他建议以

---

① 以同年六月的上疏比较,同样以土木事件着眼为景泰帝建言,指向却是通过抑制宦官以正君心,说辞也以说理为主。《明英宗实录》景泰元年六月庚子条载,"肃府仪卫司余丁聊让言五事:……臣闻天下以一人为主,人君以一心为主,君心正则天下治,君心不正则天下乱,是天下治乱之分,在君心之正不正耳。彼驰骋畋猎,足以荡君心也,宫室崇尚,足以侈君心也,宦寺妾媵,足以蛊君心也,三者有一焉,君心即不正也。伏愿陛下涵养于燕居无事之事,操存于不睹不闻之际,格物以致其知,穷理以尽其性,而又一日之间,接贤士大夫之时多,亲宦官宫妾之时少,则自能革奢靡,戒游侠,而心无不正矣。……"(《明英宗实录》卷193,第4063—4065页)相比之下,周洪谟建言的特点则更为凸显。

称赞尧帝的"圣神广运"四字加封孔子谥号,同时封孔子以帝号。他还两度提请增加祭孔之礼的笾豆、佾舞数量,使之符合天子之礼。经过这一系列努力,他的疏请被部分的采纳和施行。由上述有意抬升孔子地位至帝王对等高度的举措可知,周洪谟显然希望从礼制入手,强化儒家在国家的尊崇地位。其对儒学的尊奉之意是真切而又见诸行动的。此外,对皇太子婚仪、英宗谥号、御制文字讹谬等事,周氏皆能依照程朱经传、古今韵书,以及本朝成法,严格予以定制或纠正。

周洪谟弹劾俞正已(成化间真定县学教谕)改订历法之举,则显示他虽意在学古,却绝非食古不化的腐儒。真定县(今河北省正定县)儒学教谕俞正已认为古今历法存在较大差异,需统而改之,并根据邵雍《皇极经世书》和历代《天文志》的记载以推算历法,于成化十七年编册进呈。经过与俞氏详细讲论,周洪谟对后者"胶泥"于经传,不懂得跟随实际测量而灵活变通的"轻率妄议"予以批评,并提请将俞氏治罪。他的严厉态度,既由于历法是关乎敬天治民的重事,也出于对儒者"泥古"之研经态度的惩戒。

教育方面,周洪谟既注重读书规矩的塑造,更注重学生读书思维的培养。任职国子监祭酒期间,他申明洪武学规,处分不合规矩的监生,恢复监学聚会之事,上述举措塑造了整严有序的人才培养环境。周氏尤其重视与学生就经典疑难处进行辨析,《疑辨录》便是他的教学论辩成果。申言之,他希望培养出真读书的人,既要读进去深入经典,又能走出来将经典运用于现实问题。而他自己就是这样的学者。

从翰林院时期起,周洪谟已对整治边务等现实问题颇为留意。他不仅对西北边军使用的武器献计献策,[1]更是屡陈剿抚四川山都掌夷乱、安置荆襄一带流民的奏疏。周氏处理后述二事的相关意见,尤能体现其"学古""用古"的经济之儒的气象。

山都掌人是明万历以前生活在叙州府戎县(今四川、云南、贵州交界)

---

[1] *Dictionary of Ming Biography* 用周洪谟建议以药剑杀敌一事,证实周氏的一些建言不切实际。(L. Carrington Goodrich and Chaoying Fang, eds., *Dictionary of Ming Biography*, *1368- 1644*, p.270)实际上,周洪谟的上疏从汉代历史、明正统间的制敌经验出发,其提案未必符合眼前战争的实际需要,却符合他学问有据的儒者特点。

的一个少数民族。① 洪武时已开始对山都掌人实施改土归流的政策,但由于汉人流官与都掌人之间言语、性情皆不相通的实情,使得治理不力、当地起事不断,永乐起亦数度对其武力征剿。周洪谟家乡长宁毗邻戎县,他对当地政情有切身了解。针对成化元年山都掌地区再度叛乱,他提出剿、抚并举的策略:既上奏六条剿贼方略以供当下征剿之用,又进言土流分治(流官管理汉民,土司管理夷民)的长远安抚之方。前者当时即由四川总兵官吴琼、督理军务佥都御史吴琛(1427—1477)斟酌采用,②后者在成化十六年周氏再次上疏后被采纳。③ 周洪谟晚年致仕,行至荆州时,又上《安中国定四夷十事疏》,当中特别强调仿明太祖成法于都掌大坝增设土官等事,可见其忧国忧民的经世情怀之深切。应该说,周洪谟的治理意见是依据地方实情而出的,他主张先定其统属,从而不劳兵革而令其自然顺服,其策略长远而富有灵活性。

成化间棘手的荆襄(今湖北、河南、四川、陕西交界)流民问题是周洪谟关心的另一重大问题,由此以见其对危害国家稳定的变乱的一直用心。④ 周洪谟取法历史经验,提出参照西汉、东晋治理流民时设府、归籍之故事,以化"流民"为"良民"。这较项忠(1421—1502)此前暴力镇压流民起义、驱逐附籍流民的办法要得力和有效。⑤ 周洪谟在景泰元年上疏时,即已提出安抚流民以防止暴乱的具体方法为:"各处流民听其游食,所到郡县拨与荒闲田地耕种,免征税粮。"⑥成化七年以后他不满于项忠的治理举措而作《流民说》一文,后经都御史李宾(顺义人,正统进士)等人推荐而直接影响成化十二年原杰(1417—1477)治理山区流民的方案。他晚年于《安中国定四夷十事疏》中,重申附籍置县的治理方法,直至他去世之后的弘治四年二、三月,

---

① 陈波、冉光荣:《论周洪谟对山都掌人的土流分治策》,《西藏大学学报》1994 年第 3 期,第 52—57 页。
② 《明宪宗实录》卷 16,成化元年四月丙午条,第 355 页。
③ 《明宪宗实录》卷 198,成化十五年十二月丁卯条,第 3479—3481 页。
④ 成化元年至七年爆发两次大规模的流民起义。
⑤ 张建民:《明代秦巴山区流民的附籍与分布》,《中南民族学院学报(哲学社会科学版)》1999 年第 2 期,第 67—72 页。
⑥ 《明英宗实录》卷 191,景泰元年四月壬午条,第 3951 页。

孝宗还命户部数次讨论他的此篇奏议。① 要言之,周洪谟提供的流民策略是长效而系统的,通过政府管理、定立户口、经济给田、教育辅助等环节的落实,能够较为彻底地解决长期困扰明廷的荆襄流民问题。

上述切实可行的治理意见显示,周洪谟对四川、湖广一带的地理人情有相当的熟悉和了解,这既来自他早年参修《寰宇通志》时的进修所学,也源于其在实际生活中细心观察的经验所得。谙熟典故与历代典章制度的他,不仅擅长从历史中取鉴治国安民的成功经验,又能于实际施用时灵活变通,从而提出有针对性的议案。

以上所见的周洪谟,是一位博学而能用之行动的儒者。事实上,他不只对关乎国家治理的具体事务,如边务和重大礼仪等事情倾心有加,其对关系到国家精神层面的学问体系也是关心有至。这集中体现在他主教国子监以后撰著并进献的《疑辨录》上。

## 二、献书及意义

周洪谟不仅关注国家治理中实际出现的事务和问题,他更是深入反思塑造国家精神的经典和纲领。具体举措就是采用"疑辨"的方法,对官定学说予以质疑和修正。《明实录》成化十六年五月壬辰(五月十三日)条,记载周氏献呈《疑辨录》的进言和宪宗的批复,称:

> 礼部右侍郎周洪谟进所纂《疑辨(辨)录》三卷,言:"《五经》《四书》虽经宋儒朱熹注释,间亦有仍汉唐诸儒之误者,本朝永乐间儒臣奉敕纂修,悉因其旧。臣尝备员南北两监祭酒,日与诸生辩析疑问。虽成此录,亦不过大略而已,其他讹误尚多。乞特敕儒臣考订,仰取圣裁,亲加笔削,惟于原书逐章之下具所误者于前,而续写今所订者于后,止书'订曰'二字以别之。编次既成,别赐以名,如汉《白虎通》之类,以解后来之惑。"
>
> 上曰:"《五经》《四书》汉唐宋诸儒注释已详,具有源委。永乐中儒臣奉敕考订纂修,**悉取其不悖本旨者辑录之,天下学者诵习已久**。周洪

---

① 《明孝宗实录》卷48、49,弘治四年二月庚午条、四年三月乙未条,第971—976、994页。

谟乃以一己之见欲再纷更，事在难准，已之。"①

由是可知，周洪谟此书源自与国子监生辨析疑问所得，旨在为朝廷重修《四书五经大全》示例。《大全》作为永乐朝御制的官方理学经典，其地位不可动摇。以故周氏虽敦请宪宗敕修订补两部《大全》，却也提供具体修订方法为：不改动原书的基础上补以"订曰"条目于后。而宪宗以《大全》"不悖本旨"、"诵习已久"两个理由驳回周洪谟所请，但并未对其有任何惩戒举措，甚至不久后还擢升他为左侍郎。对比永乐朝严惩程朱理学异见的相关举措，②这显示出成化朝廷对官方理学经典的实际取态：《大全》名义上不可修订，然对不同意见也能有所包容，其政治意味多过理学意味。

结合周洪谟其人及学行，令人不免对他重订《大全》的动机产生疑问。《大全》内容中确有掺杂讹误之处，这已是时人熟知的事实。早在《大全》颁布之初，陈璲、薛瑄等前贤均已提出此问题并有应对方案。无论是"虚心观理，自当得之"，还是回归本经、体悟践行，都是在读《大全》方法上的实用指导，似不必达至重修重订之境地。那么，学贵务实的周洪谟为何要如此强调《大全》的讹谬以致重修此书呢？明嘉靖本《疑辨录》书前序言中，周洪谟对有着清晰阐明，称：

臣闻唐儒韩愈有云："师者，所以辨疑而解惑也。"臣昔为祭酒时，既以辨疑为职，每遇六堂会讲之暇，诸生有疑而问者，必与辨焉。欲其易晓，初不惧其词之俚；随其所请，亦不计其言之复。盖自汉唐以来，经训不明，理学俱晦。惟宋朱子洞见精微，究极玄奥，理学指明，如指诸掌。至若群经所载事物之变、制度之设，有汉唐诸儒不能发明，而朱子亦未及发明者；有汉唐诸儒所见舛误，而朱子亦袭其舛误者。如羲农冠服之事，尧舜历象之政，历代正朔之建，明堂之制与夫郊祀社稷宗庙之礼，皆先王

① 《明宪宗实录》卷203，成化十六年五月壬辰条，第3554—3555页。
② 永乐朝饶州府士人朱季友献所著书，"专斥濂洛关闽之说，肆其丑诋"。成祖对他严厉惩罚，称"此儒之贼也"，将他押还回乡，明谕其罪，笞以示罚，并搜检其所著书当众焚毁。此事不仅载入《明太宗实录》，还被明初多位大臣记录于各自文集，记载最详者是时任翰林侍讲的杨士奇所撰《圣谕录》（杨士奇：《东里别集》卷2，第457页）。

经世大典，奈何一千年间，互承伪谬，莫适指归，改正之说，既使先王之法上违乎天，尚右之说，复使先王之法下坠乎地。故臣与诸生答问，不得不剖析到底，讲贯明白。其后诸生互录所得，以备参考，乃又取而裁之，名曰《疑辨录》。既尝具本上进以尘御览，复俾诸生各录一帙，以就正于有道之士，亦所谓"宁为朱子忠臣，毋为朱子佞臣"之意云耳。抑此与诸生讲辨，不得不尔，若夫科举之作文义者，仍以《大全》为主，而无用乎此云。①

此序言写于成化十六年五月十五日，也即进书两日之后，故其记载较《明实录》为详，且内容有所差异。一则突出订正的内容指向，是关系到礼制的重要内容。礼法是形式化的天理，是关乎到国家治理的重中之重。二则不仅未提重订《大全》之事，《疑辨录》面向《大全》的指向也在文中隐去，序末还特意强调科举考试应以《大全》为主，不必依此《疑辨录》答题。此为周洪谟在宪宗明确批示后的响应，表明成化君臣在《大全》之官定权威地位名义上不可触动一事上所形成的默契。其三，既然不再如上疏时那般将矛头直指永乐儒臣，周洪谟于是在盛赞朱子功绩之后，很小心地使用"未及发明"、"袭其舛误"等语词将质疑对象指向朱熹本人。

为辨白其向朱子发难的"不忠"行为，周氏提出"宁为朱子忠臣，毋为朱子佞臣"的宣示，颇具深意。此句出自《朱子语类》中朱熹评论吕祖谦（字伯恭）诗学之语，原话为："人言何休为公羊忠臣，某尝戏伯恭为毛、郑之佞臣。"②何休（129—182）是东汉春秋学大家，有《春秋公羊传解诂》《春秋汉议》等书，③他既是东汉《左氏春秋》日盛的局面下力挽《公羊春秋》于衰微的人物，又是注重通经致用以阐发《春秋》微言大义的儒者。与之相对，朱熹所戏谑的吕祖谦为宋代诗学的代表人物，有《读诗记》一书，他在张载、范祖禹、朱熹等儒者大胆质疑《诗》序的情势下，有所去取的遵循《诗》序。④

---

① 周洪谟：《疑辨录序》，《疑辨录》，《四库全书存目丛书》经部第 147 册，影印北京图书馆藏明嘉靖刻本，第 30 页。
② 黎靖德编：《朱子语类》卷 122〈吕伯恭〉，第 2950 页。
③ 黄朴民：《何休著述叙要》，《文献》2002 年第 4 期，第 38—59 页。
④ 程颖颖：《论吕氏家塾读诗记》，山东大学文史哲研究院硕士论文，2007 年，第 10—20 页。

因此,周洪谟于序末征引朱子之言以为己证,意在辨明对经典的质疑正是忠诚于朱子的体现,即便这经典是官定程朱经义的结集——《四书五经大全》。这即是他修订《大全》的最终理据所在。

与何休面对公羊学"俗儒"辈出、"讲诵师言至于百万,犹有不解"的局面,故而痛心疾首撰著《解诂》一样,周洪谟《疑辨录》旨在救正朱子学时弊而发。丘濬为周洪谟所作《墓志铭》中称:

> 公生于道学大明之后,世方以《五经》《四书》取士而主濂洛之说,士子剿成说为文辞,以应主司之求,于其微言疑义不复致诘。公翻阅之余,偶有所得,辄为阐明剖析,其间卓然自得者,于圣经贤传亦有裨益。积久得二百四事,萃以成帙,名《辨疑录》。在礼部时以献于朝,意欲缀于各经书本注,于以梓行也。公恒对人言:"吾为此录,发经书之蕴,正先儒之失,破千载之惑,虽三公之尊、黄阁之荣,吾不与易也。"①

一如丘濬所言,程朱理学经《大全》而官学化之后,势必成为士子们不求甚解、背诵成说以应试的功利性工具。此时的"疑辨",就显得难能可贵。丘濬在这篇墓铭末尾赞曰:

> 明兴百年,多文学士。士专一经,惟用作义。雷同剿说,谁复致疑?侃侃周公,实惟经师。剖析精微,搞抉疏漏。死者复生,亦不予咎。

可以想见,周洪谟"不成功"的献书行动,及其在两京国子监乃至礼部倡议"致疑"官定经典的呼声,在成化文教中颇具影响力与号召力。继周氏出任国子监祭酒、弘治朝官至礼部尚书的丘濬,即对此深表认同。上述铭文既体现丘濬对成化以来功利化士风之弊的深切共鸣,"死者(即朱子)复生"之语也是他对周洪谟"朱子忠臣"角色的鼎力支持。

---

① 丘濬:《太子少保礼部尚书谥文安周公墓志铭》,《重编琼台稿》卷23,《文渊阁四库全书》集部第1248册,第471页。

　　周洪谟修正《大全》的举动不乏相互砥砺的同道者,丘濬乃是其中关键的一位。其他如耿裕、徐溥、谢一夔(1425—1488)诸同僚也是周氏学问的知己与同志。丘濬对此阐说道:

　　　　初公西归蜀时,西洛耿公好问(耿裕)为之代,故事僚友必以文赠行公,以予知己,必欲得予言。耿公乃以见属予,既最公平生志行之大者以为公赠,又谓古人著述多在晚年,公宜及时成一家之言,补先儒之缺,垂后世之训,以望于公。盖公专门《尚书》学,恒不满于蔡《传》,屡举以语予,予尝劝公以为书,公曰:“俟予休致闲即成之。”予曰:“人命修短不可必,事当为即为,必俟闲恐无日也。”公即毅然奋发,归语同僚宜兴徐公(徐溥)、南昌谢公(谢一夔)曰:“丘先生言最是,俟新春即下手也。”既而以部事繁剧,竟不得如志。致事命下,喜曰:“吾志遂矣。”……明年疾少间,谓所亲曰:“吾习尚书蔡氏《传》,以之取科第,自幼读之,觉有未满意处,恒欲订证之而未暇,今幸得暇矣,不及此时成之,恐无及也。”乃草定凡例若干条。疾作,投笔端坐而逝。①

　　以上显示,疑辨经典正是周洪谟“平生志行之大者”,而对程朱经典予以补缺、订证分明已成为成化朝耿裕、丘濬、徐溥等高级文官的共同志愿所在。徐溥在《神道碑》中称赞周氏“凡经史稍有疑,辄订正之”的行为有“遗被后学”之功。② 耿裕、丘濬不仅鼓励周氏著书立说,辨疑定于一尊的蔡《传》。丘氏还勉励一位学生蔡清(1452—1508)修订《易经大全》。丘濬自己也于天顺七年撰著《朱子学的》一书,旨在帮助初学者掌握朱学精义,③与周洪谟的“疑辨”工作可谓相辅相成、殊途同归。

　　丘濬、周洪谟的理学述作,实有异曲同工之妙。他们都意在为程朱理学

① 丘濬:《太子少保礼部尚书谥文安周公墓志铭》,第 471—472 页。
② 徐溥:《故太子少保礼部尚书谥文安周公神道碑铭》,《谦斋文录》卷 4,第 653—654 页。
③ 程敏政也有“盖先生惧学者之无本也,则有《学的》之编”的说法。《朱子学的》一书的内容及意义,参见朱鸿林:《丘濬〈朱子学的〉与宋元明初朱子学的相关问题》,《儒者思想与出处》,第 181—193 页。

的后续发展注入新血,令它从辞章功令之学中复活。朱子学本为全体大用
之学,但官学化后却陷入僵死的局面。基于此,丘濬《朱子学的》立足于《大
全》之外,向士人提供了解朱子的学说和教人学为圣贤之方法的入门阶梯。
他并未反对《大全》,甚至还勉励门人朋友修订《大全》。周洪谟《疑辨录》
则是站在《大全》内部的针砭和示范。面对当时士子死记硬背《大全》的流
弊,以及土木之变后礼崩乐坏的时局,他有意通过疑辨经典的方法和对礼制
等问题的侧重,向士人示范如何读《大全》以达经旨,又如何依据经旨以施
用现实,从而改造读书人的思维世界。丘濬曾在《大学衍义补》中反复论说
统一经籍对于"一道德同风俗"的重要性,认为《大全》颁布足令"道德一而
无歧辙之差,风俗同而无疆界之别"。① 同样的,如何经由订正官方学说以
重塑士人的道德理想乃至思维行事,这才是周洪谟的关怀所在。下面则专
就《疑辨录》的内容及意义具体言之。

### 三、辨疑特点与思想指向

由现存明刊本《疑辨录》来看,②此书分上、中、下三卷,卷上为"先儒训
释有害经旨者二十四条",卷中"先儒训释有误经旨者五十五条"、"先儒训
释与经旨不协者二十五条",卷下"发明先儒言外之意百又九条",共计213
条。从这排列工整的卷名,我们只可得周氏之意却未能领会其所指:他所言
"先儒训释"包括哪些?"经旨"的指向为何? 他又是如何开展辨疑的? 周
氏此书的辨疑对象常隐含于文句中,间或以"先儒"之说或"疏曰"相指代,
则需比照《五经大全》的相应条目并结合文意予以辨明。试以卷上、卷中三
类共104条列表分述如下,以见其大概:

---

① 丘濬称"一道德者,苟不质正于圣贤之言,何以知其所以然之故,与其所当然之则而
施行之哉? ……圣贤之言,具载经传……是以帝王欲一道德以同风俗,往往留意于经籍,而命
诸儒考正而会粹之,用以颁布天下,使家传而人诵之。……太宗又命诸儒辑《五经四书性理大
全书》……是以道德一而无歧辙之差,风俗同而无疆界之别。"(丘濬:《大学衍义补》卷78,周
伟民等点校:《丘濬集》第3册,海口:海南出版社2006年版,第1220—1221页)

② 《续修四库全书》所收北京图书馆藏明成化十六年刻本,《四库全书存目丛书》所收
北京图书馆藏明嘉靖刻本,实为同一版本。两书从版式、字体、内容、序言,甚至页29的缺页
都完全一致,未知其刊刻详情。周洪谟序言作于成化十六年任礼部右侍郎之时,但两书首页
均有"礼部尚书周洪谟撰"的字样,可知此版本刻于成化十七年以后。

表 17 《疑辨录》内容、对象、方法一览表

| 类 | 经 | 条目原文 | 疑辨对象 | 疑辨方法 |
|---|---|---|---|---|
| 有害经旨 | 易·系辞下传 | 三皇制器(史事) | 杨万里 | A+B |
| | 书·尧典 | 尧命义和(历法) | 蔡《传》 | E |
| | 书·舜典 | 在璇玑玉衡,以齐七政(历法) | 孔安国、蔡《传》 | C |
| | | 禋于六宗(礼制) | 汉儒、蔡《传》 | B |
| | 书·大诰至多方八篇 | 周安商民之难(史事) | 苏轼 | B |
| | 书·康王之诰 | 王释冕反丧服(礼制) | 苏轼 | B |
| | 诗·豳风 | "七月"篇,《传》称周先公迭用三正(历法) | 吕祖谦 | E |
| | 诗·鲁颂 | "閟宫"篇,《传》称成王赐鲁以郊祀(礼制) | 汉儒、程子、张载、朱熹《诗集传》 | B |
| | 春秋 | 周正(历法) | 程颐、胡安国、吴仲迁、陈栎、张敷言、史伯璿、吴莱、汪克宽 | B+C |
| | 周礼 | 祀五帝(礼制) | 程颐、杨复 | B |
| | | 实柴祀星辰(礼制) | 郑玄等 | A+C |
| | | 槱燎祀司中、司命、风师、雨师(礼制) | 汉儒 | E |
| | | 祀司民、司禄(礼制) | 杨复、马端临 | C |
| | 礼记 | 天子、诸侯、大夫、士、庶人之社(礼制) | 朱子、朱子后学、吴澄 | B |
| | | 天子、诸侯之社稷不同(礼制) | 汉儒 | B |
| | | 三代以龙柱农弃为社稷(礼制) | 宋元儒者 | B |
| | | 《周书》、《周礼》所称"后土"(礼制) | 郑玄、孔颖达《尚书传疏》、蔡《传》 | B |
| | | 后土、冢土、大示、地示、土示之同异(礼制) | 陈澔《礼记集说》 | B |
| | | 明堂(礼制) | 郑玄、蔡邕、《中庸》 | B |
| | | 宗庙(礼制) | 汉唐宋儒至朱子 | A+B |
| | | 祭用尸(礼制) | 《尚书大传》《朱子语录》、苏轼 | B |
| | | 古者神道尚左不尚右(礼制) | 汉儒 | B+C |
| | | 古者人道尚左不尚右(礼制) | 汉儒 | A+B |
| | | 三代忠、质、文之尚(礼制) | 历代之说 | C |

续表

| 类 | 经 | 条目原文 | 疑辨对象 | 疑辨方法 |
|---|---|---|---|---|
| 有误经旨 | 易·小畜 | 密云不雨,自我西郊(史事) | 《史记》、朱熹《周易本义》 | B+D |
| | 易·复 | 迷复,凶,有灾眚(训释) | 程子、朱子 | C |
| | 易·无妄 | 匪正有眚(训释) | 程《传》 | C |
| | | 上九,无妄,行有眚(训释) | 宋元儒者 | B+F |
| | 易·夬 | 苋陆夬夬(训释) | 朱震《汉上易传》 | B+D |
| | 易·井 | 井谷射鲋(训释) | 程《传》 | C |
| | 易·小过 | 是谓灾眚(训释) | 程《传》 | B+C |
| | 书·虞书 | 虞书(训释) | 蔡《传》 | B+F |
| | 书·尧典 | 格于上下(训释) | 蔡《传》 | F+C |
| | | 敬授人时(历法) | 蔡《传》 | C |
| | 书·舜典 | 分北三苗(史事) | 蔡《传》、詹元善 | C+D |
| | | 陟方乃死(史事) | 汉儒、韩愈、蔡沈 | A+B+C+F |
| | 书·大禹谟 | 奉辞伐罪(史事) | 林之奇 | E |
| | 书·禹贡 | 九河既道(地理) | 程氏 | C |
| | | 沱潜既道(地理) | 蔡《传》 | C+D+F |
| | | 云土梦作乂(地理) | 蔡《传》 | D |
| | | 和夷底绩(地理) | 晁错 | D |
| | | 浮于潜,逾于沔(地理) | 蔡《传》 | D |
| | | 弱水既西(地理) | 柳宗元 | C+D |
| | | 黑水(地理) | 程氏、蔡《传》 | D |
| | | 三危既宅(地理) | 蔡《传》 | C |
| | | 东汇泽为彭蠡,东为北江,入于海(地理) | 宋元儒者 | D |
| | | 东迤北会于汇,东为中江,入于海(地理) | 宋元儒者 | D |
| | | 锡土姓(史事) | 蔡《传》 | C |
| | 书·甘誓 | 怠弃三正(历法) | 蔡《传》 | A+B |
| | | 西北戡黎(史事) | 吴澄 | C+D |
| | 书·牧誓 | 牧誓(史事) | 蔡《传》 | B+C |
| | 书·旅獒 | 旅獒(史事) | 批蔡《传》、赞同胡宏《皇王大纪》 | B |

续表

| 类 | 经 | 条目原文 | 疑辨对象 | 疑辨方法 |
|---|---|---|---|---|
| 有误经旨 | 书·微子之命 | 肃恭神人(史事) | 《史记》、蔡《传》 | B |
| | 书·康诰 | 外事(史事) | 吕祖谦、陈师凯 | B |
| | 书·康王之诰 | 皇天改大邦殷之命,惟周文武,诞受羑若(史事) | 诸儒 | E+F |
| | 诗·周南、召南 | 周南召南(地理) | 朱熹《诗集传》 | C+D |
| | 诗·鄘风 | 定之方中(历法) | 朱熹《诗集传》、刘瑾《诗传通释》 | C+D |
| | 诗·豳风 | 改岁(历法) | 宋元儒者 | B+E |
| | | 东征三年(史事) | 宋元儒者 | B+C |
| | 诗·小雅 | 正月繁霜(历法) | 苏辙 | C+D |
| | 诗·周颂 | 我将之诗(礼制) | 汉儒、朱熹《诗集传》 | B+C+E |
| | | 维天其右之(礼制) | 朱熹《诗集传》 | A+B |
| | 春秋 | 春王正月隐元年(历法) | 汉唐儒者、程朱之说 | B+C |
| | | 三月癸酉,大雨,震电;庚辰,大雨雪隐九年(历法) | 胡《传》 | B+C+D |
| | | 大雩桓五年(礼制) | 程子 | C |
| | | 正月无冰桓十四年(历法、礼制) | 何休 | C |
| | | 秋,大水,无麦苗庄七年(历法) | 宋元儒者 | A+B+D+F |
| | | 冬,大无麦禾庄二十八年(历法、史事) | 宋元儒者 | B+C |
| | | 夏五桓十四年(训释) | 宋元儒者 | C |
| | | 冬,大雨雪僖十年(历法) | 宋元儒者 | B+C |
| | | 夏四月,四卜郊僖三十一年(礼制) | 宋元儒者 | B+C |
| | | 二月无冰成元年(历法、礼制) | 宋元儒者 | C |
| | 礼记 | 周文王舍伯邑考而立武王,微子舍其孙腯而立衍(礼制) | 郑玄 | B+C |
| | | 舜葬苍梧之野(史事) | 秦汉儒者、《礼记》《史记》、宋元儒者 | B+D |
| | | 昭穆(礼制) | 宋元儒者 | C |
| | | 明堂位(礼制) | 汉儒 | B+C |

247

| 类 | 经 | 条目原文 | 疑辨对象 | 疑辨方法 |
|---|---|---|---|---|
| 有误经旨 | | 乃官代哭,大夫官代哭,士代哭不以官(礼制) | 宋元儒者 | A+B |
| | | 农殖百谷,周弃继之,改祀以为稷。(礼制) | 唐宋儒者 | C |
| | | 后土能平九州,故祀为社(礼制) | 唐宋儒者 | C |
| | | 舜勤众事而野死【原缺】 | —— | —— |
| | | 缺29页 | —— | —— |
| 与经旨不协 | 易·蒙 | 发蒙,利用刑人,用说桎梏,以往吝(礼制) | 程《传》 | B+C+E |
| | 易·师 | 初六,出师以律,否臧凶(史事) | 朱熹《周易本义》 | B+C |
| | | 师或舆尸,凶(史事) | 朱熹《周易本义》 | B+C |
| | 易·比 | 有孚盈缶,终来有他,吉(训释) | 唐宋儒者 | C+F |
| | 易·谦 | 天道下济而光明(训释) | 程《传》 | F |
| | 易·随 | 君子以向晦入宴息(历法) | 程《传》 | C+D |
| | | 王用享于西山(训释) | 元儒 | B+C+F |
| | 易·观 | 尚宾(训释) | 程《传》 | F |
| | 易·坎 | 樽酒簋,贰用缶(礼制) | 吴澄 | B+C+F |
| | 易·夬 | 壮于頄,有凶;君子夬夬,独行遇雨,若濡有愠,无咎(训释) | 唐宋儒者 | C+F |
| | | 臀无肤,其行次且;牵羊悔亡,闻言不信(训释) | 张载、朱熹《周易本义》 | B+C+F |
| | 易·萃 | 若号,一握为笑。勿恤,往无咎(训释) | 唐宋儒者 | C |
| | 易·归妹 | 归妹愆期,迟归有时(训释) | 元儒 | F |
| | 易·旅 | 上九,鸟焚其巢,旅人先笑后号咷,丧牛于易,凶(训释) | 胡炳文《周易本义通释》 | B+C |
| | 易·巽 | 九二,用史巫纷若(礼制) | 朱熹《周易本义》 | A |
| | 易·涣 | 涣王居,无咎(礼制) | 朱熹《周易本义》 | B |
| | 书·舜典 | 夙夜出纳句,朕命惟允(训释) | 宋元儒者 | B+C |

续表

| 类 | 经 | 条目原文 | 疑辨对象 | 疑辨方法 |
|---|---|---|---|---|
| 与经旨不协 | 书·禹贡 | 恒卫既从,大陆既作(地理) | 蔡《传》 | D |
| | | 三江既入(地理) | 唐宋儒者 | D |
| | | 浮于积石(地理) | 唐宋儒者 | D+F |
| | | 敷浅原(地理) | 蔡《传》 | D |
| | 诗·邶风 | 朝隮于西(历法) | 宋元儒者 | D |
| | 诗·卫风 | 考槃(训释) | 宋元儒者 | E |
| | 诗·郑风 | 溱洧之诗(训释) | 宋元儒者 | E |
| | 春秋 | 冬十月,陨霜杀菽定元年(历法) | 宋元儒者 | D |

注:《疑辨录》中"条目原文",现据此条中实际讨论内容,大致分为"礼制、史事、历法、地理、训释"五类,以括号别之。周洪谟所使用疑辨方法,现归纳为六种:A:引历代典制 B:引经史、先儒之言互证 C:以理断之 D:实地考察或体验 E:据上下文辨析 F:以小学证之。

由上可见,《疑辨录》旨在修正《四书五经大全》而发,其实际内容却只包含《五经大全》。职是之故,历代书目中时有录其书名为《五经疑辨录》或《群经辨疑录》的情况。周洪谟无意于对《四书》《性理》两部《大全》有所辨疑,也说明他辨明经典的热衷集中于孔子所订正的《五经》。

以上"有害""有误""不协"圣经本旨的三类辨疑条目显示,周氏所指称的"先儒训释",实指汉儒以至宋元学者的经典诠解,程朱显然也包括在内。由是,他不仅将矛头指向训释程朱经典的朱子后学,更对朱子所作《周易本义》、程颐所作《传》有诸多疑议。而周氏所言"经旨",指的是经程朱发明的五经旨意。所以当程朱乃至宋元后儒的注疏有悖于实情或实理时,自然要予以辨明。

周洪谟辨疑经典的条目以《书经》为最多,讨论的具体内容却以礼制最多。三类辨疑中,各经条数分别为:《书》(34)、《易》(23)、《礼》(23)、《诗》(12)、《春秋》(12)。《书经》是周洪谟参加会试时的专经所在,一如丘濬所述,也是他平日专攻并尤有心得之处。不过以内容论之,则以涉及到礼制的条数最多(33),训释(21)、历法(18)、史事(17)及地理类(15)次之。这符合周洪谟序言所称专改经典中有关"事物之变、制度之设"的谬误的指向。

尤其在第一类"有害经旨"的 24 条中,礼制相关条目就有 18 条之多,反映出他以礼制为国家治理大端的想法。

对于上述涵盖史事、天文历象、地理、礼制等的内容,周氏多采用精思熟虑并以意断之的辨疑方法。具体而言,他结合实地实情、考辨典章制度、运用小学训诂等工夫,从而贯通思考经典并予以重新训释:(1)根据韵书或字书(《韵略》《尔雅》《说文》等),了解字词的原始意涵;(2)取法古今制度,尤其依据明太祖所立制度;(3)用朱熹《周易本义》、程《传》相校,或经传前后文互校;4)遵照地理、河流的实地考察或见证,或依照农作物生长实情等,都是周氏常用的经典辨疑方法。

以上除反映周洪谟的博闻广识及对典章制度的熟悉外,更清晰呈现他结合实际,究心典章,注重思辨的治学取态。从他献书的情形看来,《疑辨录》本就有为天下读书人学习程朱经典做示范的用意,而该书的内容更显示出对士人的导向意味。其中可见的指向有三:

一是《疑辨录》中多有涉及荆襄地理的条目辨析,显示周洪谟对时下热点问题的关注,这无疑会引导士人从经典出发,关心现实。周氏以亲身抵达或途经的洞庭、江汉一段水域,庐山等山川地形来论证《书经》的实际含义,其他地域则较少涉及。荆襄地区临近四川,周洪谟居官赴任、归家省亲等事都会途经此地,他因之对这一带山川河流相当熟悉。[①] 以这样的切身经历为例,可启发士人读经时结合亲身实践的志趣,但也正因为个人经验有限,才需借助官方力量,从而群策群力完成重新补订《五经大全》的浩大工程。更重要的是,荆襄流民问题是成化朝亟待处理和安置的当务之急,对上述地段之地理情况的准确了解自然是寻求解决良方的必备基础。反过来说,来自经典注疏的错误地理常识,也势必影响读书人对现实之务的具体应对。周洪谟本就对国家边务等事宜关心有加,通过将国家内治外扰的关注融入经典的辨疑之中,却可引导士人读书时从"功利之学"的要求转向"务实之学"的现实关怀。

---

① 周洪谟在长江中游一带游历较长时间。《洞庭湖志》存有他所作《岳阳楼》一诗,诗云"雕梁画栋隐霏虹,天影波光总是空。四壁浓阴三峡雨,八窗凉气五湖风。广寒宫阙丹霄上,万丈楼台碧海中。借问登临豪杰客,先忧后乐几人同。"(陶澍、万年淳修纂:《洞庭湖志》卷13《艺文志》,何培金点校,长沙:岳麓书社 2003 年版,第 501 页)

　　再者,《疑辨录》体现出周洪谟对国家礼制问题的高度重视,这既是他一生的关心所在,也会启发读书人对于作为国家精神象征的礼乐制度的思考。力图纠正"先王经世大典"之谬误的《疑辨录》,其内容以关乎礼制者为最多,对于《五经大全》并未涉及的《周礼》它也有辨析。究其原因,礼乐制度是社会统治的根基,也是实现"天下有道"的儒家政治理想的前提。只有深入经典以厘清和规范礼制问题,才能在现实施用中为国家提供好的礼制,这便是士人最切实的经世思想和行动。《疑辨录》注重礼制辨疑的意义,即在于此。而周洪谟书中的辨疑条目,与他上疏订正国家现行礼制之谬的言行,在理据和方法上都具一致性,皆主要依照韵书、程朱经典及本朝成法而出,正显示他言行如一的儒者气象。

　　最后,《疑辨录》实际是周洪谟用以改变士人思想格局的努力所在。面对土木之变后内忧外患的时局,周洪谟等人深入反思国家的人才之弊,乃至官定学说所出现的问题,因之对于陷入僵化、功利、脱离现实的士人之思想格局甚为忧虑,这样的"人才"显然不能救国家于危难之中。而周氏《疑辨录》所示经典辨疑方法,则主张字求其意,句求其疑,并随处与实事、实物、实地、实情相参照,从而内化为体验,外用于施行。如此培养出的经世人才,能够深入体会国家用以"一道德"的程朱精义,并从自身的思维和知识储备中灵活取用于现实事务。按照周氏的方法来看待程朱经典,尤其是士人必读的《四书五经大全》,那么全国读书人的思想与行事也会随之改变,这便是周洪谟疏请重修《大全》的用意所在。如果官方对这套方法加以正式确认和推广,即根据周洪谟上疏时的折衷方案,在《大全》每章之下补入"订曰",那么朝廷崇尚理学之用的指向就会被士子明白接收和领会,此举足以改变士习士风,培养出一批帮助国家治理的经济人才,《大全》因而成为经世之学的最终理据,宋儒的全体大用之学也得以复活并发挥效用。

　　统言之,以上论述所呈现的周洪谟是一位通经致用的学者型官员。他一生关心国家边务问题以及国家精神层面的礼乐文明,同时献身文教,主教两京国子监并撰著进献《疑辨录》一书,期望在土木之变后的新时局下复活程朱理学,进而改变士人的思想格局。他将自己对时务、礼制问题的关心融汇入《疑辨录》中,启发士人以务实求用的态度来研习《大全》,并能从程朱

251

经典出发活用于现实事务。这样的理念和行动在十五世纪后半叶不乏同道者,周洪谟、丘濬、蔡清等人皆以亲身言行和著述实践,在朝野山林之际遥相呼应,致力于重塑土木之变后士人的思想世界。

《疑辨录》于嘉靖十三年予以重刻,显示它在后世确有影响。而周洪谟的"疑辨"行动不久即后继有人。长洲(今江苏苏州)人戴冠(1442—1512)撰有《礼记集说辨疑》一卷(撰著时间不详),专对《礼记大全》主要参考的陈澔《礼记集说》提出质疑和订正。[①] 戴冠是深受王恕推重的学者,他与周洪谟的不期而合更反映出成、弘间士人在补订《大全》一事上的共同志愿。这一点上,撰有《石渠意见》《玩易意见》诸书的王恕也是如此。

## 第四节 以心考之:《石渠意见》的尝试

陕西三原人王恕(1416—1508)字宗贯,号介庵,又号石渠,是明中期的著名官员。他官至吏部尚书,前述杨守陈、刘宣是他弘治初年吏部尚书任上的左右副手。与杨守陈早年述作、晚年略为修订不同,王恕前大半生从政,78—92 岁致仕家居期间著述质疑《大全》的《石渠意见》《玩易意见》等书。本节从王恕的生平交游入手,考察他于弘治间撰作《石渠意见》诸书的背景及内容特色,以展现王恕其人其书在时代中的特点所具。

### 一、人生"三部曲"

王恕的生平传记,见于《明史》《明代名人传》。[②] 此外,官至户部尚书

---

① 戴冠的生平传记,参见文徵明:《戴先生传》,《甫田集》卷 27,《文渊阁四库全书》集部第 1273 册,第 210—211 页。需补充的是:其一,戴冠撰有《濯缨亭笔记》十卷,书中有辨析《大全》的条目;其二,《礼记集说辨疑》是戴冠的未完成之作,以故嘉靖二十六年同乡后学陆粲(1494—1551,嘉靖五年进士)为《濯缨亭笔记》作序时称:"先生尝作《礼记集说辨疑》,未竟,今掇其存者若干章,附之编末。"参见戴冠:《濯缨亭笔记》,《续修四库全书》子部第 1170 册,影印复旦大学图书馆藏明嘉靖二十六年(1547)华察刻本,第 486、429 页。另外,陆粲尚撰有《春秋胡氏传辨疑》一书,存于《四库全书》中,亦有待研究。

② 张廷玉等撰:《明史》卷 182《王恕传》,第 4831—4837 页;L. Carrington Goodrich and Chaoying Fang, eds.. *Dictionary of Ming Biography, 1368-1644*. pp.1416-1420.

的王鏊(1450—1524)为他撰有《墓志铭》,称其为国家"宿德重望之臣"。① 官至户部尚书的刘玑(成化十七年进士,1533卒)为他写有《行状》,惜已不存。弘治首辅李东阳(1447—1516)为其作有《神道碑》,称其为盛世"恢宏博大之臣"。② 王恕传记另有焦竑《吏部尚书王公恕传》,李贽《太师王端毅公》等。以上传记均强调王恕作为国家正气的名臣形象,但对他晚年著述理学的事迹很少着墨,充其量称赞其老而不倦的好学精神,以致晚年还在孜孜以求的研经和著述。

与之相对,黄宗羲《明儒学案》却相当重视王恕的理学成就,还将其列为《三原学案》之首。这或是因为他们学问相近的缘故。③ 黄氏评议王氏学行称,"先生之学,大抵推之事为之际,以得其心安者,故随地可以自见。至于大本之所在,或未之及也。"④从这充满王学意味的评语,可知王恕与同时代的其他朱子学者、后世兴起的阳明学者皆有分别。

王恕声名昭灼当世,他早年举业精进,中年渐跻身名臣,晚年才撰著批评《大全》的《石渠意见》诸书,他的人生"三部曲"乃是理解其思想与行动的关键。下文即通过王氏生平经历与撰著历程,考察其理学思想的内涵及特点,以见其在十五世纪思想史中的位置。

王恕长达46年的仕宦生涯,是以处理刑狱、地方治理、官吏任免等政事为主要职责,较少涉及国家文化、礼教的工作内容,不过他在地方任职期间创立的资政书院也是其可圈可点的功绩之一。王恕于正统十三年(1448)考中进士,较周洪谟晚一科,因此他入仕后数月即遭逢土木之变。随后,被选为庶吉士的他在进修结业后未能除授翰林官,而是授官大理评事。三年

---

① 王鏊:《太子太保吏部尚书赠特进光禄大夫左柱国太师谥端毅王公墓志铭》,《震泽集》卷29,《文渊阁四库全书》集部第1256册,第432页。

② 李东阳:《明故光禄大夫柱国太子太傅吏部尚书致仕赠特进左柱国太师谥端毅王公神道碑铭》,《怀麓堂集》卷80,第841页。

③ 从刘勇的研究可见,王恕的学生马理后来影响及至王阳明。刘勇:《中晚明时期的讲学宗旨、〈大学〉文本与理学学说建构》,《"中研院"历史与研究所集刊》(台北)第80本第3分,2009年,第420—422页。

④ 黄宗羲:《明儒学案》卷9"三原学案",沈芝盈点校,第160页。值得注意的是,"得其心安"是王柏、杨守陈、王恕都特别强调的内容。王恕文集中还存有论述"心安"的文字。

后,他被派往扬州任知府,并在此地创办资政书院。又因为治理扬州的政绩,被擢升为江西右布政使,后代理河南布政使。成化元年(1465),王恕任右副都御史治理荆襄流民起事,认为"民可抚也,而奸民好乱者,非兵不威。"七年以南京刑部侍郎治理漕河,后有《漕河通志》一书,是最早的运河专志。十二年以左副都御史巡抚云南,十五年以南京兵部尚书兼左副都御史巡抚南直隶。弘治元年(1488)升任吏部尚书,六年因太医院判刘文泰(江西上饶人)弹劾而致仕。成、弘年间,王恕敢于直言进谏,乐于提携后进。他的奏议早在成化十八年被整理出版。《明史》称其仅于成化一朝就陈言建白 60 次之多,又称耿裕、彭韶(1430—1395)、何乔新、周经(1440—1510)、李敏、张悦、倪岳(1444—1501)、刘大夏(1436—1516)、戴珊(1437—1505)、章懋等明中期著名官员都先后受过他提携或引荐。

这样一位善于提拔新人、又因敢于直谏而久负盛名的政治人物,却在晚年致仕归家的十余年间,倾心于整理经典与地方讲学。弘治十二年(1499)84 岁的王恕完成《石渠意见》(下文简称《意见》),两年后写就《意见拾遗》,再两年又成《意见补缺》(下文统称之为《意见》三书)。由于对《易》经尤有心得,他还专《玩易意见》一书。四部《意见》都是对《大全》而发的议论。著作之余,王恕在三原开设弘道书院,与季子王承裕(1465—1538)共同讲学于地方,其书、其学的影响得以更为广传。

在此,有必要结合前文所举案例,重新审视十五世纪末的思想氛围,逐步复原王恕的交际网络,以见其晚年著述的心路历程。事实上,王恕的同事好友中不乏对《大全》提出质疑之人。弘治初与王恕同事吏部且合作无间的杨守陈,早在天顺以前便完成《私抄》诸书,在批评《大全》之余,突出"吾心之理"的重要性。王恕看重的吏部主事蔡清,也已在成化二十年前后完成《批点易经大全》(本书下节将专作讨论),两人还常在书斋讨论理学。对《礼记大全》根据的主要蓝本《礼记集说》加以"疑辨"的戴冠,也与王恕关系甚密、互为推重。① 此外,王恕

---

① 王恕对戴冠的"爱重"之意,参见文征明所撰《戴先生传》(第 211 页),另见陆粲《濯缨亭笔记序》所言:"学官王三原自巡抚江南时,则爱重先生,及是方掌铨,先生贻之书,条刺十事,皆经国大务,语不及私,三原为敛容降叹。"而戴冠对王恕的推崇,则见其所著《濯缨亭笔记》中记载王恕直言谏净、不曲从附和的事迹。(分别见戴冠:《濯缨亭笔记》,第 429、437—438 页)

还与改订《大学》次序的周木(常熟人,成化十一年进士)颇有交流;①并与无锡人陈公懋甚为交好,而后者曾于弘治元年进献旨在删改《四书集注》、折衷《尚书》《周易》《大学》《中庸》注疏的理学著作。② 可见,王氏在弘治年间撰书质疑《大全》,在当时已不是什么稀罕事了,反倒是他在《意见》中采用的考辨方法,以及该书伴随着讲学传播而产生的实际影响更值得关注。

由书名来看,《意见》与杨守陈《私抄》的性质更接近,而距周洪谟的《疑辨录》为远。王恕自谓"意见者,乃意度之见耳,非真知灼见也。"③观其书内容也多以"吾心裁之",颇具个人主观色彩。丘濬《朱子学的》曾引述朱子之言:"理之至当,不容有二,若以必自己出而不蹈前人为高,则私意而已。"④丘氏虽是另有所指,但王恕注重己见发挥的《意见》诸书也未必能得到如丘濬这类学者的认可。

《意见》一再补遗,遂成《意见》《拾遗》《补缺》三书。三书共计191条,篇幅算不上大,却要各自刊行,个中缘由值得深究。王恕于弘治十六年(1503)为最后成书的《石渠意见拾遗补缺》作序时给出了一个恰如其分的理由,即是对自己八十高龄的担忧,因此每有述作都"不得不为之速成也",遂成三书。⑤ 另外一个理由也为王恕提及,那就是每成一书,便有人迅速刊刻出版。《意见》成书后,王恕正与弘道书院诸生商定,即被西安太守严永

---

① 刘勇对周木明确提出《古本大学》的背景和内容皆有论说,并述及王恕与周木在政治上的交往,和在《大学》改本问题上可能的交流。(刘勇:《中晚明士人的讲学活动与学派建构——以李材(1529—1607)为中心的研究》,第50—51页)需作注意的是,戴冠《濯缨亭笔记》中也有对《大学》次序的辨析,他遵从黄震《黄氏日抄》记载的朱子所定次序,同时提到"后儒"多质疑黄氏之说(《濯缨亭笔记》卷3,第449—450页)。从《石渠意见》对《大学》次序的改订来看(王恕:《石渠意见》,《王端毅公文集》卷8,沈云龙选辑《明人文集丛刊》第1期5,台北:文海出版社1970年版,第281—283页),王恕显然在此"后儒"之列。

② 陈公懋的献书之事被采入《明实录》中,他的行动被朝廷以《大全》出自御制的理由驳回并予以惩戒。《明孝宗实录》详记到:"直隶无锡县民陈公懋奏上所著书大要,谓:《尚书》《周易》《大学》《中庸》注失经迷,臣有一得,颇能折衷。言涉缪诞。通政使司言:公懋奏内,不称军民籍,自称庶人,凡《五经》《四书》《集传》皆经我太宗命儒臣纂缉者,公懋多穿鉴更改,悖理害道,乞正其罪。上命焚所著书,押遣还乡。"《明孝宗实录》卷14,弘治元年五月辛未条,第335页。

③ 王恕:《石渠意见拾遗补缺序》,《王端毅公文集》卷2,第65页。

④ 丘濬:《朱子学的》卷下,周伟民等点校,《丘濬集》第7册,第3413页。

⑤ 王恕:《石渠意见拾遗补缺序》,第66页。

濬(华容人,成化十四年进士)予以刊行。①

上述两个理由固然成立,不过纵观王恕的一生,匆促成书之事已有先例。他在成化十八年(1482)66 岁之时,就已结集出版他的《奏议》,此时任职南直隶巡抚的他,政治生涯还远未结束。结合其出书《奏议》《意见》的情形,不难看出王恕内心的"急切"。这"急切"于《奏议》而言,乃是为谋划入阁造势,他也果真在弘治元年(1488)便升至吏部尚书;②对于《意见》而言,则是迫切要在当时的学术环境中为自己谋得一席之地。

王恕在弘治初年所面对的学术环境,在朝有升入内阁的丘濬和他倡导的经世致用之学,在野有讲学于江门的陈白沙和他广为流传的自得之学,那么有志于理学述作的王恕,自然要建立自己的一套理路。于是,王恕的自述文字中,有意构建自己"早年政治名臣、晚年研经耆儒"的形象。这也成为他晚年才着手撰著理学的绝佳理由。他在《石渠意见拾遗补缺序》中称:

> 恕昔食禄于朝,夙夜匪懈,以事一人,不遑他及,以致旧学荒芜。及其致仕而归,念已衰暮,目力不足,幸而天假以年,修理先陇之暇,就于陇次小室之中,搜阅典籍,编集《历代名臣谏议录》一百二十四卷,藏之私家,复涉猎经书传注。③

以上文字中,王恕尽职尽忠之贤臣的形象,跃然纸上。即便他在退休赋闲之时,也是先编集卷帙浩大的《历代名臣谏议录》一书,以见其忠诚。以王恕热衷于谏言的仕宦经历而言,此书不免蕴涵其自期之意,也表明他生平之关心所向实在议政。

以早年从政无暇他顾为由,王恕给予他晚年述作以合理解释。而他晚年研经著述的详情,尤其是他所谓人生"三部曲",则见于弘治十二年

---

① 严永濬历官西安知府、浙江参政等职,在任期间兴学课士,礼义教民。

② 吴兆丰:《以"攻宦"为名:明成化间名臣王恕的政治形塑》,《中国文化研究所学报》(香港)2016 年第 63 期,第 68—89 页。

③ 王恕:《石渠意见拾遗补缺序》,第 64—54 页。

(1499)其与弘道书院门生讨论《石渠意见》的书信中。这段独白的意义,殊有可议:

> 恕自早岁读书,窃取传注之糟粕,为文辞,取科第。及入仕,亦尝执此措诸行事。今老矣,致仕回家,复理旧学。其于传注发挥明白,人所易知易行者,不敢重复演绎,徒为无益之虚文。至于颇有疑滞,再三体认行不去者,乃敢以己意推之,与诸生言之,评论其可否。诸生皆明理士也,以为可,吾则笔之于书,藏诸私家,以示子孙;以为不可,即当焚之,无惑后学。①

在王恕所描述的人生三阶段中,早年读经为功名,中年读经为施用,晚年重读经传才为真正的体认。这既是经典对于明中期大多数读书人之价值的缩影,也真切反映出以《大全》为主体的官方理学此时已深陷困境——学者在入仕后用以行事的经典理据竟是未经充分体认和内化的,甚至连位高权重的王恕也是如此。此即为土木之变后一批学者以修正经典为入径,探寻解决现实问题方案的深层缘由。尽管王恕的"三部曲"显然不算悲剧,然这幕正剧已暴露出其时朱子学发展所陷入的多重危机。

## 二、以心代理与经典考辨

应因明中期的时代趋势,以救弊《大全》为指向的理学著述群集纷至。王恕一方面能肯定官定《大全》的积极意义,称赞"我太宗文皇帝崇儒重道,以人文化成天下,特命儒臣纂修《五经四书大全》,仍以前五子传注为主,而以其余诸儒注释分书之,以备参考,甚盛典也",②认为《大全》统一诸儒传注,恢宏圣贤微言义理。另一方面,他所撰《意见》诸书也有修订《大全》的明确指向。在辨析《礼记》的一则条目中,王恕特别评论道:

---

① 王恕:《石渠意见请问可否书》,《王端毅公文集》卷3,第81—82页。
② 同上。文中"前五子传注"分别指代的是,"《四书》则以朱子之《章句集注》为主,《易》以程《传》、朱子《本义》为主,《书》以蔡《传》为主,《诗》以朱《传》为主,《春秋》以胡《传》为主,《礼记》以陈澔《集说》为主。"

当纂修《大全》时,好改正删订而不为者,盖谓经不可改,改之恐人议之也。然《大学》《中庸》原在《礼记》中,程子取出定为《章句》,与《论》《孟》并传,孰得而议之乎? 只是当时无程子般有定见的人,惜哉![①]

如此对《大全》编纂者的不满情绪,已是当时学者中普遍存在的现象了。[②] 而在王恕另一篇记述文字《玩易轩记》中,也提到《易经》中存在"程朱传义及诸儒之说或不一,则以吾心裁之"的情况,显然是对《易经大全》而发。王氏辨析《大全》之处在其《意见》诸书中不时可见,姑举一例,如《石渠意见》卷一"君子之道费而隐"条,称"欲知此章之旨,要当深味子思之言而以意会之,切不可全凭诸儒之注也",[③]乃是对《中庸章句大全》此句所引宋元疏释的不满。

与此同时,王恕的质疑又不限于《大全》。他的《意见》《拾遗》《补遗》三书中,有不少内容是直接针对程朱传注的辨疑和修正。具体而言,王恕《意见》诸书的编纂体例大概一致,三部《意见》191 条考辨中,每条先列经文,后引传注之说,再附以"《意见》以为",以陈述一己之辨析。格式并不完全严格,三书中还有 3 条包含有夹叙夹议的评论性文字。分别为《意见》及《拾遗》二书中的《中庸》"致中和"条,《易经》第一条,《礼记》"冠礼"条。[④]

由《意见》《拾遗》《补遗》三书的内容比重,显见王恕对《四书》和《易

① 王恕:《石渠意见拾遗》,《王端毅公文集》卷9,第392页。
② 这样的看法,在朱鸿林"Intellectual Trends in the Fifteenth Century"一文中已有论说,p.8。
③ 王恕:《石渠意见》,《王端毅公文集》卷8,第289页。
④ 其一,《石渠意见》,《中庸》"致中和"条,王恕评论道:"此注极有文彩,读之最中听,余尝体认之,则难行。且中和乃人性情之德,虽有动静之殊,初非二物。戒惧谨独,皆是不敢忽之意,岂有彼此,如何自戒。惧而约之,止能致中,自谨独而精之,止能致和,如何致中独能位天地,致和独能育万物,恐非子思之意。"(第285—286页)其二,他在《石渠意见》,《易经》第一条中评论到:"正统以前学者于传义俱读,汤屋文字或主程传,或主本义,俱取,其后主司偏见,主本义者取之,主程传者不取,遂使学者不看程传,只读本义。坐此书房,只将本义刊印发卖,而程传,初学之士有未见者。噫! 易之书广大悉备,变化无穷,大而修齐治平之理,小而宴饮起居之节,靡不该载,故为六经之首,卜筮云乎哉。"(第328—329页)其三,前述《石渠意见拾遗》,《礼记》"冠礼"条。

经》的重视。三部《意见》里,考辨《四书》的有 123 条,约占 64%;《易》14
条,《书》20 条,《诗》24 条,《礼记》12 条;王氏最后完成的《补遗》一书中,仅
包含有 38 条《四书》辨疑,可见其用心所在。除此之外,由于专攻《易》的缘
故,他另写有《玩易意见》一书,共计 95 条。就内容观之,他对《四书》《易》
两经的考辨也显得更为精深、细致。至此可以说,王恕对《四书》和《易经》
的偏重,乃是其经典考辨的特色之一。

王恕并未指明其推重《四书》的缘由,但明确解释过他对《易经》的偏
爱。其称许《易经》是"广大悉备"的"六经之首","大而修齐治平之理,小
而宴饮起居之节,靡不该载",①又把此经作为早年从政时直言进谏的最终
理据,认为"吉凶消长之理,进退存亡之道"尽在此书。② 除他给出的理由
外,《易经》是王恕的举业和研修的专经所在,《四书》又相对容易掌握且地
位日益重要,两经又都是可以借之大发议论的经典引据,这均是王氏上述取
重的客观原因。

王恕考辨的《五经》中,独不包括《春秋》,这一特点尤值得注意。《春
秋》的撰研需辅以大量史实的考证工夫,这未必是王氏所擅长的,也不是短
时间内可以速成的。或因为类似的原因,他对《书》《诗》《礼记》的考辨条
目都不多,他也算不上兼通诸经的学者,充其量是在掌握《四书》的基础上
兼通《易经》而已。尽管如蔡清所言,"公(王恕)本治《易》,然于各经亦皆
涉猎,尤熟于《书》《诗》",但这从《意见》中并未得见。③

与周洪谟的《疑辨录》相比,更见王恕的经典考辨特点。《意见》三书
中,王恕考经的主要方法是说理和训释,从而重新解释经义。其重在自为论
说,不重与史实、实情、典章制度结合起来阐说。王恕以论说为主的考经方

---

① 王恕称:"噫! 易之书广大悉备,变化无穷,故为六经之首,卜筮云乎哉。"(《石渠意
见》,第 329 页)

② 王恕自述偏重《易》经的原因是"盖《易》寓吉凶消长之理,进退存亡之道,吾居官时
亦尝竭驽钝之力,于颠危之际,陈逆耳之言,……复看程朱传义及诸儒之说,或一则以吾心
裁之,虽未能尽得四圣之心,亦颇得其一二之悦我心,以延未尽之岁月耳。"(王恕:《玩易轩
记》,《王端毅公文集》卷 1,第 46—47 页)

③ 蔡清:《与郭文博书(其七)》,《蔡文庄公集》卷 1,《四库全书存目丛书》集部第 42 册,
影印武汉大学图书馆藏清乾隆七年(1742)逊敏斋刻本,第 616 页。

法,实有其理论宗旨作为支撑依据,这便是他反复提及的"以心考之"。该方法贯穿于他的理学著作之中,是《意见》诸书的核心理念,却更清晰的表明于他的两篇记述文字里。

王恕晚年居家讲学期间,撰有《考经堂记》一文。考经堂,是弘道书院的后堂,王恕的住所和研经之处。他在此篇中系统阐述了其"以心考之"的考辨方法,先是称:

> 切惟《五经》皆古先圣哲之书,而孔子所删述者也。《四书》乃孔孟诸弟子之所记述也。汉魏以来诸儒皆有传注,有同有异,讫无定论。至宋濂洛关闽诸君子出,讲明斯道,复为之传注。及理宗朝始颁行天下学校,至于今以为不刊之典,无敢疑议者。虽然吾老矣,终不能无疑于期间。汝欲考经以教人,固当考儒先之传注,以求圣贤立言之意,亦不可不以心考之。其经如此,其传如此,以心考之亦如此,然后信之,斯可以语诸人;其经如此,其传如此,以心考之不如此,则当阙之,不可以讹传讹,以误后学。①

在王恕的这段论说里,"以心考之"成为其经典考辨的中心思想。王氏考辨矛头直指程朱传注,在他看来,程朱经传不过是圣贤之意的载体,"心"才是领会"圣贤立言之意"的必由之路,乃是跨越古今、直达圣贤之"道"的唯一途径。在这一解释体系下,"心"取代了"理"成为衡量经传确否的准则。就此层面而言,王恕"以心考之"的研经方法在其时确有重要意义。

文章的后半部分,王恕举例陈述了"以心考之"在具体经典研究中的施用,他于《易》《书》《诗》《春秋》四经各举一例,以论证朱子《周易本义》、蔡《传》、朱子《诗集注》,以及《春秋》经解的矛盾和谬误之处,他同时提到《礼记》和《四书》的传注也多有可疑之处。每例中王恕必用"以吾心考之"做结。全文之末又特别援引孟子"尽信《书》不如无《书》"之语以为己证,用孟子学孔尊孔却不泥于孔的君子求是态度以自期。与王恕的考辨例证相

---

① 王恕:《考经堂记》,《王端毅公文集》卷1,第35—36页。

比,前述周洪谟的《疑辨录》则显然属于"以理考之"。

王恕以"心"作为修己达人、扶世立教之最终归宿的理念,在其所作《心箴》中有着更为凝练的表达:

> 吾心具天命之性,为神明之舍,含动静之机,知古今之事,作五官之主,为应酬之本,持变通之权,蓄治安之计,契圣贤立言之意,遵当仁不让之训,辨诸儒传注之非,释后学积年之惑,帅浩然刚大之气,存扶世立教之志。斯往也,吾当操之益坚,终其身而不贰。①

细察之,这样的说法不出朱子《大学》八条目的理论框架,同时"以心应事"、"当仁不让"、"养浩然之气"等语汇亦不出《四书》之外,但王恕用以自勉和劝人的《心箴》,分明增添了对"吾心"与"天命之性"关系的特殊强调。《中庸》称"天命之谓性",用现在的语言来说,"天命之性"是客观的,与之相对,"情"是主观的。程朱认为"性即理","心统性情",而朱熹把"心"与"理"有意区别开来,概括为"性者,心之理也;情者,心之用也;心者,性情之主也。"②因此,上述王恕"吾心"包含有天命之性的观点,实际是朱熹看法的延续,却突出并强化了"吾心"的概念,把一切行为背后的准则之"理"替换为个体中承载"理"的"吾心"。较之以王阳明的"良知"说,王阳明的不同则是把"吾心"替换为"吾心之良知",认为"吾心之良知,即所谓天理也。致吾心良知之天理于事事物物,则事事物物皆得其理矣",从而"合心与理而为一者"。③

综上所论,成、弘间的著名官员王恕,其从政经历显示他是一个是敢于谏诤、善于用人的政治名臣,而他晚年则倾心于考辨经典、述作理学。他多次因时制宜的结集其言行或思想,故显得有些"急切"和令人费解。虽然未能兼通诸经,但其在致仕家居的十余年间,依据他所熟悉和掌握的《四书》

---

① 王恕:《心箴》,《王端毅公文集》卷 3,第 100 页。
② 朱熹:《元亨利贞说》,《晦庵集》卷 67,《文渊阁四库全书》集部第 1145 册,第 307 页。
③ 王守仁:《答顾东桥书》,吴光等编校,《王阳明全集》卷 2,上海:上海古籍出版社 1992 年版,第 45 页。

和《易经》,发展出"以心考之"的为学旨要,从而自成一套。而他质疑官定学说的做法及特色,既来自土木之变后学者积极从经典入手救正时弊的时代背景,又启发着新一代学人的思想及行动。

伴随着王恕的显赫声名和弘道书院讲学的展开,其《意见》诸书及"以心考之"的为学理念影响深远。嘉靖三十一年,耀州人乔世宁(嘉靖十七年进士)为王恕文集之刊刻作序时称"公没之后,《奏议》与《意见》盛传海内",他还特别提到《意见》一书深受罗钦顺和蔡清的称许。① 而王恕津津乐道的"以心考之"的核心理念,则被其子王承裕所继承和发展,同时还影响到他的学生马理(1474—1556),从而开启了明中后期北方理学的新时代。②

## 第五节　辅翼世教:《蒙引》的"成功"

明中期学者修正《大全》的热潮,到了蔡清(1452—1508)编著《四书蒙引》《易经蒙引》及其后学林希元(1482—1567)编撰《四书存疑》《易经存疑》之时,才部分地宣告完成。尽管蔡清撰作《大全》反应性著作的起始时间早于王恕,然他是王氏晚辈,且其著作实际完成较晚,以故本章将蔡清放在王恕之后进行阐述。也作为本书讨论《大全》对于 15 世纪思想史意义的一个相对完满的"句点"。如果说王恕及其后学渐次拓展了朱子学的新天地,蔡清及林希元等人则是从朱子学内部展开的自我修正。

前述明中期新安学者程敏政,曾认为杨守陈《私抄》诸书是"必将辅朱《传》行世"的重要撰著,然而事实却是《私抄》竟渐佚不传,以致清代学者已

---

① 乔世新:《刻王端毅公文集叙》,《王端毅公文集》卷首,第 10、11 页。

② 陈时龙:《明代关中地区的讲学活动(上)》,《"国立"政治大学历史学报》(台北)第 27 期,2007 年,第 224—231 页;刘勇《中晚明时期的讲学宗旨、〈大学〉文本与理学学说建构》,第 421 页。陈冠华:《明代中后期河南及陕西的地方理学发展及其叙述》,香港理工大学中国文化学系博士论文,2015 年。

无法睹其全貌。相较之下，晚辈蔡清《四书蒙引》《易经蒙引》（以下简称《蒙引》）和更晚的林希元《四书存疑》《易经存疑》（以下简称《存疑》），却在明中后期乃至清初成为实际辅翼《大全》共同流传的读本。在明中后期尤重《四书》的情势下，《蒙引》《存疑》渐成为与《大全》并行的书籍，变作16世纪士人科举应考、读书行事的必备之书。直至清初，学者也都颇为一致地认为，正是《四书蒙引》《四书存疑》等书"更新"了《四书大全》而使其不至成为"呆物"，①这足见蔡清、林希元等明中后期儒者修正《大全》的重要意义。

本节主要从蔡清的生平出处及学问历程入手，考察他撰写《蒙引》诸书的缘起、经过及内容旨趣，并具体以《四书蒙引》为例，讨论蔡氏修订《四书大全》的方法和特点，以见其著作"成功"的原因。正德十二年进士林希元及其《存疑》等书，相关研究较为丰富，且林氏撰著实受蔡清影响而来，又其时代较晚，乃是关涉下一个世纪的思想动向，以故本书暂不作专论。②

## 一、学从多师与编撰缘起

福建晋江人蔡清，字介夫，号虚斋，谥文庄，为成化二十年（1484）进士。他在《明史》有传。③ 行世的多篇传记中，福建莆田人林俊（1452—1527，成化十四年进士）所撰《墓碑》、同乡及后学林希元所作《行状》对其生平事迹

---

① 《陆子（陆陇其）年谱》顺治十四年条记载："（陆陇其）问讲章于里人俞上隆，上隆曰：'以《大全》为主，然非《蒙引》《存疑》，则《大全》为呆物矣。'因觅《蒙》《存》并阅焉。"即为一明证。以故，陆陇其顺治十五年编辑《四书大全》时，也是"以《大全》为纲，以《蒙引》《存疑》《浅说》为辅，逐句逐字，必融贯于胸中，采诸说之醇者附于后，期折衷于朱子而已。"（张师载编：《陆子年谱（上）》，《北京图书馆藏珍本年谱丛刊》第79册，第647、650页）《浅说》即蔡清门人陈琛所著《四书浅说》。

② 相关研究参见小岛毅：《明代知识分子论：以林希元为例》，《新哲学》第2辑，2004年，第262—272页；何乃川：《林希元的易学观》，《鹭江职业大学学报》第8卷第1期，2003年；王一樵：《从"辅翼圣教"到"改正经传"：林希元思想研究》，《史耘》2004年第10期；杨自平：《论林希元〈易经存疑〉的义理发挥与致用思想》，《中国文哲研究集刊》（台北）第32期，2008年，第131—170页；李育富：《论林希元〈易经存疑〉对〈周易本义〉的注疏价值》，《信阳师范学院学报（哲学社会科学版）》2013年第4期，第28—32页。

③ 张廷玉等撰：《明史》卷282《儒林·蔡清传》，第7234页。

有详尽记载。① 清康熙间黄宗羲著的《明儒学案》将蔡氏列入"诸儒学案",称他"闇修笃行,不聚徒,不讲学,不由师承。崛起希旷之后,一以六经为入门,四子为标准,而反身用力,本之静虚之地。所谓真道德性命,端向此中有得焉。"②可见他独立不拘的学术气象。而乾隆间李清馥所著《闽中理学渊源考》,则视其为明代闽中理学昌盛的先导人物。③ 近时学者对蔡清其人其书也有较多关注,但多处理的是蔡氏哲学思想及其《蒙引》诸书在义理层面上对朱子学说的修正情形,对他质疑官定《四书大全》的思想来源和时代内涵鲜有论及。④

纵观蔡清仕宦生涯,退多进少,史称"筮仕二十五年,从官不能十年"。他中进士后,旋即因病归家。弘治元年(1488)起授礼部主事,后改吏部主事。弘治四年因丁母忧居家,七年补礼部员外郎,后升南京吏部郎中。十四年乞终养,后丁父忧,十七年起复不出。正德元年(1506)拜江西提学副使,二年因触怒宁王致仕,三年起为南京国子监祭酒,未及赴任而卒。由此可见,蔡清自入仕起大半时间都在家乡福建,他的出处被林希元称为"仕必欲行其所学,一言一行不合于时,则奉身而退,虽挽之不能使留",并因此称赞他能守"孔子进礼退义之家法"。⑤

---

① 蔡清传记,参见蔡清:《蔡文庄公集》卷8,《四库全书存目丛书》集部第43册,影印武汉大学图书馆藏清乾隆七年(1742)逊敏斋刻本,第19—31页;林俊:《明中顺大夫南京国子祭酒晋江虚斋蔡先生墓碑》,《见素集》卷18,《文渊阁四库全书》集部第1257册,第190—191页;林希元:《南京国子祭酒虚斋蔡先生行状》,《同安林次崖先生文集》卷14,《四库全书存目丛书》集部第75册,影印辽宁省图书馆藏清乾隆十八年(1753)陈胪声诒燕堂刻本,第699—702页。

② 黄宗羲:《明儒学案·师说》,沈芝盈点校,第6页。

③ 李清馥:《闽中理学渊源考》卷59,《文渊阁四库全书》史部第460册,第594页。

④ 蔡清生平及哲学思想的研究,参见高令印、陈其芳:《福建朱子学》,福州:福建人民出版社1986年版;周天庆:《静虚工夫与明中后期的儒道交涉——以朱熹后学蔡清为例》,《东南学术》2008年第6期,第93—99页;黎馨平:《论蔡清〈易经蒙引〉对〈周易本义〉的注疏价值》,《周易研究》2009年第4期,第17—22页;杨自平:《从〈易经蒙引〉论蔡清疏解〈周易本义〉的做法及太极义理的转折》,《"中央"大学人文学报》(台湾)第32期,2007年,第77—126页;周天庆:《明代闽南四书学研究》,北京:东方出版社2010年版。

⑤ 蔡清《与孙九峰先生书》自述其见怒于宁王的原因,参见蔡清《蔡文庄公集》卷2,《四库全书存目丛书》集部第42册,影印武汉大学图书馆藏清乾隆七年(1742)逊敏斋刻本,第622—623页。

蔡氏恬于进取固有政治形势不利的因素,但他归养双亲的热切及对研撰理学、兴学授徒的热心却是更为重要的原因。《行状》称他"孝友出于天性,急于求道,而进取之念略"。蔡清汲汲于"求道",主要表现在他家居事亲之余专注于教学和著述的行事。蔡氏居家期间,设讲于水陆僧寺,教授之余撰成《四书蒙引》《易经蒙引》《河图太极图说》《纲目随笔》《艾庵密箴》等书,时人评价其著作"皆足以发挥经言,折衷众论,羽翼《四书》《六经》,有大功于朱子之门,以开后之学者。"①

蔡清在理学上的兴趣与成绩,与他早年学从多师的经历有关。《明儒学案》称蔡清"不由师承",就是指他从游多师而学有自得。蔡氏年少时即从福建侯官人林玭(1434—1506)专攻《易经》,入仕后其为学又先后受丘濬、王恕、何乔新等当时几位名倾朝野的重要儒臣影响,他还对讲求学问自得的广东籍儒者白沙陈献章欣赏有加,其同辈好友中亦不乏白沙弟子如张诩(1455—1514)等。以上从学与交游情形,已见蔡清兼容并收的博大气象。

蔡清早年跟随林玭学《易》,不仅得到林氏学问真传,其出处行事也与后者有共通之趋。林玭,字廷珍,学者称云室先生,天顺八年(1464)以《易经》中进士后,随即乞病归家,侍亲家居十七年,并授徒专教《易》经。林玭门生众多,蔡清尤受其重视和青睐,史载蔡氏"尽得其肯綮"。② 成化十七年(1481)林玭除南京刑部山西司主事,寻升浙江按察司金事,并由时任吏部尚书的王恕引荐,升任云南按察司副使一职。林玭卒后,蔡清为其撰作《墓志铭》,铭文中将林氏学问特点总结为"能以身体之,以心验之,最得圣贤意趣。其紬绎遗言衬贴之义,以开发学者,则清平日所见知,少有其似者也。"③这实际也是蔡清本人晚年学问归趋的写照,显示他日后所强调的"体验身心之学"正导源于林玭之教。获益于早年好学深思及名师指点,成化十三年蔡清举乡试第一。而他为准备科考而日积月累有关《四书》和《易

---

①　林希元:《南京国子祭酒虚斋蔡先生行状》,第 701 页。

②　张廷玉等撰:《明史》卷 282《儒林·蔡清传》,第 7234 页。

③　蔡清:《钦进亚中大夫云南按察司副使致仕云室先生林公墓志铭》,《蔡文庄公集》卷5,第 730 页。

经》读书心得和笔记,为其后来撰作《四书蒙引》《易经蒙引》奠定初步基础。

成化十七年再试失利,蔡清进入国子监学习,他的为学旨趣乃至经典研究深受时任国子监祭酒丘濬的感染和鼓励。官至户部尚书兼武英殿大学士的丘濬,是明中期第一流的朱子学者,被推为"海内儒宗"。丘濬并不轻许后进,他被时人称作"不肯一世",却唯对蔡清特别欣赏和器重,并向人称许蔡氏"学醇而行洁,可以进之于古人"。①

前文已提到,丘濬于天顺七年撰成旨在帮助初学者掌握朱学精义的《朱子学的》一书,从而成为士人了解朱子学说和学为圣贤的入门阶梯。成化十年著成了"简化"朱子《家礼》的礼仪用书《家礼仪节》,为学者使用仪式提供便利。成化二十三年,他撰成旨在改革时弊的经世巨著《大学衍义补》,为16、17世纪学者追求经世之学提供重要的必备参考。②

正由于视蔡清为学问的同志和同道,丘濬才会勉励蔡氏对官定《大全》多所用力,尤其敦促他为修订《易经大全》做初步清理工作。③于是,蔡清在成化二十年已基本完成丘濬交代批订《易经大全》之事。也正是这一年,蔡清考中进士,是年秋他乞假归家,途经杭州时致信丘濬,详述批点《易经大全》的意见体会,信中称:

> 所命批点《易经大全》八册,尚有一册未完,负罪负罪。清窃谓此
> 一经者,当时诸老纂修,既不依古《易》编次,如"象曰"、"象曰"等字至

---

① 蔡氏同年好友储巏的赠序,以及后学林希元所撰《行状》中的记载皆可证明此点。赠序中称"巏始贡来京师,谒今大司成丘公,公为海内儒宗,不肯一世,独言介夫学醇而行洁,可以进之于古人,啧啧嘉赏,叹不释口。"储巏:《送蔡介夫南还序》,《柴墟文集》卷6,《四库全书存目丛书》集部第42册,影印山东大学图书馆藏明嘉靖四年(1525)刻本,第454页。林希元《行状》称蔡清"入胄监,祭酒琼山丘公濬试'蔡沈进尚书传表',批其卷,有'真个是宋人'之语,深加敬重。"林希元:《南京国子祭酒虚斋蔡先生行状》,第699页。

② 朱鸿林:《丘濬〈朱子学的〉与宋元明初朱子学的相关问题》,《儒者思想与出处》,第177—204页;朱鸿林:《丘濬〈大学衍义补〉及其在16、17世纪的影响》,《儒者思想与出处》,第102—128页。

③ 丘濬此举的意义,已为当今学者所注意。朱鸿林有关十五世纪学术趋势的文章中提到,明儒丘濬以温和的姿态公开修正《大全》,他要求学生蔡清批判《易经大全》,并撰写新的《易》注。参见 Chu, Hung-lam. "Intellectual Trends in the Fifteenth Century," *Ming Studies* 27 (1989), pp.1—33。

今不知何谓。而所采诸家之说,又或多唃于义理,而乖于《本义》。至朱子有向前未定之说,明与《本义》不同者,亦多搜掠,以备成书。使天下学者犹或纷于多说,而靡所适从,似于古人所以"一道德"之意犹未也。呜呼! 当时诸老何人也,犹有此憾,况区区浅生俗学,安敢有所是非于其间哉?

承命以来,无任愧恐,姑以《本义》为宗,而以遵命为据。自程《传》之外,凡合于《本义》者批之,其非《本义》意者空之;有虽于《本义》不甚切,而实有发于义理者,亦批之;有虽切于《本义》,而一意错出者,则惟批其一二,而余皆空之;有《本义》意兼两三端,而彼仅得其一二者,则亦批之;有文采甚烂,似于举业可用,而实词胜理者,则亦空之;有数十句皆通,而仅一二句未妥者,则批其数十句,而空其一二句;有数十字皆通,而仅一二字未妥者,则批其数十字,而空其一二字;有连板数说,无一切要者,则皆空之;有连板数说,而无一不切要者,则皆批之。但主理胜,不甚拘举业要用也,然而亦在其中矣。至于训诂名义之间,大体凡例之际,虽非举业所急,然切以为此等处乃入《易》门户,学者尤不可不理会,故亦从而批之。若其中闲字稍有可略,则皆略之矣。[1]

由上可知,蔡清批点《易经大全》的撰写意图乃至条例规划,皆来自丘濬。虽然蔡清批点的《易经大全》现已不存,但信中所示的修订方法显示,此"批点"并非"抽取式"的考辨或议论,而是按照丘濬的嘱托,对于《易经大全》采录的宋元疏解逐条删订或批注。如此一来,《批点易经大全》确可承担士人研经时的辅助读本,引导和启发他们重新思考《易经大全》中的程朱理学精义。蔡清批点《易经大全》的著述活动,既指向科举考试,又如其所言不受举业用途所限,其"但主理胜"的编纂宗旨为中晚明读书人提供了重读官方经典的可能性。

蔡清对永乐朝《大全》纂修的批评意见也堪留意。以《易经大全》而言,它采用的《易经》底本为蔡清所诟病;此书汇集的宋元各家疏释以及采自朱

---

[1] 蔡清:《寓杭州上琼山邱祭酒先生书》,《蔡文庄公集》卷2,第621—622页。

子《语录》等材料的解说,也因有悖于朱子《周易本义》而受到蔡清的指摘。"一道德同风俗"本是明成祖敕修《大全》的初衷与寄望,也是明代学者反复申说的朱子学全体大用的实效与归趋所在。正如蔡清所言,只有忠实表述和发明程朱经旨的理学读本,才能成为学古为官者良好而必备的经典指南,使其拥有共同的价值取向而"一道德",进而服务于他们的为学治政以"同风俗"。

蔡清以程朱经典来统一士人道德的关怀是一贯的,他不独认为"《五经》之首"的《易经》可以达成此效,对《四书》也有一样的相信。他称:

> 东海之士,得《论语》读之,可进于圣人;西海之士,得《大学》读之,可进于圣人;南海之士,得《中庸》读之,可进于圣人;北海之士,得《孟子》读之,可进于圣人。盖《语》《孟》《学》《庸》之书,各自以所见示人,途辙少异而其归则同,士囿于东西南北之风气,各以其性之相近为学,而皆可以入道圣贤,垂世立教。①

蔡氏此段说话乃化用陆九渊的名言。陆九渊的著名论说是:"宇宙便是吾心,吾心即是宇宙。东海有圣人出焉,此心同也,此理同也。西海有圣人出焉,此心同也,此理同也。南海、北海有圣人出焉,此心同也,此理同也。千百世之上至千百世之下,有圣人出焉,此心此理,亦莫不同也。"②然蔡清却将陆九渊的"心"替换为儒家经典,指明成圣的方法是读朱子《四书章句集注》。也即是说,无论地域风俗的差异,普天之下的读书人皆可经由研习程朱经典而优入圣域。这正是明初敕撰《四书五经大全》所欲达成而未竟的事业。在蔡清看来,明代朱子学至此已弊病丛生,注释纷乱不明、义理有悖本义、功利化的经典研习,均是程朱理学发展所面临的诸多时代性"挑战"。经过系统有序地批点《易经大全》,蔡清对程朱理学的当下问题无疑有了更切实的认识,这也势必影响到他随后对《蒙引》的撰写。

---

① 林希元:《南京国子祭酒虚斋蔡先生行状》,第701页。
② 陆九渊撰,钟哲点校:《陆九渊集》卷36《年谱》,北京:中华书局1980年版,第483页。

丘濬对蔡清学问路向的影响,不仅见于上述批点《大全》行动的最初指引,还体现于蔡氏后来著成的《蒙引》对丘濬著述及思想的征引上。① 由《四书蒙引》《易经蒙引》对《大学衍义补》《朱子学的》的征引来看,既是丘濬著作在明中期流行程度的反映,也是丘氏经世取向及其为学精神深深感染到蔡清的明证。蔡清在丘濬卒后所写祭文,亦可见丘氏对他的深入影响。②

除丘濬之外,王恕也是蔡清政治生涯和理学思想形成中的关键人物。弘治初年,蔡清任职吏部时受到尚书王恕的引重,其政治建言多被王氏采纳,并常与之讨论学术。前文已述,王恕逐渐发展出"以心考之"的方法考辨程朱传注。蔡清推明朱子学说时"求之心"的为学要旨,③亦受王恕质疑朱子的取态和方法影响不小。

蔡清不仅十分景慕王恕用人识才的能力及其政治表现,对王氏为学旨趣也甚为欣赏,这突出地表现在他以王恕之学来启迪后进的事情上。在后学"拳拳欲得京师中好文字议论,以为进学之助"的请求下,蔡氏以"举朝士大夫皆以为方今第一等人"的王恕的言行思想加以鼓励,就是典型例证。④在答复后学的书信中,蔡清详细记述了有关王恕九则学行旧事予以共勉,当中七则是王氏对《大学》《中庸》《论语》《孟子》以及《易经》提出质疑的考辨实例,最后两则是王、蔡两人有关如何培养、选拔实用人才的讨论。

以上九则学行记述所见王恕体验身心与辨疑朱子的为学取态,深得蔡清的赞许和认同。王恕对《四书》及《易经》新的经解之法,尤其是当中直接

① (1)蔡清《四书蒙引》卷14,引《朱子学的》下第九板"问彝而曰秉何也? 朱子曰:浑然一理具于吾心,不可移夺,若秉执然",并有所辨析,第640—641页;(2)蔡清《四书蒙引》卷15,引丘濬《大学衍义补》有关征收布匹的考辨,《文渊阁四库全书》经部第206册,第715—716页;3)蔡清《易经蒙引》卷3引《大学衍义补》,《文渊阁四库全书》经部第29册,第192—193页。

② 蔡清:《祭邱国老文》,《蔡文庄公集》卷5,第719—720页。

③ 林希元:《南京国子祭酒虚斋蔡先生行状》,第701页。

④ 蔡清:《与郭文博书》,《蔡文庄公集》卷1,第615页。蔡清对王恕的言行十分推崇,他在为王氏所作《介庵记》中亦称:"顾方今人物,在清素所思慕而喜谈者,独于公为甚。"(第692页)

针砭朱注之处，得到蔡清十分赞许，以致感称"此方是真学问者乎！"①《四书》《易经》不仅是蔡清后来著述所在，王恕向朱子发难的态度，更是影响并鼓励了蔡清，以致蔡清将王氏"朱子之说亦未当也"之类的大胆议论频频作为启发后学的示范。另外，蔡氏还颇为欣赏王恕年过七旬仍究心理学的行动，他以王恕常言的"我亦垂老，方理会学问"之语来自勉和激励后进，而从其一生的学行表现来看，也确实做到了"好学之心，至老不倦"。由此可见，对于王恕致仕后承载其"以心考经"之方法的《意见》诸书，蔡清也理应持有理解和推崇的态度。②

蔡清信中的第一则记述较为核要，此处需作论说。因它既点明了王恕为学注重体验身心的要旨，又是蔡清最为留心之处。其称：

> 皇上一日御经筵，公（王恕）侍讲。退召，问予以《大学》"心有所忿懥"一章之旨。予略述旧闻以对，公颇然之。因曰："今日当讲先生于此数句，各贴一'先'字，谓'事未至而心先有所忿懥，则忿懥之行不得其正。'不知若无个事有以激其忿懥，彼亦安得无端而生忿懥耶？即是有所忿懥，则忿懥即着于其事矣，又安得谓之无事而先忿懥耶？"予意公此说尽精切，苟非有得于体验者，宜道不到此，故录之。公且微笑。当讲先生未必有体验身心之学也。③

上文显示，王恕侍讲孝宗经筵之后，对讲官进讲的论说内容颇有异议。"心有所忿懥"句，出自《大学章句集注》释正心修身一节，原句为"所谓修身在正其心者，心有所忿懥则不得其正，有所恐惧则不得其正，有所好乐则不得其正，有所忧患则不得其正"。文中"当讲先生"的解说，可从《四书大全》中找到出处。《四书大全》在此处疏解为："喜怒忧惧，乃心之用，非惟不能无，亦不可无。但平居无事之时，不要先有此四者在胸中。如平居先有四

---

① 蔡清：《与郭文博书（其三）》，第616页。

② 嘉靖三十一年，耀州人乔世宁为王恕文集之刊刻作序时称"《意见》一书，罗整庵、蔡虚斋二公又亟称焉，余不复论。"乔世新：《刻王端毅公文集叙》，第10—11页。

③ 蔡清：《与郭文博书（其一）》，第615页。

者,即是私意。人若有些私意塞在胸中,便是不得其正。须是涵养此心,未应物时,湛然虚静,如鉴之明,如衡之平。到得应物之时,方不差错。当喜而喜,当怒而怒,当忧而忧,方得本心之正。"这里主要强调的是程朱理学中通过回归心之本体以"正心"的修养方法,"体"正则喜怒忧惧这些心之"用"无不正。其"平居无事",自然不是指真的无事,而是说要在自修之时不断克去"私意",才能在应对事务时使"情"不出差错。《大学》此节实际是儒臣藉以格君心之正的重要讲论。"当讲先生"依据官定注解所发之语固然不差,但难免令人有"望文生义"的误解,无怪乎王恕咬文嚼字地予以纠正。而王恕的意见既是对当时讲官未能给孝宗讲解明白的遗憾和担忧,也被蔡清总结为是其深思经典而体验身心之所得。

需作留意的是,蔡清稍后的著名儒者罗钦顺对于王恕的上述议论却看法有别。罗氏在其《困知录》中称:

> 蔡介夫尝述王端毅公语,谓经筵进讲此章,每句贴一"先"字以为未当。看来情既有偏,则或先或后皆能为病,但不可指杀一处说尔。公所著有《石渠意见》一编,与朱子颇有未合处,旧尝一见之,惜未及详读也。[1]

罗钦顺的评价正反映出王恕、蔡清之学的特点所在:正是出于对时局的忧患和对经典之弊的反思,15 世纪的儒者在质疑和修正官定学说的行动上异常用力,乃至"情有所偏"。

以上来自丘濬、王恕的不同治学意见,蔡清皆能加以吸收和领会,同时他又虚心求教于当时其他有学问的硕儒。林俊称他师事何乔新,"愿为弟子"。[2] 而蔡清在为何乔新作传记时也以门生自居。[3] 官至刑部尚书的何乔新以三《礼》研究称,与丘濬为学问友,他对当时兴盛的陈白沙之心学颇

---

① 罗钦顺:《困知记》续录卷上,第 339 页。

② 林俊:《明中顺大夫南京国子祭酒晋江虚斋蔡先生墓碑》,《见素集》卷 18,《文渊阁四库全书》集部 1257 册,第 190 页。

③ 蔡清:《椒邱先生传》,《椒邱文集》外集,第 534 页。

多异议。① 何氏的学问无疑对蔡清也有影响,现存虽无何、蔡二人议论理学的直接文字记录,但何氏之学应是蔡清进学的重要资源。

　　蔡清与白沙之学的关系,也值得注意。《明儒学案》称他"极重白沙,而以新学小生自处。"②黄宗羲此说的依据,出自蔡清《淮上与周公载员外书》一文,当中蔡氏确以"新学小生"自称,并述及阅读陈白沙《乞终养疏》后的感言。③ 但这主要是对陈白沙等人出处问题的看法,④并不涉及理学层面。而从蔡清写给陈白沙高第张诩的论学书信来看,他有关"静"的体悟或许受白沙之学的影响。但他对读书为用之心的强调,则又与后者显然不同。⑤故此,蔡清对白沙之学是持有所去取的保留意见,黄宗羲《明儒学案》所言"极重白沙"之语,未免失之偏颇而与其推许白沙和守仁之学颇为一贯的立场相合。⑥

　　综而论之,以上所见的明中期儒者蔡清,是一位从游多师、兼容并蓄而能有所自得的学者。蔡氏一生积极于问学求道,成、弘间几位杰出的理学人物和政治名臣都对他的为学归趋有过启发,当中以经世名臣、杰出的朱子学者丘濬,以及晚年热衷于理学研撰的政治名臣王恕的影响最著,他还从当时盛行的白沙之学中汲取养分。而蔡氏出处有据的仕宦表现,则与其师林玭、名儒陈白沙等人的感召有关。得益于以上学从多师的进学历程,蔡清形成他有关深切体验身心之学的看法,更以著述和育人为终生志趣,撰著完成了反映其体验身心之成果的《四书蒙引》和《易经蒙引》等书。

---

　　① 何乔新曾在《寄罗应魁内翰书》中对白沙之学深表忧虑,并期望与之论学。何乔新:《椒邱文集》卷16,第266—267页。

　　② 黄宗羲:《明儒学案》卷46"诸儒学案",沈芝盈点校,第1094页。

　　③ 蔡清:《淮上与周公载员外书》,《蔡文庄公集》卷2,第642页上。

　　④ 陈白沙出处问题的探讨,参见朱鸿林:《陈白沙的出处经验与道德思考》,第11—54页。

　　⑤ 蔡清《寄张廷实书》中称:"每读书时,辄有欲取而用之心,则亦何必多为也?然既有此心,则自不容不多矣。"《蔡文庄公集》卷1,第617页。

　　⑥ 已有多个研究案例证实了此点,参见彭国翔:《周海门的学派归属与〈明儒学案〉相关问题之检讨》,《清华学报》(台湾)2002年新31卷第3期,第339—374页;刘勇:《黄宗羲对泰州学派历史形象的重构——以〈明儒学案·颜钧传〉的文本检讨为例》,《汉学研究》(台北)第26卷第1期,2008年,第165—196页;吴兆丰:《明儒薛应旂的生平及其学术思想的演进》,《燕京学报》2009年新27期,第169—204页。

## 二、经学与举业之间:成书及意义

在新旧转换的 15 世纪后半叶,周洪谟和杨守陈的理学行动倾向于消极的破坏,而丘濬倾向于积极的建设。① 那么,丘濬的学生蔡清则将重建科举之学的事业落到了实处,他的《蒙引》诸书也因此被视为"举业之书"而遭到16 世纪士人的推崇或诟病。嘉靖二十六年(1547)进士王樵(1521—1599)即点明这一现象,称"蔡虚斋人物自高,然《蒙引》只是举业之学,前辈笃实,此亦可见。在今人必讳举业,而高远其言矣。"②晚近的研究则指出,明代经学本身即具有科举化的特点。③ 此亦引发对《蒙引》诸书乃至明代经学史的重新思考和价值研判。

蔡清《蒙引》的成书过程较曲折。蔡氏生前,《蒙引》仅成初稿,内容涵盖后来的《四书蒙引》《易经蒙引》两部分。其卒后,两部《蒙引》被分别整理出来,其中的《易经蒙引》由其子蔡存远(嘉靖五年进士)于嘉靖八年进献朝廷,并诏为刊刻。

《蒙引》初稿是蔡清一生理学造诣的结集。该书最早是蔡氏学习举业期间的读书笔记,其后又经过他不断地补充和删订。他本人记叙《蒙引》成书经过的文字,主要有《题〈蒙引初稿〉序》一篇,以及他写给好友储罐(1457—1513)的两封书信。蔡清为《蒙引》初稿所作的这篇序言,足以厘清此书的性质、时间,及其与《批点易经大全》之关系的诸问题。现全文引述如下:

国家以经术造士,其法正矣。第士之所以自求于经者,浅也。盖不务实造于理,而徒务取给于文。文虽工,术不正而行与业随之矣,举子业之关于世道也有如此。清之始业是也,承父师之教指,自谓颇知所用

---

① Chu, Hung-lam. "Intellectual Trends in the Fifteenth Century," *Ming Studies* 27 (1989), p.9.

② 王樵:《方麓集》卷 16,《文渊阁四库全书》集部第 1285 册,第 461 页。

③ 陈时龙:《明代的科举与经学》,北京:中国社会科学出版社 2018 年版,第 317—345 页。

心者,故有三年不作课,而无三日不看书。间以其所窥见一二语诸同侪,要亦未能脱时文气味也,然或已诃为迂远而厌听之矣。清乃多笔之以备切磋,久之积成卷帙。庚子(成化十六年)赴京,已收置于行囊。既而因冗翻自遗之,逮至京检觅不得,意其失之途中矣。时方温故,辄复有录。更三阅岁(成化二十年),故录乃复得之家中。忝会前后所录,词意重复者过半,又有前后异见至一句而三其说者,皆无暇删次也。禄仕多年,故纸宛然,而比日后生辈求之颇切。欲终弃置,则一得之见或有资于童蒙;欲俟删正,则温故之功又非旬时可办。姑略会而次之,先涂去其最冗秽无谓者,其诸凡近似有理之言,皆且存之,以俟他日温故之余,得加汰削,乃就有道而正焉。名曰《蒙引初稿》,明非定说也,《四书》及《易经》诸卷皆有之,今已誊出《大学》《中庸》二部及《乾》《坤》二卦。张国信辈借抄,[1]因为之道其故,以引其端云。[2]

　　蔡清整理《蒙引》初稿并撰写这篇序文的时间,大致是弘治十四年(1501)他由南京吏部郎中任上乞终养归家以后,到正德元年(1506)他出任江西提学副使之前的四、五年间。[3] 序文显示,《蒙引》的底本最初是蔡清修习科举之业时的心得笔记,内容包含他参加科举考试时所用到的《四书》和《周易》两经。虽然蔡氏自谓学习所得"要亦未能脱时文气味",但他已有不合于官定经解的想法而使旁人"诃为迂远而厌听之矣",这些思考所得都汇总于他的读书笔记之中。蔡清早年所显现出对于官定程朱学说的质疑态度,这在林希元所撰《行状》中也有表述。《行状》记载蔡清"少而闻道,自幼知学,即悟世儒词章训诂之非,而得乎濂洛关闽之风旨"。

---

① 张元玺,字国信,晋江人,官至建昌同知,《闽中理学渊源考》称其"少小即知力学,游蔡文庄门,以妙悟见称,与陈琛、李墀、王宣号称'四杰'。"李清馥:《闽中理学渊源考》卷59,第597页。

② 蔡清:《题〈蒙引初稿〉序》,《蔡文庄公集》卷3,第671页。

③ 据林希元所撰《行状》记载蔡清正德初提学江西之际刊刻《大学、中庸蒙引》于学宫的情况,可知蔡清撰作此序文的时间不晚于正德初(《南京国子祭酒虚斋蔡先生行状》,第700页)。而从他给储罐的书信看来,他在弘治十四年归家以后屡有改订"旧日书说"的期望。由此推测,上述序文写于弘治十四年至正德元年之间。

文中有关《蒙引》成书过程的记述,可作为辨明《批点易经大全》与《易经蒙引》关系的线索。由上面的引文可知,成化十六年(1480),蔡清赴京考试之际将他的读书笔记"收置于行囊",却因遗留在家而误以为丢失。而"时方温故,辄复有录",是指他十七年会试失利后进入国子监继续学习深造,又因与此同时受到丘濬委托批点《易经大全》之故,使得他对包括《四书》在内的经典有更进一步的研得笔记,以至于他成化二十年归家发现"故录"时,发现两相比较,颇有重复异见之处。这可见蔡氏在京考试和学习的三年间,尤其在丘濬鼓励他批点官定《大全》之行事的启发下,他对程朱经典的理解已有长足的进展,其新见解竟接近半数之多,奠定了日后《蒙引》初稿的基础。

总的来看,蔡清将前后两份记载其研经心得及思想变化的读书笔记"会而次之",而成《四书蒙引初稿》和《易经蒙引初稿》两书。因尚未完成全部的删次和统会工作,以及仍有未定之说,故名"初稿"。他此后更是不忘继续修订《蒙引》初稿之事,在正德元年前给同年友人储巏的两封书函中,便屡次提及此一志愿。[1] 其一称:

> 清于《四书》《易经》草说,旧日只誊出《大学》《中庸》二部及《易》上经十卦,然尚未得删定,余则芜秽尤甚,未敢示人。不意无识者盗抄,并以付书肆刊行,而差字讹句,多不可读,今欲就林下温燖整理。[2]

其二称:

> 明年将如来谕,受徒讲业,并可删改旧日书说,或有小益于童蒙。

---

① 两封书信未注明撰写时间,但由信中内容主要谈及坟地事宜,结合林希元《行状》的记载,可知两信写于弘治十四年至正德元年他家居期间。《行状》称"性好山水,经史之暇,常携诸生山游里粮数百里,或经月而后返。常谓'山川秀抱,必毓贤俊;风气亏踈,断无佳产',于是渐用《葬书》,改迁其高祖四世以下坟茔。又欲迁所居于丛木临流之处,未就。归自江西,即绝意世事,日与门人数辈观山玩水寻葬地以为乐,曰:'此吾身后百年事也'。"林希元:《南京国子祭酒虚斋蔡先生行状》,第 700 页。
② 蔡清:《与柴墟储静夫书》,《蔡文庄公集》卷 2,第 635 页。

所恨只是文字上工夫耳,今复何言哉?①

两信中所谓"《四书》《易经》草说"及"旧日书说",皆指《蒙引》初稿。信中可见得蔡清厘定《蒙引》初稿的意愿尤为强烈。不过,直至他正德三年卒时都未能完成所愿。这使得他的门生后学纷纷删订此书,以致出现多种《蒙引》版本并行的情况。②

面对《蒙引》未及删定并被盗抄刊行的情况,嘉靖初林希元校订此书而成《重刊四书蒙引》《重刊易经蒙引》二书,③嘉靖八年(1529)蔡清门人林同(弘治十四年举人)也抄录《四书蒙引》,"并以平日所得讲论之意亦附录于后"。④ 两人所作序言中都述及坊间旧刻存在"颇多讹误""荒缺弗理"诸问题。其中,林希元是在蔡清之子蔡存远等人处得到家藏本,从而增校修订并交由建阳书坊刊刻。嘉靖八年,蔡存远进献《易经蒙引》于朝,后奉诏由建阳书坊刊行,此事详见《奉刊〈易经蒙引〉勘合》的记录。蔡存远引用蔡沈《尚书集传》、真德秀《大学衍义》表献于宋朝的故事,以献呈其父《易经蒙引》并请礼部颁于天下。⑤ 到了嘉靖中期,江苏武进人庄煦(活跃于嘉、万年间)又重新刊削《四书蒙引》并附以己见,《四库全书》所收即是此本。

蔡清为《蒙引》初稿所作序文以及上述写给储巏的书信中,都提到他撰著此书"小益于童蒙"的指向。林希元记载:

> (蔡清)又曰,"吾为《蒙引》,使新学小生把这正经道理渐渍浸灌,在胸中久后都换了他意趣,则其所成就自别。"⑥

---

① 蔡清:《与柴墟储静夫书》,《蔡文庄公集》卷2,第635页。

② 《四书蒙引》明代版本有,明正德十五年(1520)李犀刊本,明嘉靖六年刊本,明嘉靖八年林同录本,明万历十五年吴同春刊本,明大业堂刊本,明末刊本等。《易经蒙引》明代版本为,明万历三十八年(1610)刊本,明林希元刊本,明末重定本,明末敦古斋刊本等。

③ 林希元《重刊四书蒙引叙》作于嘉靖六年,《蔡文庄公集》卷8,第35页。

④ 林同:《四书蒙引录序》,《蔡文庄公集》卷8,第36页。林同传记见《闽中理学渊源考》卷61,第620—621页。

⑤ 蔡清:《蔡文庄公集》附录,第31—33页。

⑥ 林希元:《南京国子祭酒虚斋蔡先生行状》,第699页。

蔡清《蒙引》意在启发"新学小生"的面向，在林同抄录《四书蒙引》时所作的序文也有提及。林同称此书"大要以引童蒙一趋于正，求之身心性情之间，不求之言语文字之末，亦窃寓忧世觉民之盛心也"①。出于上述考虑，蔡清也注意将平日与诸生讲习之所得随时补入《蒙引》中，使之更符合初学者研习的需要。总之，《蒙引》旨在为士人于攻取科举之业的背景下摄取程朱理学精义，进而深造自得提供帮助，其于经学与举业之间能达成平衡取态。

蔡清《蒙引》诸书的编纂宗旨在林希元所写《行状》中有更清晰的表述。林氏虽未入蔡清之门，但他私淑蔡氏之学。② 蔡存远等人也多以蔡清行略、著述传刻等事委之林氏。③ 林希元转述蔡清之言曰：

> 吾平生所学，惟师文公一人而已。文公折衷众说，以归圣贤本旨。至宋末诸儒割裂妆缀，尽取伊洛遗言，以资科举；元儒许衡、吴澄、虞集辈，皆务张大其学，自谓足继道统，其实名理不精，而失之疏略；本朝宋潜溪、王华川诸公，虽屡自辨其非文人，其实不脱文人气习，于经传鲜有究心。国家以经术取士，其意甚美，但命题各立主意，众说纷纭。太宗皇帝命诸儒集群书《大全》，不分异同，撮取成书，遂使群言无所折衷。故吾为《蒙引》，合于文公者取之，异者斥之，使人观朱注珑玲透

---

① 林同：《四书蒙引录叙》，《蔡文庄公集》卷8，《四库全书存目丛书》集部43册，影印武汉大学图书馆藏清乾隆七年（1742）逊敏斋刻本，第36页。此外，《闽中理学渊源考》记载林同撰著《正学蒙引》一书，应为一书（第621页）。

② 林希元《南京国子祭酒虚斋蔡先生行状》称："后每恨不得与诸贤及先生之门，亲领其教音。盖尝闻风兴起，于先生之书潜心熟读，亦既有年，窃有以得其绪余之一二矣。癸未之春，考绩北上，先生之季子举人存远遇予于京邸，备述其先人平生事，托为序次，以垂不朽。"

③ 除蔡存远之托外，林希元《柬吴东湖亚卿书》称"顷接月湖（杨廉，1452—1525，蔡清好友）公柬，……又以虚斋事实相托，足见此老用心矣。"林希元《临清舟中寄董中峰侍读书》称"一见即以蔡虚斋不朽事相托，乃蒙欣然为己任。夫述德昭善，固太史氏职，然不知其人，未有不反为其人之累者。惟执事之贤，足以知虚斋，故元敢以其事请幸为之。百世之后，知吾清源有虚斋者，皆大贤之赐也，敢忘敢忘。约以舟中纪其遗事，备采择适。其子思毅同南归，备述其先人言行，托为序次。乃据其所述及元前后所闻于人者，互相参考，撰虚斋《行状》。因录奉寄，践前约极知浅陋，不足发虚斋之奥尘，大贤之览，姑存其平生事以备采择尔。"林希元：《同安林次崖先生文集》卷5，第530、531页。

彻,以归圣贤本旨,如此而已。①

以上所见的蔡清,是一位"穷极底奥,折衷群言,而上继朱子"的朱子功臣,他撰作《蒙引》的目的正是为发明《大全》所载程朱之说以达圣贤本旨,意在超越宋、元、明诸儒以发明道学。面对宋元诸儒的疏释有悖于朱熹"折衷众说,以归圣贤本旨"的局面,他通过"取"和"斥",也即删减和论说的方法来阐明朱注的本义,而其中推明朱子之学的"用功之要"则是"求之心"而体于实。简言之,蔡清的《蒙引》直接针对官定《大全》而发,借由修正和羽翼《大全》,以令士子将功令之求与研经自得统一起来。②

蔡清既认为研习朱子学与科举之业并行不悖,则要想读书人在追求功名的前提下能有所学,修正官定《大全》一途,自然是好的取径。他在《蒙引》初稿序中提出举子业对于士人读书行事的重要性,称"文虽工,术不正,而行与业随之矣。举子业之关于世道也有如此。"林俊也特别提及蔡氏之言为:

前辈何尝不教人举业?义理充拓,发由中之蕴,骤括以时文之式,自然神采动人,奚必搜奇索隐、取难字为工?③

在蔡氏看来,举业成功是义理通透的必然结果。本诸这一理念,士人只需将官定《大全》细读精思,充分领会朱子本义,则自然有助于进学、仕进两途。这是他重视《大全》考辨的内在原因,其所作《蒙引》也是为辅助《大全》更接近朱子本义而已。正如林希元所说,蔡清"教人以看书思索义理为先,其言曰:'今人看书皆为文辞计,不知看到道理透彻后,而词气自昌

---

① 林希元:《南京国子祭酒虚斋蔡先生行状》,第 699 页。
② 除《四书》《周易》的辨析外,蔡清亦有对其他《大全》的议论。他《答洪元达书(凡十三段)》中的答疑之语,不限于《周易》《四书》,还有关于《春秋大全》的四五条辨疑。蔡清:《蔡文庄公集》卷 1,第 618—620 页。
③ 林俊:《明中顺大夫南京国子祭酒晋江虚斋蔡先生墓碑》,《见素集》卷 18,第 191 页。

畅。'"①蔡清《蒙引》与举业的紧密关系,也得到时人和官方的确认,礼部乃以"天下科举之书尽出建宁书坊"为由,命建阳府负责刊行《易经蒙引》,即是明证。

蔡清为初学者提供进学阶梯的用心,深受土木之变后以丘濬为代表的朱子学者救正时弊的反思和行动的影响。纵观丘濬平生之著述与行动,无不力图在朱子学内部积极挽救其衰微不振之势。蔡清也确是丘濬学术理想的优秀继承者,他在丘氏影响下修正官定《大全》而成《蒙引》诸书,目的是通过修正完善《大全》以令业举者能体悟并自得朱学精义,从而激发他们志向圣贤而具有共同价值理想。这正是土木之变以来,以丘濬为代表的 15 世纪朱子学者试图从各个方面开新、重振朱子学及其面向的承继与实践。

蔡清之后,林希元又接续其志。林氏既为《四书蒙引》《四书存疑》重刊并作序,又为修正《大全》撰述《存疑》诸书。②嘉靖二十八年(1549)林希元上《改正经传以垂世训疏》,进献《大学经传定本》以及《四书存疑》《易经存疑》给明世宗,希望礼部能够颁行其书于两京国子监、天下司府州县学校,令全国读书人学习。③林希元《存疑》二书,旨在修正官定《四书大全》及《易经大全》,它们与《四书蒙引》《易经蒙引》并行,成为明中后期士人的必读之书。万历十七年(1589)进士、后学蔡献臣评价道,"今《四书、易经存疑》,海内家传户诵,与蔡文庄《蒙引》等矣",④更可见蔡清后继者林希元在时代变革中修正经典的成效。

### 三、修正方法及特点

作为辅翼《大全》以达朱注本义的助益之书,《蒙引》对《大全》中的疏

---

① 林希元:《南京国子祭酒虚斋蔡先生行状》,第 699 页。

② 林希元撰:《重刊〈四书蒙引〉序》《重刊〈易经蒙引〉序》《〈四书存疑〉序》《增订〈四书存疑〉序》《〈易经存疑〉序》,《林次崖先生文集》卷 7,何丙仲校注,厦门:厦门大学出版社 2015 年版,第 242—247 页。

③ 林希元撰,何丙仲校注:《改正经传以垂世训疏》,《林次崖先生文集》卷 4,第 164—166 页。

④ 林希元撰,何丙仲校注:《林次崖先生文集原序》,《林次崖先生文集》卷首,第 1 页。

释多所考辨。下文以万历二年(1574)庄煦编订本《四书蒙引》为例,考察蔡氏修正官定《四书大全》的详情。庄煦为武进人,嘉靖中重新刊削《四书蒙引》,"十去三四,辑成一书而梓行之",并于万历二年成书。庄煦编次《四书蒙引》十五卷以外,又别附一册,是他与学录王升商榷订定之语。① 宜兴人王升,字世新,学者称孚斋先生,其事迹见于《江南通志》,史载他"由岁贡官国子学录。张居正柄国,欲网罗当世知名士,托升友道,意欲令典制敕,升力辞不就。通判成都,有廉誉,迁盐课提举,谢归。"②王升学问深厚,曾撰有《四书辑略》《读左赘言》诸书。

在此,有必要回溯前文中有关《四书大全》内容体例的论说,与《四书蒙引》以作对比。被清人视作"有明一代士大夫学问根柢具在于斯"的《四书大全》,③乃是袭用宋元疏释著作中典型的"纂释体"编纂模式,以经文和朱注为本,逐句附以《语录》及诸家疏解。具体表现为,在《四书大全》中,《四书》顶格大写,《集注》降一格大写,《语录》和宋元疏释则加圈分行小写。《四书大全》内容则主要取自元儒倪士毅《四书辑释》一书,并对后者"小有增删"。而《四书辑释》是以陈栎《四书发明》为基础,合并胡炳文《四书通》及宋元诸家疏释著作所成,是为宋元《四书》纂释著作的集大成者。倪氏自言"用工惟在采择诠次之审,取义理明备而止,宜戒冗长,故诸篇中已说之条数甚不多也",以故所见《大全》引述宋元诸家疏释中,以"新安陈氏"最多,"云峰胡氏"次之,"新安倪氏"之说甚少。

然则,《四书蒙引》的体例及内容显示,它虽以《大全》为蓝本而作,但格式不拘泥于"纂释体"的标准模式,而是较具随意性。书中《四书》经文顶格,所引《集注》、宋元疏释的内容,以及蔡清本人的按语均降一格书写,字体大小一致,因而朱注与诸家注疏、按语混同。文中多出现蔡氏对"新安陈氏曰"、"云峰胡氏曰"的内容辨析,乃是对《大全》所取宋元疏解的意见之处。

---

① 庄煦:《四书蒙引题辞》,《四书蒙引》,第3页。
② 赵弘恩等监修,黄之隽等编纂:《江南通志》卷163,《文渊阁四库全书》史部第511册,第681—682页。
③ 永瑢等:《四库全书总目》卷36《四书大全》条,第302页。

细察之,对于朱子《四书章句集注》的理解,《四书蒙引》与《四书大全》已多分歧。纵观《四书蒙引》,蔡清虽在书中多次肯定《四书大全》所取诸儒解说,称"新安陈氏破之,……愚意亦如此",①"(此处解说)有新安陈氏之说颇详"等,②但更有几十处认为"新安之说恐非正意"③"新安陈氏云云乃臆度之说"④"新安陈氏之说皆非"等等,⑤实对官定《四书大全》所采用的解说多有修订。试以程朱理学的核心概念"知行"、"理气"两例证之,以见蔡清修正《大全》的具体方法及特点。

(一)知行说

就《四书章句集注》中的"知行说"而言,首先《四书大全》与《四书蒙引》都是兼言"知行"。如,《孟子章句集注》中"孟子曰:博学而详说之,将以反说约也"句,《大全》引新安陈氏的看法,认为"辅氏谓上章以'行'言,窃谓亦兼'知'与'行'言之耳。"⑥《蒙引》亦赞同道:"辅氏又谓上章以'行'言,此章以'知'言。新安陈氏破之,以为上章亦兼'知行'最是,愚意亦如此。"⑦

不过,《大全》中"知行说"二者并提,无所偏重,而《蒙引》却尤为强调"知"字。如,"子曰:学而时习之不亦说乎"句,《集注》引程子的两句注释:"习,重习也。时复思绎,浃洽于中,则说也。""学者,将以行之也。时习之,则所学者在我,故说。"⑧对于《集注》所阐发的"学"的概念,《论语集注大全》认为程子前一句主知,后一句主行,"采程子二说以见,学习当兼知行言也。"⑨《论语蒙引》则认为程子后一句中,"此'悦'字专以知言,

①　蔡清撰,庄煦编:《四书蒙引》卷 12,"孟子曰博学而详说之"句,第 581 页。
②　蔡清撰,庄煦编:《四书蒙引》卷 15,"然则非自杀之也一间耳"句,第 703 页。
③　蔡清撰,庄煦编:《四书蒙引》卷 7,"仲弓问仁"句,第 291 页。
④　蔡清撰,庄煦编:《四书蒙引》卷 9,"何哉君所为轻身以先于匹夫者"句,第 453 页。
⑤　蔡清撰,庄煦编:《四书蒙引》卷 10,"而子为我愿之乎"句,第 457 页。
⑥　胡广等撰:《孟子集注大全》卷 8,《文渊阁四库全书》经部第 205 册,第 705 页。
⑦　蔡清:《四书蒙引》卷 12,第 581 页。
⑧　朱熹:《四书章句集注》卷 1,《文渊阁四库全书》经部第 197 册,第 14 页。
⑨　《论语集注大全》引云峰胡氏曰:"'时复思绎',则习于心;'将以行之',则习于身。"又引新安陈氏曰:"上一条以知言,此一条以行言,采程子二说以见,学习当兼知行言也。"胡广等撰:《论语集注大全》卷 1,《文渊阁四库全书》经部第 205 册,第 110 页。

言学者正欲以行之也。苟时习之,则所学者为我得而见之行矣,故悦。此与上段程子之言皆主知,云峰、新安二子皆以此节专主行言,是差认了。"①

《蒙引》与《大全》"知行说"的区别还体现在《大学章句集注》中。"然其气质之禀或不能齐,是以不能皆有以知其性之所有而全之也"句,《大全》仍依陈栎之解,将"知行"与"性"联系起来理解,认为"性之所有,即仁义礼智是也。性无智愚贤不肖之殊,惟气有清浊。清者能知而浊者不能知,故不能皆知。质有粹驳,粹者能全而驳者不能全,故不能皆全。知性之所有属知,全性之所有属行。知行二者,该尽一部《大学》,意已寓于此矣。"②在陈栎的解释中,"知"与"行"是分离的,并非相生相伴。对于这种观点,蔡清提出了异议:"然愚以为气之清者质亦多粹,气之浊者质亦多驳,故知之至者行亦至,知且不能,况于行乎?此清浊粹驳之说又当贯而一之也。"③"知至而行亦至",此即蔡清的看法,这与蔡清在上文中对于"学"的解释是一致的。以此作为基础,蔡清解经传曰:"故本序亦以'知而全之'为文,而下文亦曰'聪明睿智能尽其性'。盖聪明睿智则自能尽其性矣,《中庸》道其不行矣。夫《章句》曰:'由不明故不行。'可见知行二者之元自相须也。"④

《四书蒙引·别录》中,庄煦于此"然其气质之禀或不能齐"句补录蔡清另一段解说,可相参看。蔡清曰:

　　　　世固亦有能知而不能行者,则是气虽清而质不粹。亦有力行工夫

---

　　① 蔡清对"知"的强调也体现在其《易经蒙引》中。例如,"修辞立其诚所以居业也"句,蔡清认为:"知至至之,愚意此两句全以两知字为重。盖上文只说忠信以进德修辞立诚以居业,此则言要先知忠信如何,然后忠信其心焉,则可与几而德进矣。又要先知修辞立诚是如何,然后修辞以立诚焉,则可与存义而业居矣。朱子说'上句知字重,下句终字重。'盖以知行先后自然之理言之也,然此未必是本文之意。本文下句一'知'字岂偶然哉?岂姑以对上句而无所当哉?"(蔡清:《易经蒙引》卷1,《文渊阁四库全书》经部第29册,第45页)此句中蔡清直接对朱子的经解提出异议,认为朱注"未必是本文之意"。
　　② 胡广等撰:《大学章句大全序》,《文渊阁四库全书》经部第205册,第2页。
　　③ 蔡清撰,庄煦编:《四书蒙引》卷1,第8页。
　　④ 同上。

至而知上少欠者,则是质亦粹而气不甚清。如《中庸》言,道之不行不明,皆以智、愚、贤、不肖分说,亦可见矣。但其下即注云:由不明故不行,尤可明其非介然为二项也。①

蔡清的上述说法正可以补充其"知行说",将"能知而不能行者"归为"气清而质不粹"、"质粹而气不清"的小部分情况,从而自圆其说。对于此条,庄煦的按语如下:"右孚斋(王升)翻阅所存,止于'亦可见矣',此与煦前所钞'新安陈氏'一条'知行元自相须之说'不同。若并'但其下云云'而存之,是终归前说也。孚斋不取,想别有见。"②可见,庄煦对蔡清的理解并不准确。蔡清的"知行说"始终贯彻着"知行二者之元自相须"的基本看法,王升所见《蒙引》之稿仅止于"亦可见矣",该部分并不与庄煦编入《蒙引》的内容相矛盾,这就可以解释王升的"不取"作法,实际上不必加入后文的"注云"。

总之,"知至而行亦至"不仅体现了蔡清"知行说"的偏重,还反映了蔡清所理解的"知行"之"相须"关系,乃《蒙引》与《大全》解经传的显区别之一。需作注意的是,蔡清的"知行说"并无先后之分,并不似闽地后学李光地(1641—1718)所理解的"姚江主先行后知,虚斋、次崖(林希元)则主先知后行。"③蔡清在《孟子蒙引》"舜明于庶物"句中曾阐发道:"明庶物,察人伦,由仁义行,当分知行,不可分先后。盖圣人生知安行,无先知后行之理。"④这更清晰地解释了他对于"知至而行亦至"的看法:"知"、"行"并非合一,但"元自相须",不可分离,亦不分先后。

(二)理气说

"理气说"亦是朱熹思想的核心内容。《四书大全》引黄榦言:"天道是理,阴阳五行是气。合而言之,气即是理,一阴一阳之谓道是也。分而言之,

---

① 蔡清撰,庄煦编:《四书蒙引·别录》,第 728 页。
② 同上。
③ 李光地:《榕村语录》卷 23,《文渊阁四库全书》子部第 725 册,第 356 页。
④ 蔡清:《四书蒙引》卷 12,第 584 页。

理自为理,气自为气,形而上下是也。"①"合而言之"、"分而言之",揭示了两种情境下的"理气"概念。同时,这两种"理气"关系是同朱熹"天地之性"与"气质之性"的阐释相结合的。"天地之性"与"气质之性"的概念来自北宋张载,朱熹将之加以发挥。《四书大全》引朱子曰:"论天地之性,则专指理而言;论气质之性,则以理与气杂而言之。天地之性,则太极本然之妙,万殊之一本也;气质之性,则二气交运而生,一本而万殊也。气质之性即此理堕在气质之中耳,非别有一性也。"②"天地之性",即"分而言之"时的"理";"气质之性",即"合而言之"时的"理气"。

以上述概念为基础,朱熹的"理气先后"之论才得以展开。据《朱子语类》,朱熹门人弟子向其请教"理气先后"的记载颇多。同样是面对"先有理抑先有气"的疑问,朱熹的回答看似有矛盾之处,实则统一,乃是针对不同情境所作出的回答。基于"合而言之"时的"气质之性",朱子认为:"不消如此说,而今知得他合下是先有理后有气邪?后有理先有气邪?皆不可得而推究。然以意度之,则疑此气是依傍这理行,及此气之聚,则理亦在焉。"③意即此时"二物浑沦,不可分开各在一处",④亦不必强分先后。而基于理、气"分而言之"时,朱子回答道:"理未尝离乎气。然理,形而上者;气,形而下者。自形而上下言,岂无先后?"⑤此时"若论本原,即有理然后有气"。⑥

《四书蒙引》中的观点与上述"理气说"不同,区别的关键在于,蔡清不赞同"理先气后"说。针对《大全》所引朱熹等人对于张载"形而后有气质之性"句的解释,蔡清提出异议。他先是继承了朱熹"理气说"的基本概念,提出"窃疑'天地之性'究竟亦只是阴阳五行之理耳,阴阳五行之理即便有清浊厚薄矣。"紧接着,又提出了自己的疑义:"故先儒'先有理而后有气'之

---

① 胡广等撰:《大学或问》,《四书大全》,《文渊阁四库全书》经部第205册,第52页。
② 胡广等撰:《孟子集注大全》卷11,第768页。
③ 黎靖德编:《朱子语类》卷1,第18页。
④ 朱熹:《答刘叔文》,《晦庵集》卷46,《文渊阁四库全书》集部第1144册,第374页。
⑤ 黎靖德编:《朱子语类》卷1,第17—18页。
⑥ 朱熹:《答赵致道》,《晦庵集》卷59,《文渊阁四库全书》集部第1145册,第71页。

说,愚终不能释然。"①此"先儒"即《大全》中持"理先气后"论的宋元诸儒,当中自然也包括了朱熹。② 至此,《四书蒙引》所修正的对象就不仅仅是《四书大全》所引的宋元疏释,还包括朱熹《集注》本身。

《四书蒙引》在反对"理先气后"的同时,亦反对"理生气"的观点。据蔡清所撰《太极图说》中,"盖阴根乎阳,阳根乎阴,此所谓全体也,即所谓本体也,即所谓理也。以愚管见论之,尽六合皆气也,理则只是此气之理耳。先儒'必先有理而后有气',及'理生气'之说,愚实有所未解。"③对于蔡清而言,阴阳相生即"理","六合"所存皆为"气","理"必须依赖于"气"而存,"天地之性"则为此"气"中的"理"。从而,他认为"本体"之"理"不可能先于"存在"之"气",既然如此,"理"更不可能生"气"。

就蔡清上述质疑,庄煦阐释称:"宋儒分别天地之性与气质之性为二,遂有先理后气之说。若张子云'形而后有气质之性'是也。"④庄氏的阐发有其合理性。如,针对张载所言"形而后有气质之性,善反之,则天地之性存焉。"《大全》引饶鲁曰:"问:善反之,则天地之性存焉。不知未反以前,此性亦存否? 曰:不曾反时,此性亦未尝无。"⑤即可证之。此外,庄煦还认为蔡清反对"先理后气",乃是同其"气载于质而理寓于气也"的解释相一致的。蔡清确实强调"理气之相依浑合而无间也",然而"理寓于气"同宋元诸儒的"先理后气"说并不矛盾。因而,庄煦此论乃是延续了蔡清对于朱熹"理气论"的片面理解。

由上述两例来看,蔡清《四书蒙引》在"知行先后""理气先后"的关键问题上对《大全》乃至朱注的既往观点皆有异议。他采用的辨析方法多以说理为主。而《蒙引》诸书在嘉靖初由官方刊布并广为流传的事实,既显示出官定《大全》地位的下降,其不再是名义上不可动摇的经典;更反映出程

---

① 庄煦编:《四书蒙引·别录》,第728—729页。

② 比照《四书蒙引》中所出现的"先儒"概念,既包括了《大全》中出现的宋元诸儒,亦曾指代过朱熹。

③ 蔡清:《太极图说》,《四库全书存目丛书》子部第6册,影印中国科学院图书馆藏清乾隆七年(1742)蔡廷魁刻本,第684页。

④ 庄煦编:《四书蒙引·别录》,第729页。

⑤ 胡广等撰:《孟子集注大全》卷11,《文渊阁四库全书》经部第205册,第769页。

朱理学此时正身处危机，随着白沙之学、阳明心学的兴起，蔡清、林希元等明中后期朱子学者必须与时俱进，方足以应对朱学的自我禁锢和各自时代的"新学"之"害"。①

综上所论，曾深刻经历时代剧变的明代学者如杨守陈、周洪谟、丘濬、王恕等人，在思想与行动上产生如下共有的色调：土木之变的刺激如此强烈，以致他们均将此追源为思想的衰败，而致学古为官的读书人不具"真学"，以及因之而来的治国人才的缺失。为此，他们希望通过发明、质疑、修订和重新羽翼程朱经典等各层面的实际行动，令读书人在自得于学的前提下追求治国平天下的理想，并具备相应的实用知识和能力。换言之，15世纪中后期这批经世学者的志愿，正在于通过改造读书人的思想面貌与为学取向，以培养出具有真才实学的治国人才，从而实现善政。

从杨守陈"私抄"的启示，到周洪谟"疑辨"的示范，从王恕"意见"的尝试，再到蔡清实质上的成功"辅翼"，其方法取径不一，然都以《大全》为变革利器，彼此间还有着千丝万缕的联系。除上述专论或提及的学者之外，其他同道者的相关言行也不一而足，他们旨在救正时弊的思想和行动，渐次构成了15世纪思想史舞台上的学者群像。

主要任职于翰林院的浙江籍官员杨守陈，深受四明理学传统以及家学的影响，他注重对"吾心之理"的要求。杨氏认为学问与仕进二者不可偏废，官定《大全》是"入仕行道"的必由途径，而其《私抄》正是追求"古道"的体现。以"吾心"出发，他希望读书人做学问时从《大全》的繁琐注疏中解脱出来，重新回到经典和程朱经传本身，从而实现经典的"体统光明"，而他不仅删削疏解，更是重编经典、更正谬误，同样为的是提炼中经典中的真正精华，从而服务于现实施用。

深受时代思潮的影响，成、弘间的政治名臣王恕也在晚年屡次撰著表达

---

① 林希元曾谓："近时一种新学害道不细，江西尤甚。"（陈琛：《紫峰陈先生文集》卷首《年谱》，《四库全书存目丛书》集部第73册，影印福建师范大学图书馆藏清乾隆三十三年（1768）刻五十四年增刻光绪十七年（1891）补修本，第510页）有关蔡清门人及后学抵制和批评阳明学的行动，参见刘勇：《中晚明理学学说的互动与地域性理学传统的系谱化进程——以"闽学"为中心》，第8—11页。应该说，蔡清两部《蒙引》逐渐成为明中后期士人表彰朱子学的重要资源，林希元、陈琛等后学通过表彰蔡清学术以而抵制阳明学的冲击。

其理学成绩的《意见》诸书。他的"老而好学"既出自其"人生三部曲"中晚年才认真体验学问的志愿，也是对 15 世纪后半叶之时代精神的追逐和应和。他的同辈或晚辈如丘濬、周洪谟、杨守陈等人早已有质疑官定学说的相应思考和行动。而王恕的"推以己意"与杨守陈"私说"都有注重个人自主意识的特点，但两人理学根基有所分别，为学气魄也显然不同。而王恕晚年发明的"以心考之"为学宗旨，经由他反复论说，更是贯穿其经学探索始终。

主掌国子监教事十余年并长期在礼部任职的周洪谟，他与好友丘濬一样，是土木之变后为救正时弊而在思想根源上寻找出路的中坚力量。与标举经世之学的知识与体系的丘濬相呼应，周洪谟试图直接对官定学说进行质疑而辑录《疑辨录》一书，旨在通过力挽陷入僵化、功利、脱离现实的颓废学习风气，以培养充分内化经典并能灵活施用于现实事务的真正"一道德"之人才。如果说丘濬所代表的儒家菁英士大夫，是以一己的学术与政治实践，重建朱熹以来儒学的全体大用面向并从中寻求经世之学的特性的话，那么作为他同道的周洪谟，则是以《疑辨录》来唤醒沉湎于功令之学的读书人，激发他们用同样的热情和务实求证的态度投入理学。

作为丘濬、王恕等人的后继者，蔡清毕生精力撰著《四书蒙引》，试图以一己之力开新并修正官定《大全》，从而影响士人为学、治政的根基。他虽未直接经历土木堡事件的洗礼，但先后受丘濬、王恕等人救正时弊与辨疑经典的思想影响，有着救弊朱子学于僵化无用之地的务实反思。丘濬正是在周洪谟献书重修《大全》失败之后而鼓励蔡清订正《大全》的。既然通过官方渠道来重修《大全》的尝试已暂未可行，那么学者自发修订《大全》的个人行动则不失为权宜之良策。从修订官定《大全》入手，蔡清旨在培养秉持共同价值取向及理想的可用人才。与他的这几位前贤相比，蔡清的行动更具系统性与建设性，不再是抽样式的意见或消极批评，而是积极的辅翼与重建日益沦为功令词章之学的官定程朱理学。而蔡清《四书蒙引》对《四书大全》中核心理论的修正情形，实可见 15 世纪末朱子学内部的自我更新与重振的具体做法，这正是王学兴起以前明中期学术的真实景象。

蔡清以"一道德"为旨归的经世行动显然获得了成功。他最终完成的《四书蒙引》和《易经蒙引》不仅实现了丘濬等学者的未竟事业，也被视作是

"辅翼"《大全》的"举业之书"而在 16、17 世纪广为流传。林希元承续并发扬蔡清之志,其《四书存疑》《易经存疑》也影响深远。中晚明士人多从《大全》《蒙引》《存疑》出发以习学程朱义理。万历十一年(1583)进士张问达对此称述到,"自是而后,辅之以《大全》《蒙引》《存疑》诸书,而学官非此者不教,有司非此不为式。"①而到了明末清初,《蒙引》《存疑》诸书加之福建后学陈琛(1477—1545)《四书浅说》《易经浅说》、王振熙(万历三十八年进士)《四书达解》《易经达解》等,还构成了所谓"蒙存浅达"的固定论说,尤其在清代学者中广受评议。更重要的是,明末顾梦麟等复社诸子,清初王夫之(1619—1692)、陆陇其等著名学者,均是在《四书蒙引》等书基础上撰成《四书说约》《读四书大全说》及《三鱼堂四书大全》等理学名著,则显示《蒙引》《存疑》诸书不独对《大全》有辅翼之功,还为中晚明及清代学者提供了重要的思想资源。

---

① 朱彝尊:《经义考》卷 66,《文渊阁四库全书》史部第 677 册,第 753 页。

# 结　　语

　　元明朱子学的递嬗过程中,官定《四书五经性理大全》有着承上启下的重要地位,它实际构成了明代思想史的底色。永乐朝《大全》的颁布,不仅对宋元明初朱子学作出总结,还开启了士人研习、践履、体验程朱义理的新时代。《大全》不独在 15 世纪的时代变革中别具意义,随着阳明学的兴起、科举之弊的累积,它在中晚明曾出现过低潮,然却始终未被时代所抛弃,晚明还出现了一股重回《大全》思想潮流,并深刻影响清初学术的发展方向。

　　以东林书院讲学闻名的晚明学者吴桂森(1565—1632),曾对《大全》在明代的价值和影响有如下解读,不啻为成祖敕谕在数百年后的回响。吴氏称:

> 观此,则圣祖之珍重是书而嘉惠学者之意,极笃切矣。然其至意在"尽心讲明,无徒视为虚文",则知所以裨益天下者,全在体贴身心、躬行实践,此所以为学者根本。今之习举业者,视此书不啻土苴尘垢,皆因所尚者浮华之词,忘其根本,且不知身心躬行何物,何知此书之味。揆其自来,皆在上取士之人谓举业自有心诀,一切圣贤道理置而不问。此风既开,使士子靡然忘返,尽失圣祖美意至教,所以士风日下,至馆阁之地亦虚无人,举世终日所读所学,皆为败坏人心之具而已,举业之弊至今日尚可言哉。①

---

① 吴桂森:《息斋笔记》卷下,《续修四库全书》子部第 1132 册,影印北京图书馆藏明崇祯刻本,第 476—477 页。

百年之后,吴氏尚能体会成祖敕谕中尽心讲明《大全》的旨意,理解明初所奠定旨在一道德同风俗的治教思想。然《大全》与科举考试的紧密联系,也为其日益凋敝的宿命埋下伏笔。以故,有明一代有识之士持续对《大全》展开修正,或批评针砭,或积极完善,以令《大全》源源不断的注入新血。换言之,修正和反对《大全》的呼声,不仅不意味着《大全》影响的减弱,反而是《大全》在社会运行中深层影响的外在表现。官定程朱经典《大全》只有在明代与时俱进,才能令它所承载的程朱义理深入人心,富有新的生命力。

## 一、元明儒学的传承与转折:《大全》承继的思想遗产

《四书五经性理大全》是宋元儒学的总结之书。元代儒学并非"宋明理学"概念中若有似无的存在,元代程朱理学在各地繁荣发展,并呈现出系谱化和差异化的特点,这是《大全》首要面对的思想遗产。元代儒学多元而开放,其从各地的乡里传统中发展出颇具地域色彩的学术传承脉络。在各地儒学的交流和磨砺之中,成熟的经典诠释作品逐渐涌现,形成《大全》足以凭借的主要底本。元明朱子学的递嬗,并未因朝代更迭而中止,《大全》正是元明思想承上启下的关键环节。

元代程朱理学除在北方由赵复、许衡等人传承推广,南方亦出现学术交融与争鸣并存的繁盛发展局面。尤其在文教发达的浙江、江西、安徽等地,其程朱学说呈现出谱系化、差别化的发展模式。金华学术以典章考证、名物训诂为治学特色,当地学者致力于构建以"金华四先生"为标识的道学传承系谱,期望借助官方力量推广金华之学。崇仁之学立意于救正程朱理学末流之弊,其地学者以承续朱熹所传"道统"为己任,有志于拓宽朱子学的内容。代表人物吴澄等人撰著《五经纂言》以承创道学,还利用对元廷文教的影响和广泛的学术交往,推广其"自得之学"的学问旨趣。号称"程朱阙里"的新安儒者,学问一宗朱子,旨在增益和诠释朱子之言,令读者由此掌握程朱精义。这种关怀也令倪士毅、朱升、赵汸等新安后学不断反思,发展出旁通诸经、合会朱陆的学问特色,以及兼顾经学研修和科举考试的"纂释体"著述。正是在元代儒学的多元并竞发展中,《大全》的取材底本渐次形成。

## 二、政治理念的微妙转变:《大全》承载的治教理想

《四书五经性理大全》亦是明代政治思想发展阶段的集中体现。明初洪武、永乐两朝的治国理念与国家构想,对明清政治体制发展和政治理念的演进意义重大。永乐朝的治国理念,在大体延续和继承洪武朝的前提下,实则产生微妙却重大转折。明成祖将君主理论与儒家伦理高度结合,最终确立以宋儒理学治国的政治原则。《大全》正是明成祖治国理念成熟并独立于太祖的集中体现。

明太祖与明成祖都相信程朱理学可以治国,也同样以君师自任。然太祖仅重视将"有用"的理学运用于治国实践,成祖却表现出占据儒家话语权乃至道统的野心。洪武朝敕修《书传会选》,起因于太祖热心修订蔡沈《书集传》,背后却是明初治国理念与宋儒解经传统之间的张力,最终编成的《书传会选》内容亦不拘泥门户之见,以"求学术之真"为主要原则。永乐二年、永乐七年明成祖两修帝学用书,从《文华宝鉴》到《圣学心法》,宣示其政治理念的重要转型,其将程朱理学作为政权依据并正式予以确立。与唐太宗先编《帝范》,后修《五经正义》的文教举措类似,明成祖在编修《圣学心法》五年后亦统合六经,编纂三部《大全》。其中的《四书、五经大全》汇总宋元经典的研究,《性理大全》则集合程朱关于天理、人性方面理论体系的语录文字,这两类性质和层次上有所分别的《大全》共同构成了明成祖对宋儒理学完整体系的继承和确认,是他政治理念渐趋成熟并最终确定的写照。成祖要求编纂的三部《大全》,既为实现其"一道德同风俗"的治教理想,也是要代言学术并成为道统集大成者的体现。《四书五经性理大全》在明初政治文化的转型中应运而生。

## 三、时空、分工与取材:《大全》纂修的来龙去脉

《大全》并非抄袭一过的功利之书,其价值和意义需作重新评估。《大全》在明清至近代的污名化现象是历史叙述中选择性的体现。①《大全》的

---

①　陈新:《论历史叙述中的主观性与历史评价》,《史学理论研究》2001 年第 2 期。

体例、内容特点、纂修意图、编纂过程等均被扭曲或加以抨击,形成了固化、单一化的刻板印象,对其支持或肯定的声音却被历史悄然湮没。《大全》的产生、编纂过程、内容取材皆显示,它承载着明成祖赋予"一道德同风俗"的政治愿景,其纂修地点、人员任用和分工的安排皆谨慎用心。其取材来源的选择也兼顾敕撰要求、政策导向等因素,并符合纂修官的学养特点及元末明初理学书籍的实际流行情况。

《四书五经性理大全》编纂过程及内容特色,以往研究中较少涉及,因此相关批评与误解较多。从明人文集、方志等材料中考索《大全》编纂者的相关信息,将其串联起来,逐渐勾勒出《大全》纂修之时空、分工及取材等纂修过程的完整图像,从中可见明初政治与学术的复杂互动。

永乐十二年(1414)《大全》在北京纂修,其纂修地选定,在明代两京制的发展历程中有重要意义。《大全》纂修地,与次年三月会试地点的首度变动相配合,是成祖在朝野的迁都阻力下,用文教先行以辅助政治迁都的明确表态,其政治意涵大于文教意涵。这既是《大全》修纂的重要时空背景,亦可见明成祖重要的政治考虑。《大全》纂修官员的构成,显示永乐朝有别于洪武时期的任官特点和政治文化。《大全》编修倾向于重用本朝官员、新晋进士,以及地方教官中学识、经验等较为优异者。纂修官籍贯亦集中于江西、福建、浙江等文教发达的省份。有别于洪武朝重用"老"儒的用人政策,《大全》纂修人员的构成及分布特点背后,是成祖有意起用新培养官员的用心,及其积极掌握士大夫文化话语权的努力。

《大全》主要取材于元儒著作的内容特点,多为明清至近代学者所诟病。然学界鲜少注意的是,《大全》编选内容虽有鲜明的继承性,却更具地域色彩。其专选新安、江西一带元儒著述的取材底本特色,符合明成祖对该书内容与体裁的要求,也受江西学者主事的纂修人事所影响,最终再现了元末明初南方理学研习的真实情形。这既是元明儒学传承的整体特点的体现,亦是政治、思想等多种因素作用下儒学内部"优胜劣汰"的发展结果。

## 四、思想底色:长时段、多方位的《大全》传衍

《大全》对明朝士大夫具有多元功用,它构成了明代思想史的底色。除

作为明代读书人参加科举考试的主要经典来源,《大全》亦是儒者修身践履的重要凭借。朝廷之上,经筵讲官用《大全》为皇帝进行系统儒家教育的首要教材,朝臣向君主上疏谏诤时也以《大全》为重要引据。甚至从祀真儒的重大议题中,其著作是否曾经被《大全》所征引,也可作为请以从祀的关键凭证和条件。

从明代长时段看待《大全》的影响,首先就体现在它的出版刊刻历史上。《大全》在明代官私刻印的情形显示,它始终占据学术主流,并未随着时代思潮的变化而退出历史舞台。宋元兴起的福建书坊业成为《大全》在全国范围内广泛传播的有力保障。《大全》中晚明商业出版的勃兴,更推动了士人需要与《大全》"权威"版本的有效结合。值得一提的是,清代官方同样尊奉程朱理学思想,坊间掀起了刊刻《御制性理精义》及《四书大全》衍生性著作的热潮。

明代儒学教育系统中《大全》的贯彻和推行,是《大全》在明代社会深入影响的体现。明代各地方志的藏书记录显示,旨在"一道德同风俗"的《大全》确实在全国各主要府、州、县级学校得以推广。然士人亦在阅读《大全》中出现拘泥辞章训诂,不求甚解的现象。彭勗、陈璲、朱应吉为代表的各级教官不断改进,通过引导研经方法、编纂专门书籍、修正经典疏释等方式,积极探索《大全》在明代士人读书和生活中的应用。

《大全》在河东学派成学中所起的作用,则体现了《大全》在阅读和传播过程中被体认和实践的具体情形,此为《大全》对明代思想史深层影响的反映。河东学派薛瑄、王鸿儒的案例显示,《大全》能够肩负学者体悟圣贤之道的重要载体之职责。薛瑄等人通过"笔语""杂录"与"读书录"等札记体文字,体悟并践行《大全》所载的宋儒精义,最终形成河东理学"笃实近理"的为学特质,并代代相承。《大全》对于河东学派的思想史意义,体现了理学文本与学派建构的复杂关系。

从有明一代的宏观角度上来看,《大全》不仅流布于全国学校,且成为读书人研经悟道的主要凭借。教官用《大全》培养士子,读书人用《大全》谋求功名,学者从《大全》中致知实践,书坊还利用《大全》作为商业出版中有利可图的公共文化资源。一如明成祖的期望所及,明代理学经典《大全》成为士人学习程朱理学的必读之书,并确实塑造着明代读书人的知识结构、思维框架乃至行事依据,并对清人学术思想产生深远影响。至此,实有必要以《大全》为切入点,深入检讨并重估明代思想史的应有价值。

## 五、阳明学兴起之前:时代变革与《大全》修订

明代士人旨在完善和修订《大全》的经世行动,构成了与阳明学并行的思想史脉络。明代思想史不是,也不应是个别著名学者及其学派学说的单线叙述,围绕着《大全》展开的阅读、体悟、实践乃至修订官方经典的历史,亦是其中的重要内容与面向。《大全》及其相关的思想改造与经世行动,构成了明代思想史更加完整图像的一部分。明代学者以《大全》为载体应对时代变革的思想和行动,实际拓宽了明代思想史研究的内容和范畴。这正反映了阳明学之外的明代思想史,并非乏善可陈,亦非对宋代理学的简单因袭。时代转折与变革中的修正国家经典的系列行动,正展现思想史一条重要却未曾"着色"的发展趋势,有助于打破中晚明阳明学派的单一化历史叙述,重回历史的真实复杂场景。《大全》修正行动的重要意义,是经世之学知识的弘扬和"一道德同风俗"治教理想的认真贯彻,诸如此类的行动和志愿已构成一种独立发展的思想潮流。

"转折"与"变革",是《大全》所见元明思想史和政治史的主线。《大全》在其传播过程中,更见证、塑造并参与着明代思想文化的剧变。此四字既是《大全》产生背景中的两个关键词,也是《大全》传播和影响历史的精炼总结。

《大全》在其接受与传播历史中,对读者具有内外兼备的施用和影响。它不仅能够内化为学者的个人修养,在时代变革的主线之下,经世官员又以《大全》为武器,将其外化为治国平天下的宏图大略。此为《大全》对明代思想史、社会史乃至政治史的深层次意义所在。15 世纪中叶土木堡事件及其后续影响力,是明中期时代变革的导火索。对于正处于"全盛之天下"的明朝而言,土木之变的意义不只是一场失败的军事战役,甚或后续的系列政治事变。它对接下来的明蒙关系、明廷内部的政治格局调整、景泰天顺政局等都有深刻影响。作为明代全盛时期的转折点,土木之变对思想文化的冲击

更是巨大而深远。它激发了明代士大夫强烈的危机意识和经世趋向,此后士人的所思所想皆被赋予新的时代意涵。为避免重蹈宋朝灭亡的覆辙,华夷之辨以及夷夏大防等思想理念被空前凸显和加强,元代的正统地位在历史叙述中被颠覆和瓦解。与此同时,以往研究未曾着墨的一条重要线索,就是时代变革中修正官方经典的相应行动。对《大全》所代表的程朱理学经典进行修订的呼声越来越强烈,其行动呈现出密集化和指向性特点,如前所述16世纪初修正《大全》的理学著作已有十几种之多。明中期经世官员从务实和救世出发,反思在治国人才塑造和培养机制中占据核心位置的官方经典,检视它能否达成统一道德风俗的愿景。他们修正士人必读的程朱理学经典的集体行动背后,旨在引导全国读书人志向治国平天下的儒家理想,并掌握切实可用的知识和能力。

在上述思想背景之下,《大全》阅读中出现的空洞化、程式化倾向成为众矢之的。翰林官员杨守陈,用毕生精力撰著九经《私抄》,他通过重编经典、更正《大全》谬误、删削《大全》疏解,旨在令程朱经典符合实用之需。其从"吾心"出发的研究旨趣,更对中晚明重要学者及思想有启发意义。礼部官员周洪谟,他专为辨误《四书五经大全》而作《疑辨录》。周氏对《大全》中有害、有误、不协、发明经旨的先儒训释详加辨析,并将务实求用的治学取向,和他对时务和礼制问题的关心融入著述。他进献《疑辨录》并期望集官方之力重修《大全》,以实际行动阐明何谓新时代背景中的"朱子忠臣"。身处此时代潮流中的国家重臣王恕,亦撰成考辨程朱经典的《石渠意见》诸书,他从中发展出"以心考之"的研经方法,对官定《大全》甚至程朱传注均有意见。王氏的政治影响力更推动其为学主张和考辨方法的广泛传播。受丘濬、王恕等前辈学者的直接鼓励和相互启发,中晚明学者蔡清、林希元完成了辅翼《大全》行世的《蒙引》《存疑》诸书。《蒙引》《存疑》等书成为明中后期程朱学者共享的资源,使《大全》因之完善并焕发生机。虽然书中内容已与《大全》及程朱经传有所差异,但这并不妨碍《蒙引》《存疑》等书受到官方及读者的认可,进而广泛流衍。

15世纪学者阅读、体悟及批评、质疑、修正《大全》的相关实践,具体呈现了他们在时代危机和朱子学官定化后的困境中实现朱子学内部的自我更新和重振,进而改造士人的思想格局并实现善政的情形。这既是《大全》在明代思想文化领域里的真切影响所在,又与土木之变后出现的"经世之学"共同构成了15世纪思想史更加完整图像的一部分。至于在王学兴起以后的16世纪,思想界又是如何思考和反思《大全》以及呈现何种面貌,便应是另一个主题研究的开始。

## 六、反思与展望:世界视野中的《大全》影响

《四书五经性理大全》的传播和影响具有世界意义。自15世纪《大全》颁布以来,它不仅在明清中国,更在世界文明交汇中有其不可或缺的地位。作为宋代新儒学的思想结晶,《大全》在域外中国的影响更为深远广大。它既是近世东西方文明深入交流的重要窗口,也是东亚儒学形成与发展的主要载体和媒介。在朝鲜、日本、越南等东亚汉文化圈诸国,《大全》的影响持续而深远。《大全》作为17、18世纪西方了解中国文化的窗口,其地位亦是毋庸置疑。

15世纪以来朝鲜、日本、越南等的君主教育、治教理念,儒家士大夫的思维结构、行事方式等均深受《大全》的影响,其中尤以朝鲜王朝为甚。《大全》既是东亚诸国儒学思想的重要经典来源,也在长期施行科举制度的朝鲜李朝、越南黎朝是其读书人的必备书籍。朝鲜李朝受中国宋代新儒家文化影响甚深。自《大全》传入后的近五百年里,《大全》成为朝鲜王朝读书人的必读之书,历经多次翻印。尤其是三部《大全》中的《性理大全》,对韩国儒学的塑造之功尤大。《大全》在越南,也成为科举考试和学校教育的必读教材,进而影响深远。① 越南还出现了《五经大全节要》《性理大全节要》等《大全》的节略本,以便越南人士研习。

17世纪的欧洲,《大全》随着龙华民(1559—1654)、柏应理(1622—1693)等传教士传至法国等地,作为其深入了解中国文化的渠道。柏应理

---

① 刘玉珺:《越南汉喃古籍的文献学研究》,北京:中华书局2007年版;许怡龄:《从东亚视野论〈性理大全〉的意义:以韩国与越南的流传比较为中心》,《中正汉学研究》(台湾)2018年第2期,第35—64页;王皓:《越南〈四书五经性理大全节要〉及其与科举的关系》,《域外汉籍研究集刊》2019年第18辑。

神父等人编译《中国哲学家孔子》,其开篇长达 106 页的序言性说明中,对永乐皇帝编纂三部《大全》所代表的宋代以来新儒学有了详尽说明和介绍。① 而龙华民神父则在其著名的《论中国人宗教的几个问题》中,以《四书五经性理大全》为例,细致阐明中国儒学典籍的经文和评注之关系。②

　　世界视野之中的《四书五经性理大全》,长期被视为中国宋代以来儒家文化的代表作品。无论是对《大全》的译介、翻印、节要,均体现中国传统儒家思想的域外传播与影响。反观近世明清中国,《大全》的评价却一波三折。受制于其明末清初之际的负面评价,近代以来的《大全》研究方兴未艾,有待补益和展开之处尚多,本书即是在前人研究基础上的一种探索和尝试。由域外看中国,正可反思《大全》的污名化现象。从顾炎武"《大全》出而经说亡"的论说,直至《四库全书》馆臣等的《大全》"抄袭说"长期占据历史舞台,以致其他声音在历史叙述中隐而不显,从中体现了历史叙述的多面性和价值导向性。

---

　　① 孟德卫:《奇异的国度:耶稣会适应政策及汉学的起源》,陈怡译,郑州:大象出版社 2010 年版;张西平:《儒家思想西传欧洲的奠基性著作——〈中国哲学家孔子〉》,《中国哲学史》2016 年第 4 期,第 121—128 页。

　　② 龙华民著,杨紫烟译:《论中国人宗教的几个问题(节选)》,《国际汉学》2015 年第 2 期,第 150—160 页。

# 附录:《四书五经性理大全》明代版本①

## 《四书大全》明代版本

| 版本(刻本、抄本) | 版式行款 | 存佚 |
|---|---|---|
| 永乐十三年明内府刻本 | 10行22字,夹注双行字数同,四周双栏,版心黑口,双鱼尾,中间记书名,下方记叶次 | 中国国家图书馆、台湾国家图书馆、美国国会图书馆、普林斯顿大学东亚图书馆、故宫博物院图书馆等 |
| 明永乐十三年刻本 | 11行19字,小字双行同,黑口,四周单边 | —— |
| 明永乐间刻本 | 9行17字,小字双行同,黑口,四周双边,双鱼尾 | 中国国家图书馆 |
| 明内府刻大字本 | 10行22字,小字双行,黑口,四周双边,双鱼尾 | 中国国家图书馆、天津图书馆、吉林省图书馆、北京大学图书馆 |
| 明初建刊本 | 12行23字,夹注双行字数同,双栏,版心线黑口,双鱼尾,中间记书名,下方记叶次 | 台湾国家图书馆 |
| 明宣德二年德寿堂刻本 | —— | 中国科学院图书馆 |

---

① 附录表格参考:(1)书目资源:《中国古籍善本书目》《北京图书馆古籍善本书目》《葛思德东方藏书库书目》《"国立中央"图书馆善本书目》《明代版刻综录》《美国哈佛大学哈佛燕京图书馆中文善本书志》《美国国会图书馆藏中国善本书目》等;(2)网络检索资源:台湾"国家"图书馆古籍影像检索系统、东京大学东洋文化研究所所藏汉籍善本全文影像资料库、中国国家图书馆中国古籍善本书目联合导航系统、中国国家图书馆中华古籍善本国际联合书目系统、哈佛大学哈佛燕京图书馆藏善本特藏资源库、中华人民共和国文化部《第一、二、三、四批国家珍贵古籍名录(推荐名单)》等。附录未收录《大全》清代版本,亦未录《大全》数量众多的朝鲜、日本、越南版本。

| 版本（刻本、抄本） | 版式行款 | 存佚 |
|---|---|---|
| 明天顺二年黄氏仁和堂刻本 | 12 行 20 字，小字双行 22 字，黑口，四周双边 | 天津图书馆（存论语集注卷六至十）、浙江图书馆（存大学章句一卷、或问一卷、中庸或问一卷） |
| 明天顺间游明刻本 | 12 行 20 字，粗黑口，四周双边，双鱼尾 | 上海图书馆、浙江图书馆 |
| 明成化三年刘氏翠岩精舍刻本 | 12 行 23 字，四周双边，黑口，双鱼尾 | 哈佛燕京图书馆 |
| 明弘治八年种德堂刻本 | 12 行 20 字或 23 字，四周双边，黑口，双鱼尾 | 哈佛燕京图书馆（《中庸章句大全》） |
| 明弘治十四年刘氏庆源书堂刻本 | 12 行 20 字，小字双行 22 字，大黑口，四周双边 | 南京图书馆 |
| 明正德十六年建阳书户熊富刻本 | —— | 香港中文大学图书馆（《中庸或问》） |
| 明嘉靖元年建宁书户刘辉刻本 | —— | 中国国家图书馆 |
| 明嘉靖七年书林杨氏清江书堂刻本 | 11 行 21 字，上下黑口，四周双边 | 中国国家图书馆 |
| 明嘉靖八年建阳余氏双桂堂刻本 | 12 行 20 字，黑口，四周双边 | 浙江金华图书馆 |
| 明嘉靖十一年建阳魏氏仁实堂刻本 | 12 行 22 字，小字双行，黑口，四周双边 | 广西壮族自治区图书馆 |
| 明嘉靖二十六年刻本 | 10 行 22 字，小字双行，白口，双鱼尾，四周双边 | 上海图书馆（《中庸章句大全》） |
| 明德寿堂刻本 | 11 行 23 字，小字双行，同白口，四周单边，单鱼尾，版心下镌"德寿堂梓"，书签题"官板春秋大全"。 | 中国国家图书馆、河南图书馆 |
| 明赵敬山刻本 | 8 行 21 字，小字双行，白口，左右双边 | 清华大学图书馆 |
| 明映旭斋刻本 | 6 行 16 字不等，粗黑口，四周单边 | 南京博物院、山东茌平县图书馆 |
| 明内府朱丝栏抄本 | 10 行 22 字，夹注双行字数同，朱丝栏，版心黑口，双鱼尾，中间记书名，下方记叶次 | 台湾国家图书馆（《中庸章句大全》）、北京大学图书馆（存论语集注六至七）、中国科学院图书馆（存论语十一至十二、十五至十六、孟子三至八） |

## 《五经大全》明代版本

| 版本(刻本、抄本) | 版式行款 | 存佚 |
|---|---|---|
| 永乐十三年明内府刻本 | 10 行 22 字,夹注双行字数同,四周双栏,版心黑口,双鱼尾,中间记书名,下方记叶次 | 中国国家图书馆、台湾国家图书馆、美国国会图书馆、普林斯顿大学东亚图书馆、故宫博物院图书馆、南京图书馆、天津图书馆、南开大学图书馆、天一阁博物馆等 |
| 明初建刊本 | 11 行 21 字,夹注双行字数同,双栏,版心黑口,双鱼尾,中刻书名卷第,下方记叶次 | 中国国家图书馆、台湾国家图书馆(《周易传义大全》、《礼记集说大全》、《春秋集传大全》) |
| 明正统五年余氏双桂书堂 | 11 行 21 字,四周双边,上下黑口,双鱼尾 | 哈佛燕京图书馆(《周易传义大全》) |
| 明天顺八年建阳书林龚氏明实书堂刻本 | 11 行 19 字,小字双行 20 字,黑口,双鱼尾 | 上海图书馆(《周易传义大全》) |
| 明弘治四年罗氏竹坪书堂刻本 | 11 行 21 字,四周双边,上下黑口,双鱼尾 | 石家庄市图书馆(《周易传义大全》) |
| 明弘治九年余氏双桂书堂新刊本 | 12 行 22 字 | 美国国会图书馆、四川省图书馆(《周易传义大全》) |
| 明弘治十四年刘氏庆源书堂刻本 | ———— | 中国国家图书馆(《周易传义大全》) |
| 明正德十二年建阳杨氏清江堂刻本 | 11 行 21 字,小字双行,黑口,四周双边 | 浙江临海县博物馆(《周易传义大全》) |
| 明正德十三年刻本 | 11 行 21 字,小字双行,黑口,四周双边 | 北京师范大学图书馆、广东省中山图书馆(《诗经大全》) |
| 明嘉靖元年建宁书户刘辉明德堂刻本 | 10 行 18 字,小字双行 21 字,黑口,四周双边 | 浙江图书馆(《诗经大全》) |
| 明嘉靖七年书林杨氏清江书堂刻本 | 11 行 21 字,上下黑口,四周双边 | 中国国家图书馆(《书经大全》) |
| 明嘉靖九年建阳刘仕中安正堂刻本 | 11 行 21 字,四周双边,上下黑口,双黑鱼尾,版心下镌"春秋大全"及卷次 | 中国国家图书馆、普林斯顿大学东亚图书馆、哈佛燕京图书馆(《春秋集传大全》)、辽宁省图书馆(《礼记集说大全》) |
| 明嘉靖十一年建阳刘氏明德堂刻本 | 11 行 18 字,小字双行 20 字,白口,四周双边 | 南京图书馆(《书经大全》) |
| 明嘉靖十一年刘仕中安正堂刻本 | ———— | 陕西省图书馆、安徽省图书馆、重庆市图书馆(《春秋集传大全》) |

续表

| 版本(刻本、抄本) | 版式行款 | 存佚 |
|---|---|---|
| 明嘉靖十五年建阳书林刘氏安正堂刻本 | 11 行 21 字,小字双行 21 字,黑口、四周双边 | 中国国家图书馆、苏州市图书馆(《周易传义大全》) |
| 明嘉靖十五年叶氏作德堂校刊本 | 11 行,行 21 字,小字双行字数同,双栏,版心白口、无鱼尾,中刻书名卷第叶次 | 台湾国家图书馆、南京图书馆(《周易传义大全》) |
| 明嘉靖二十七年建阳郑世豪宗文堂刻本 | 11 行 21 字,小字双行 20 字,白口、四周双边 | 吉林大学图书馆、南京图书馆(《诗经大全》) |
| 明嘉靖三十九年建阳刘氏安正堂刻本 | 11 行 20 字,小字双行字数同,白口、四周单边 | 中山大学图书馆(《礼记集说大全》) |
| 明隆庆三年郑氏宗文书堂刻本 | 11 行 21 字,小字双行同,黑口、四周双边 | 中国人民大学图书馆(《春秋集传大全》) |
| 明万历八年建阳坊刻本 | —— | 《春秋集传大全》佚 |
| 明万历三十三年建阳书林余氏刻本 | 11 行 20 字,夹注双行字数同,双栏,版心黑口、双鱼尾,中刻书名卷第,下方记叶次 | 台湾国家图书馆、哈佛燕京图书馆 |
| 明崇祯间吴郡顾氏诗瘦阁刻本 | 8 行 21 字,小字双行,同白口,左右双边,版心上镌周易大全,版心下镌诗瘦阁 | 中国国家图书馆(《周易大全》) |
| | 11 行 18 字,白口、四周双阑 | 中国国家图书馆(《书传大全》) |
| | —— | 台湾国家图书馆(《诗传大全》) |
| 明崇祯四年刻本 | 11 行 21 字,小字双行同,黑口、四周双边 | 上海辞书出版社图书馆(《春秋集传大全》) |
| 明书林余氏兴文书堂刻本 | 10 行 18 字,小字双行 21 字,黑口、四周双边 | 吉林大学图书馆(《书经大全》) |
| 明刻本 | 10 行 22 字,黑口、四周双边,双黑鱼尾,版心镌"诗经大全"或"书传大全"及卷次 | 普林斯顿大学东亚图书馆(《诗经大全》、《书传大全》《周易传义大全》) |
| 明刻本 | 9 行 21 字,小字双行同,黑口、四周双边,双鱼尾 | 中国国家图书馆(《春秋集传大全》) |
| 明内府抄本 | 10 行 22 字,小字双行同,红格、红口、四周双边 | 中国国家图书馆、北京师范大学图书馆(《书传大全》四至五卷) |
| 明永乐十七年写本 | 10 行 22 字,小字双行同,黑口、四周双边,双红鱼尾 | 中国科学院图书馆(存《周易传义大全》二十三至二十四、《书传大全》六至八、《诗传大全》十一至十三、十八、二十) |

## 《性理大全》明代版本

| 版本(刻本、抄本) | 版式行款 | 存佚 |
| --- | --- | --- |
| 明永乐十三年内府刊本 | 10 行 22 字,注文小字双行字数同,双栏,版心黑口,双黑鱼尾 | 台湾国家图书馆、浙江大学图书馆、四川师范大学图书馆、大连图书馆、河南省图书馆、湖南图书馆、复旦大学图书馆 |
| 明永乐十五年刻本 | 10 行 22 字,黑口,四周双边,双黑鱼尾 | 哥伦比亚大学东亚图书馆 |
| 明司礼监刻本 | 10 行 22 字,三十册四函 | 美国国会图书馆 |
| 明福建坊刻本 | 11 行大字 20 字,中字 26 字,注文小字双行同为 26 字,双栏,版心白口 | 中国国家图书馆、台湾国家图书馆 |
| 明景泰六年书林魏氏仁实堂刻本 | 11 行 22 字,黑口,四周双边 | 北京师范大学图书馆、河北师范学院图书馆 |
| 明弘治五年梅隐精舍刻本 | 12 行 23 字,黑口,四周双边 | 中央教育科学研究所 |
| 明弘治八年书林魏氏仁实堂刻本 | 11 行 22 字,黑口,四周双边 | 南通市图书馆(存一至三十五、四十一至七十)、华东师范大学图书馆、柳州市图书馆 |
| 明正德十一年刊本 | —— | 日本内阁文库 |
| 明嘉靖十二年叶氏作德堂刻本 | 12 行 24 字,白口,四周双边 | 南京大学图书馆 |
| 明嘉靖十三年王氏三槐堂校正重刊本 | 12 行 24 字,小字双行字数同,黑口,四周双边,双黑鱼尾,版心上镌"性理大全"及卷次,中镌小题 | 普林斯顿大学东亚图书馆、上海图书馆 |
| 明嘉靖十七年黄氏集义堂刻本 | 11 行 26 字,白口,左右双边 | 辽宁省图书馆 |
| 明嘉靖二十二年应天府学刻本 | 10 行 20 字,白口,四周双边 | 北京大学图书馆、中国科学院图书馆、华东师范大学图书馆、山东大学图书馆、辽宁省图书馆、浙江图书馆、湖南省图书馆 |
| 明嘉靖二十二年杨宜刻本 | —— | 中国科学院图书馆 |

续表

| 版本(刻本、抄本) | 版式行款 | 存佚 |
| --- | --- | --- |
| 明嘉靖二十四年郑世豪宗文堂刻本 | 11行,小字双行,行字不等,白口,四周双边 | 中国国家图书馆 |
| 明嘉靖二十七年王氏新三槐刻本 | 11行26字,白口,四周双边 | 清华大学图书馆 |
| 明嘉靖三十年张氏新贤堂刊本 | 11行22字,白口,四周双边 | 山东省图书馆(存三至五、二十三至七十)、上海图书馆 |
| 明嘉靖三十一年叶氏广勤堂刻本 | 11行26字,白口,四周双边 | 湖北省图书馆 |
| 明嘉靖三十一年双桂书堂刊本 | 11行26字,白口,四周双边 | 浙江图书馆、日本市立米泽图书馆 |
| 明嘉靖三十五年建宁知府程秀民刻本 | 10行20字,小字双行字数同,单栏,版心白口,双黑鱼尾,下方记刻工 | 中国国家图书馆、台湾国家图书馆 |
| 明嘉靖三十五年张氏新贤堂刻本 | 11行26字,白口,四周双边 | 江西师范学院图书馆 |
| 明嘉靖三十八年樊献科刻本 | 10行20字,四周单边,白口,双黑鱼尾 | 首都图书馆、浙江图书馆、郑州大学图书馆、安徽省图书馆、哈尔滨师范大学图书馆 |
| 明嘉靖三十九年进贤堂重刊本 | 11行24字,小字双行同,白口,左右双边,双鱼尾 | 东京大学东洋文化研究所、日本内阁文库 |
| 明隆庆二年张氏静山斋刻本 | 11行26字,白口,四周单边 | 安徽大学图书馆 |
| 明万历间江西刻本 | 10行20字,十六册二函 | 美国国会图书馆 |
| 明万历二十五年吴勉学(歙县著名书商)师古斋刻本 | 10行20字,小字双行同,白口,四周单边,单鱼尾 | 中国国家图书馆、首都图书馆、北京大学图书馆、天津图书馆、上海图书馆等 |
| 明万历三十六年建邑书林安正堂刘莲台刻本 | 11行25字,白口,四周双边 | 北京大学图书馆、华东师范大学图书馆 |
| 明抄本 | 10行22字,黑格,黑口,四周双边 | 中国国家图书馆、上海图书馆 |
| 广东新刊性理大全 | 何乔新称有广东新刊《性理大全》。(《与朱右都御史英》,《椒邱文集》卷16,第278页) | 佚 |

## 《四书五经性理大全》明代校正本

| 书名 | 题名校正者、版本 | 版式行款 | 存佚 |
|---|---|---|---|
| 《申学士校正古本官板书经大全》 | 申时行校正,明万历间建阳书林余氏刻本 | 11 行 19 字,白口,四周双边 | 日本九州岛大学图书馆、筑波大学、哈佛燕京图书馆、浙江图书馆、南通市图书馆 |
| 《叶太史参补古今大方诗经大全》 | 叶向高辑,明万历三十三年建阳书林余氏 | 6 行 16 字,中字 12 行 20 字,小字 24 行 20 字,四周双边,白口,单鱼尾 | 北大图书馆、清华图书馆、北师大图书馆、日本筑波大学、哈佛燕京图书馆、台湾国家图书馆 |
| 《张翰林校正礼记大全》 | 张瑞图、沈正宗校,明万历闽芝城建邑书林余氏 | 大字 7 行 16 字,中字 11 行 19 字,小字 22 行 19 字,四周双边,白口,无鱼尾 | 日本筑波大学、台湾国家图书馆、中国国家图书馆、哈佛燕京图书馆、南京图书馆 |
| 《周会魁校正四书大全》 | 李廷机纂订;周士显校正,明周誉吾留畊堂刻本 | 7 行 16 字,中字 11 行 19 字,小字 22 行,黑口,四周单边 | 柳州市图书馆 |
| 《陈太史校正易经大全》 | 陈仁锡校正,明末刻本 | 11 行 20 字,小字双行,上白口,下黑口,四周双边 | 北京大学图书馆、广东省哲学社会科学研究所图书馆 |
| 《周会魁校正古本官板易经大全》 | 京山李维桢门人周士显,明万历三十三年书林余氏刻本 | 大字 7 行 16 字,中字 11 行 19 字,小字 22 行 19 字,四周双边,白口,单鱼尾 | 中国国家图书馆、哈佛燕京图书馆、辽宁省图书馆、中国科学院新疆图书馆 |
| 《周易大全》附《易经考异》 | 明徐汧订,明末刊本,古吴菊僖书屋藏板 | 8 行 21 字,左右双栏,无鱼尾,版心上镌"周易大全",中镌卷次 | 美国华盛顿大学图书馆 |
| 《诗传大全》卷末附《诗经考异》 | 王应麟撰《诗经考异》,明刻本 | 8 行 21 字,小字双行同,白口,左右双边 | 中国国家图书馆、北京大学图书馆、复旦大学图书馆、天一阁文物保管所、湖南省图书馆 |
| 《性理群书集览大全》 | 题玉峰道人辑,明正德六年宗德书堂刻本 | —— | 南京图书馆、天津图书馆 |
| | 题玉峰道人辑,明嘉靖三十二年熊氏一峰堂重校刊 | 11 行 26 字,白口,四周双边 | 中国国家图书馆、美国国会图书馆、首都图书馆、江苏镇江市博物馆 |

续表

| 书名 | 题名校正者、版本 | 版式行款 | 存佚 |
|---|---|---|---|
| 《新刊宪台厘正性理大全》 | 明嘉靖三十一年余氏自新斋刻本 | 11行24字,白口,四周双边 | 苏州市图书馆、首都图书馆、南京图书馆 |
| 《新刊宪台厘正性理大全》 | 明万历十四年徐元太等刻本 | 10行22字,白口,四周双边 | 苏州市图书馆 |
| 《新刻九我李太史校正大方性理全书》 | 温陵李廷机校刊,明万历三十一年吴勉学刊本 | 10行20字,注文小字双行字数同,双栏,版心白口,双黑鱼尾,上方记"性理大方" | 普林斯顿大学东亚图书馆、台湾国家图书馆、上海图书馆等 |
| 《明虞大复参正黄太史订正春秋大全》 | 泰昌元年夏梓行郁郁堂藏版 | 12行24字,间有朱笔圈点,书口刻"郁郁堂"堂号 | 哈佛燕京图书馆 |

**《大全》合编本、节本**

| 书名 | 版本 | 版式 | 存佚 |
|---|---|---|---|
| 《四书尊注大全》 | 张溥辑;吴伟业补,明崇祯刻本 | 上下两栏,行数字数不等,白口,四周单边 | 中国科学院图书馆 |
| 《新镌缪当时先生四书九鼎》 | 缪昌期纂要;杨文奎编次,明末长庚馆刊本 | 是书分上下两栏,上栏为唐士雅辑,潘文焕补"《四书》删补征言",下栏为"宋四书大全"原文及注释。上栏16行16字,下栏9行17字,左右双边,白口,单鱼尾。 | 尊经阁文库、哈佛燕京图书馆 |
| 《孟子注疏大全合纂》 | 张溥纂,明崇祯刻本 | 8行18字,小字双行同,白口,单黑鱼尾,左右双边,版心上镌"孟子",尾下镌篇名卷次 | 普林斯顿大学东亚图书馆 |
| 《诗经注疏大全合纂》 | 张溥纂,明崇祯刻本 | 8行18字,左右双边,白口,单鱼尾 | 中国国家图书馆、静嘉堂文库、哈佛燕京图书馆 |
| 《易经注疏大全合纂》 | 张溥纂,明崇祯七年李可卫刻本 | 8行18字,白口,左右双边,单黑鱼尾,版心上镌"易经" | 普林斯顿大学东亚图书馆、海安县图书馆 |

续表

| 书名 | 版本 | 版式 | 存佚 |
|---|---|---|---|
| 《周易大全纂》 | 倪晋卿纂;张文炎、翁汝遇等校,明刊本 | 11行25字,四周单边,白口,无鱼尾,书眉上刻评 | 中国国家图书馆、普林斯顿大学东亚图书馆、哈佛燕京图书馆 |
| 《周易传义大全》、《易经汇征》合刊 | 刘庚纂《易经汇征》,明崇祯刻本二节版 | 下节9行18字,小字双行低一格17字;上节12行13字,白口,四周双边 | 清华大学图书馆、杭州市图书馆、安徽省图书馆 |
| 《春秋大全附录》 | 冯梦龙辑;张我城参,明刊本 | 10行20字,四周单边,白口,单鱼尾,书眉上刻注 | 哈佛燕京图书馆 |
| 《性理纂要标题》 | 莘墟吴氏辑,嘉靖二十七年吴氏原刻本 | 11行32字,小字双行字数同,白口,四周单边,双白鱼尾,下方记刻工 | 台湾国家图书馆 |
| 《新刊性理集要》 | 詹淮编,嘉靖四十年仙源李廷海校刊本 | 11行26字,小字双行字数同,四周单边,白口,单白鱼尾 | 台湾国家图书馆,浙江图书馆 |
| 《性理标题汇(综)要》 | 詹淮纂辑;陈仁锡订正,明崇祯刊本 | 9行19字,白口,四周单边,单黑鱼尾,版心上镌"性理汇要",中镌卷次及卷名 | 普林斯顿大学东亚图书馆,台湾国家图书馆 |
| 《性理选粹》 | 谭泽编辑;何君楚忝校,明万历四年周文奎休宁刊本 | 11行22字,单栏,版心白口 | 台湾国家图书馆 |
| 《性理指归》 | 姚舜牧次订,万历三十八年刻本 | 10行20字 | 美国国会图书馆,湖北图书馆 |
| 《性理会通、性理会通续编》 | 张行成等撰续编;钟人杰汇辑,明崇祯间刻本 | 10行20字,小字双行同,白口,四周单边,单鱼尾 | 中国国家图书馆、浙江图书馆 |

# 参考文献

## 一 基本文献

《天一阁藏明代方志选刊》,上海:上海古籍书店 1982 年版。

《元统元年进士题名录》,北京图书馆出版社影印室辑:《辽金元传记资料丛刊》20,北京:北京图书馆出版社 2006 年版。

《永乐九年进士登科录》,上海图书馆藏。

《明实录》,台北:"中研院"历史语言研究所 1962 年初版,1984 年缩印再版。

北京图书馆编:《北京图书馆古籍善本书目》,北京:书目文献出版社 1987—1988 年版。

蔡清:《蔡文庄公集》,《四库全书存目丛书》集部第 42—43 册,影印武汉大学图书馆藏清乾隆七年(1742)逊敏斋刻本,台南:庄严文化事业有限公司 1997 年版。

蔡清:《虚斋蔡先生文集》,影印"国立中央"图书馆藏明正德十六年(1521)葛志贞编刊本,台北:台北市闽南同乡会 1975 年版。

蔡清撰,庄煦编:《四书蒙引别录》,《文渊阁四库全书》经部第 206 册。

蔡清:《易经蒙引》,《文渊阁四库全书》经部第 29 册。

蔡清:《太极图说》,《四库全书存目丛书》子部第 6 册,影印中国科学院图书馆藏清乾隆七年(1742)蔡廷魁刻本。

蔡沈:《书经集传》,《文渊阁四库全书》经部第 58 册。

陈琛:《紫峰陈先生文集》,《四库全书存目丛书》第 73 册,影印福建师范大学图书馆藏清光绪十七年(1891)补修本。

陈大猷:《书集传或问》,《文渊阁四库全书》经部第 60 册。

陈道潜:《淇园编》,"中研院"傅斯年图书馆藏清康熙九年(1670)陈氏家刊本。

陈栎:《定宇集》,《文渊阁四库全书》集部第 1205 册。

陈栎:《书集传纂疏》,《文渊阁四库全书》经部第 61 册。

陈普:《石堂先生遗集》,《续修四库全书》集部第 1321 册,影印明万历三年(1575)薛孔洵刻本,上海:上海古籍出版社 1995 年版。

陈廷敬:《午亭文编》,《文渊阁四库全书》集部第 1316 册。

陈循:《芳洲文集》,《四库全书存目丛书》集部第 31 册,影印故宫博物院图书馆藏明万历二十一年(1593)陈以跃刻本。

陈循:《芳洲文集续编》,《续修四库全书》集部第 1328 册,影印南京图书馆藏明万历四十六年(1618)陈以跃刻本。

陈真晟:《布衣陈先生存稿》,《续修四库全书》集部第 1330 册,影印湖北省图书馆藏明万历李畿嗣刻本。

程端礼:《读书分年日程》,《文渊阁四库全书》子部第 709 册。

程端学:《春秋本义》,《文渊阁四库全书》经部第 160 册。

程复心:《四书章图纂括总要》,香港大学图书馆藏元刻本胶卷。

程敏政编:《新安文献志》,何庆善、于石点校,合肥:黄山书社 2004 年版。

程敏政:《篁墩文集》,《文渊阁四库全书》集部第 1253 册。

程瞳:《新安学系录》,《四库全书存目丛书》史部第 90 册,影印泰州市图书馆藏明正德程启刻清康熙三十五年(1696)绿荫园重修本。

储大文等编纂:《(雍正)山西通志》,《文渊阁四库全书》史部第 546 册。

储巏:《柴墟文集》,《四库全书存目丛书》集部第 42 册,影印山东大学图书馆藏明嘉靖四年(1525)刻本。

戴冠:《礼记集说辨疑》,《四库全书存目丛书》经部第 88 册,影印中国科学院图书馆藏明嘉靖华察刻本。

戴冠:《濯缨亭笔记》,《续修四库全书》子部第 1170 册,影印复旦大学图书馆藏明嘉靖二十六年(1547)华察刻本。

戴冠:《濯缨亭笔记》,《四库全书存目丛书》子部第 103 册,影印中国科学院图书馆明嘉靖二十六年(1547)华察刻本。

董真卿:《周易会通》,《文渊阁四库全书》经部第 26 册。

杜信孚纂辑,周光培、蒋孝达参校:《明代版刻综录》,扬州:江苏广陵古籍刻印出版社 1983 年版。

冯从吾:《元儒考略》,《文渊阁四库全书》史部第 453 册。

冯继科等纂修:《(嘉靖)建阳县志》,《天一阁藏明代方志选刊》第 31 册,影印天一阁藏明嘉靖刻本,上海:上海古籍书店 1982 年版。

冯梦龙辑:《别本春秋大全》,上海:上海古籍出版社 1993 年版。

符璋、刘绍宽等纂修:《平阳县志》,《中国方志丛书·华中地方》第 72 号,台北:成文出版社 1970 年版。

葛斯德东方图书馆编:《普林斯顿大学葛斯德东方图书馆中文旧籍书目》,台北:台湾商务印书馆 1990 年版。

顾嘉蘅等纂,倪文蔚等修:《荆州府志》,台北:成文出版社 1970 年版。

顾炎武:《日知录》,《文渊阁四库全书》子部第 858 册。

顾炎武:《日知录校释》,张京华校释,长沙:岳麓书社 2011 年版。

韩信同:《韩氏遗书》,香港大学图书馆藏新安韩士元传钞明万历九年(1581)刊本胶卷。

韩愈:《韩昌黎文集》,马其昶校注,上海:古典文学出版社 1957 年版。

郝经:《陵川集》,《文渊阁四库全书》第 1192 册。

何乔新:《椒邱文集》,《文渊阁四库全书》第 1249 册。

何乔新:《周礼集注》,《四库全书存目丛书》经部第 81 册,影印中国科学院图书馆藏明嘉靖七年(1528)褚选刻本。

贺钦著,贺士咨编订:《医闾先生集》,武玉梅校注,沈阳:辽宁人民出版社 2011 年版。

胡广:《胡文穆公文集》,《四库全书存目丛书》集部第 28—29 册,上册影印复旦大学图书馆藏清乾隆十五年(1750)刻本,下册影印复旦大学图书馆藏清乾隆十六年刻本。

胡广等撰:《四书五经性理大全》,台湾国家图书馆藏明永乐十三年(1415)内府本。

胡广等撰:《四书大全》,《文渊阁四库全书》经部第 205 册。

胡广等撰:《性理大全书》,《文渊阁四库全书》子部第 710 册。

胡广等撰:《周易传义大全》,香港大学图书馆藏明蓝格钞本胶卷。

胡广等撰:《春秋集传大全》,香港大学图书馆藏明乌丝栏钞本。

胡广等撰:《性理大全书》,香港大学图书馆藏明内府钞本胶卷。

胡一桂:《双湖先生文集》,《续修四库全书》集部第 1322 册,影印上海师范大学图书馆藏清康熙四十二年(1703)刻本。

黄溍:《黄溍全集》,王颋点校,天津:天津古籍出版社 2008 年版。

黄瑞节:《朱子成书》,中国国家图书馆藏元至正元年(1341)日新堂刻本、香港大学图书馆藏元至正元年(1341)日新堂刊本胶卷。

黄宗羲撰,全祖望补:《宋元学案》,陈金生、梁运华点校,北京:中华书局 1986 年版。

黄宗羲:《明儒学案》,沈芝盈点校,北京:中华书局 2008 年版。

嵇曾筠、李卫等修;沈翼机等纂:《(雍正)浙江通志》,《中国地方志集成》,南京:凤凰出版社 2010 年版。

焦竑辑:《国朝献征录》,《续修四库全书》史部第 525—531 册,影印上海图书馆藏明万历四十四年(1616)徐象橒曼山馆刻本。

揭傒斯:《文安集》,《文渊阁四库全书》集部第 1208 册。

金履祥:《仁山文集》,《文渊阁四库全书》集部第 1189 册。

金实:《觉非斋文集》,《续修四库全书》集部第 1327 册,影印山东大学图书馆藏明成化元年(1465)唐瑜刻本。

金幼孜:《金文靖公文集》,《明人文集丛刊》第 1 期第 3 册,影印明成化四年(1468)新淦氏家刊本,台北:文海出版社 1970 年版。

黎靖德编:《朱子语类》,《文渊阁四库全书》子部第 700 册。

李东阳:《怀麓堂集》,《文渊阁四库全书》集部第 1250 册。

李光地:《榕村语录》,《文渊阁四库全书》子部第 725 册。

李清馥:《闽中理学渊源考》,《文渊阁四库全书》史部第 460 册。

李时勉:《古廉文集》,《文渊阁四库全书》集部第 1242 册。

李恕:《五经旁训》,《故宫珍本丛刊》第 16 册,海口:海南出版社 2000 年版。

李贤:《明一统志》,《文渊阁四库全书》史部第 473 册。

李修生主编:《全元文》,南京:凤凰出版社 1997 年版。

梁潜:《泊庵集》,《文渊阁四库全书》集部第 1237 册。

林俊:《见素集》,《文渊阁四库全书》集部第 1257 册。

林申清:《宋元书刻牌记图录》,北京:北京图书馆出版社 1999 年版。

林希元:《同安林次崖先生文集》,《四库全书存目丛书》集部第 75 册,影印辽宁省图书馆藏清乾隆十八年(1753)陈胪声诒燕堂刻本。

林志:《续刻蔀斋公文集》,香港大学图书馆藏明万历间活字本胶卷。

刘三吾:《书传会选》,《文渊阁四库全书》经部第 63 册。

刘三吾:《刘坦斋先生文集》,台湾大学图书馆藏清道光七年(1827)补刊本。

柳贯:《待制集》,《文渊阁四库全书》集部第 1210 册。

陆粲:《春秋胡氏传辨疑》,《文渊阁四库全书》经部第 167 册。

陆九渊:《陆九渊集》,钟哲点校,北京:中华书局 1980 年版。

陆陇其:《松阳钞存》,《文渊阁四库全书》子部第 725 册。

陆容:《菽园杂记》,《文渊阁四库全书》子部第 1041 册。

罗鹭编:《虞集年谱》,南京:凤凰出版社 2010 年版。

罗钦顺:《困知记》,阎韬点校,北京:中华书局 1990 年版。

雒竹筠著,李新乾编补:《元史艺文志辑本》,北京:北京燕山出版社 1999 年版。

莫友芝撰,傅增湘订补:《藏园订补郘亭知见传本书目》,北京:中华书局 1993 年版。

倪灿:《补辽金元艺文志》,北京:中华书局 1985 年版。

倪谦:《倪文僖集》,《文渊阁四库全书》集部第 1245 册。

倪士毅:《四书通义》,中国科学院图书馆藏明正统十年(1445)建阳进德堂补修本。

欧阳玄:《圭斋文集》,《文渊阁四库全书》集部第 1210 册。

彭勖:《书传大全通释》,香港大学图书馆藏明宣德十年(1435)守中书堂刊本胶卷。

丘濬:《重编琼台稿》,《文渊阁四库全书》集部第 1248 册。

丘濬:《丘濬集》,周伟民等点校,海口:海南出版社 2006 年版。

全祖望:《鲒埼亭集》,《续修四库全书》集部第 1428—1429 册,影印清嘉庆九年(1804)史梦蛟刻本。

商辂:《商文毅公全集》,《北京师范大学图书馆藏明刻孤本秘籍丛刊》第 18 册,影印明万历刻本,桂林:广西师范大学出版社 2010 年版。

申时行:《书经讲义会编》,《四库全书存目丛书》经部第 50 册,影印中国科学院图书馆藏明万历二十五年徐铨(1597)刻本。

沈津:《美国哈佛大学哈佛燕京图书馆中文善本书志》,上海:上海辞书出版社 1999 年版。

史伯璿:《四书管窥》,《文渊阁四库全书》经部第 204 册、《丛书集成续编》33 影印 1931 年敬乡楼丛书本。

史伯璿:《青华集》,上海图书馆藏清抄本。

宋濂等撰:《元史》,北京:中华书局 1976 年版。

宋濂:《文宪集》,《文渊阁四库全书》集部第 1223 册。

孙诒让:《温州经籍志》,潘猛补点校,北京:中华书局 2010 年版。

台湾学生书局编辑部汇辑:《明代登科录汇编》,台北:学生书局 1969 年版。

台湾"中央"图书馆编:《明人传记资料索引》,北京:中华书局 1987 年版。

汤日昭,王光蕴纂修:《(万历)温州府志》,《四库全书存目丛书》史部第 211 册。

陶澍、万年淳修纂:《洞庭湖志》,何培金点校,长沙:岳麓书社 2003 年版。

汪克宽:《经礼补逸》,《文渊阁四库全书》经部第 105 册。

汪克宽:《环谷集》,《文渊阁四库全书》集部第 1220 册。

汪克宽:《春秋胡氏传纂疏》,《日本宫内厅书陵部藏宋元版汉籍影印丛书》第2辑,影印元刻本,北京:线装书局2003年版。

汪舜民等纂:《徽州府志》,香港中文大学图书馆藏明弘治十五年(1502)刊本胶卷。

王鏊:《震泽集》,《文渊阁四库全书》集部第1256册。

王懋竑:《朱熹年谱》,何忠礼点校,北京:中华书局1998年版。

王柏:《鲁斋集》,《文渊阁四库全书》集部第1186册。

王重民辑录,袁同礼重校:《美国国会图书馆藏中国善本书目》,台北:文海出版社1972年版。

王逢:《梧溪集》,《文渊阁四库全书》集部第1218册。

王世贞:《弇山堂别集》,《文渊阁四库全书》史部第409—410册。

王守仁:《王阳明全集》,吴光等编校,上海:上海古籍出版社1992年版。

王恕:《王端毅奏议》,《文渊阁四库全书》史部第427册。

王恕:《王端毅公文集》,沈云龙选辑《明人文集丛刊》第1期5,影印明嘉靖三十一年(1552)刊本,台北:文海出版社1970年版。

王恕:《石渠意见、拾遗、补缺》,《四库全书存目丛书》经部第147册,影印明正德刻本。

王樵:《方麓集》,《文渊阁四库全书》集部第1285册。

王祎:《王忠文集》,《文渊阁四库全书》集部第1226册。

王傪:《思轩文集》,《续修四库全书》集部第1329册,影印北京大学图书馆藏明弘治刻本。

王直:《抑庵文集、后集》,《文渊阁四库全书》集部第1241—1242册。

文征明:《甫田集》,《文渊阁四库全书》集部第1273册。

翁方纲编:《虞文靖公年谱》,北京:北京图书馆出版社1999年版。

吴澄:《草庐吴文正公集》,清乾隆二十一年崇仁县训导万璜校刊本。

吴澄:《吴文正集》,《文渊阁四库全书》集部第1197册。

吴澄:《礼记纂言》,《文渊阁四库全书》经部第121册。

吴国英编:《环谷先生年谱》,北京:北京图书馆出版社1999年版。

吴师道:《吴师道集》,邱居里、邢新欣点校,长春:吉林文史出版社 2008 年版。

萧良幹,张元忭等纂修:《(万历)绍兴府志》,《四库全书存目丛书》史部 200—201 册,影印北京师范大学图书馆藏明万历刻本。

解缙:《文毅集》,《文渊阁四库全书》集部第 1236 册。

谢旻等监修:《(雍正)江西通志》,《文渊阁四库全书》史部第 513—518 册。

熊禾:《勿轩集》,《文渊阁四库全书》第 1188 册。

熊禾:《易经训解》,《续修四库全书》经部第 2 册,影印明崇祯十六年(1643)刻本。

熊禾:《勿轩易学启蒙图传通义》,《续修四库全书》经部第 2 册,影印清抄本。

徐纮编:《明名臣琬琰录》,《文渊阁四库全书》史部第 453 册。

徐溥:《谦斋文录》,《文渊阁四库全书》集部第 1248 册。

许衡:《鲁斋遗书》,《北京图书馆古籍珍本丛刊》第 91 册,影印明万历二十四年(1596)怡愉江学诗刻本,北京:书目文献出版社 1988 年版。

许谦:《白云集》,《文渊阁四库全书》集部第 1199 册。

薛瑄:《薛瑄全集》,孙玄常等点校,太原:山西人民出版社 1990 年版。

杨简:《慈湖遗书》,《文渊阁四库全书》集部第 1156 册。

杨讷、李晓明编:《文渊阁四库全书补遗——据文津阁四库全书补》第 4 册,北京:北京图书馆出版社 2005 年版。

杨荣:《文敏集》,《文渊阁四库全书》集部第 1240 册。

杨士奇:《东里文集》《东里续集》,《文渊阁四库全书》集部第 1238—1239 册。

杨士奇:《文渊阁书目》,影印读画斋丛书刊本,北京:书目文献出版社 1994 年版。

杨守陈:《杨文懿公文集》,《四库未收书辑刊》第 5 辑第 17 册,影印明弘治十二年杨茂仁刻本,北京:北京出版社 2000 年版。

杨守阯:《碧川文选》,《四库全书存目丛书》集部第 42 册,影印明嘉靖四年陆钶刻本。

杨重雅纂,孟庆云修:《(同治)德兴县志》,《中国方志丛书》,台北:成文出版社 1975 年版。

杨琢:《心远楼存稿》,《四库未收书辑刊》第 5 辑 20 册,影印清康熙三十九年(1774)杨湄等刻本。

姚文蔚:《周易旁注会通》,《四库全书存目丛书》经部第 15 册,影印无锡市图书馆藏明万历刻本。

尹昌隆:《尹讷庵先生遗稿》,《四库全书存目丛书》集部第 26 册,影印明万历刻本。

永瑢等:《四库全书总目》,北京:中华书局 1965 年版。

虞集:《虞集全集》,王颋点校,天津:天津古籍出版社 2007 年版。

虞集著,林纾选评:《虞道园集》,上海:商务印书馆 1924 年版。

于敏中、彭元瑞等编:《钦定天禄琳琅书目》,徐德明标点,上海:上海古籍出版社,2007 年版。

俞宪:《皇明进士登科考》,台北:学生书局 1969 年版。

余学夔:《北轩集》,《四库未收书丛刊》第 5 辑第 17 册,影印清乾隆三十四年余沛章等刻本。

袁桷:《袁桷集》,李军等点校,长春:吉林文史出版社 2010 年版。

曾棨:《刻曾西墅先生集》,《四库全书存目丛书》集部第 30 册,影印石家庄市图书馆藏明万历十九年(1591)吴期炤刻本。

章敞:《明永乐甲申会魁礼部左侍郎会稽质庵章公诗文集》,《四书全书存目丛书》集部第 30 册,影印清钞本。

张弼:《张东海先生诗文集》,《四库全书存目丛书》集部第 39 册,影印北京大学图书馆藏明正德十三年(1518)周文仪福建刻本。

张吉:《古城集》,《文渊阁四库全书》集部第 1257 册。

张九韶:《理学类编》,《文渊阁四库全书》子部第 709 册。

张宁:《方洲集》,《文渊阁四库全书》集部第 1247 册。

张师载编:《陆子年谱》,《北京图书馆藏珍本年谱丛刊》第 79 册,影印清乾隆十六年(1751)刻本,北京:北京图书馆出版社 1999 年版。

张廷玉等撰:《明史》,北京:中华书局 1974 年版。

张雨:《句曲外史集》,《文渊阁四库全书》集部第 1216 册。

张自烈:《芑山文集》,《四库禁毁书丛刊》集部第 166 册,影印中国社会科学院文学研究所图书馆藏清初刻本,北京:北京出版社 2000 年版。

赵弘恩等监修,黄之隽等编纂:《江南通志》,《四库全书》第 511 册。

赵撝谦:《考古文集》,《文渊阁四库全书》集部第 1229 册。

赵撝谦:《学范》,《四库全书存目丛书》子部第 121 册,影印浙江图书馆藏明嘉靖二十五年(1546)陈垲重刻本。

真德秀:《心经》,《文渊阁四库全书》子部第 706 册。

郑真:《荥阳外史集》,《文渊阁四库全书》集部第 1234 册。

中国古籍善本书目编辑委员会编:《中国古籍善本书目》,上海:上海古籍出版社 1989—1998 年版。

周忱:《双崖文集》,《四库未收书丛刊》第 6 辑第 30 册,影印清光绪四年(1878)山前崇恩堂刻本。

周洪谟:《疑辨录》,《四库全书存目丛书》经部第 147 册,影印北京图书馆藏明嘉靖刻本。

周弘祖:《古今书刻》,影印光绪三十二年(1906)刊本,北京:书目文献出版社 1994 年版。

朱棣:《圣学心法》,《四库全书存目丛书》子部第 6 册,影印北京师范大学图书馆、清华大学图书馆藏永乐七年(1409)内府刻本。

朱棣:《圣学心法》,《续修四库全书》子部第 935 册,影印明永乐七年(1409)内府刻本。

朱棣:《为善阴骘》,《四库全书存目丛书》子部第 121 册,影印山东省图书馆藏明刻本。

朱棣:《孝顺事实》,《北京图书馆古籍珍本丛刊》史部传记类第 14 册,影印明永乐十八年(1420)内府刻本,北京:书目文献出版社 1988 年版。

朱鹤龄:《愚庵小集》,《文渊阁四库全书》集部第 1319 册。

朱鉴编:《文公易说》,《文渊阁四库全书》经部第 18 册。

朱升:《朱枫林集》,刘尚恒点校,合肥:黄山出版社 1992 年版。

朱升:《周易旁注》,《四库全书存目丛书》经部第 2 册,影印首都图书馆藏明刻本。

朱升:《书经旁注》,《四库全书存目丛书补编》第 89 册,影印台湾汉学研究中心藏明嘉靖五年(1526)刻本。

朱升:《诗经旁注》,中国国家图书馆藏元刻本。

朱熹:《晦庵集》,《文渊阁四库全书》集部第 1145 册。

朱熹:《四书章句集注》,《文渊阁四库全书》集部第 197 册。

朱熹:《诗集传》,《四部丛刊三编》,影印上海涵芬楼影中华学艺社照日本静嘉文库藏宋刊本,台北:台湾商务印书馆 1966—1967 年版。

朱熹、吕祖谦编:《近思录》,《文渊阁四库全书》子部第 699 册。

朱彝尊:《经义考》,《文渊阁四库全书》史部第 677—678 册。

朱元璋:《明太祖御制文集》,影印"国立中央"图书馆藏明初内府刊本,台北:台湾学生书局 1965 年版。

## 二 研究论著

包弼德:《历史上的理学》,王昌伟译,杭州:浙江大学出版社 2009 年版。

陈高华、张帆、刘晓:《元代文化史》,广州:广东教育出版社 2009 年版。

陈荣捷:《朱学论集》,台北:学生书局 1982 年版。

陈荣捷:《宋明理学之概念与历史》,台北:"中研院"中国文哲研究所筹备处 1996 年版。

陈时龙:《明代中晚期讲学运动:1522—1626》,上海:复旦大学出版社 2006 年版。

陈时龙:《明代的科举与经学》,北京:中国社会科学出版社 2018 年版。

陈学霖:《明代人物与传说》,香港:香港中文大学出版社 1997 年版。

方旭东:《吴澄评传》,南京:南京大学出版社 2005 年版。

方旭东:《吴澄哲学思想研究》,北京:人民出版社 2005 年版。

方彦寿:《建阳刻书史》,北京:中国社会出版社 2003 年版。

冯会明:《胡居仁与余干之学研究》,北京:光明日报出版社 2009 年版。

冈田武彦:《宋明哲學の本質》,东京:木耳社1984年版。

高令印、陈其芳:《福建朱子学》,福州:福建人民出版社1986年版。

宫纪子:《モンゴル時代の出版文化》,名古屋:名古屋大学出版会2006年版。

龚道运:《朱学论丛》,台北:文史哲出版社1985年版。

古清美:《明代理学论文集》,台北:大安出版社1990年版。

顾力仁:《永乐大典及其辑佚书研究》,台北:文史哲出版社1985年版。

顾永新:《经学文献的衍生和通俗化——以近古时代的传刻为中心》,北京:北京大学出版社2014年版。

何淑宜:《香火:江南士人与元明时期祭祖传统的建构》,台北:稻乡出版社2009年版。

侯外庐、邱汉生、张岂之主编:《宋明理学史》,北京:人民出版社1997年版。

黄进兴:《李绂与清代陆王学派》,郝素玲、杨慧娟译,南京:江苏教育出版社2010年版。

黄进兴:《优入圣域:权力、信仰与正当性》,台北:允晨文化实业股份有限公司1994年版。

姬秀珠:《明初大儒方孝孺研究》,台北:文史哲出版社1991年版。

姜国柱:《中国历代思想史(宋元卷)》,台北:文津出版社1993年版。

李晋华编著,引得编纂处校订并引得:《明代敕撰书考:附引得》,北平:哈佛燕京学社1932年版。

李瑞良:《中国古代图书流通史》,上海:上海人民出版社1994年版。

廖云仙:《元代论语学考述》,台北:新文丰出版公司2005年版。

林应麟:《福建书业史》,厦门:鹭江出版社2004年版。

林继平:《明学探微》,台北:台湾商务印书馆1984年版。

林庆彰、蒋秋华主编:《明代经学国际研讨会论文集》,台北:"中研院"中国文哲研究所筹备处1996年版。

刘勇:《中晚明士人的讲学活动与学派建构——以李材(1529—1607)为中心的研究》,北京:商务印书馆2015年版。

刘勇:《变动不居的经典:明代〈大学〉改本研究》,北京:三联书店 2016 年版。

罗家祥:《宋代政治与学术论稿》,香港:华夏文化艺术出版社 2008 年版。

吕妙芬:《胡居仁与陈宪章》,台北:文津出版社 1996 年版。

吕妙芬:《阳明学士人社群:历史、思想与实践》,台北:"中研院"近代史研究所 2003 年版。

毛佩琦、李焯然:《明成祖史论》,台北:文津出版社 1994 年版。

牟复礼、崔瑞德编:《剑桥中国明代史》,张书生等译,北京:中国社会科学出版社 1992 年版。

漆侠:《宋学的发展和演变》,石家庄:河北人民出版社 2002 年版。

钱穆:《中国学术思想史论丛》(六)(七),台北:东大图书公司 1978—1979 年版。

钱穆:《朱子新学案》,台北:三民书局 1971 年版。

秦志勇:《中国元代思想史》,北京:人民出版社 1994 年版。

容肇祖:《容肇祖集》,济南:齐鲁书社 1989 年版。

沈俊平:《举业津梁——明中叶以后坊刻制举用书的生产与流通》,台北:台湾学生书局 2009 年版。

松川健二:《宋明の論語》,东京:汲古书院 2000 年版。

宋鼎宗:《春秋宋学发微》,台北:文史哲出版社 1983 年版。

苏费翔、田浩:《文化权力与政治文化——宋元时期的〈中庸〉与道统问题》,肖永明译,北京:中华书局 2018 年版。

孙克宽:《元代金华学述》,台中:私立东海大学 1975 年版。

田浩:《朱熹的思维世界》,台北:允晨文化实业股份有限公司 1996 年版。

田浩编:《宋代思想史论》,杨立华等译,北京:社会科学文献出版社 2003 年版。土田健次郎著;朱刚译:《道学之形成》,上海:上海古籍出版社 2010 年版。

土田健次郎编:《近世儒学研究の方法と課題》,东京:汲古书院 2006

年版。

王汎森:《中国近代思想与学术的系谱》,石家庄:河北教育出版社 2001 年版。

王明荪:《元代的士人与政治》,台北:学生书局 1992 年版。

吾妻重二:《宋代思想の研究:儒教·道教·仏教をめぐる考察》,吹田:关西大学出版部 2009 年版。

吾妻重二:《朱熹〈家礼〉实证研究》(附宋版《家礼》校勘本),吴震、郭海良等译,上海:华东师范大学出版社 2012 年版。

吴宣德:《明代进士的地理分布》,香港:香港中文大学出版社 2009 年版。

萧启庆:《元代的族群文化与科举》,台北:联经出版事业股份有限公司 2008 年版。

谢水顺、李珽:《福建古代刻书》,福州:福建人民出版社 1997 年版。

解扬:《治政与事君:吕坤〈实政录〉及其经世思想研究》,北京:三联书店 2011 年版。

新宫学:《北京遷都の研究:近世中国の首都移転》,东京:汲古书院 2004 年版。

徐铭谦:《曹端理学思想研究》,新北:花木兰文化出版社 2011 年版。

杨晋龙主编:《元代经学国际研讨会论文集》,台北:"中研院"中国文哲研究所筹备处 2000 年版。

姚邦藻主编:《徽州学概论》,北京:中国社会科学出版社 2000 年版。

野间文史:《五經正義の研究:その成立と展開》,东京:研文出版 1998 年版。

章毅:《理学、士绅和宗族:宋明时期徽州的文化与社会》,香港:香港中文大学出版社 2013 年版。

郑文光、席泽宗:《中国历史上的宇宙理论》,北京:人民出版社 1975 年版。

周春健:《元代四书学研究》,上海:华东师范大学出版社 2008 年版。

周天庆:《明代闽南四书学研究》,北京:东方出版社 2010 年版。

朱鸿:《明成祖与永乐政治》,台北:台湾师范大学历史研究所 1988 年版。

朱鸿林:《中国近世儒学实质的思辨与习学》,北京:北京大学出版社 2005 年版。

朱鸿林:《孔庙从祀与乡约》,北京:三联书店 2015 年版。

朱鸿林:《儒者思想与出处》,北京:三联书店 2015 年版。

朱鸿林编:《明太祖的治国理念及其实践》,香港:香港中文大学出版社 2010 年版。

佐野公治:《四書學史の研究》,东京:创文社 1988 年版。

Bol, Peter K.. *Neo-Confucianism in history*. Cambridge, Mass.: Harvard University Press, 2008.

Brokaw, Cynthia J. and Chow, Kai-wing eds.. *Printing and book culture in late Imperial China*. Berkeley: University of California Press, 2005.

Chia, Lucille. *Printing for Profit*: *The Commerial Publishers of Jianyang, Fujian*(11*th*–17*th* Centuries). Cambridge, MA: Harvard University Press, 2002.

Dardess, John W.. *Confucianism and autocracy*: *professional elites in the founding of the Ming Dynasty*. Berkeley: University of California Press, 1983.

Dardess, John W.. *Conquerors and Confucians*: *aspects of political change in late Yüan China*. New York: Columbia University Press, 1973.

De Bary, Wm. Theodore. *Neo-Confucian Orthodoxy and the Learning of the Mind-and-Heart*. New York: Columbia University Press, 1981.

De Bary, Wm. Theodore. *The Trouble with Confucianism*. Cambridge, Mass.; London: Harvard University Press, 1991.

Farmer, Edward L.. *Early Ming government*: *the evolution of dual capitals*. Cambridge, Mass.: East Asian Research Center, Harvard University, 1976.

Goodrich, L. Carrington and Fang, Chaoying, eds.. *Dictionary of Ming Biography*, 1368–1644. New York: Columbia University Press, 1976.

Koh Khee heong. *A northern alternative*: *Xue Xuan(1389–1464) and the Hedong School*. Cambridge, Mass.: Harvard University Asia Center, Harvard University Press,2011.

### 三 期刊及学位论文

包弼德(Peter K. Bol):《地方传统的重建——以明代的金华府为例》,李伯重、周生春主编:《江南的城市工业与地方文化》,杭州:杭州出版社2004 年版,第 247—286 页。

陈波、冉光荣:《论周洪谟对山都掌人的土流分治策》,《西藏大学学报》1994 年第 3 期,第 52—57 页。

陈恒嵩:《〈五经大全〉纂修研究》,台湾东吴大学中国文学研究所博士论文,1998 年。

陈恒嵩:《刘三吾编纂〈书传会选〉研究》,《经学研究论丛》(台北)2001年第 9 辑,第 57—94 页。

陈美东:《中国古代日月五星右旋说与左旋说之争》,《自然科学史研究》1997 年第 2 期,第 147—160 页。

陈时龙:《明代关中地区的讲学活动(上)》,《"国立"政治大学学报》(台北)2007 年第 27 期,第 215—254 页。

陈雯怡:《"吾婺文献之懿"——元代一个乡里传统的建构及其意义》,《新史学》(台北)2009 年第 20 卷第 2 期,第 43—114 页。

方彦寿:《建阳刘氏刻书考》,《文献》1988 年第 2、3 期,第 196—228,217—230 页。

方震华:《唐宋政治论述中的贞观之政——治国典范的论辩》,《台大历史学报》(台北)2007 年第 40 期,第 19—55 页。

顾永新:《元代坊刻与学术的互动关系初探——以刘叔简日新堂为中心》,《国学研究》2006 年第 18 期,第 379—397 页。

顾永新:《从〈四书辑释〉的编刻看〈四书〉学学术史》,《北京大学学报(哲学社会科学版)》2006 年第 2 期,第 104—113 页。

何佑森:《元代学术之地理分布》,《新亚学报》(香港)1956 年第 1 卷第2 期,第 305—366 页。

黄端阳:《论元代虞集理学思想之传承与转折》,《孔孟月刊》(台北)

2005 年第 43 卷第 11—12 期,第 40—46 页。

蒋秋华:《明人对〈书集传〉的批评初探》,载林庆彰、蒋秋华主编:《明代经学国际研讨会论文集》,台北:"中研院"中国文哲研究所筹备处,1996 年,第 269—294 页。

劳延煊:《君师合一与程朱政治思想》,《简牍学报》(台北)1997 年第 16 期,第 573—591 页。

李焯然:《治国之道——明成祖及其〈圣学心法〉》,《汉学研究》(台北)1991 年第 9 卷第 1 期,第 211—227 页。

林庆彰:《〈五经大全〉之修纂及其相关问题探究》,《中国文哲研究集刊》(台北)1991 年创刊号,第 366—371 页。

刘成群:《元代新安理学的四个"转向"》,《汉学研究》(台北)2011 年第 29 卷第 4 期,第 167—200 页。

刘勇:《中晚明理学学说的互动与地域性理学传统的系谱化进程——以"闽学"为中心》,《新史学》(台北)2010 年第 21 卷 2 期,第 1—60 页。

毛佩琪:《从〈圣学心法〉看明成祖朱棣的治国理想》,《明史研究》1991 年第 1 辑,第 119—130 页。

邱居里:《国学策问与礼制更化——吴师道〈国学策问〉研究》,《历史文献研究》2011 年第 30 辑,第 192—202 页。

史甄陶:《元代前期徽州朱子学——以胡一桂、胡炳文和陈栎为中心》,台湾清华大学中国文学系博士论文,2009 年。

孙克宽:《元代北方之儒》,《孔孟学报》(台北)1964 年第 8 期,第 125—144 页。

孙克宽:《元代南方之儒试论》,《孔孟月刊》(台北)1966 年第 4 卷第 12 期,第 11—16 页。

土田健次郎:《朱熹的经书解释方法》,蒋秋华、冯晓庭主编:《宋代经学国际研讨会论文集》,台北:"中研院"中国文哲研究所,2006 年,第 105—115 页。

王昌伟:《明初南北之争的症结》,《明清史集刊》(香港)2007 年第 9 卷,第 27—48 页。

王春林:《〈书集传〉版本源流》,《中国哲学史》2010 年第 2 期,第 101—105 页。

王建军:《从元代国子监办学模式的演变看传统人格的养成》,载李弘祺编:《中国与东亚的教育传统(一)中国的教育与科举》,台北:喜马拉雅研发基金会,2006 年,第 283—325 页。

王世华:《朱元璋惩贪"剥皮食草"质疑》,《历史研究》1997 年第 2 期,第 156—159 页。

王一樵:《从"吾闽有学"到"吾学在闽":十五至十八世纪福建朱子学思想系谱的形成及实践》,台湾师范大学历史学系硕士论文,2006 年。

吾妻重二:《〈性理大全〉的成立与黄瑞节〈朱子成书〉——宋代道学家著作经典化的重要侧面》,载徐兴庆编:《东亚文化交流与经典诠释》,台北:"国立"台湾大学出版中心 2008 年版,第 365—392 页。

吴兆丰:《元儒赵汸的游学、思想特色及其治学历程》,《中国文化研究所学报》(香港)2010 年第 51 期,第 25—50 页。

萧启庆:《元朝南人进士分布与近世区域人才升沉》,载氏主编:《蒙元的历史与文化》,台北:学生书局 2001 年版,第 571—616 页。

肖东发:《建阳余氏刻书考略》,《文献》1984 年第 3、4 期,1985 年第 1 期,第 230—248、195—221、236—252 页。

小岛毅:《明代知识分子论:以林希元为例》,《新哲学》2004 年第 2 辑,第 262—272 页。

徐泓:《明北京行部考》,《汉学研究》(台北)1984 年第 2 卷第 2 期,第 569—598 页。

徐兆安:《明初泰和儒师杨士奇早年的学术与生活》,田澍、王玉祥、杜常顺主编:《第十一届明史国际学术讨论会论文集》,天津:天津古籍出版社 2007 年版,第 810—824 页。

徐兆安:《宋濂门人时期的方孝孺(1376—1383)》,《汉学研究》(台北)2009 年第 27 卷第 4 期,第 147—178 页。

许华峰:《陈大猷〈书集传〉与〈书集传或问〉的学派归属问题》,载蒋秋华、冯晓庭主编:《宋代经学国际研讨会论文集》,台北:"中研院"中国文哲研究所,2006 年,第 229—247 页。

许华峰:《论陈栎〈书解折衷〉与〈书蔡氏传纂疏〉对〈书集传〉的态度》,载杨晋龙主编:《元代经学国际研讨会论文集》,第 395—424 页。

许华峰:《从陈栎〈定宇集〉论其与董鼎〈书传辑录纂注〉的关系》,《中国文哲研究通讯》(台北)1998 年第 8 卷第 2 期,第 61—74 页。

许华峰:《董鼎〈书传辑录纂注〉研究》,"国立中央"大学中国文学研究所博士论文,2001 年。

许齐雄:《国家政治目的和理学家教育理想在官学和科举的结合——以薛瑄思想为例》,《汉学研究》(台北)2009 年第 27 卷第 1 期,第 87—112 页。

闫春:《〈四书大全〉的编纂与传播研究》,华东师范大学人文学院古籍研究所博士论文,2009 年。

杨自平:《从〈易经蒙引〉论蔡清疏解〈周易本义〉的做法及太极义理的转折》,《"中央"大学人文学报》(台湾)2007 年第 32 期,第 77—126 页。

杨自平:《论林希元〈易经存疑〉的义理发挥与致用思想》,《中国文哲研究集刊》(台北)2008 年第 32 期,第 131—170 页。

杨晋龙:《论〈诗传大全〉与〈诗传通释〉的差异》,《中国文哲研究集刊》(台北)1996 年第 8 期,第 105—146 页。

杨晋龙:《〈诗传大全〉与〈诗传通释〉关系再探——试析元代〈诗经〉学之延续》,载杨晋龙主编:《元代经学国际研讨会论文集》,台北:"中研院"中国文哲研究所筹备处,2000 年,第 489—538 页。

张佳:《〈孟子节文〉事件本末考辨》,《中国文化研究》2006 年第 3 期,第 84—93 页。

张建民:《明代秦巴山区流民的附籍与分布》,《中南民族学院学报(哲学社会科学版)》1999 年第 2 期,第 67—72 页。

周晓光:《论元末明初新安理学家朱升与郑玉》,《中国哲学史》1994 年第 2 期,第 18—24 页。

朱鸿林:《理论型的经世之学——真德秀〈大学衍义〉之用意及其著作背景》,《食货月刊》(复刊)(台北)1985 年第 15 卷第 3—4 期,第 16—

27 页。

朱鸿林:《丘濬〈朱子学的〉与宋元明初朱子学的相关问题》,林天蔚编:《岭南文化新探究论文集》,香港:现代教育出版社 1996 年版,第 63—79 页。

朱鸿林:《〈朱子学的〉的流传与评价》,朱鸿林:《儒者思想与出处》,北京:三联书店 2015 年版,第 205—226 页。

朱鸿林:《元儒吴澄从祀孔庙的历程与时代意涵》,《亚洲研究》(香港)1997 年第 23 期,第 269—320 页。

朱鸿林:《元儒熊禾的传记问题》,《庆祝杨向奎先生教研六十年论文集》,石家庄:河北教育出版社 1998 年版,第 344—354 页。

朱鸿林:《元儒熊禾的学术思想问题及其从祀孔庙议案》,《史薮》(香港)1998 年第 3 卷,第 173—209 页。

朱鸿林:《明太祖的孔子崇拜》,《"中研院"历史语言研究所集刊》(台北)1999 年第 70 本第 2 分,第 483—530 页。

朱鸿林:《丘濬〈大学衍义补〉及其在十六七世纪的影响》,朱逸辉编:《丘濬海瑞评介集》,海口:海南出版社 2004 年版,第 272—287 页。

朱鸿林:《明太祖的教化性敕撰书》,《徐苹芳先生纪念文集》编辑委员会编:《徐苹芳先生纪念文集》,上海:上海古籍出版社 2012 年版,第 577—600 页。

朱鸿林:《陈白沙的出处经验和道德思考》,钟彩钧、杨晋龙主编:《明清文学与思想中之主体意识与社会——学术思想篇》,台北:"中研院"中国文哲研究所,2004 年,第 11—54 页。

朱鸿林:《明太祖的经史讲论情形》,《中国文化研究所学报》(香港)2005 年第 45 期,第 141—172 页。

朱鸿林:《传记、文书与宋元明思想史研究》,《中华文史论丛》2006 年第 2 期,第 201—228 页。

朱鸿林:《明代思想史研究的空间与进路》,朱鸿林:《儒者思想与出处》,北京:三联书店 2015 年版,第 28—39 页。

朱鸿林:《洪武朝的东宫官制与教育》,王成勉编:《中华文化的传承与创新:纪念牟复礼教授论文集》,香港:香港中文大学出版社 2009 年版,第

95—142 页。

朱鸿林：《明太祖对〈书经〉的征引及其政治理想和治国理念》，朱鸿林编：《明太祖的治国理念及其实践》，香港：香港中文大学出版社 2010 年版，第 19—61 页。

朱鸿：《君储圣王，以道正格——历代的君主教育》，郑钦仁主编：《中国文化新论·制度篇》，台北：联经出版事业公司 1982 年版，第 413—464 页。

朱鸿：《明永乐朝皇太子首度监国之研究（永乐七年二月至八年十一月）》，《"国立"台湾师范大学历史学报》（台北）1984 年第 12 期，第 85—114 页。

朱荣贵：《从刘三吾〈孟子节文〉论君权的限制与知识分子之自主性》，《中国文哲研究集刊》（台北）1995 年第 6 期，第 173—197 页。

朱冶：《倪士毅〈四书辑释〉研究——元代"四书学"发展演变示例》，北京师范大学古籍研究所硕士论文，2007 年。

Bol, Peter K.. "The Rise of Local History: History, Geography, and Culture in Southern Song and Yüan Wuzhou," *Harvard Journal of Asiatic Studies* 61 (2001), pp.37-76.

Bol, Peter K.. "Neo-Confucianism and Local Society, Twelfth to Sixteenth Century: A Case Study," in Richard von Glahn and Paul Smith, eds., *The Song-Yüan-Ming Transition in Chinese History*. Cambridge: Harvard University Asia Center, 2003, pp.241-283.

Chan, Wing-tsit. "Chu His and Yüan Neo-Confucianism," in Hok-lam Chan and Wm. Theodore de Bary, eds., *Yüan thought: Chinese thought and religion under the Mongols*. New York: Columbia University Press, 1982, pp.197-232.

Chen Wenyi. "Networks, Communities, and Identities: On the Discursive Practices of Yüan Literati," Ph.D. Dissertation, Harvard University, 2007.

Chu, Hung-lam. "Ch'iu Chün (1421-1495) and the *Ta hsüeh Yen-i Pu*: Statecraft Thought in Fifteenth-Century China," Ph.D. Dissertation, Princeton University, 1984.

Chu, Hung-lam. "Ch'iu Chün's *Ta hsüeh Yen-i Pu* and Its Influence in the

Sixteeth and Seventeenth Centuries," *Ming Studies* 22(1986), pp.1-32.

Chu, Hung-lam. "Intellectual Trends in the Fifteenth Century," *Ming Studies* 27(1989), pp.1-33.

Chu, Hung-lam. "Textual Filiation of Li Shimian's Biography: The Part about the Palace Fire in 1421," *East Asian Library Journal* 13:1(2008), pp. 66-126.

Dardess, John W.."Confucianism, Local Reform, and Centralization in Late Yüan Chekiang," in Hok-lam Chan and Wm. Theodore de Bary, eds., *Yüan thought: Chinese thought and religion under the Mongols*. New York: Columbia University Press, 1982, pp.327-374.

Ditmanson, Peter B.. "The Yongle Reign and the Transformation of Daoxue," *Ming Studies* 39(1998), pp.7-31.

Ditmanson, Peter B.. "Contesting Authority: Intellectual Lineages and the Chinese Imperial Court from the Twelfth to the Fifteenth Centuries," Ph.D. Dissertation, Harvard University, 1999.

Gedalecia, David. "Wu Ch' eng's Approach to Internal Self-cultivation and External Knowledge-seeking," in Hok-lam Chan and Wm. Theodore de Bary, eds., *Yüan thought: Chinese thought and religion under the Mongols*. New York: Columbia University Press, 1982, pp.279-323.

Gardner, Daniel K.. "Modes of Thinking and Modes of Discourse in the Sung: Some Thoughts on the Yu-lü ('recorded Conversation') Texts," *Journal of Asian Studies* 50:3(1991), pp.574-603.

Koh Khee heong. "East of the River and Beyond: A Study of Xue Xuan and the Hedong School," Ph.D. Dissertation, Columbia University, 2006.

Langlois, John D., Jr.. "Chin-hua Confucianism under the Mongols (1279-1368)," Ph.D. Dissertation, Princeton University, 1974.

Langlois, John D., Jr.. "Yü Chi and His Mongol Sovereign," *Journal of Asian Studies* 38:1(1978), pp.99-116.

Mote, Frederick W.. "Confucian Eremitism in the Yüan Period." in Arthur

F. Wright, ed., *The Confucian Persuasion.* Stanford, CA: Stanford University Press, 1960, pp.202-240.

Mote, Frederick W.. "The Growth of Chinese Despotism: A Critique of Wittfogel's Theory of Oriental Despotism as applied to China," *Oriens Extremus* 8 (1961), pp.1-41.

# 后　　记

本书缘起于 2004 年至 2007 年我在北京师范大学古籍研究所学习历史文献学期间，邱居里师命我以一位名不见经传的元代儒者倪士毅为题，撰写硕士论文，由此进入元代理学史的探研。其后由周少川师推荐，我申请至香港中文大学跟随朱鸿林教授学习明史及近世思想史，研究兴趣也从元代新安理学扩展至明代，最终以明初官修《大全》为题撰写博士论文。本书即是在博士论文基础上修订而成。在博士论文选题的过程中，北京大学中文系顾永新教授，北京师范大学古籍院邓瑞全教授、历史学院李少兵教授，华中师范大学历史学院吴琦教授、赵国华教授都曾给予提点和帮助。

五年博士生涯，留给我的不仅是对元明思想文化史的热爱，还有一种坚韧乐观的人生态度。业师朱鸿林，待人亲切，治学勤谨，对我有深沉撼动和深远影响。他 2009 年转教香港理工大学之后，仍专门开设"元代儒者与儒学"课程供我们修读。朱师对学术要求严格，对生活却格外关爱，常带领学生攀登香港大大小小的山川胜地。犹记得我博士毕业之时，朱师带诸位同学一起游了长洲岛，以资鼓励。香港中文大学的解扬、刘勇、谢茂松、邓国亮、吴兆丰、杨吟、陈健成、卢志虹，以及香港理工大学的何威萱、谭卫华、陈冠华等诸位同门学友对我的学习和生活帮助很多，中大及理大的校园里留下了我们不少美好回忆。2012 年博士答辩组委员林庆彰教授、梁元生教授、黎明钊教授和张瑞威教授，对拙文的修改完善助益良多。梁元生师还建议，今后可将视野扩展至东亚汉文化圈诸国，这也是我目前的用力方向。中大历史系主任叶汉明教授时常关心我的研究方向，在此一并谨致谢忱。

在本书的研究和出版过程中，得到了所在华中科技大学人文学院及历史研究所领导及同事的支持和肯定。罗家祥师始终对我们学术上鼓励肯定,生活上关心爱护。历史所雷家宏、李传印、夏增民等诸位老师、同事的帮助和关爱,也令我时时感念。以本书为基础申请的国家社科基金结项过程中,又得五位匿名评审专家赐示宝贵建议,在此致以诚挚的敬意和感谢。本研究还得到华中科技大学文科学术著作出版基金和华中科技大学人文学院青年教师出版高水平学术著作基金的资助。本书的顺利出版,得益于人民出版社法律与国际编辑部主任洪琼博士的悉心编辑,在此致以诚挚感谢。吴玘、鲁畅对初稿进行校正,在此一并表示感谢。

　　本书的错误、纰漏之处,均由个人学力不济所致。虽然行文、结构都不能满意,但作为一个阶段的总结和下一阶段的开启,不得已还是要殃及枣梨。最后,特别感谢我的父母。我的点滴成长,都来自你们的爱护、信任和支持。老爸爱读哲学书,小时候一家三口围坐在昏黄台灯前,听他诵读爱默生著作选段,妈妈则在一旁织毛衣。此情此景,至今历历在目。爱人吴兆丰则是我学术上的"批评家",生活中的"艺术家",一路同行的"旅行家",伴我进退成长、豁达笃定。是为记。

2019 年夏

责任编辑：洪　琼

**图书在版编目（CIP）数据**

元明朱子学的递嬗：《四书五经性理大全》研究/朱冶 著. —北京：人民出版社，
　2019.9

ISBN 978－7－01－021354－5

Ⅰ.①元…　Ⅱ.①朱…　Ⅲ.①理学-研究-中国-元明②理学-研究-中国-
　明代③《四书五经性理大全》-研究　Ⅳ.①B244.05②B248.05

中国版本图书馆 CIP 数据核字（2019）第 219606 号

**元明朱子学的递嬗：《四书五经性理大全》研究**
YUANMING ZHUZIXUE DE DISHAN SISHUWUJING XINGLI DAQUAN YANJIU

朱　冶　著

**人民出版社** 出版发行
（100706　北京市东城区隆福寺街 99 号）

北京汇林印务有限公司印刷　新华书店经销

2019 年 9 月第 1 版　2019 年 9 月北京第 1 次印刷
开本：710 毫米×1000 毫米 1/16　印张：21.25
字数：360 千字

ISBN 978－7－01－021354－5　定价：69.00 元

邮购地址 100706　北京市东城区隆福寺街 99 号
人民东方图书销售中心　电话（010）65250042　65289539